新世纪高等学校教材·电子商务核心课系列

网上支付与结算

第3版

李洪心◎编著

Net Payment and

Settlement

北京师范大学出版集团
BEIJING NORMAL UNIVERSITY PUBLISHING GROUP
北京师范大学出版社

图书在版编目(CIP)数据

网上支付与结算/李洪心编著. —3 版. —北京：北京师范大
学出版社，2021.3(2024.7重印)
(新世纪高等学校教材·电子商务核心课系列)
ISBN 978-7-303-26161-1

Ⅰ. ①网… Ⅱ. ①李… Ⅲ. ①电子银行－支付方式－高
等学校－教材 ②电子银行－结算方式－高等学校－教材 Ⅳ.
①F830.49

中国版本图书馆 CIP 数据核字(2020)第 136174 号

图书意见反馈：gaozhifk@bnupg.com 010-58805079
营销中心电话：010-58802181 58805532

WANGSHANG ZHIFU YU JIESUAN
出版发行：北京师范大学出版社 www.bnupg.com
　　　　　北京市西城区新街口外大街 12-3 号
　　　　　邮政编码：100088
印　　刷：北京天泽润科贸有限公司
经　　销：全国新华书店
开　　本：787 mm×980 mm 1/16
印　　张：23
字　　数：458 千字
版　　次：2021 年 3 月第 3 版
印　　次：2024 年 7 月第 8 次印刷
定　　价：52.80 元

策划编辑：陈仕云　　　　　　　责任编辑：陈仕云
美术编辑：焦　丽　李向昕　　　装帧设计：焦　丽　李向昕
责任校对：段立超　　　　　　　责任印制：陈　涛　赵　龙

第3版前言
Preface

　　随着电子商务的快速发展，我国电子支付产业的发展取得了非常显著的进步。安全的电子支付技术不断完善，消费者对电子支付这一手段已经不再陌生。网络购物的发展逐渐培养了人们线上支付的习惯，第三方网络支付市场兴起。前瞻产业研究院发布的《中国第三方支付产业市场前瞻与投资战略规划分析报告》显示，2013年中国第三方支付综合支付交易规模为13.9万亿元，到2018年中国第三方支付综合支付交易规模已超过300万亿元。从2012年春运起，铁路部门开始全面推行互联网售票、电话订票、电子支付票款等新的售票方式，进一步推动了中国电子支付事业的发展。中国银联发布的《中国银行卡产业发展报告(2019)》数据显示，随着银行业金卡工程的推进，从1996年仅有非常小量的银行卡发行，到银联卡全球发行累计超过75.9亿张，银联卡全球受理网络已延伸到174个国家和地区，覆盖超过5 370万家商户和286万台ATM，用卡增值服务不断丰富。

　　电子支付产业的深入发展，对电子支付教育提出了新的要求。针对这些要求，我们对《网上支付与结算》一书进行了修订，本次修订重点包括以下3个方面的工作：

　　理论联系实际。为使读者更好地理解书中内容，我们对原书中所有案例进行了更新或者重新编写，从而引导教师从案例入手来丰富课堂教学内容；也引导读者通过剖析案例来理解书中内容。

　　补充与修改。为使本书的内容能做到与时俱进，我们对每章的内容均进行了更新，删除了一些过时的内容，补充和插入新的数据、新的内容，并且在文字方面也进行了大量的修改。在第3版的重印过程中，我们结合最新技术发展趋势和思政教育的要求，又对各章内容进行了完善和补充。

　　内容更新。本书第3版除了对各章的案例进行了更新，还对各章的概念和内容进行了更新。如电子货币概念，电子支付系统，电子银行的概念及业务，以及各章内容所涉及的数据，并且更新了众多的图表。随着支付产业的发展，"监管"成为了行业的主题。为此，第3版的第十章加入了最新的政策法规以及对内容的解释，增加了"第三方支付的法律问题"，同时在电子支付风险防范中增加了电子支付风险防范技术保障的相关内容。

在此，感谢所有为本书内容编写提供了丰富的网上资源和参考文献的学者们，感谢提供专业性最新资料的银行界同人，也感谢东北财经大学管理科学与工程学院的研究生乌兰其其格、赵晟莹、巩文玲、才雨、郑艺、李东杰、李巍、李燕，王婷婷、吴金纺、赵朝阳、刘秀明、王士娟、许芳、陶思远和张春艳在本书的资料整理和PPT制作方面付出的大量工作。

编者

2024 年 7 月

目录
Contents

第一章
电子商务与支付基础

【本章重点】

◆ 电子商务与电子交易的概念
◆ 电子商务的基本交易流程
◆ 电子支付的特征与类型
◆ 电子商务、电子交易与电子支付的关系

第一节　电子商务概述

一、电子商务与电子交易

1. 电子商务的概念

电子商务是指在互联网上进行的商务活动。"商务"解决做什么的问题，而"电子"则解决怎么做的问题。电子商务的主要功能包括网上的广告、订货、付款、客户服务和货物递交等售前、售中和售后服务，以及市场调查分析、财务核算及生产安排等多项在互联网上开展的商业活动。目前，电子商务已成为我国数字经济中发展规模最大、增长速度最快、覆盖范围最广、创新创业最为活跃的重要组成部分，也是实体经济与数字经济融合发展的重要推动力。

从宏观角度讲，电子商务是计算机网络的第二次革命，是通过电子手段建立的一个新的经济秩序。它不仅涉及电子技术和商业交易本身，还涉及诸如金融、税务、教育等社会其他层面。从微观角度讲，电子商务是指各种具有商业活动能力的实体（如生产企业、商贸企业、金融机构、政府机构、个人消费者等）利用网络和先进的数字化传媒技术进行的各项商业贸易活动。

电子商务是在网络社会化、经济全球化和贸易自由化的驱动下，商务活动与信息技术的发展应用相互融合、相互作用的必然产物。电子商务发展到今天，已经成为人们耳熟能详的词语，只是目前还没有形成一个较为全面的、具有权威性的、能够为大多数人所接受的定义。不同的定义反映出人们对电子商务的理解的侧重点不同，而在实际应用中，人们大多会用更加实际的眼光来审视电子商务。

(1)著名国际组织对电子商务的定义

①联合国国际经济合作和发展组织(OECD)在有关电子商务的报告中对电子商务的定义是：电子商务是利用电子化手段从事的商业活动，它基于电子处理和信息技术，如文本、声音和图像等数据传输技术。主要遵循 TCP/IP 协议和通信传输标准，遵循 Web 信息交换标准，提供安全保密技术。

②国际标准化组织关于电子商务的谅解备忘录对电子商务的定义是：电子商务是企业之间、企业与消费者之间信息内容与需求交换的一种通用术语。

③全球信息基础设施委员会(GIIC)电子商务工作委员会报告草案中对电子商务的定义是：电子商务是把电子通信作为手段的经济活动，通过这种方式人们可以对带有经济价值的产品和服务进行宣传、购置和结算。

④欧洲经济委员会在全球信息社会标准大会上，明确提出了一个关于电子商务的比较严密完整的定义："电子商务是各参与方之间以电子方式而不是以物理交换或直接物理接触方式完成任何形式的业务交易。"

(2)从事电子商务的公司对电子商务的定义

①IBM 公司提出了一个电子商务的公式，即 E-Business＝IT＋Web＋Business。它所强调的是在网络计算环境下的商业化应用，是把买方、卖方、厂商及其合作伙伴在互联网(Internet)、企业内部网(Intranet)和企业外部网(Extranet)结合起来的应用。

②Intel 公司关于电子商务的定义是：电子商务是基于网络连接的不同计算机之间建立的商业运作体系，是利用 Internet/Intranet 来使商务运作电子化。电子贸易是电子商务的一部分，是企业与企业之间，或企业与消费者之间，使用互联网所进行的商业交易。

③HP 公司对电子商务的定义是这样描述的：电子商务以信息技术作为现代企业的基础结构，是跨时域、跨地域的电子化世界 E-World（EW）。EW＝EC（Electric Commerce）＋EB（Electric Business）＋EC（Electric Consumer）。HP 公司定义的电子商务的范畴包括所有可能的贸易伙伴，即用户、商品和服务的供应商、承运商、银行保险公司以及所有其他外部信息源的受益人。

④搜狐公司对电子商务的定义有如下看法：电子商务将全球市场用网络连接起来，形成了与地域、空间无关的一体化市场。商家、消费者、金融机构通过电子手段进行的业务往来、在线支付等一系列贸易活动，均称为电子商务。电子商务是一种新的商业运作模式。

(3)狭义的电子商务

狭义的电子商务(E-Commerce)又称为电子交易，主要是指通过互联网、利用 Web 提供的通信手段在网上进行的商务活动。它是指交易双方从收集信息、贸易洽谈、签订合同、货款支付到货物发运，无须当面接触，均可以通过网络运用电子化手段进行。电子交易包括通过互联网买卖产品和提供服务。其产品可以是实体化的，如书籍、电子产品；也可以是数字化的，如新闻、软件、电影或音乐等；此外，还可以提供各类服务，如安排旅游、远程网络教育、各种在线咨询等。除了网上购物，电子交易还改变了产品的定制、分配和交换的手段。而对于顾客，查找和购买产品乃至享受服务的方式也大为改进。电子商务的快速发展推动了传统产业与新兴产业的齐头并进，促进国家经济平稳发展，国民幸福指数整体持续向好。

（4）广义的电子商务

广义的电子商务（E-Business）是指包括电子交易在内的企业利用 Web 进行的所有商业活动，不仅包括通过互联网进行的商业数据交换和电子交易，还包括市场分析、客户联系、企业协作和企业内部信息化建设等。它把企业全部商务活动，从市场预测、产品生产、商品营销、合同签订，到商品分拨、商品零售、消费者的商品选购，以及货款结算、售后服务通过网络进行整合，再形成一个把买家、卖家、厂家和合作伙伴在内部网络及外部网络上利用互联网络技术与现有系统结合起来进行商务活动的综合系统。随着移动互联、5G技术与新零售的深入发展，电子商务发展进入新阶段，各国政府都大力出台法律法规促进电子商务的平稳发展。我国也积极行动，于 2018 年颁布了《中华人民共和国电子商务法》，主要包括规范与发展并重、注重平等与均衡、协同监管与社会共治并行 3 个方面。《中华人民共和国电子商务法》的颁布和施行，使我国电子商务的发展获得了根本性制度保障，有利于促进跨境电商行业各类业务的不断完善。

2. 电子商务系统的基础设施与基础环境

电子商务活动的顺利进行需要基本的网络设施和底层的软硬件设备及技术的支撑，需要法律与服务等社会各方面的支持以及上层的企业电子商务各个子系统的有效运行，这些子系统包括企业前端的客户关系管理系统（CRM）、企业交易流程中的供应链管理系统（SCM）、企业后台的企业资源计划系统（ERP）、企业的门户电子商务交易系统（EC）等。

图 1-1 较为清晰地解释了电子商务系统的基础设施与基础环境。

（1）电子商务系统的基础设施

电子商务系统的基础设施包括网络基础设施、信息分送基础设施和商业服务 3 个重要部分。

①网络基础设施。信息高速公路实际上是网络基础设施的一个较为形象的说法。它是实现电子商务的最底层的基础设施。正像我们的公路系统由国道、城市干道、辅道共同组成一样，信息高速公路也是由骨干网、城域网、局域网层层搭建而成的。信息可能

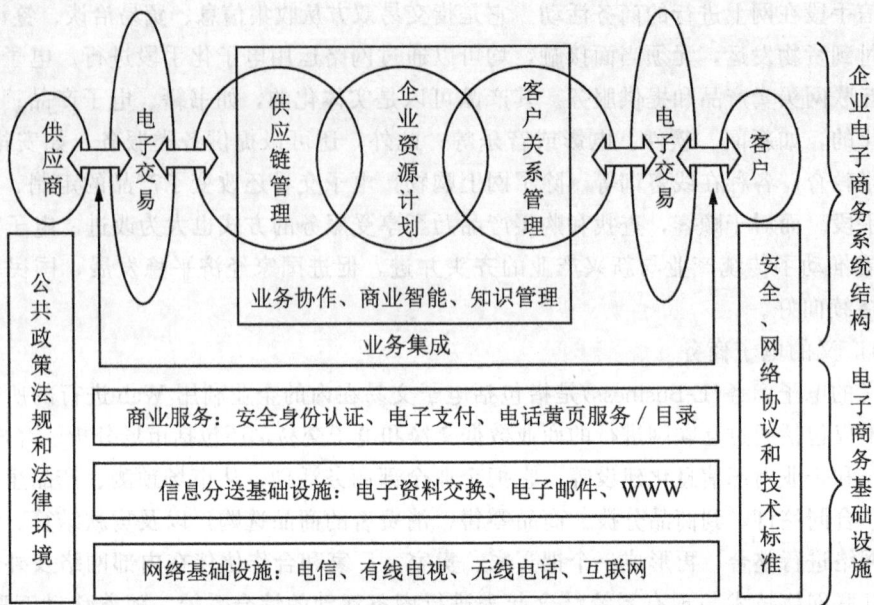

图 1-1 电子商务系统的基础设施与基础环境

通过电话线进行传递，也可能通过无线电波的方式进行传递。

②信息分送基础设施。网上信息的分送有两种方式：一种是非格式化的数据交流，比如我们用传真和 E-Mail 传的信息，它主要是面向人的；另一种是格式化的数据交流，电子数据交换（EDI）就是典型代表。订单、发票、装运单都比较适合格式化的数据交流。HTTP 是互联网上通用的信息传输协议，它以统一的方式，在多种环境下显示非格式化的多媒体信息。用户可以在各种终端和操作系统下通过 HTTP 协议使用统一资源定位器（URL）找到其所需要的信息。

③商业服务。为了方便贸易而提供的通用商业服务，是所有企业、个人做贸易时都会用到的服务，所以我们也把它称为基础设施。它主要包括安全、认证、电子支付和目录服务等。对于电子商务系统来说，网上的业务需要确保安全和提供认证，以便在有争议的时候能够提供适当的证据。商业服务的关键是安全的电子支付。当我们进行一笔网上交易时，购买者发出一笔电子付款（以电子信用卡、电子支票或电子现金的形式）并随之发出一个付款通知给卖方，当卖方通过中介机构对这笔付款进行认证并最终接收，同时发出货物时，这笔交易才算完成。为了保证网上支付的安全，就必须保证交易是保密的、真实的、完整的和不可抵赖的。目前的做法是用交易各方的电子证书（即电子身份证明）来提供终端的安全保障。

（2）电子商务系统的基础环境

为了保证企业电子商务系统的正常运行，还需要有两个支柱，它们构成了电子商务系统的基础环境：一是公共政策法规和法律环境；二是安全、网络协议和技术标准。

①公共政策法规和法律环境。国际上，人们对于信息领域的立法工作十分重视。美国政府在《全球电子商务的政策框架》中对法律问题有专门的论述。俄罗斯、德国、英国等国家也先后颁布了多项有关法规。1996年，联合国贸易组织通过了《电子商务示范法》。我国也借鉴发达国家和国际上的先进经验和做法，结合本国实际情况，陆续出台了一系列电子商务领域的法律法规，特别是2018年颁布的《电子商务法》，这是我国电子商务领域首部综合性和基础性的法律，对电子商务产业发展具有里程碑意义。但应该注意的是，它仅仅搭建了规范电子商务一般行为的大框架，各处细节仍需由后续的一系列立法工作予以完善。另外，提到政策法规，就需要考虑各国的不同体制和国情，而这同互联网和电子商务的跨国界性是有一定冲突的，因此就要求加强国际间的合作研究。此外，由于各国的道德规范不同，也必然会存在需要协调的方面。通常情况下，由于很少接触跨国贸易，我们不会感觉到它们的冲突，而在电子商务要求全球贸易一体化的号召下，用户能很容易地通过网络来购买外国产品，这时就会出现矛盾。电子商务是新兴产业，国内外关于电子商务的法律法规还不完善，在发展过程中要注意增强知识产权保护意识和法律意识。

②安全、网络协议和技术标准。技术标准定义了用户接口、传输协议、信息发布标准、安全协议等技术细节。就整个网络环境来说，标准对于保证兼容性和通用性是十分重要的。正如在交通方面，有的国家是左行制，有的国家是右行制，会给交通运输带来一些不便；又如，不同国家使用110V或220V的不同电压标准会给电器使用带来麻烦。在电子商务中也遇到了类似的问题。目前许多厂商、机构都意识到标准的重要性，正致力于联合开发统一标准，一些IT产业和金融界国际组织已经同商业界合作制定出用于电子商务安全支付的各种协议。

在发达国家，由于企业信息化程度高，基础设施完善，社会信用体制完善，加上人们法治观念较强，电子商务发展迅速，通过互联网进行交易已成为潮流。基于电子商务的金融电子化方案、信息安全方案、互联网方案，又形成了一个又一个新的产业，给信息技术带来许多新的机会。把握和抓住这些机会，正成为国际信息技术市场竞争的主流。

3. 电子交易的类型

电子交易的类型是指人们在电子交易过程中所形成的一些进行交易的标准形式。在互联网环境下，主要有B2C、B2B、C2C这3种基本类型的电子交易。

（1）B2C电子交易

B2C电子交易是以互联网络为主要手段，由网商或企业通过网站向消费者提供商品和服务的一种商务模式，这种形式一般以网络零售业为主。消费者通过网络在网上购物、在网上进行支付，节省了企业的时间和空间，大大提高了交易效率，特别是对于工作忙碌的上班族，这种模式可以为其节省宝贵时间。由于网上商店是一种虚拟经营模式，不需要场地，简化了中间环节，物流基本上采取外包的方式，节省了人力，因而降低了销售成本。且网上销售是一种全天候、无界限的服务，因而受到网上用户的欢迎，发展迅猛，对传统零售形成严重的冲击，也改变着人们的生活习惯。虽然目前这种类型的电子商务在网络交易中所占的比重不大，但从长远来看，B2C的电子商务模式会快速发展，并将在电子商务领域占有重要地位。如全球最成功的B2C网站亚马逊（amazon.com），其商业模式已经成为全世界网上商店的模板，对电子商务的发展进程产生了深远的影响。

（2）B2B电子交易

B2B电子交易是企业对企业的一种电子交易模式。1996年，全球的电子交易额只有28亿美元，其中企业与企业的在线交易额仅占全球电子交易额的40％；2007年这个比例变为90％，意味着B2B电子交易已是全球电子商务的主体。近几年在我国，随着其他电子交易模式的迅猛发展，B2B电子商务在网络交易中所占的比重虽有所下降，但仍在稳步增长。在艾瑞咨询统计的2016年中国电子商务市场细分行业结构中，B2B电子商务合计占比超过七成，仍然是电子商务的主体；2017年中国B2B电子商务市场交易规模已达到20.5万亿元，比2016年增长了22.75％。基于互联网络的B2B电子商务以其较大的交易数额、较规范和成熟的交易条件代表着电子商务发展的主流方向。从事B2B交易的电子商务公司在电子商务市场中占有绝对优势，更多的资金流向这些企业，又使得他们能不断壮大自己的实力，并在激烈的市场竞争中立于不败之地。

与传统商务活动相比，B2B运作模式具有更大的竞争优势。例如，它可以使产品供需双方的信息交流方便快捷，降低企业之间的交易成本，减少企业的库存，缩短企业生产周期，保持产品供应链的无间断运作等。中国的阿里巴巴（Alibaba.com）是全球B2B电子商务的典范，是世界上规模最大而且多渠道、高盈利的B2B网站。

（3）C2C电子交易

C2C电子交易指的是消费者对消费者的电子商务活动。在C2C市场中，除了买卖双方以外，还有一个电子交易平台供应商，它负有对买卖双方的诚信进行监督和管理的职责，这个交易平台对交易双方的交易行为进行全程监控，避免欺诈等行为的发生，保障交易双方的权益。C2C电子商务模式体现了互联网络跨地域、24小时在线的精神，发挥了网络覆盖面大、用户数量多的优势。虽然看起来C2C电子交易过程类似于拍卖市场，但与传统的二手市场相比，它不再受时间和空间的限制，节约了大量的市场沟通成本，因此它不仅吸引了大量的用户，而且能够为用户带来真正的实惠。

C2C电子商务模式下，受益的不仅是买卖双方，还有提供交易环境的电子交易平台供应商，如阿里巴巴创立的淘宝网（taobao.com）。淘宝网走出了一条C2C创新之路，业务立足点不再局限于个人二手交易，而是把目光聚焦于希望网上开店的人群，一批批"网商"的进驻终于使淘宝网修成正果。随着规模的扩大和用户数量的增加，淘宝网也从单一的 C2C 网络集市变成了包括 C2C、分销、拍卖、直供、众筹、定制等多种电子商务模式在内的综合性零售商圈。

4. 电子交易与传统交易的区别

电子交易和传统交易实质上都是从事商品的交易活动。从操作原理来看，电子交易与传统交易基本相似，但电子交易是建立在传统交易原理基础之上，并利用先进的媒介和技术手段来进行交易活动，所以与传统交易相比，它有自己的独特之处。电子交易与传统交易的不同点主要表现在以下 3 个方面。

(1)传输和获取信息的方式不同

传统交易中，买卖双方在沟通中需要经过许多不同的媒介，进行协调很困难，从而增加了购物的时间及花费。在电子交易中，每一件交易都以数字方式开始，并以数字方式结束，只是传输和处理数据的应用程序不同。

(2)商家处理客户订单的方式不同

在电子交易中，商家在收到客户发来的电子订单后，可以通过自己的内部网(Intranet)将订单加入数据库，检查库房中有无存货，然后计划交付产品，还可以通过互联网对客户的信誉、支付能力等情况进行调查。

(3)交易中涉及的媒体不同

在传统交易中，一项交易所涉及的媒介和载体有多种，而在电子交易中，所涉及的载体只有一个，就是网络(以互联网为主)。

二、电子商务的优势

尽管今天的电子商务仍然存在着诸如支付手段、物流配送、网络信任等问题，但是较之传统商务，电子商务还是有着极大的优势。下面从电子商务给企业、消费者、整个社会带来的影响这几个角度来分析其优势。

1. 对企业的益处

电子商务给企业带来的好处主要体现在如下几个方面。

①电子商务扩展了国内和国际的市场。一家公司用最少的资金投入，就可以在全球范围内方便、快速地赢得更多的客户、最好的供应商和最合适的商业伙伴。

②电子商务降低了企业运营成本。电子商务不仅减少了基于纸面的信息的创建、处理、分发、存储和查找的费用，还降低了通信费用——因为互联网要比增值网便宜得多。

③电子商务提高了企业的效率，缩短了从资本的投入到产品和服务的获得之间的

时间。

④电子商务通过"拉式"供应链管理减少了库存和管理费用。"拉式"供应链管理的过程是从客户的订单开始的，并采用即时方式进行生产。"拉式"供应链管理过程使得产品和服务的个性化定制成为可能。例如 Dell 计算机公司就通过这种经营模式，大大提高了自身的竞争优势。

2. 对消费者的益处

电子商务给消费者带来的好处主要体现在如下几个方面。

①电子商务向消费者提供了更多的选择机会，使消费者可以选择更多的经销商和更多的产品，并且可以在任何时候、任何地点进行购物或交易。

②电子商务使得消费者能在较多的地方购物并进行快速比较，因而能获得价格较低廉的产品和服务。

③电子商务可以快速地将数字化的产品传递到消费者手中，并使客户在几秒钟内就收到相应的详细信息，而不再需要几天或几个星期。

④电子商务使消费者能够很容易地参与虚拟拍卖。

⑤电子商务促进竞争，其结果是让消费者享受到更好的服务，并得到了真正的折扣优惠。

3. 对整个社会的益处

电子商务给整个社会带来的好处主要体现在如下 3 个方面。

①电子商务使更多的人能够足不出户地进行工作和购物，减少了交通阻塞和空气污染。

②电子商务使消费者更容易找到低价产品，也能够方便地买到合适的产品。

③电子商务使边远地区的人们也能享受到和大城市的市民同样的产品和服务，而这在传统的商务活动条件下是很难做到的。

第二节 电子交易的内容与流程

企业的业务流程是由资金流、物流和信息流这 3 个相互关联的子系统共同构成的。资金流是指在商品流通过程中，随商品所有权转移而发生的商品价值运动的经济活动，如货款的支付等；物流是有形商品在实物流通中的辅助性活动，它是指原材料等资源由输入到变为商品的输出过程中，在系统内进行物质形态、性质变化的运动过程，如运输、仓储、包装、加工、配送等；信息流则是服务于商务流和物流之间所进行的所有信息活动的总称。

电子商务的开展使企业实现了业务流程重组和企业机构重组，也就是利用信息流反映物质和资金的流动，用信息流更有效地配置资源，减少中间环节，达到企业与用户之间信息互通，使得电子交易的内容随着信息技术和互联网技术的发展和应用不断地丰富和创新。

一、电子交易的内容

完全意义上的电子交易由信息共享、电子订购、电子支付、订单的执行、售后服务5个部分组成，每一部分在电子交易中都各自承担了不同的任务。

1. 信息共享

虽然电子交易与传统交易一样，在交易之前都要进行信息的搜寻，但是所不同的是互联网为买卖双方提供了一种获取全面信息的先进手段。它为商家提供了网上信息发布功能，商家可将数据库内存储的数据通过互联网向访问其站点的客户发布，也可以通过网络上的聊天室、多方会议、电子公告牌和新闻组等提供自己的公司和产品的介绍。

2. 电子订购

在电子交易中，商家主要使用电子表格和电子邮件来处理订单。客户通过访问互联网来订购公司的产品和服务。最简单的订购方式可以通过电子邮件来实现，客户可以采用自己方便的方式，输入要购买货物的订货单，然后将其发给商家。

3. 电子支付

电子交易的一个重要环节就是支付。电子交易中使用的支付工具和现实购物中使用的支付工具的功能在许多方面是相似的。例如，我们今天习惯使用的工具如银行卡、支票，甚至口袋里的现金都可以用电子化的手段来表示，如电子支票、电子现金等。网上商务活动结束的标志是网上支付的完成，与现金、支票、银行卡这些传统支付方式相比，电子支付手段还处于不断走向成熟的阶段。

4. 订单的执行

客户订货之后，卖方需要根据货物的形态决定在线或离线供货。货物的形态可以是有形的，也可以是无形的。有形产品是实体产品，如电视机等；无形产品是软性产品或无形货物，如信息和数字化产品等。这两种不同货物的交付方式是不同的。无形产品例如图像、电影、音乐、软件、游戏等各种数字化商品，可以直接通过网络在线下载；有形产品无法通过网络直接供货，但可在网上完成除供货以外的其他业务活动，即实现"在线交易、离线供货"。

5. 售后服务

销售只是建立与客户长远关系的开始，客户不仅仅需要与产品和服务有关的帮助，商家也需要与客户进行合作以改进产品和服务，以便将来更好地为别的客户服务。这一点在传统交易中和电子交易中都是适用的。

二、电子交易过程与支持交易系统

电子交易过程可以从购买者和销售商两个方面考虑。从购买者来看，交易过程指出了一个采购者在购买一个产品或服务时所发生的一系列活动；从销售商来说，交易过程定义了订货管理系统为了完成购买者的订单所采取的一切措施。

电子交易过程基于传统交易过程，但又与传统交易过程不同。不论是 B2B、B2C，还是 C2C，电子商务的交易过程不外乎 3 个阶段：交易前的准备、贸易磋商和签订合同、支付与发运过程，而每个交易阶段均需要相应的系统支持。

1. 交易前的准备

交易前的准备过程主要是指买卖双方和参加交易的各方在签约前的准备活动。

传统的做法是：买方根据自己要买的商品，通过广告等媒体了解所需购买商品的信息、供货商以及价格等，进行货源市场调查和市场分析，反复修改购货计划，确定和审批购货计划，并按照计划确定购买商品的种类、数量、规格、购货地点和交货方式等。整个过程费时费力，加上所能得到的信息有限，很难获得最佳货源和最低价格。卖方则根据自己所销售的商品，召开商品新闻发布会，制作广告来宣传产品，制定各种销售策略和销售方式，千方百计地推销自己的产品。从这个意义上讲，传统的交易前的准备实际上就是买卖双方通过广告等传统媒体进行商品信息发布、查询和匹配的过程。

在电子商务环境下，这一切活动就演变为：卖方利用网络发布商品广告，积极上网推送自己的商品信息，寻找贸易伙伴和交易机会，扩大贸易范围和商品所占市场份额；买方则随时上网查询自己所需要的商品信息，推拉互动，共同完成商品信息的供需实现过程。在电子商务系统中，贸易信息的交流，通常都是通过双方的网址和主页来完成的。电子商务环境下的供需实现方式如图 1-2 所示。这种信息的沟通方式无论从效率上还是从实践上，都是传统方法无法比拟的。这个过程以计算机和网络为主要工具，支持信息发布和查询过程的软件系统一般称为支持交易前的系统。支持交易前的系统是电子商务中应用最成功的部分。

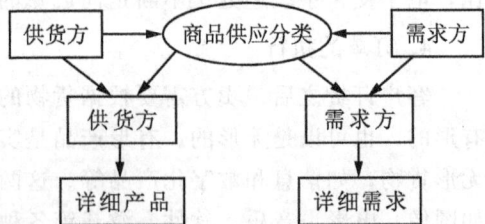

图 1-2 电子商务环境下的供需实现方式

2. 贸易磋商和签订合同

当商品的供需双方都了解到有关商品的供需信息后，具体的商品贸易磋商过程就开始了。在这里，贸易磋商和签订合同主要是指买卖双方对所有交易细节进行磋商，并将双方磋商的结果以书面文件形式确定下来。

传统贸易过程中，常常通过邮寄、电话、传真等方式传递单证。单证反映了商品交易双方的价格意向、营销策略管理要求及详细的商品供需信息。通过邮寄来传递单证在贸易磋商过程中是很费时费力的，特别是在贸易磋商回合较多的情况下更是如此。用电话虽然能够达到直接传递纸面单证的目的，但是磋商的结果仍然需要用传递纸面单证的方式来完成。用传真虽然能够达到直接传递纸面单证的目的，但是传真的安全保密性和可靠性不足，一旦发生贸易纠纷，传真件不足以作为法庭仲裁的依据。

在电子商务环境下，整个磋商过程可以在网上完成。电子商务的特点是可以签订电子商务贸易合同，交易双方可以利用现代电子通信设备和通信方法，经过认真谈判和磋商后，将双方在交易中的权利，所承担的义务，所购买商品的种类、数量、价格、交货地点、交货期和运输方式、违约和索赔等合同条款，全部以电子交易合同形式做出全面详细的规定。其标准的报文形式提高了整个交易过程的效率，减少了漏洞和失误，规范了整个贸易过程。合同双方可以利用电子数据交换（EDI）进行签约，可通过数字签名等方式防止对方抵赖。交易磋商过程如图 1-3 所示。

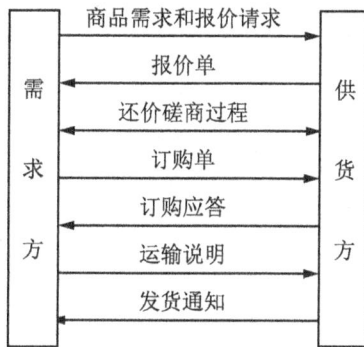

图 1-3 交易磋商过程

在电子商务应用过程中，以计算机和网络为主要工具的支持交易磋商和签订合同的系统称为支持交易过程中的系统。该系统比支持交易前的系统更进一步，它支持交易双方完成交易磋商直到电子合同签订的整个过程。

3. 支付与发运过程

传统商贸业务中的支付过程有两种形式：一种是支票方式，这种方式多用于企业间的商务过程；另一种是现金方式，这种方式比较简单，常用于企业（主要是商业零售商）对个体消费者的商品零售过程。以现金和支票为基础的付款方式在网络环境下将逐渐被淘汰，结果是，原来的支票支付方式被电子支票方式所取代，原来的现金支付方式被银行卡和电子现金所取代。电子商务中的电子支付系统是支持交易后的电子商务系统中的重要组成部分，支持交易后的系统在前两个系统的基础上更进一步，能够完成资金的支付、清算，可以进行货物承运、发货管理、到货管理等。这类系统由于涉及银行、运输等部门，所以运行机制的复杂程度和系统开发的难度会大大增加。

这一阶段是从买卖双方完成所有手续之后才开始的，卖方要备货、组货，同时进行保管、保险等，卖方将所卖商品交付给运输公司包装、起运、发货，买卖双方可以通过电子贸易服务器跟踪发出的货物。银行和金融机构按照合同处理双方收付款、进行结算，出具相应的银行单据等，直到买方收到自己所购的商品，才完成整个交易过程。当然紧接着还有售后服务、违约和索赔等需要进一步处理的事务，但电子支付系统的建设、应用和完善，是真正实现电子交易过程的基础。

三、电子交易的基本业务流程

不同类型的电子商务交易，虽然都包括交易前的准备、贸易磋商和签订合同、支付与发运过程 3 个阶段，但业务流程却有所不同。对于互联网商业来讲，目前基本业务流程可以归纳为 3 种：网络商品直销流程、企业间网络交易流程和网络商品中介交易模式。

1. 网络商品直销流程

(1)网络直销的定义与流程

网络直销是指生产厂家借助联机网络、计算机通信和数字交互式媒体且不通过其他中间商，将网络技术的特点和直销的优势巧妙地结合起来进行商品销售，直接实现营销目标的一系列市场行为。其流程如图 1-4 所示。

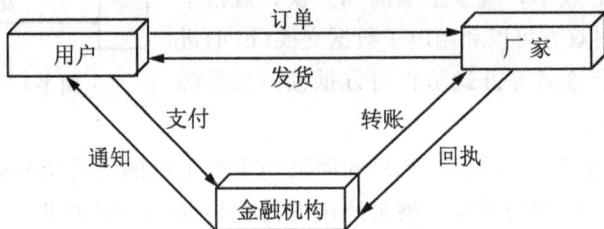

图 1-4 网络商品直销流程

由图 1-4 可以看出，网络商品直销过程的步骤如下。

①用户通过互联网络浏览厂商页面，向厂家发出购货订单。

②用户选择支付方式。

③厂家验证支付信息。

④用户付款信息得到确认后，厂家通知销售部门给用户送货。

⑤用户的开户银行将支付款项转账到厂家的开户行，并通知用户。网络商品直销完成。

为保证交易过程的安全，需要有一个认证机构，对在互联网上交易的买卖双方进行认证以确认他们的真实身份，图 1-4 演变为图 1-5。

(2)网络商品直销的优点

这种交易的最大特点是生产与需求直接见面、环节少、速度快、费用低。

①对用户来说，网络商品直销有效地减少了商品销售的中间环节，大幅度降低了交易成本，从而降低用户所购商品的最终价格。用户只需访问企业的网页，即可清楚地了

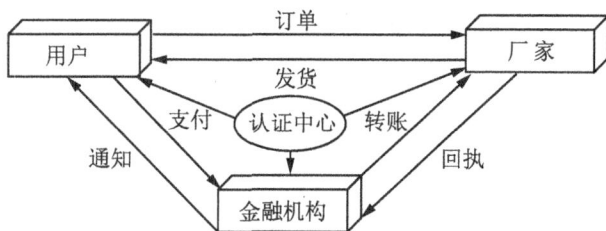

图 1-5　包含认证中心的网络商品直销

解所需商品的品种、规格、价格等情况，而且主页上的价格既是企业产品的出厂价，同时也是用户接受的最终价。另外，许多使用中经常出现的问题，用户都可以通过查阅企业的主页找到答案，或者通过电子邮件(E-Mail)与企业的技术人员直接交流。

②对厂家来说，减少了分销商的层层加价过程，从而使企业的销售利润大幅度提高，竞争能力不断增强。网络商品直销还能够有效地减少售后服务的技术支持费用，减少技术服务人员的数量和技术服务人员出差的次数，从而降低企业的经营成本。另外，利用网络工具如电子邮件、公告牌等直接联系消费者，可以及时了解用户对产品的需求和意见，从而针对这些要求向用户提供技术服务，解决难题，提高产品的质量，改善企业的经营管理。

(3)网络商品直销的不足

①用户易受不实宣传与虚假广告欺骗。购买者只能从网络广告上判断商品的型号、性能、样式和质量，对实物没有直接的感知，在很多情况下可能产生错误的判断；而某些生产者也可能利用网络广告对自己的产品进行不实的宣传，甚至可能打出虚假广告欺骗顾客。

②用户个人信息及财产安全存在威胁。购买者利用银行卡进行网络交易，不可避免地要将个人银行信息输入网络终端，使犯罪分子可能利用各种高新科技的作案手段窃取用户的银行卡卡号和密码信息，进而盗窃用户的钱款，支付过程的安全受到威胁。

2. 企业间网络交易流程

企业间网络交易是 B2B 电子商务的一种基本形式。企业以信息化的内部管理作为网络交易的起点，交易从寻找和发现客户出发，企业利用自己的门户网站或网络服务商的信息发布平台发布商品供求、合作、招投标等商业信息。借助互联网超越时空的特性，企业可以方便地了解到世界各地其他企业的购买信息，同时也有随时被其他企业发现的可能。通过外部的商业信用平台，买卖双方可以进入信用调查机构申请对方的信用调查；通过产品质量认证平台，可以对卖方的产品质量进行认证；然后在信息交流平台上通过对价格协商，运输与交货环节的确认，签订购物合同后，就可以实施电子支付并委托物流企业给用户发货。用户对产品信息的反馈可以直接进入企业网站，图 1-6 反映了整个 B2B 的电子商务交易流程。

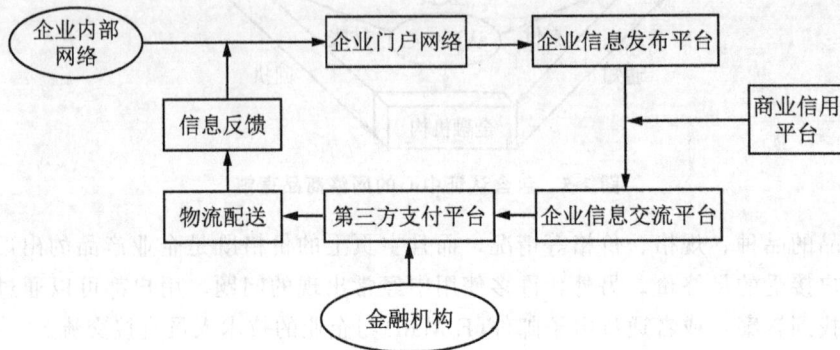

图 1-6　企业间网络交易流程

3. 网络商品中介交易模式

(1)网络商品中介交易的定义与过程

网络商品中介交易是指交易双方不发生直接的沟通，而是通过网络商品交易中心，即虚拟网络市场进行的交易。在整个过程中，交易中心以互联网为基础将商品供应商、采购商和金融机构紧密地联系起来，配合认证中心对交易各方的身份认证，为交易的各方提供市场信息、商品交易、仓储配送、支付结算等全方位服务。其流程如图 1-7 所示。

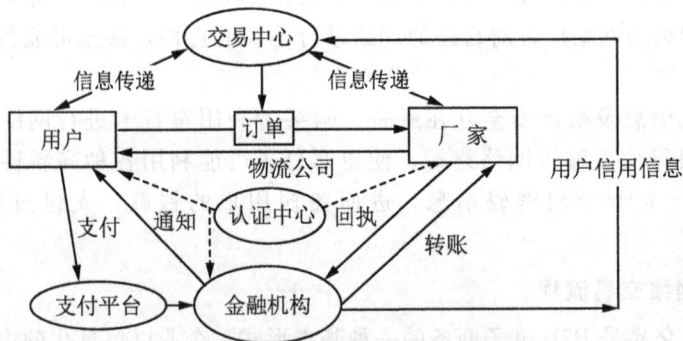

图 1-7　网络商品中介交易流程

网络商品中介交易过程可以分为以下步骤。

①交易双方将供需信息通过网络上传给网络商品交易中心，交易中心向参与者发布大量的、详细的交易数据和市场信息。

②交易双方根据交易中心提供的信息选择自己的贸易伙伴，交易中心从中撮合，促

使交易双方签订合同。

③买方在交易中心指定的支付平台办理付款手续。

④交易中心委托物流公司将卖方的货物送交买方。

⑤金融机构向交易双方发送收、付款信息。

⑥交易中心向交易双方发送发货信息。

金融机构向交易中心提供用户的信用信息；认证中心在交易执行之前确认交易各方的合法身份，如果对交易过程有较高的安全性要求，也可以启用更高级别的动态认证方式，即在交易进行的每一次信息传递过程中，都使用一次对参与交易各方的认证程序。

（2）网络商品中介交易的优缺点

通过网络商品中介进行交易具有如下优点。

①网络商品中介为企业提供了无形的巨大市场，参与者还可以通过网络商品交易中心充分地宣传自己的产品，及时沟通市场信息。

②网络交易中介提供的认证服务和交易流程可以降低买卖双方的交易风险。

③网络交易中介的统一结算方式，可提高资金的风险防范能力，避免资金的截留、占用及挪用。

通过网络商品中介进行交易也存在如下不足。

①通过网络商品交易中心进行的交易成功后，网络商品交易中心将对交易双方提取一定的费用。

②由于网络商品交易中心参与交易过程，与交易有关各方，如买方、卖方、认证中心、银行等具有较多关系，所以也存在对网络商品交易中心的监管问题。

第三节　传统支付与电子支付

一、传统支付方式的演变

随着电子商务系统的建设、发展和广泛应用，人们对其中的支付系统的运行效率和服务质量的要求也越来越高，电子支付系统的发展也日趋成熟。

传统的支付方式通过现金的流转、票据的转让以及银行的汇兑等物理处理过程来完成款项的转移，而电子支付则是通过数字化方式完成交易款项的支付。在介绍电子支付系统之前，我们先来了解一下传统的支付过程和所采用的支付工具。

1. 支付及支付结算

（1）支付

支付是指为了清偿经济行为人之间由于商品交换和劳务活动引起的债权、债务关系，将资金从付款人账户转移到收款人账户的过程。支付是银行向客户提供的主要服务。虽然支付源于交换主体之间的交换活动，但由于银行作为信用中介的介入，最终演化为银行与客户之间、客户的开户行之间的资金收付关系；而银行之间的资金收付交易，又必须通过中央银行的资金清算，才能最终完成整个支付过程。

（2）支付结算

《中华人民共和国票据法》（以下简称《票据法》）和《中华人民共和国支付结算办法》中规定，支付结算是指单位、个人在社会经济活动中使用票据、信用卡和汇兑，通过托收承付、委托收款等结算方式进行货币级支付及资金结算的行为。支付结算有以下特征。

①支付结算必须依法进行。

②支付结算的发生取决于委托人的意志。

③支付结算实行统一和分级管理相结合的管理体制。

④支付结算必须通过中国人民银行批准的金融机构进行。

2. 支付方式的演变

支付、支付工具与支付方式的演变和发展是与人类社会文明演变和发展的过程相一致的。这个过程大体上分为 4 个阶段。

（1）原始社会的支付方式

在原始社会，支付以最原始的交换方式进行，即便有交换，也是一种直接的以物易物，交换过程和支付过程同时发生。这时不存在支付工具。

（2）自然经济社会的支付方式

自然经济社会对应的是以实体货币为媒介的支付方式。这时的交换是以某种物质（主要是贵金属）作为一般等价物进行交换，货币由此产生。交换和支付同时发生，货币作为支付工具，初级的支付系统已形成。

（3）工业化经济社会的支付系统

工业化经济社会对应的是以银行信用为主的支付系统。在工业化经济社会，信息传播媒体多样化，各种形式的信息收集、加工和传播的壁垒被打破，信息具有了社会化的性质。作为信用中介的银行则在社会交换和支付中起到了关键的作用，最为典型的支付工具——支票应运而生。买方通过将资金存入银行，在商品购买过程中，用银行的信用工具支票进行支付，而卖方则通过支票得到所售商品的资金。商品的交换过程与支付过程发生分离，产生各种具有银行信用性质的支付工具，如支票、汇票、本票等，比较完善的支付系统已经建立。

（4）信息经济社会的支付方式

信息经济社会对应的是电子化、网络化的现代支付方式。目前，由于信息化技术的不断发展，信息采集、加工、储存和传递越来越依靠计算机、网络通信手段。互联网的普及使世界变成地球村，经济全球一体化已成为现实，整个社会的商品交换规模极度扩大。与之相适应，支付方式也发生了根本性的变革，出现了各种现代化的电子支付系统。基于网络的支付系统不仅使支付自动化、快速化和安全化，而且适用范围更广。随之衍生的支付工具种类繁多，如银行卡、电子现金、电子支票等。针对电子商务不同应用的各种网上支付体系建设已日趋完善。

3. 主要的传统支付方式

（1）现金支付

现金（cash）有两种形式，即纸币和硬币，由国家组织或政府授权的银行发行。在现金交易中买卖双方处于同一位置，而且交易是匿名进行的。

利用现金进行交易的流程如图 1-8 所示。

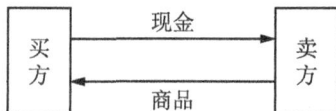

图 1-8　现金交易流程

由图 1-8 中可以看出，现金交易过程的主要特点是：

①现金具有匿名性，只要持有现金就可用于支付，不必追究持有人的身份。因为现金本身是有效的，其价值是由发行机构加以保证的。

②现金支付具有分散性的特点，使用方便、灵活，交易方式简单，只需在收款人和付款人之间进行，不必在某时某地集中处理。

③如果收款人对现金本身的真实性无异议，现金支付过程即"一手交钱，一手交货"。交易双方可以马上实现交易目的，即消费者用现金买到商品，商家用商品换取现金。

当然，这种交易方式也存在一些缺陷，主要表现在：一方面，它受时间和空间的限制，对于不在同一时间、同一地点进行的交易，无法采用现金支付的方式；另一方面，由于现金携带不方便，制钞、运钞成本大，又无法核实现金持有人的身份，这种高成本、携带不便性以及由匿名产生的风险性决定了现金作为支付手段的局限性。所以现金通常用于个人之间以及个人与商家之间金额较小的支付活动。

（2）票据支付

票据是出票人依据《票据法》发行的、无条件支付一定金额或委托他人及专门机构无条件支付一定金额给收款人或持票人的一种文书凭证。使用票据支付方式进行交易可以弥补现金支付方式的弊端。

我国《票据法》将票据分为汇票、本票和支票 3 种。汇票是指出票人委托他人于到期日无条件支付一定金额给收款人的票据；本票是指出票人承诺于到期日无条件支付一定金额给收款人的票据；支票则是指出票人委托银行或其他法定金融机构在见票时无条件支付一定金额给收款人或持票人的一种文书凭证。

广义的票据包括各种记载一定文字、代表一定权利的文书凭证，如车船票、汇票、股票、债券、货单等。狭义的票据是一个专有名词，专指《票据法》所规定的汇票、本票和支票等票据。

作为支付手段，各种票据(指汇票、本票和支票)都可以使用。如消费者支付商品款给商家，可以直接签发本票，也可以签发汇票或支票。但不论是何种形式，都需要出票人的签名方能生效。本票是由付款方通过银行处理；当在交易中使用汇票和支票支付时，由付款方签名后交给收款方，收款方需要通过银行来处理票据，在银行系统顺利结算后，收款人才可以提款。

图 1-9 所示的是支票支付的交易流程。在支票交易过程中，支票由付款方签章即可生效，买卖双方无须处于同一位置，收款方在支票上背书签名后需通过银行处理支票，处理过程不出意外，此笔款项才能转到收款方账户中。

图 1-9　支票交易流程

汇票的交易流程与支票的交易流程大体相同，也是由收款方通过银行来处理的。

与现金支付方式相比，利用票据进行交易的主要特点是：

①用票据代替现金支付，可以大大减少携带现金的不便和风险。

②票据作为支付工具，可以避免清点现金可能出现的错误，并节省了清点时间。

③突破了现金交易同时同地的局限，增加了实现交易的机会。

④票据的汇兑功能使得大额交易成为可能。

⑤票据需有出票人的签名方能生效，支付方式不再匿名。

但票据本身也存在一定的不足，如票据的真伪、遗失等都可能带来其他的麻烦；另外票据支付方式的成本较高，对小额支付的方便性和时效性不如现金支付。

二、电子支付的特征与类型

1. 电子支付的特征

电子支付指的是交易双方通过电子终端，直接或间接地向金融机构发出支付指令，实现货币支付与资金转移的一种支付方式，它是以电子方式处理交易支付的各种支付方式的总称。电子支付是电子交易活动中最核心、最关键的环节，是交易双方实现各自交易目的的重要一步，也是电子交易得以进行的基础条件。没有它，电子交易只能停留在电子合同阶段。离开了电子交易，电子支付又会变成单纯的金融支付手段。因此在进行电子交易的过程中，电子支付必不可少。

与传统的支付方式相比，电子支付具有以下特征。

①电子支付采用先进的技术通过数字流转完成信息传输，其各种款项支付都采用数字化的方式进行；而传统的款项支付则是通过现金的流转、票据的转让及以后的汇兑等物理实体的流转方式来完成。

②电子支付的工作环境基于一个开放的系统平台（如互联网）之中；而传统的支付则是在较为封闭的系统中运作。

③电子支付使用最先进的通信手段；而传统支付使用的是传统的通信媒介。电子支付对软、硬件设施的要求很高，一般要求有联网的计算机、相关的软件及其他一些配套设施；而传统支付则没有这么高的要求。

④电子支付具有方便、快捷、高效、经济的优势。用户只要拥有一台上网的终端设备，便可以足不出户，在很短的时间内用比传统支付方式低得多的费用完成整个支付过程。

⑤电子支付需要其他安全技术的支持，因为电子支付工具和支付过程有无形化、电子化的特点，因而对电子支付工具的安全管理不能依托一般的防伪技术，而要通过用户密码、软硬件加密和解密系统以及防火墙等网络安全设备的安全防护功能来实现。

2. 电子支付的类型

电子支付的业务类型按电子支付指令发起方式的不同，分为网上支付、电话支付、移动支付、销售点终端交易、自动柜员机交易和其他电子支付。而其中最主要的是存在于互联网上的网上支付。相对于其他类型的电子支付，它虽然也"摸不着"，但至少能够"看得见"款项的来龙去脉，比传统结算方式简单快捷，而且又能随时查询，因此被广泛采用。近几年来，伴随着我国通信技术的发展以及智能手机的普及，移动支付的使用率持续提高，业务量不断增长。移动支付正逐步替代部分网上支付、电话支付业务，代表着电子支付发展的新方向。

另外，从金融法学界和电子商务法学界对电子支付的研究情况来看，电子支付有广义和狭义之分：广义的电子支付指支付系统中包括的所有以电子方式，或者说是以无纸化方式进行的资金的划拨与结算（包括网上支付、电话支付、移动支付等）；而狭义的电子支付则仅指网上支付。

此外，电子支付还可按照支付组织的不同，分为银行转账支付和第三方支付。由于银行支付系统没有全面考虑与电子商务交易系统、物流配送系统和电子政务系统在IT

层面的深度融合，银行系统的电子支付没有很好地向在线支付升级，从而导致非常发达的银行体系的电子支付却不能满足现代电子商务快速发展需要的尴尬局面，同时也催生了第三方支付的兴起，例如阿里巴巴的支付宝、腾讯的财付通等。

电子支付根据支付信息形式的不同，可分为电子代币支付和指令支付。电子代币支付是指消费者使用电子支付时，服务器中传输的数据流就是货币，和现实中使用的纸币意义相近。指令支付是指将包含币种、支付面额等信息的数据指令通过网络发送给银行或第三方支付平台，然后对方根据此指令对该账户进行转账操作，完成支付。

3. 网上支付工具

网上支付是电子支付的一种形式，是以互联网为基础，利用银行所支持的某种数字金融工具，发生在购买者和销售者之间的金融交换，通过实现从购买者到金融机构、商家之间的在线货币支付、现金流转、资金清算、查询统计等过程，为电子商务服务和其他服务提供金融支持。因此，可以说网上支付是电子支付中采用更低廉、应用更方便的一种以互联网络作为其运行平台的支付方式。

作为电子支付的一种重要的业务类型，网上支付在电子商务流程中起着极其关键的作用，是不可或缺的组成部分。它是一种资金或与资金有关的信息通过网络进行交换的行为，在普通的电子商务中就表现为消费者、商家、企业、中间机构和银行等通过互联网所进行的资金流转。这种流转主要通过网上支付工具来实现，如信用卡、电子现金、电子支票、电子钱包、借记卡等。

①信用卡。信用卡是银行或金融机构发行的、授权持卡人在指定的商店或场所进行记账消费的信用凭证，是一种特殊的金融商品和金融工具。信用卡主要有4种功能，即转账结算功能、消费借贷功能、储蓄功能和汇兑功能。利用信用卡结算可以减少现金货币的流通量，简化收款手续；持卡人即使到外地和国外，也可以凭卡存取现金和消费，免去了随身携带大量现金的不便，而且又有安全保障；银行为持卡人和特约商户提供高效的结算服务，并为持卡人提供一定信用额度内的先消费后还款服务。

②电子现金。电子现金又称为数字现金，是一种以数据形式流通的、能被消费者和商家接受的、通过互联网购买商品或服务时使用的货币。

电子现金是以电子形式存在的现金货币，其实质是代表价值的数字。这是一种储值型的支付工具，使用时与纸币类似，多用于小额支付，可以实现脱机处理。按其载体来划分，电子现金主要包括两类：一类是币值存储在IC卡上，另一类是以数据文件存储在计算机的硬盘上。

③电子支票。电子支票是一种借鉴纸张支票转移支付的优点，利用数字传递将钱款从一个账户转移到另一个账户的电子付款形式。电子支票主要用于企业与企业之间的大额付款。电子支票的支付一般是通过专用的网络、设备、软件及一整套的用户识别、标

准报文、数据验证等规范化协议完成数据传输，从而保证支付的安全性。支票与现金的最大区别是有明确的用途以及个人签名等。在交易中，商家要验证支票的签发单位是否存在，支票的单位是否与购货单位一致，还要验证消费者的个人签名。

④电子钱包。电子钱包通常也叫储值卡，是用集成电路芯片来储存电子货币并被顾客用来作为电子购物活动中常用的一种支付形式。使用电子钱包的顾客通常在银行里都是有账户的。在使用电子钱包时，将相关的应用软件安装到电子商务服务器上，利用电子钱包服务系统就可以把自己的各种电子货币或银行卡上的数据输入进去。电子钱包里可以装各种电子货币。

⑤借记卡。借记卡上的钱是以一种加密的形式保存下来的，而且由一个口令保护，以保护卡中内容的安全。借记卡持卡人是某特定银行的客户，持卡人在特约商店消费后，通过电子银行系统授权，发卡行在线检查持卡人银行账户资金额是否能满足本次支付需求。与信用卡不同，借记卡不提供透支消费，持卡人必须在发卡行有存款。多数持卡人使用借记卡通过 POS 终端付款，并且目前银行基本上都提供借记卡网上支付功能。

这些网上支付结算工具的共同特点是：将现金或货币无纸化、电子化和数字化，应用以互联网为主的网络进行资金信息的传输、支付和结算，辅以网络银行，实现完全的网上支付。

4. 网上支付过程

基于互联网平台的网上支付结算流程与传统的支付结算过程是类似的，但网上支付离不开银行的参与，网上支付体系必须借助银行提供的支付工具、支付系统，以及金融专用网的支持才能实现。参与方通常包括用户、网商和银行。网上支付过程包括以下步骤（见图 1-10）。

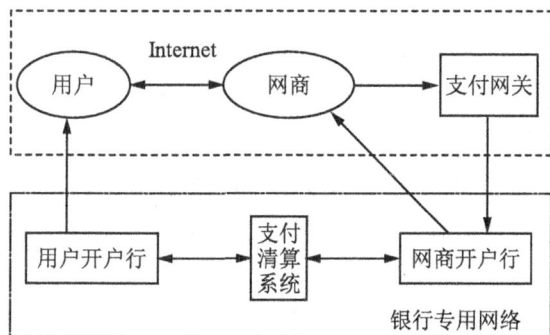

图 1-10　网上支付过程图

①用户登录网商销售站点，选购商品，确认支付方式，向网商发出购物请求。
②网商把用户的支付指令通过支付网关发送给网商的开户行。

③网商的开户行通过银行专用网络从用户的开户行(发卡行)取得支付授权后,把确认支付信息发送给网商。

④网商得到银行传来的授权结算信息后,给用户回送支付授权确认和发货通知。

⑤银行之间通过金融专用的支付清算网络完成行间的清算,把货款从用户的账户划拨到网商的账户上,并分别给网商和用户回送支付结算成功的信息。

由此可以看出,支付结算过程是由支付网关、网商开户行、用户开户行,以及银行专用网络组成的网上支付通道完成的。

网上支付流程实现的是资金的立即支付,它适用于较小金额的电子商务业务,对较大金额的资金支付结算,则很少采用在互联网上立即支付的方式。目前大额支付普遍采用独立于商务交易环节的金融 EDI 系统或银行专用的支付系统来完成。中国人民银行清算总中心 2005 年 6 月建成的大额支付系统,实现了跨行异地大额支付业务的逐笔清算和实时到账;2006 年 6 月建成的支持各种支付工具的小额支付系统,实现了小额支付业务的批量处理和轧差清算;2007 年 6 月建成的提供支票信息及图像传输服务的支票影像系统,实现了支票在全国的通用;2009 年 11 月建成的电子商业汇票系统,标志着我国商业汇票业务进入电子化时代;2010 年 10 月建成的网络支付跨行清算系统,是中国人民银行支付清算系统的核心应用之一,并于 2012 年进行了升级,又被称为"超级网银",主要支持网上跨行零售支付业务的处理。所有这些复杂的支付业务处理和结算都在银行专用网络中完成,而对用户和商家来说,可以在任何一家能参与人民银行结算的银行开户,在交易过程中只需要商家向支付网关发送支付信息。

三、电子商务、电子交易与电子支付的关系

商务必定引起交易,交易必然需要支付。这句话简单地概括了商务、交易与支付的关系。在电子商务领域这一关系仍然存在。

1. 电子商务与电子支付的关系

电子商务包含着两个方面的内容,一是电子化手段,二是商务活动。它以商务为核心,以电子为手段。这里讲的电子化手段包括自动捕获数据、电子数据交换、电子邮件、电子资金转账、网络通信和无线移动技术等各种电子通信技术手段。而商务活动则可以从以下两个角度描述。

①从交易模式上。包括企业内部的管理活动,以及企业与企业之间通过外联网或专用网方式进行的业务协作和商务活动、企业与消费者之间通过互联网进行的商务活动、消费者与消费者之间通过互联网进行的商务活动。

②从商务活动的内容上。不仅包括电子商务的面向外部的业务流程,如网络营销、电子支付、物流配送等,还包括企业内部的业务流程,如企业资源计划、管理信息系

统、客户关系管理、供应链管理、人力资源管理、网上市场调研、战略管理及财务管理。

2. 电子交易与电子支付的关系

电子交易是狭义的电子商务，它是电子商务的一个组成部分。电子交易活动是电子商务活动的核心内容，现代商务是电子商务，现代交易则是电子交易。

在电子交易中，电子支付又是电子交易的核心内容之一。在电子交易过程中，交易双方必须通过电子支付方式进行资金转移，并完成实物的合理配送，才能够实现一个完全意义上的电子交易过程。实现货币资金流动的电子支付可有各种不同的方式，如网上支付、电话支付、移动支付等，其中最主要的是网上支付方式。

电子商务、电子交易与电子支付的关系如图 1-11 所示。

采购方通过电子手段向供应方提出订单，供应方接到订单后，通过企业内部网络的管理信息系统、供应链管理系统、客户关系管理系统或企业资源计划系统自动将订单分解到各个生产车间进行生产。双方通过电子支付方式进行资金转移，并完成实物的配送，从而实现企业的电子商务。

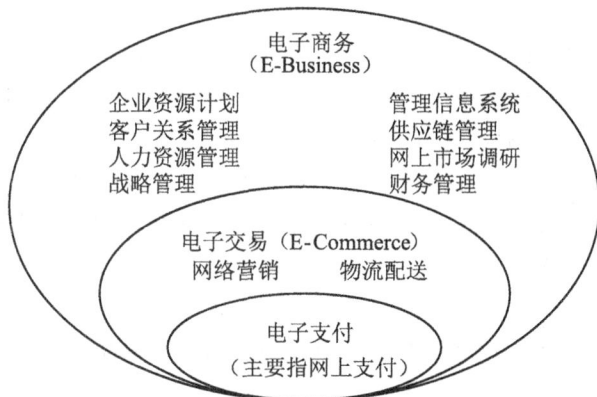

图 1-11　电子商务、电子交易与电子支付的关系

【本章小结】

本章共分为 3 个部分：第一部分是对电子商务的概述，重点引出狭义的电子商务——电子交易(E-Commerce)；第二部分介绍电子交易的内容和基本业务流程；第三部分对传统支付与电子支付分别进行了详细的介绍，并介绍了电子支付的特征与类型、网上支付工具和网上支付过程，着重描述了电子商务、电子交易与电子支付的关系。

【关键概念】

狭义的电子商务　广义的电子商务　电子交易　传统支付　电子支付　网上支付

【思考与练习】

1. 解释电子交易的内涵以及电子交易与传统交易的区别。
2. 简述各种电子交易模式的特点。
3. 简述电子商务、电子交易与电子支付三者之间的关系。
4. 电子商务对交易中的支付活动提出了哪些新的要求？
5. 电子交易的基本业务有哪些？简述它们的工作流程。

【案例分析】

淘宝与支付宝

淘宝网自2003年成立以来，经过十几年的发展已经成为了在中国深受欢迎的电子商务网站，其增长速度之快、规模扩张之大是国内网络零售市场绝无仅有的。作为中国最大的C2C交易市场，淘宝网成立后只用了4年时间，到2007年就已经占有中国网购市场70％以上的市场份额，占据了C2C市场80％以上的市场份额；到2014年年底，淘宝网占据C2C市场的市场份额高达95.1％，拥有注册会员近5亿，日活跃用户超过1.2亿，在线商品数量达到10亿。阿里巴巴集团公布的2019财年第二季度财报显示，目前天猫＋淘宝网络零售平台年度活跃消费者已突破6亿，相当于中国人口总数的45％。

淘宝网的真正快速增长，来源于一个极为重要的创新，即推出支付宝。淘宝网在成立初期就发现，阻碍大量网民使用C2C电子商务的主要原因是支付手段的不完善。当时中国用户不像国外用户，已经习惯于使用信用卡或网上直接支付。支付宝这一极富中国特色的在线支付平台的推出，真正解决了网民的心结，从而实现了淘宝网用户量和交易量的极大增长。

支付宝（中国）网络技术有限公司是国内最大的第三方支付平台，由阿里巴巴集团创办。支付宝（www.alipay.com）致力于为中国电子商务提供简单、安全、快速的在线支付解决方案。从2004年建立开始，支付宝公司始终以信任作为产品和服务的核心，不仅从产品上确保用户在线支付的安全，同时让用户通过支付宝在网络间建立起相互的信任，为建立纯净的互联网环境迈出了非常有意义的一步。

作为国内先进的网上支付平台，支付宝体系的实质是以支付宝为信用中介，在买家确认收到商品前，由支付宝替买卖双方暂时保管货款的一种增值服务。通过与众多商业银行的联手，长期困扰中国电子商务发展的安全支付瓶颈获得实质性突破，使中国电子商务由此成为真正安全的电子商务，并进入突飞猛进的发展阶段。

2005 年，阿里巴巴宣布"支付宝"推出"全额赔付"制度，对于使用"支付宝"而受骗遭受损失的用户，支付宝将全部赔偿其损失，这在国内电子商务网站为首例。"你敢用，我就敢赔"，主动全额赔付以保障用户利益。这一制度显示了阿里巴巴解决电子商务支付问题的决心，以及对"支付宝"产品的绝对信心，也因此成为更多网民转为"网商"的坚实保障。

支付宝提出的建立信任，化繁为简，以技术创新带动信用体系完善的理念，深得人心。因此公司成立后只用了 3 年时间，支付宝用户就覆盖了整个 C2C、B2C 以及 B2B 领域。支付宝创新的产品技术、独特的理念及庞大的用户群吸引了越来越多的互联网商家将支付宝作为其首选在线支付体系。

2009 年 7 月，支付宝总裁邵晓锋在公司半年度大会上宣布，支付宝用户数突破 2 亿大关，日交易额达到 7 亿元，日交易笔数达到 400 万笔；而到 2016 年支付宝发布的全民账单数据显示，支付宝实名用户已达 4.5 亿人；2019 年 1 月，支付宝官方微信对外公布的最新用户数显示，当前支付宝及其合作伙伴全球活跃用户数已经超过 10 亿，已是全球最大的移动支付服务商。

目前支付宝已经与超过 200 家金融机构达成合作，为上千万小微商户提供支付服务。随着场景拓展和产品创新，拓展的服务场景不断增加，支付宝已发展成为融合了支付、生活服务、政务服务、理财、保险、公益等多个场景与行业的开放性平台。支付宝还推出了跨境支付、退税等多项服务，让中国用户在境外也能享受移动支付的便利。除了我们常用的支付宝，世界上还有 9 个"本地版"的支付宝。支付宝和 9 个国家、地区的合作伙伴，通过 10 个"支付宝"一起为全球 10 亿人提供服务。

思考：

1. 为什么淘宝用户由于支付宝的推出而增长？
2. 说明支付宝的信用中介作用。

第二章
电子银行及其支付体系

【本章重点】

◆ 电子银行的概念与组成
◆ 电子银行综合业务服务系统结构
◆ 商业银行提供的电子支付服务
◆ 支付体系的功能与作用
◆ 支付组织的概念与监管

第一节　电子银行系统

　　电子交易的实现离不开电子支付的支持，电子支付技术的成熟和人们对电子支付方式的广泛接受得益于银行业务的电子化以及电子银行的出现和普及。近年来我国电子银行系统快速发展，积极发挥积累的技术和产品优势，满足"一带一路"沿线国家和地区的支付基础设施建设、普惠金融、政府服务等方面的需求，推进"一带一路"沿线支付网络互联互通。

一、电子银行概述

1. 银行的电子化

　　银行的电子化进程主要经历了 4 个阶段：手工操作转为计算机处理，提供自助银行服务，提供金融信息服务和提供网上银行服务。

　　20 世纪中期，在人们还没有电子商务这个概念时，银行就开始了自身的电子化革命。由于当时银行传统办公手段的效率已经无法满足社会对银行服务的需要，人们逐渐将计算机和通信(Computer & Communication，C&C)技术引入银行的业务处理，如各种银行卡和电子销售点 POS 的推出，电子资金转账(Electronic Funds Transfer，EFT)

等系统的建立和推广应用，使商务中资金支付活动的各方真正有机地联系在一起，形成应用于不同场合的电子支付结算系统。

电子资金转账（EFT）是指使用电子通信设备将现金从一方转付给另一方。在电子资金转账过程中不需要使用纸质凭证。银行把现金从一个账户划拨到另一个账户之后，只要记一笔简单的日记账分录就可以了。由于 EFT 成本低廉且使用便捷，所以越来越多的企业都开始使用 EFT。[①]

银行为充分发挥电子化处理的效率，开发了大量新型的自助银行服务项目。在实现支付结算服务电子化的基础上，又积极将信息技术融入银行业务中。比如银行利用交易数据的统计和分析结果向客户提供金融信息增值服务，强化银行的经营管理，完善银行的电子监控体系，从而使传统银行进入电子银行时代。

2. 电子银行的概念

在研究电子银行的概念之前，我们先来看一下什么是网络银行。

（1）网络银行

网络银行，又称网上银行或在线银行，英文为 Internet Bank 或 Network Bank，是指以信息技术和互联网技术为依托，通过互联网平台向用户开展和提供开户、销户、查询、对账、行内转账、跨行转账、信贷、网上证券、投资理财等各种金融服务的新型银行机构与服务形式，为用户提供全方位、全天候、便捷、实时的快捷金融服务系统。本书第八章将详细介绍网络银行的内容。

（2）电子银行

电子银行就是银行借助各种电子业务系统，利用网络平台，向其客户提供全方位、全天候、高品质又安全的银行服务。根据国际清算组织的定义，电子银行业务泛指银行利用电子化网络通信技术从事与银行业相关的活动，包括电子银行业务和电子货币行为。

①电子银行业务指通过电子化渠道提供的银行业产品和服务，包括利用计算机和互联网开展的网上银行业务，利用移动电话和无线网络开展的手机银行业务，以及其他利用电子服务设备和网络，由客户通过自助服务方式完成金融交易的网络服务方式。

②电子货币行为是与电子货币创造和应用有关的各种活动。电子货币（Electronic Money），是指用一定金额的现金或存款从发行者处兑换并获得代表相同金额的数据，或者通过银行及第三方推出的快捷支付服务，使用某些电子化途径将该数据转移，从而能够进行交易。严格意义上讲，电子货币是指消费者向电子货币的发行者使用银行的网络银行服务进行储值和快捷支付，通过媒介（二维码或硬件设备），以电子形式使消费者进

---

① 崔学刚：《会计学原理》，北京，中国人民大学出版社，2012。

行交易的货币。电子货币行为的实现方式包括通过 POS 机、两个互联设备的端对端连接，或互联网等开放通信网络的支付功能；储值产品即基于各种卡的"电子钱包"和基于网络技术的"数字化现金"。储值卡的功能可能是单一的（如电话卡），也可能是多功能的（如校园卡）。

由此可见，我们目前常用的网上银行业务、电话银行业务、手机银行业务和短信银行业务都属于电子银行业务的范畴，再加上电子货币的功能，使电子银行的业务范畴比网络银行更加宽泛。

二、电子银行的业务渠道

从国际清算组织的定义中我们可以看出，电子银行业务包括传统银行业务的电子化和在电子货币基础上的银行电子商务。在实际应用中，这两个层次是相互交织的，电子货币行为融合在银行业务中，电子货币基础上的银行业务是网络经济时代对金融服务提出的新要求。电子银行提供的业务渠道主要由网上银行、电话银行、手机银行、商业POS 系统、自助银行等组成，如图 2-1 所示。

```
                        电子银行
         ┌──────┬──────┬──────┬──────────┬──────┐
      网上银行  电话银行  手机银行  商业POS系统  自助银行
```

图 2-1 电子银行业务渠道

1. 网上银行

网上银行是各银行在互联网中设立的虚拟柜台，银行利用网络技术，通过互联网向客户提供开户、销户、查询、对账、行内转账、跨行转账、信贷、网上证券、投资理财等传统服务项目，使客户足不出户就能够安全便捷地管理活期和定期存款、支票、信用卡及个人投资等。[①] 2017 年 12 月 1 日，《公共服务领域英文译写规范》正式实施，规定网上银行的标准英文名为 Online Banking Service，主要业务针对个人网上银行和企业网上银行；网上银行可以从服务载体、服务场所和服务内容 3 个层次来理解。

①网上银行的服务载体。它脱离了传统银行的分支结构和各种纸介的票据表单，用户无须与银行的业务人员见面，通过填制电子表格和电子凭证，借助于虚拟的网络空间，就可以享受银行服务。

②网上银行的服务场所。它不再需要交通方便的商业地段和设施齐全的营业柜台，银行只需要设计友好、操作方便的用户界面，借助客户自己的网络终端就可以向客户提

---

① 九州书源：《电脑上网》，北京，清华大学出版社，2009。

供跨地域、没有时间限制的服务，具有 3A 特点，即能在任何时候（Anytime）、任何地方（Anywhere）、以任何方式（Anyhow）为客户提供金融服务。

③网上银行的服务内容。现在各大银行提供的网上银行服务主要有账户管理、查询、转账汇款、投资理财、网上购物（与银行签约的特定商户，但大多是与第三方的支付平台相结合）、缴费支付、收付款、代理行业务等。实际上，由于网上银行的交互性特征，网上银行提供的服务已经不局限于传统的银行服务和由于新技术的引入所带来的新型业务，还跨越了银行业的界限，向证券、保险和其他行业渗透，能够为客户提供更加合适的个性化金融服务。

世界著名的网络银行咨询公司 Gomez 要求在线银行至少提供以下 5 种业务中的一种，才有进入网络银行评价体系的资格：网上支票账户、网上支票异地结算、网上货币数据传输、网上互动服务和网上个人信贷。目前，我国各行网上银行基本实现网上货币数据传输、网上互动服务和网上个人信贷业务。中国人民银行于 2007 年 6 月 25 日建成全国支票影像交换系统，实现了支票在全国范围的互通使用，企事业单位和个人持任何一家银行的支票均可在境内所有地区办理支付。目前，系统运行稳定，全国支票使用量逐步增加，我国银行业网上支票账户、网上支票异地结算业务的实现指日可待。自 2017 年 9 月 4 日起，银行业金融机构统一通过小额批量支付系统处理全国支票影像交换系统业务。2017 年 1 月 1 日至 9 月 3 日，全国支票影像交换系统共处理业务 443.50 万笔，金额 2 456.87 亿元。日均处理业务 1.80 万笔，金额 9.99 亿元。[①]

2. 电话银行

电话银行是实现银行现代化经营与管理的基础，它通过电话这种现代化的通信工具把用户与银行紧密相连，使用户不必去银行，无论何时何地，只要拨通电话银行的电话号码，就能够得到电话银行提供的其他服务（往来交易查询、申请技术、利率查询等）。银行安装上这种系统以后，可提高服务质量，增加客户，带来更好的经济效益。

电话银行业务一般适用于个人银行业务，有 3 种主要的电话服务类型。

第一类是语音自动提示系统。要求客户在使用该系统时，必须用双音频电话把数字化信息传递到银行自动服务系统中，系统通过不断提出一个又一个问题，引导客户完成交易。

第二类系统完全由接线员为客户服务，而不使用自动语音提示系统。

第三类系统是将与银行自动服务系统联机的个人电脑作为服务载体，再通过电话传输数字式信息的方式完成交易。

---

① 中国人民银行：《2017 年支付体系运行总体情况》，2018-03-08。

3. 手机银行

移动银行(Mobile Banking Service)也可称为手机银行，是利用移动通信网络及终端办理相关银行业务的简称。作为一种结合了货币电子化与移动通信的崭新服务，移动银行业务不仅可以使人们在任何时间、任何地点处理多种金融业务，而且极大地丰富了银行服务的内涵，使银行能以便利、高效而又较为安全的方式为客户提供传统和创新的服务。目前，手机银行的主要功能有：查询、转账汇款、电话缴费、网上消费实时支付、信用卡还款、理财产品、智能提醒通知等。

当前，中国多家银行已与移动运营商合作先后开发了手机银行业务。2003 年 8 月，中国移动、中国银联建立了专门服务于移动支付业务的合资公司——联动优势科技有限公司，是目前国内跨综合支付服务、智能金融信息服务、移动化的本地多应用服务三大领域的移动金融及移动电子商务产业链服务提供商。该公司作为专业化的移动支付服务商，为移动用户提供"手机钱包"和"银信通"服务，为广大商户提供方便、快捷的支付渠道，为手机银行提供了良好的应用环境。2011 年 1 月，联动优势电子商务有限公司成立，全面负责联动优势旗下的支付业务，业务范围包括移动支付、互联网支付、银行卡收单。

4. 商业 POS 系统

POS(Point of Sales)的中文意思是"销售点"，全称为销售点情报管理系统，是一种配有条码或 OCR 码技术的终端阅读器，有现金或易货额度出纳功能。其主要任务是对商品与媒体交易提供数据服务和管理功能，并进行非现金结算。POS 是一种多功能终端，把它安装在信用卡的特约商户和受理网点中与计算机联成网络，就能实现电子资金自动转账。它具有支持消费、预授权、余额查询和转账等功能，使用起来安全、快捷、可靠。大宗交易中基本经营情报难以获取，导入 POS 系统可以解决零售业信息管理盲点，因而成为连锁分店管理信息系统中的重要组成部分。目前 POS 机主要有固定 POS 和移动 POS。多年来，固定 POS 一直在我国特约商户中普遍使用。近年来，移动 POS 开始应用并显示出一定的市场前景。

5. 自助银行

自助银行是指不需要银行职员帮助，顾客通过电子计算机设备实现自我服务的银行。一般分为以下 3 种。

①"大堂式"自助银行。电子计算机设在各办事处的大堂内，客户进入银行营业大厅内自行操作。

②"入墙式"自助银行。把电子计算机安装在公共场所或交通枢纽处的街墙内。

③"驾驶者式"自助银行。客户在室外，或驾车驶近银行计算机设施前边，从汽车窗口伸出手即可操作。金融自助式终端设备，如现金存取款机、外币兑换机、自助式存折

补登机、客户信息打印设备、多媒体信息服务设备、夜间金库、电子保险箱、找零机等，给持卡人提供 24 小时、自助式服务的银行现代化综合应用管理系统能够使现在的大部分银行柜台业务由持卡人自己办理。其中 ATM(自动柜员机)是自助银行的主要设备之一，它可针对银行机构发行的银行卡执行提款及自动转账等功能。在配有不同设施的情况下，具有账户查询、接单打印、存折打印、存折补登、信封存款功能，甚至具有现钞存款功能。除 ATM 外，自助银行还包括 CDM(现金存款机)、FEM(外币兑换机)、存折补登机、多媒体查询机等可缴纳公共事业费，进行外汇买卖及银证转账的设备。

电子银行提供的网上购物支付有两种形式：一是在各行的网上商城，即实现与银行签约商户的电子支付；二是与第三方的交易市场的支付平台(如淘宝)或第三方的支付平台(如首信易支付)相结合，实现电子支付。电话银行和手机银行在运营主体上是有本质区别的，电话银行是银行采用电话自动应答服务系统以及复合一定人工应答服务系统来完成，运营的主体是银行；而手机银行的运营主体还包括了通信运营商，需要两者的共同合作才能实现完整的业务。手机银行除了像电话银行一样，能实现账户管理、查询、转账汇款等传统银行业务以外，其创新点在移动支付上。

三、电子银行业务系统

在过去的半个多世纪里，人们为银行的电子化付出了巨大的努力，银行业推出各种电子银行系统，这些不同的电子银行系统构成了完整的电子银行体系。随着新技术的不断应用与银行业务的扩大，电子银行系统的结构逐渐从较为简单的形式演变为复杂的体系，并在不断地改进和完善。

1. 电子银行的客户

电子银行是在电子资金转账 EFT 系统的基础上发展起来的，电子银行系统主要用于传输与金融交易有关的电子货币和相关的指令信息，并且借助网络为它的所有客户提供支付结算服务。电子银行及其与客户的联系如图 2-2 所示。

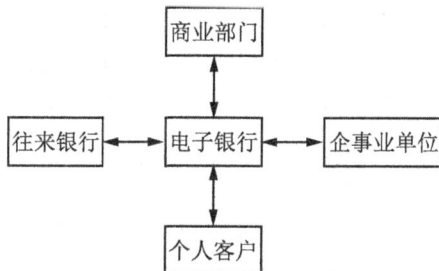

图 2-2　电子银行体系结构

电子银行系统使银行与 4 种主要的客户之间建立起了统一的数据通道。这 4 种客户分别是企事业单位、往来银行和其他金融机构、商业部门，以及代表普通消费者的个人客户。

2. 电子银行的资金划拨系统

电子银行的资金划拨系统可以分为小额电子资金划拨系统和大额电子资金划拨系统。

①小额电子资金划拨系统。小额电子资金划拨系统是为广大消费者服务的电子资金划拨系统，所以又称为零售电子资金划拨系统。这些交易活动的特点是交易发生频繁，但交易金额相对较小。其法律关系主要是银行的个人客户与银行之间的关系。根据小额交易活动的多样化要求及实现交易的便利程度，已经设计了多种小额电子资金划拨系统。如商业部门使用的 POS 机、ATM 服务终端、个人网上银行服务和自动清算所(ACH)等。2006 年 6 月，中国人民银行清算总中心建成了可以完成批量处理的小额支付系统并投入使用。由于业务量日渐萎缩，自 2013 年 7 月 1 日起，小额支付系统开通的个人通存通兑业务正式停办。

②大额电子资金划拨系统。大额电子资金划拨是指通过美国联邦电子资金转账系统(FedWire)与纽约清算所银行同业支付系统(CHIPS)等进行的，主要为货币、黄金、外汇、商品市场的经纪商与交易商及商业银行用以处理批发业务。在国际支付中主要涉及大额电子资金划拨。在一般情况下，国际大额电子资金划拨涉及发端人、发端人银行、受益人、受益人银行和中间银行 5 个当事方。中国人民银行清算总中心建设的大额支付系统已于 2005 年 6 月建成并投入使用。

3. 电子银行业务实现

电子银行系统与银行卡系统投入使用以后，客户如果需要进行资金转账或将客户资金从一个账户转汇到不同银行、不同地区的另一个账户，不需要亲自到银行的营业柜台去办理，也不必填写传统的票证，只需利用通用的支付终端，采用电子处理的方法就可以完成。在应用 POS 系统结算时，人们可以方便地使用银行卡在商场就地付账消费，POS 机起到像银行的柜台一样的作用。由于电子银行系统能为客户提供优质服务，一经推出，它就以极快的速度获得发展。随着新技术的不断引入，电子资金转账系统正逐步发展完善成既能提供电子资金转账又能提供信息增值服务的电子银行系统。

四、电子银行综合业务服务系统结构

电子银行综合业务服务系统是银行对其客户提供的包括支付结算服务在内的各种传统银行业务的系统，是电子银行最重要的组成部分，也是目前国内商业银行正在建设并不断完善的内容。

世界各国都会根据本国的需要，根据经济规模、经济发展水平及公民的电子习惯等诸多不同，建立各种不同的银行电子商务综合业务服务体系，以便从事他们各自的银行网上业务，也就是说，每个综合业务服务体系实际上都是一个庞大而复杂的社会系统。因而一个符合国情的银行电子商务体系是至关重要的。

电子银行的综合业务服务系统可以分成面向客户、面向往来银行、面向网络银行和面向银行内部管理的四大业务子系统。图 2-3 所示的是目前国际银行业普遍采用的一种典型的电子银行综合业务服务系统结构。[①]

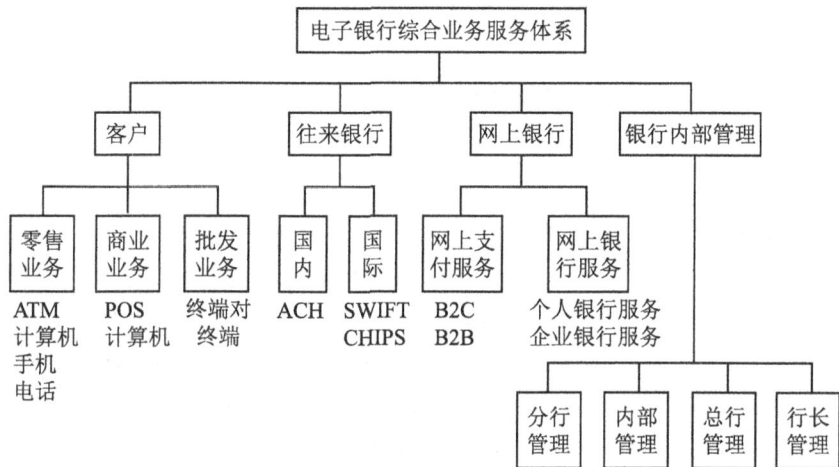

图 2-3　电子银行综合业务服务体系结构图

1. 面向客户的业务系统

面向客户的业务系统又可细分为零售业务系统、商业业务系统和批发业务系统 3 类。银行通过这 3 种面向客户的电子银行系统，借助通信网络把对客户的支付结算服务和金融信息增值服务从银行柜台延伸到相关的企事业单位、商店、消费场所和家庭。

①零售业务系统。零售业务系统包括联机柜员系统、自动柜员机（ATM）系统和个人银行系统。银行的客户可以到银行柜台通过联机柜员系统进行金融交易，可以通过街头的 ATM 系统进行存取款和转账交易，也可以在家里或办公室用电话、计算机或手机通过个人银行系统进行金融交易。例如，目前许多大学校园内、大型宾馆、购物中心和商厦内，以及商业银行各网点提供的 ATM 系统就属于这类银行业务。

②商业业务系统。面向商业的银行业务系统指的是销售点电子资金转账系统（FET—

---

① 张卓其、史明坤：《网上支付与网上金融服务》，48 页，大连，东北财经大学出版社，2002。

POS)的应用。消费者在特约商店和其他消费场所的消费和购物,可以通过系统中的POS终端、数据终端或计算机等设备,在销售点处实现电子转账,完成购物的支付结算。例如,目前许多大型商场使用的各大商业银行的POS终端,都极大地方便了消费者。

③批发业务系统。主要是指企事业单位与银行联机的企业银行系统,这些系统一般处理交易额较大的银行业务。企事业单位通过终端对终端方式或企业的财务服务器与银行主机联机的方式进行金融交易业务处理,完成资金的转账及查询业务。

2. 面向往来银行的业务系统

该系统完成国内银行之间的结算业务等金融交易,主要通过ACH(自动清算系统)和各种国内电子汇兑系统完成;同国外往来银行的金融交易则通过SWIFT、CHIPS网络或其他专用金融网络进行。

3. 网上银行系统

网上银行系统又称网络银行、在线银行,是指银行利用Internet技术,通过Internet向客户提供开户、销户、查询、对账、行内转账、跨行转账、信贷、网上证券、投资理财等传统服务项目,使客户足不出户就能够安全便捷地管理活期和定期存款、支票、信用卡及个人投资等。可以说,网上银行是在Internet上的虚拟银行柜台。网上银行又被称为"3A银行",因为它不受时间、空间限制,能够在任何时间(Anytime)、任何地点(Anywhere),以任何方式(Anyway)为客户提供金融服务。

4. 银行内部管理系统

银行内部管理系统主要包括行长管理系统、总行管理系统、内部管理系统和分行管理系统等。银行业务处理过程实现电子化,银行各项业务的顺利、安全、可靠运转,必须由高效的、科学的、现代化的银行内部管理系统来保证。因此,银行内部管理系统也是现代电子银行的重要组成部分。

第二节　典型商业银行的电子支付服务

一、上海浦东发展银行的多渠道电子商务应用

2004年4月,上海浦东发展银行(以下简称"浦发银行")网上银行经中国银行业监督管理委员会批准后正式对外营业,成为银监会成立后首家批准营业的网上银行。继网上银行2005版运行2年以后,2007年1月24日,浦发个人网上银行2007版正式上线,力争用更人性化的设计与产品为全国个人客户提供更为优质的网上金融服务。2018年7月2日,浦发银行推出国内首款i-Counter智能柜台;同时,围绕用户对网点服务"功

能、效率、体验、内核、品质"的 5 项核心需求，发布智能柜台 5C 标准。①

浦发银行针对客户不同的消费习惯和运用环境提供多种电子支付方式，包括直接支付、数字证书支付、动态密码支付、手机支付、信用卡预授权支付和保付通支付等支付方式，提供最贴心的支付服务与安全保障。②

1. 直接支付

浦发个人网上银行简化版可以提供一些简单的、有额度限制的服务。只要是浦东发展银行客户，无须办理任何手续，登录浦发电子银行网站即可查询各类储蓄、个人贷款明细状况，进行本人名下储蓄存款的灵活调拨，活期储蓄、定期储蓄互转，为电子商务进行小额电子支付等。

2. 数字证书支付

数字证书是目前最为先进的网上交易安全保障手段，它需要按照银行的要求，将证书下载到计算机里，或者装在形似小优盘的芯片中随身携带。在网上银行进行操作时，证书会形成电子签名附在客户发给支付行的交易指令中，从而使支付行能够认定其身份，而其他人无法破解和修改客户与支付行互相传递的信息。

3. 动态密码支付

客户通过网上银行进行汇款、投资（例如银证通、外汇宝、基金）、融资（例如贷款）时，支付行会向客户的手机上发送短信，一次告知一个有效的密码，或者提示客户查看客户交出的包含上百个密码的卡片，在对应位置找到此次适用的密码。这样一来，用户就在查询密码和交易密码之外又多了一重保障，而且，由于这个密码是每次不同、彼此之间毫无规律的，黑客即使窃取了，也无法对用户造成伤害。

4. 手机支付

目前浦发银行的手机支付已经可以提供多种服务，具体服务内容列于表 2-1。

表 2-1 浦发银行的手机支付服务

业务分类	业务功能	业务功能描述	目前实现方式
手机缴费	话费余额查询	手机话费余额查询	短信、语音
	话费缴纳	由绑定的东方卡账号支付本手机话费	短信、语音
	话费充值	由绑定的东方卡账号为本手机充值	短信、语音
	话费代充	由绑定的东方卡账号为他人移动手机充值	短信

---

① 《浦发银行推出国内首款智能柜台和 5C 服务标准》，载《长江商报》，2018-07-06。

② 《上海浦东发展银行个人网上银行发展之路》，http://ebank.spdb.com.cn/，2020-05-06。

续表

业务分类	业务功能	业务功能描述	目前实现方式
手机理财	银行卡余额查询	查询"手机钱包"绑定的银行卡余额	短信、语音
手机消费	手机购物	购买演出票务、游戏卡、上网卡、IP电话卡、充值卡等数字卡产品	短信
	手机投注	购买福利彩票	短信
	手机投保	购买短期人身意外伤害险、旅行险、航意险及其他短期险种	短信
	远程教育充值	托福、雅思、会计课程等网上课程	短信
	网上商城购物	购买礼品、数码产品、时尚用品等	短信
	软件注册	购买软件注册码，注册软件	短信
	手机订报	订购签约合作商户的报刊/杂志	短信
公共事业缴费（上海地区）	水费账单	通过"手机钱包"付水费	短信、语音
	电费账单	通过"手机钱包"付电费	短信、语音
	燃气费账单	通过"手机钱包"付燃气费	短信、语音
	固定电话账单	通过"手机钱包"付电信、网通、铁通固定电话费	短信、语音
手机购买机票	购买机票	通过"手机钱包"购买航空电子机票	语音
手机钱包管理	修改手机钱包密码	修改"手机钱包"的密码	短信、语音
	获取密码	获取新的6位随机密码	短信、语音

5. 信用卡预授权支付

信用卡预授权，即冻结一部分信用卡的可用额度用以支付款项，也可当作押金进行信用担保，是一种离线、无卡支付方式。用户提供信用卡卡号和有效期就可以实现支付，方便快捷，主要适合呼叫中心和网上销售平台。典型应用有宾馆订房、购买机票等。

信用卡预授权支付业务流程如图2-4所示，步骤如下。

①用户拨打商家电话，选定商品后向商家客服报信用卡卡号和有效期（或网上订购，用户填写信用卡卡号和有效期）。

②商家客服人员手工录入用户订单信息和用户信用卡卡号，并把信息报送给银行。

③银行将付款成功信息发至商家。

④银行以手机短信的方式将付款成功信息发给用户。

⑤商家发送商品信息或送货给用户。[①]

---

① 胡艳华、曹红杰：《电话支付和信用卡预授权支付分析比较》，52～54页，载《金融电子化》，2007(2)。

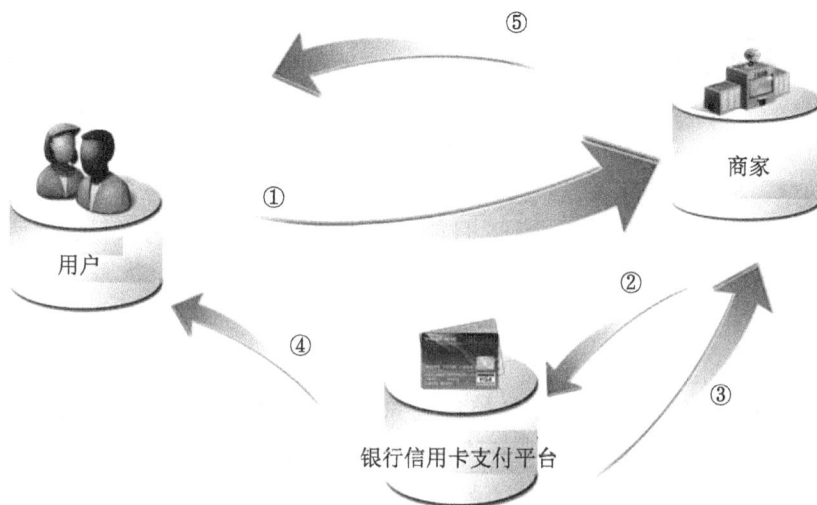

图 2-4　信用卡预授权支付业务流程

6. 保付通支付

"保付通"是上海浦东发展银行针对个人推出的金融产品，是为满足个人商品、劳务交易中资金结算的需要，促进交易双方建立相互信任关系，而开发的由银行通过保付通账户对交易资金进行监管，按照交易双方设定的付款关联关系和委托支付条件进行资金划付的业务。它的使用流程如下。

①付款人、收款人双方因为商品或劳务交易需要，经协商一致，使用浦发银行的本业务。

②付款人可通过网上银行开立保付通账户，并将资金由本人名下卡、折活期账户转入保付通账户，并建立关联关系——指定保付通账户收款人、收款账户、关联有效期和到期处理方式。收款人应在 3 日内通过网上银行确认关联关系。

③关联关系经收款人确认后，付款人可根据双方协商结果，通过网上银行设置委托银行向收款人支付的条件，收款人应在 3 日内确认委托支付条件。

④浦发银行按照付款人和收款人共同设定的关联关系、委托银行支付条件或付款人发出的付款指令从保付通账户划转资金至收款人结算账户。

保付通关联关系期限届满，浦发银行根据双方在支付关系中设置的到期资金处理方式，解除保付通关联关系或将保付通账户剩余资金支付给收款人。

二、中国建设银行的电子银行服务

中国建设银行（以下简称"建行"）于 1954 年 10 月 1 日成立。2016 年 6 月 30 日，英国《银行家》杂志发布《全球 1 000 家大银行排行榜》，中国建设银行排名第 2 位。2020 年《财富》世界 500 强排行榜中，中国建设银行排名第 30 位。

2005 年 10 月 27 日，中国建设银行在香港正式挂牌上市，在上市一周年之际，推出新版网上银行个人客户服务，并于 2007 年 10 月 28 日凌晨正式切换上线。2012 年，推出建设银行手机网（www.ccb.com），支持用户通过手机及平板电脑访问，实现了移动互联网用户的全面覆盖。同年 6 月，正式对外推出电子商务金融服务平台——善融商务。

建行电子银行业务健康快速发展，目前已提供网上银行、手机银行、电话银行、家居银行、自助银行、短信金融、Pad 银行、电子支付、微信银行九大系列服务，在同行业中独具特色。

1. 网上银行

建行个人网上银行可提供丰富的银行服务，如管理个人财务，缴纳水、电、煤气、电话等日常费用，网上购物付款、国债、基金、黄金、外汇买卖投资、建行理财产品等，包括"我的账户""转账汇款""缴费支付""信用卡""投资理财""客户服务""安全中心"七大类服务，服务内容列于表 2-2。

表 2-2　建行个人网上银行可提供的银行服务

业务分类	业务功能描述
转账汇款	实现多种账户之间的转账汇款，收款人可以是建行其他个人客户，或建行企业客户，或其他商业银行的个人客户
缴费支付	建行网上银行提供的在线缴费支付，为消费者提供在线缴纳手机费、固话费、水电煤气费、学费等多种费用，并可在缴费完成后，通过短信通知消费者缴费结果
信用卡	消费者可以通过网上银行办理信用卡开卡、余额查询、消费积分查询、账单查询、信用卡还款、购汇还款、账户挂失、补发密码函等
公积金	消费者可以对公积金账户进行账户查询、明细查询、支取和余额查询，直观掌握公积金账户信息，及时保障其合法权益
网上支付	只要持有龙卡（储蓄卡、准贷记卡或贷记卡），消费者就可以在各大电子商务网站上购买商品或服务
支票通	消费者可以查询支票通账户每张支票的详细信息，同时可以对签发支票进行承诺付款设置，校验相关信息后还可以查询他人支票的承诺付款情况，及时确认所收到的支票的真实性
外汇买卖	通过网上银行外汇买卖功能，消费者可以方便、快捷地查询到外汇行情，及时进行外汇交易

续表

业务分类	业务功能描述
债券业务	提供对建行代销债券的买卖交易
基金业务	可以购买建行代销的各种业务，提供方便的理财途径
黄金业务	与国际市场价格走势挂钩的黄金牌价，有实时交易、委托挂单等多种交易方式，足不出户即可方便投资黄金，为消费者增添更丰富的投资渠道
理财产品（部分分行开通）	消费者可以通过建行网上银行自由认购、申购、赎回建行发售的各种本外币理财产品

2. 手机银行

建行手机银行提供账户查询、转账汇款、悦享生活、支付、外汇买卖、银证业务、信用卡、公积金、基金投资、生活服务等近百种服务。

（1）转账汇款

转账汇款主要提供以下服务。

①普通转账：可以同城或异地，个人或企业，随时随地实现资金划转。

②手机到手机转账：只要了解对方账号或真实姓名，就可输入对方的手机号码和金额，进行转账。

③预约转账：在转账前先设置收款账户信息、预约转账的日期、转账的截止日期，系统将在约定时间内自动向预设账户转账。

④活期转定期（定期转活期）：可以通过转账汇款中的活期转定期（定期转活期），选择要操作的储种和付款账户进行操作。

⑤公益捐款：登录手机银行后，进入转账汇款下的"公益捐款"，从各官方慈善机构名录中选择欲捐款的机构，就可免手续费将捐款转入指定机构的账户，并可进行留言。

（2）悦享生活

悦享生活主要包含以下服务：全国话费充值、Q币充值、加油卡充值、水电煤等生活充值缴费；机票、火车票、酒店预订、景点门票等娱乐出行第三方服务；优惠活动、优惠商户、优惠商品等信息；支持定制"我的缴费""缴费提醒""预约缴费"，并可查看缴费历史记录。

（3）信用卡业务

可以通过手机银行办理信用卡的账单查询、余额查询、人民币还款、购汇还款、约定还款设置、信用卡申请、开卡激活、额度调整、挂失、现金转出、损坏换卡、设置交易限额、管理e付卡、个人资料修改、小额免密标志修改、消费取现密码及电话银行密码的修改和重置、账单分期、现金分期等。

（4）投资理财

投资理财包括速盈、基金投资、债券投资、专户理财、理财产品、代理保险、投资订单、账户贵金属（含双向交易）、代理贵金属、黄金积存、易存金、个人结售汇、外汇买卖、账户商品、理财规划、鑫存管、定期存款、代理信托等。

3. 电话银行

（1）电话银行提供的主要服务

95533电话银行可提供自助语音和人工服务相结合的金融服务，包括账户查询、转账汇款、缴费、个贷查询、公积金查询、金融信息查询、账户挂失、信用卡还款、投资理财以及信息咨询、投诉、建议等多种服务。

（2）95533电话银行的特色服务

①投诉服务：不管消费者通过网点、互联网、电话、手机还是其他渠道使用建设银行的产品或享受服务时遇到麻烦都可以随时寻求最快速的帮助。

②外呼营销：建行会主动推荐新产品、新服务，在消费者贷款逾期时提示用户按约定还款等。

③挂失：如果用户遗失卡、折、单、记名式债券后，可以第一时间用最方便的电话进行口头挂失，最大限度地保障消费者的资金安全。

④预约：当消费者有大额资金需要提现或使用其他需要预约的服务前可拨打95533电话预约。

4. 家居银行

所谓"家居银行"，就是银行通过电信网络的多种接入设备，如电话、电脑、电视等，向客户提供一种能让其在家中或其他任何地方，方便、快捷地办理银行各项金融业务的服务体系。用户不必跑到银行柜台，可随时随地办理各类账户之间的转账，余额及历史交易的查询，金融信息的查询，缴纳电话费、水费、税费等，进行银行账户和证券账户之间的资金划拨，还可以进行网上购物等。其服务功能如下。

①银行服务：家居银行提供多种银行服务，包括账户查询、转账汇款、缴费支付、服务管理等。

②投资理财：通过家居银行基金投资功能，可以进行基金开户、持有基金查询、基金申购/认购、基金赎回、基金撤单、基金转换等各类交易。

③金融信息：提供理财信息、金融工具箱、理财案例库、理财规划、理财学院等金融资讯服务，为客户提供理财参考和帮助。

5. 自助银行

自助设备金融服务，不受银行营业时间和空间的局限，具有方便、灵活、保密性良好的特点。客户可通过各种设备，自助办理存款、取款、转账、缴费、证券、基金、存折补登以及修改密码、综合查询等全天候、多功能的金融业务。自助银行设备包括：自动取款机(ATM)、自动存取款一体机、自助终端、外币兑换机、夜间存款机(也称夜间金库)等专用电子设备。其中，最主要的设备是以下 3 种。

①自动取款机(ATM)。提供取款、转账、查询、修改密码、缴费、各种理财卡交易等服务。

②存取款一体机(CRS)：提供存款、取款、转账、查询、修改密码、代缴费、各种理财卡交易等服务，集 ATM 和 CDM 功能于一体。

③自助服务终端(BSM)：可受理多种非现金业务，主要包括业务信息查询、历史交易明细打印、多种业务代缴费、卡间或卡内资金互转、基金买卖、证券账户增开、银证转账、国债买卖等。

6. 短信金融

短信金融服务是基于银行系统为客户提供如账户变动等信息的金融服务，因其具有实时触发机制，可以及时提醒客户账户发生的交易，对于保证客户资金安全、及时反映客户账户变动情况具有很好的应用价值。其服务功能有信息查询、转账汇款、缴费充值、账户变动通知、理财咨询短信服务等。

7. Pad 银行

建行 Pad 银行具备身份认证、黑名单交易阻断、账户分级控制、超时退出功能，并且对所做的所有交易全程加密。先进的建设银行网银盾和动态口令等安全产品，加上短信通知、身份认证、限额控制等安全措施，重重保护资金安全。Pad 银行具有以下优点。

①功能丰富。包括账户查询、转账汇款、缴费支付、信用卡、投资理财(基金、黄金、理财等)等百余项各类专业金融服务。

②经济实惠，申请免费，省去奔波成本。使用免费，办理业务手续费相比柜台均有不同程度折扣和优惠(如转账汇款、申购基金等)，并且申办快捷，手续简便。

8. 电子支付

电子支付是指单位或个人直接或授权他人通过电子终端发出支付指令，实现货币支付与资金转移的行为。通俗地说，电子支付是建行为客户提供的网上即时付款服务。通过建行的网上支付，客户可以在网上任意选购众多与建行签约的特约商户所提供的商品，足不出户，进行网上购物支付。其服务功能包括网银支付、手机支付、账号支付、快捷付。

9. 微信银行

只需使用一部可以上网的手机，安装微信客户端并关注"中国建设银行"公众号，即可随时随地享受建行微信银行服务，打造 7×24 小时随身银行。

其特点优势包括以下方面。

①安全可靠。区分不同业务类型，采用账户密码、信用卡查询密码、手机银行客户身份等多种认证方式。对于敏感信息进行部分内容屏蔽处理。对于安全性要求较高的业务(如账户绑定、缴费等)均需跳转至加密页面方可办理。

②生活缴费方便快捷。"悦生活"全景化生活服务缴费平台，服务覆盖全国三百多个大中城市、两千余种生活缴费支付项目。

③微信智能客服。可以根据客户操作或输入内容作出回复，并提示或引导客户进行下一步操作，客户通过文字输入或语音录入两种方式向"小微"询问关于建行产品及服务的各类问题，遇到无法解答的问题，还可转接人工客服。其服务功能有微金融、微黄金、善付通、商旅出行、粉丝福利、善融商城、积分圆梦、投资理财等。

目前我国电子支付渗透率已处于较高水平，常用电子支付方式中微信支付和支付宝支付已经处于绝对优势地位。相比而言，美国的主流支付方式仍是信用卡、现金和借记卡，未来有更大的电子支付渗透空间。

三、中国银行的电子钱包

1. 中银电子钱包简介

我国第一张信用卡就是中国银行在 1985 年发行的。早在 1983 年 2 月，中国银行就成为国内第一个加入 SWIFT 系统的银行，同时中国银行作为原来的外贸专业银行，海外分行网点多、经营规范，在国际金融市场中积累了不少经验。因此该行在开发网上银行时，一开始就高投入、高起点，在网上支付系统中采用先进的 SET 标准。在 SET 模式中，首次使用时需要客户在客户端下载安装电子证书，作为信息的接收方每次使用认证中心提供的密钥核实身份，技术上提供了更高的安全级别，但增加了操作的复杂性，实现网上支付时，速度也显得较慢。另外中国银行已率先提供中国银行电子钱包(结合长城借记卡应用)的网络支付结算应用。

电子钱包是一个可以由顾客用来进行安全电子交易和储存交易记录的特殊计算机软件，就像生活中随身携带的钱包一样，是一个"虚拟钱包"。电子钱包本身并不能用于支付，而是选择存放在电子钱包里面的自己的各种电子货币(如数字现金)或银行卡(信用卡、借记卡)等来进行支付结算。与实际的钱包和银行卡类似，电子钱包把使用者的网上购物信息，如信用卡信息、电子现金、钱包所有者身份证、所有者地址及其他信息等集成在一个数据结构里，供以后整体调用。这是一种在小额购物或购买小商品时常用的新式虚拟钱包。电子钱包网络支付一般采用 SET 协议安全机制。使用电子钱包购物，通常需要在电子钱包服务系统中进行(商家支持)。顾客需使用电子钱包客户端软件(免费)才可以使用电子钱包进行网络支付。

中银电子钱包是一个可以由中国银行长城电子借记卡和长城国际卡持卡人，用来进行安全网上购物交易并储存交易记录的软件，就像生活中随身携带的钱包一样。

中国银行采用了国际公认的安全标准（SET 安全电子交易）以保证持卡人网上购物的安全性，即：涉及交易各方的数据，在发送时均通过加密处理。所以商户只能看到消费者的订单信息，而银行只能看到有关支付信息，最大限度地保证了持卡人交易信息的安全性。此外，每笔交易都需要经过各方进行合法身份验证，确定无误后，才会进行交易。而中银电子钱包正是实现安全网上购物的重要组成部分。

2. 中银电子钱包功能

中银电子钱包的具体使用功能包括：管理账户信息、管理电子证书、处理交易记录、导入导出信息、设置相关选项和更改口令。具体功能如表 2-3 所示。

表 2-3　中银电子钱包的功能

功能名称	包含的子功能
管理账户信息	创建卡账户信息，编辑卡账户信息，删除卡账户信息
管理电子证书	申请电子证书，查看电子证书，删除电子证书
处理交易记录	查询交易记录，打印交易记录，分类排序交易记录，归档交易记录，恢复交易记录，删除交易记录
导入导出信息	导入信息，导出信息
设置相关选项	设置"证书警告""导入警告""验证商店""显示收款方细节""显示交易 ID 选项""代理设置选项""数据位置"等选项
更改口令	无

3. 中银电子钱包支付流程

中国银行电子钱包支付流程如下。

①到中国银行申请一张中国银行长城电子借记卡。

②获得中银电子钱包。

③安装中银电子钱包。

④申请电子安全证书。

⑤登录商家网站，浏览商品，并放入购物车。

⑥选择中银电子钱包付款。

⑦确认订购信息。

⑧电子钱包对此信用卡号码和订单进行加密后，发送到网上商店，商店即将用户的编码加入到购货账单中，再将信用卡信息转发到中国银行的支付网关。

⑨中国银行证实信用卡有效并授权后，用户就可以付款了，若中国银行确认后拒绝

授权，则说明用户的信用卡上金额不足或已透支，用户可再次打开电子钱包，选择另外一张电子信用卡重复以上操作。

⑩交易完成。

第三节 支付体系与支付组织

一、支付体系概述

支付体系是在支付系统发展的基础上形成的，支付体系也是世界各国的金融体制中不可或缺的重要组成部分。要完成经济社会中无时不在的支付结算活动，除了有支付系统的技术支撑以外，还需要法律法规环境的完善，以及管理监督机制的配合，这就是人们强调支付体系的原因。

1. 支付体系的组成

货币是社会经济活动中各方进行交易的中间媒介，有了货币才产生支付，每一笔支付的实现都要靠支付系统来完成。要完成货币在社会上的转移和流动，需要无数个支付系统的整合，并且需要按照严格的规则和制度，需要社会的监督和管理，从而形成社会的支付体系。具体来说，支付体系的内容主要包括：支付服务组织、支付清算系统、支付工具、支付体系监管和相关的法律法规制度。

①支付服务组织。支付服务组织为市场中的交易主体提供支付服务，包括提供支付手段的中央银行、直接面向客户的商业银行，以及专门提供跨行支付信息交换服务的支付清算组织等。

②支付清算系统。支付清算系统提供资金转移和资金清算的通道，包括处理行间结算的国家支付清算系统、各银行行内的资金汇划系统、同城票据交换系统，以及为众多消费者提供支付服务的第三方支付组织服务系统等。

③支付工具。支付工具包括具有信用功能的支付工具、不具有信用功能的一般转账支付工具，以及利用现代通信和网络技术实现信息和资金转移的电子支付工具。

④支付体系监管。它是指监管者运用经济、法律和行政等手段对与支付业务有关的活动实施监督控制的行为。目前，支付体系监管的国际标准主要有 3 套：《重要支付系统核心原则》《证券结算系统建议》和《中央对手（CCP）建议》。国际清算银行在《重要支付系统核心原则》中将支付体系监管定义为"一种旨在促进支付体系安全、高效运转并特别要降低系统性风险的公共政策行为"。《中国人民银行法》规定了我国支付体系监管的主体是中国人民银行，并赋予其支付体系监管职责。

⑤法律法规制度。基于对支付体系统一性的认识，不少国家专门通过立法或者在法

律法规中给予中央银行管理支付工具和支付系统的职责。我国有关部门也在加紧负责起草、修订相关法律，制定行业规章。如《支付清算组织管理办法（征求意见稿）》和《电子支付指引（第一号）》，就是中国人民银行出台的用以规范电子支付市场秩序和银行从事网上支付的行业规定。

2. 支付体系的作用

①支付体系在金融体系中居于基础性的地位，通过提供必要的资金转移机制和风险管理机制，促进各类经济金融活动的稳定运行和效率提升。

②支付体系通过法规制度和设施安排，向银行业和社会提供资金运行的工具和渠道，以及高效安全的支付结算服务，以维护金融体系运行稳定和社会经济正常运行。

③支付体系的资金服务与人民生活息息相关，高效安全的支付体系有利于培育社会信用、推动金融工具创新、增强社会公众对国家的货币政策和金融改革的信心。

④安全稳定的支付体系是金融市场高效运行的前提，不仅有利于国家和区域经济的发展，还将对全球经济活动中的资金运动与结算产生重要影响。

3. 国外典型支付体系

基于对支付体系在金融体系中基础性地位的深刻认识，纽约、伦敦等全球性国际金融中心均高度重视通过不同层次的支付体系建设，不断巩固并有效提升自身在国际金融服务产业，尤其是在各主要国际金融中心竞争合作"价值链条"上的主导地位和先发优势。

（1）美国的支付清算体系

美国的支付清算体系以高科技、高水准、高效能著称于世。美联储在政策制定、提供服务、监督管理、风险控制等多个层面全方位地参与了美国的支付清算安排，并居于极为关键的核心与主导地位。

①美国支付清算体系的构成。美国支付清算体系由票据交换资金清算系统、联邦电子资金转账系统（Fed Wire）、纽约清算所银行同业支付系统（CHIPS）、自动化票据清算系统（ACH）、信用卡业务及电子货币5个子系统构成。

美国的支付系统在"9·11"事件中经受了考验。世贸大楼被袭击后，美联储果断地做出了两个决定：第一，立刻关闭美国的三大金融市场——股市、汇市和债市。第二，立刻停止靠近纽约的新泽西美元支付系统的运行。启动灾难备份系统，将美元支付系统从纽约新泽西切换到里士满和达拉斯。在整个切换过程中，支付系统没有中断支付服务，也没有丢失一个数据，充分显示了美国支付系统高度安全、快速有效的运行能力。这两个决定不仅保卫了美国经济发展的基础设施，更重要的是保证了美国金融系统免遭破坏，保住了美元的地位和美元在全球的支付结算。

②美国联邦储备体系。美国联邦储备体系提供的支付服务主要体现在以下两个方面。

一是通过联邦储备账户提供同业银行清算服务。如果收款方和付款方在不同的商业银行拥有账户，由于所有的商业银行都在一个中央银行设有账户，资金转移者可以直接通过中央账户进行，这将大大提高支付系统效率。发生全国性的金融危机时，整个金融体系将面临流动性严重不足的压力，这时，中央银行便充当稳定整个金融体系的最后贷款人角色。

二是为私营清算组织提供差额清算服务。为利用在联储设立的账户进行差额清算，私营清算组织首先将在一个营业日中各清算参加者的净债务或净债权加以计算，然后将各参加者的头寸情况提交联储，由联储借记或贷记各参加者在联储的账户来完成资金的清算。或者，清算组织也可以在联储建立一个专门账户，在一个营业日结束后，该清算组织通知各产生净债务的参加者通过联邦电子资金划拨体系将资金转入该专门账户，在所有净债务收清后，由清算组织将账户资金转移到产生净债权头寸的参加者的账户上。

（2）支付清算体系监管——德国模式①

德国央行支付体系监督的核心目标是维护支付体系的安全和高效，采取的主要手段是以市场为导向的合作手段，监督的范围包括国际标准和原则的遵循程度、支付领域的创新以及支付体系的各个要素。实践证明，德国央行对其支付体系的监督是成功的，其经验对世界各国支付体系的监督工作具有重要的借鉴意义。

①德国支付体系监督的有关内容：德国支付体系监督以《德意志中央银行法》为其法律基础，以《核心原则》《欧元零售支付系统监督标准》《电子货币报告》为其执行标准和原则。该支付体系监督的范围包括支付系统、支付工具和其他系统。其监督手段主要是市场手段和合作手段，道义劝告也是德国央行实施监督标准或原则的重要工具。

②德国支付体系监督的特点：一是高度重视支付体系监督工作。支付体系监督作为一项独立的金融规制活动予以明确，与金融机构监管分离，将支付体系监督作为中央银行的一项重要职能。二是制定明确的监督目标并合理界定支付体系监督的范围。将安全与高效作为国家支付体系监督的核心目标。三是注重对国际标准和原则的借鉴与利用。根据《核心原则》等国际标准和原则对金融体系稳定进行约束和评估。四是创新支付体系监督手段。利用法律手段和经济手段，更多地使用合作手段和市场手段，极少使用规制性手段或行政干预，通过道义劝告和制定有关行业标准等方式对支付业务创新进行规范。

二、支付组织及其监管

1. 支付组织概述

（1）支付组织的概念

绝大多数的商务活动都伴随着资金在账户间的转移，必然就涉及支付业务。支付是

---

① http://wiki.mbalib.com。

经济活动的起点和终点，是其他金融业务得以开展的基础和平台。商业银行是为全社会提供支付清算服务的主体和前台。比如中国人民银行，其支付结算司是组织、管理、协调全国支付结算体系建设的一个职能部门，主要任务是规划全国支付体系发展，建立安全、高效的现代化支付体系，规范支付组织的行为，为企业和个人创造良好的支付环境。

除了商业银行以外，许多非金融机构也在提供支付清算服务，这些为特定人群和商户提供支付清算服务的协调机构，承担着商业银行行间资金清算的职能，比如国际著名的信用卡组织 VISA 和 MasterCard，国内知名的银行卡联合组织（银联）等，都是支付体系不可或缺的重要组成部分。这些以支付为目的、提供支付清算服务的组织就是支付组织，他们所完成的支付服务又叫第三方支付。

（2）第三方支付产生的背景

电子商务是 21 世纪世界各国经济热点，它能大幅度减少交易成本，提高商品与资金的流通速度，促进经济增长，而且从某种程度上代表一个国家的信息化建设水平，因而成为各国竞相发展的目标。但是同时电子商务的在线支付安全问题却是其发展的主要障碍。

一项网上调查的结果显示，人们不愿意采用电子支付方式的前两大影响因素分别是信用和安全。而第三方支付的产生也正是从这两个阻碍的突破开始的。第三方支付是独立于电子商务商户和银行，为商户和消费者（在交易过程中，消费者可能是其他商户）提供支付服务的机构。交易双方将资金存放在以支付组织名义开立的银行结算账户中，相互之间的资金转账由支付组织负责完成，支付组织应该是一个可信任的第三方机构。

（3）支付组织的业务类型

支付组织是市场需求的产物，其每种业务类型都对应满足了一项市场需求，支付组织所从事的业务类型分为支付网关、虚拟账户和多用途储值卡。

①支付网关。在线支付是网上交易的重要环节之一，目前国内多数商业银行都针对此项业务提供了专门的网银服务。但为了方便客户支付，网上商户需要与大部分商业银行建立连接，成本高昂。支付网关通过多点连接商业银行，一点连接商户的方式，简化了商户的在线收款方案。无论客户使用哪家银行的账户在线支付，支付网关都可以代为收款并记录交易明细，商户只需定期与支付网关核对账目并收取交易款项。但支付网关只用于实现商户收款，不为客户或商户预存用于网上交易对外支付的资金。各种固定和移动的 POS 终端就是典型的支付网关。

②虚拟账户。支付组织为客户和商户预存用于网上交易对外支付的资金。客户存放在虚拟账户中的资金由支付组织以其自身的名义存放在商业银行，当发生资金的支付转移时，支付组织为其办理"行内转账"（虚拟账户之间）或"跨行转账"（虚拟账户与银行账户之间）。美国的 PayPal、国内的支付宝、快钱等都属于这类支付组织。由于虚拟账户

是在支付网关的基础上发展而来，因此大部分提供虚拟账户服务的新型支付组织同时提供支付网关服务。

③多用途储值卡。多用途储值卡主要用于满足卡基支付需求，部分卡种也支持网上支付。在该业务模式下，客户相当于拥有一张可以取款与消费的储值卡，凭实物卡或卡号加密码向商户付款，通过支付组织提供的设备和系统记账，商户定期与支付组织核对账目并收取交易款项。如国内外各种银行卡联合组织均提供这种多用途储值卡的服务。并且，支付网关和虚拟账户同时也接受客户以多用途储值卡完成支付业务，从而拓宽资金来源渠道。按业务处理模式，多用途储值卡可以被进一步分为电子钱包和后台账户两种主要类型。

(4)支付组织的作用

①推动电子货币的流动。支付组织吸纳的客户备付金最终需要被用于消费，消费渠道的拓宽能够提高电子货币的流动性，继而提高消费者的认可度，扩大市场份额。依靠共享消费渠道的方式，支付组织可以实现互利共赢，迅速拓展消费渠道。因此，目前各种支付组织之间的合作步伐不断加快，不同的发卡机构合作发行多用途储值卡，共享应用渠道各种联名卡的推出，替代了原本各自发行的多用途储值卡，这些联名卡兼具商户POS机消费功能和公用事业费缴费功能，进一步拓宽了电子货币的消费渠道。

②支持支付模式的创新。第三方支付，尤其是其中的移动支付是一种新生事物。移动支付是移动电子商务各类业务流程的核心环节。随着移动通信的快速发展，手机的业务日益丰富，功能更加强大，支付的远程化、随身化也成为一大趋势。工信部提供的数据显示，截至2018年9月末，我国移动电话用户已达13.16亿户，4G用户总数达到6.86亿户。而银行个人账户超过100.68亿户，还有超过6 118万个单位账户。[①] 100亿的银行账户如果和13.16亿手机用户密切联系起来，这个市场前景非常巨大，发展移动支付，可以说具有战略性意义。但保证移动支付行业健康发展的前提是，从事移动支付业务的主体，必须是一个服从相关行业监管的支付组织。

(5)支付组织面临的风险

①客户备付金风险。由于相关约束机制尚不健全，运营虚拟账户的支付组织对客户备付金的管理主要依赖自律。为了消除客户对备付金被挪用的疑虑，很多第三方支付组织主动采用了银行托管模式。这种自律式的托管制度，存在着明显的缺陷：一是支付网关和虚拟账户企业的业务特性决定了它必须在多家银行开立结算账户，用于接收和划转客户备付金，但无论在哪一个时点，客户备付金都分散在不同的开户银行，而多数支付组织只委托其中一家银行担任资金托管银行，托管银行结算资金量占被托管企业日常交易量的资金有限。二是资金托管银行依据支付组织发出的支付指令办理转账业务，无法

---

① 中国人民银行：《2018年支付系统运行总体情况》，2019-03-18。

对收款人与支付组织之间的真实贸易背景进行核实。如果支付组织有意挪用客户备付金，托管银行难以发现；即便发现客户备付金被挪用，银行也难以采取有效的约束措施。

②洗钱风险。支付组织在网上交易、银行卡 POS 机刷卡交易和小额跨行资金划转等零售支付业务方面，对商业银行和传统清算组织存在着较强的替代效应；在虚拟账户和多用途储值卡模式下，支付组织处理了原本由银行处理的支付业务，保存了相关支付信息，成为社会支付信息的重要来源之一。但由于反洗钱和相关记录报告制度尚未涵盖这些支付组织，导致其为地下资金转移提供了方便。

2. 支付组织的监管

现代通信业的发展成就了现代银行业，从而推动了金融服务的自动化和现代化。在众多行业和领域都有涉足支付的需求，不仅有电信、互联网企业，还有公交卡、一卡通等经营者。为了满足日益多样化的支付需求，支付组织必然进行各种金融性服务的尝试。应该看到，支付会产生沉淀资金，引起存款、贷款、投资等金融活动。但是，由于法律政策尚未规范这些支付组织的市场准入、退出机制、业务管理、服务范围和风险防范，一方面给新型支付组织的业务创新带来了未知的政策风险，制约了新业务的发展；另一方面纵容了少数支付组织在高风险业务上渐行渐远。因此，为了降低政策执行给新型支付组织业务转型带来的成本，规范和促进新型支付组织业务发展，应当尽早制定相关政策。无论是电信业，还是银行业，跨行业经营必须得到主管部门的行政许可和规范管理。只有获得许可的支付组织才被授权可以从事支付业务，没有获得授权的非金融企业不得直接从事支付业务，这里面存在法律责任问题。

(1)欧美支付组织的监管

欧盟委员会于 2000 年 10 月正式发布"电子货币机构指令"（EMI Directive），也称为电子货币指令（eMoney Directive），该指令由两部分构成，包括"欧洲议会与理事会关于电子货币机构业务的启动、推进与审慎监管的指令"（Directive2000/46/EC），以及信贷机构指令的补充指令（Directive2000/28/EC）。

①Directive2000/46/EC。该指令定义了电子货币的概念，即电子货币是对发行者的一种货币债权，其特点是：存储于电子设备中；以一定数额的资金从发行者处兑换，在价值上不少于流通货币的货币价值；作为支付手段可被除了发行者之外的其他方所接受。

除此以外，该指令还规定了电子货币机构的业务活动范围；电子货币机构需要遵守的其他指令（信贷机构指令和反洗钱指令）；电子货币可赎回性；起始资本金与自有流动资金；投资活动限制；管理、行政、会计流程的要求以及充分的内部控制机制，保证电子货币机构的健康与审慎运作；提供"弃权"条款等。

②Directive2000/28/EC。该指令是对欧盟信贷机构指令（Directive2000/12/EC）的补充，它将电子货币机构定义为一类新型的信贷机构。该指令规范了新型支付组织的大多数电子支付工具，包括支付网关、虚拟账户、多用途储值卡等，提供这类电子支付服务需要申请传统的银行执照或 ELMIs 执照。该指令的主要意义在于使非银行机构能够在较为宽松的法律条件下进入电子支付服务领域。

美国与欧盟不同，美国没有以法律形式对电子货币进行定义，提供虚拟账户、多用途储值卡这类产品的机构被视为"货币服务机构"，受到美国《统一货币服务法》（Uniform Money Services Act）的规范。该法律于 2000 年颁布，各州据此自行制定法律并实施，相应的监管责任也主要由各州承担。同"电子货币机构指令"相类似，《统一货币服务法》以发放牌照的方式管理和规范从事货币服务的机构，着重规范初始资本金、自有流动资金、投资范围限制、记录和报告制度、反洗钱等方面内容。

（2）欧美国家对支付组织的要求

①牌照式管理模式。无论是欧盟的"电子货币机构"还是美国的"货币服务机构"，对于支付组织的管理都采取了发放牌照的模式，两者在概念和内涵上存在差异，但都涵盖了第三方支付组织的各种业务模式。在该管理模式下，这些支付组织被赋予了类似银行的支付结算业务职能，但同时适用于较为宽松的法律，因而有利于该行业的创新。

②初始资本金标准。在"电子货币机构"和"货币服务机构"的业务活动中，都需要根据客户指令履行对外支付的职能，为保证上述机构的支付能力，维护零售支付市场的稳定，欧美等国家均将一定金额的初始资本金作为发牌的基本条件之一。

③投资范围限制。支付组织在提供服务过程中所沉淀的客户备付金，属于其负债。为了保护消费者的合法利益，欧美国家均规定只能将这些备付金用于低风险和高流动性的投资。欧盟"电子货币指令"规定电子货币发行机构必须持有合格的流动资产，且其价值不得低于当时发行电子货币的总额；美国《统一货币服务法》规定，支付服务组织在任何时候都应持有被监管当局许可的投资，且投资价值应当不少于备付金的金额。

（3）中国支付组织的发展监管

①中国第三方支付的发展。易观国际（Enfodesk）产业数据库发布的数据显示，2018年第一季度，中国第三方支付移动支付市场交易规模达 403 645.1 亿元人民币，环比增长 6.99%。[①]第三方支付呈现出一定的发展特点及趋势。

第一，第三方支付商积极拓展，推动电子商务化和支付便利化。2009 年年初，艺龙、携程和芒果网与第三方支付达成合作；同年 9 月，支付宝在上海地区联合申通快递创办的票务通网站，推出火车票代购业务，使火车票、汽车票可以在网上购买。2018 年

---

① Enfodesk 产业数据库：《中国第三方支付移动支付市场季度监测报告 2018 年第一季度》。

1月15日，河南郑州部分高速收费站上线支付宝——ICT信用支付（车牌付）功能，车主将车牌和支付宝绑定，通过ETC收费站时，可直接从支付宝中扣款。此外，在公共事业缴费、航空机票、保险基金等领域推出的新服务也为其交易规模的扩大起到了积极的推动作用。

第二，支付服务推陈出新，安全、易用和协同成为创新热点。2009年8月24日，支付宝宣布推出信用卡大额支付业务，可以支持交行、广发、中行、光大、兴业、招行6家银行，在商户选择方面，支付宝审核更加严格。同年，财付通宣布"游戏账户"正式上线，成为国内第一家支持微支付的第三方支付公司。2017年10月10日，支付宝宣布上线信用租房平台，在上海、北京、深圳、杭州、南京、成都、西安、郑州这8个城市率先推广信用租房，超过100万间公寓正式入驻支付宝。不同于付三押一这种租房时最常见的付款方式，芝麻信用分超过650分的用户通过支付宝App租公寓，可以免押金、房租可以月付。

第三，手机支付渐行渐近，未来格局未明。2009年移动运营商和第三方支付的强力介入，推动了手机支付的迅速发展。2009年11月26日，中国联通与中国银联在北京正式签署全面战略合作协议，推进手机支付业务；中国移动也确定在湖南、上海、重庆、广东四省市试点手机小额支付业务，技术和业务方案基本完成。从2008年开始，支付宝介入手机支付业务，于2009年推出首个独立移动支付客户端。2013年年初，该客户端更名为"支付宝钱包"，并于2013年10月成为与"支付宝"并行的独立品牌。自2013年第二季度开始，用户数、支付笔数均超过PayPal，成为全球最大平台，这一优势仍在不断得到强化。从2014年3月以来，支付宝每天的手机支付笔数已经超过2 500万笔。

因为中国移动和中国联通等非金融机构发展移动支付，必然会产生中间账户的沉淀资金问题，并不可避免地大面积介入金融业务。对此，要实行金融业务许可，服从金融行业的规范，否则，一旦失控，不仅将冲击现行货币金融体系，甚至可能危害公共资金安全。

②中国第三方支付组织的监管。从中国支付市场看，中国的电子支付产业正在由形成期转入成长期，电子货币、虚拟货币的性质认定已被提上了议事日程，监管的范围和内容逐渐明朗。

目前，中国各类支付组织的资本金规模参差不齐，从维护市场稳定的角度考虑，有必要确立最低资本金制度，通过市场整合的方式，提高支付组织的整体规模和质量。同时，我国少数支付组织存在利用客户备付金投资资本市场的情况，存在较大的风险隐患。政府相关部门应及早出台相关法律法规，规范备付金投资范围，促进该行业的健康发展。

2009年4月下旬，中国人民银行公告要求从事支付清算行业的非金融机构在当年7

月 31 日之前完成登记备案，这是央行首次摸底第三方支付清算业务。时任央行支付结算司司长欧阳卫民在"2009 中国网上银行年会"新闻发布会上表示，央行下一步要给快速发展的第三方支付平台发放通行证，并表明"其本意在于把非金融机构的第三方支付融入金融体系，和银行等金融支付体系协同发展"。因此，将支付组织纳入金融体系进行监管已是势在必行。

从规范我国新型支付组织管理的角度来看，牌照管理不失为一种可行的管理模式。而 2010 年出台的《非金融机构管理办法》，则会在规范市场的同时，用牌照将绝大多数现有的第三方支付企业阻拦在市场之外。

为规范非银行支付机构网络支付业务，防范支付风险，保护当事人合法权益，2015 年 12 月 28 日，中国人民银行发布了《非银行支付机构网络支付业务管理办法》，自 2016 年 7 月 1 日起实施。主要措施包括：a. 清晰界定支付机构定位，坚持小额便民、服务于电子商务的原则，有效隔离跨市场风险，维护市场公平竞争秩序及金融稳定。b. 坚持支付账户实名制，兼顾支付安全与效率，突出对个人消费者合法权益的保护，实施分类监管推动创新。

这些政策的出台主要是考虑到提高网上支付安全性的需要，对电子支付的业务规范、风险管理提出了新的要求，同时也有利于加强对电子支付中消费者合法权益的保护。

【本章小结】

本章共分为 3 个部分：第一部分介绍了电子银行体系、电子银行的综合业务系统和多渠道的支付服务；第二部分介绍了国内几个典型商业银行的电子支付服务系统；第三部分介绍了支付体系与支付组织，包括支付体系内涵的论述和国内外对支付组织的监管模式。

【关键概念】

电子银行　银行电子化　电子银行综合业务系统　支付体系　支付组织

【思考与练习】

1. 解释电子银行和银行电子化的含义。
2. 说明 POS 系统、ATM 系统与呼叫中心在电子银行中所起的作用。
3. 与传统支付相比，电子支付有哪些特征？
4. 支付体系的作用是什么？具有什么功能？
5. 说明第三方支付组织的主要业务类型及特点。

第三章
电子货币与支付工具

【本章重点】

◆ 电子货币的概念与类型

◆ 支付工具的概念与种类

◆ 银行卡的分类与功能

◆ 电子现金的概念与应用

◆ 电子钱包网上支付流程

第一节　电子货币概述

一、电子货币的概念

电子货币是现代商品经济高度发达、银行转账与结算技术不断进步以及信息技术不断发展的产物,代表了现代信用货币的发展方向,也体现了支付手段的不断进化。电子货币是适应人类进入数字化时代的需要应运而生的一种电子化货币,是货币史上的一次重大变革。在电子支付与清算体系中,电子货币是一个重要的组成部分。

根据商务印书馆《英汉证券投资词典》的解释,电子货币是指可以在互联网上或通过其他电子通信方式进行支付的手段。这种货币没有物理形态,为持有者的金融信用。随着互联网的高速发展,这种支付办法越来越流行,正以飞快的发展速度取代各种传统的支付方式,改变着人们的生活方式。电子货币的出现是经济发展的必然要求,随着不断加快的经济全球化进程以及信息技术的快速发展,货币金融体系电子化的实现将是一个必然趋势。我国要积极参与数字货币和数字支付的全球治理构建,培育话语权。

1. 电子货币的产生

从实物货币阶段(如贝壳)、贵金属货币阶段(如金银)、代用货币阶段(如纸币)到信用货币阶段(如支票),货币形态的不断演进都是为了更方便的流通。顺应这一趋势,电子货币这种新的货币形态应运而生。货币形式的变革主要经历了以下几个阶段。

第一个阶段是商品货币阶段。商品货币以牛、羊、贝壳等形式存在,大多是在局部地区和较短的时期内充当货币,具有难保存、易损耗、不易分割、不便携带和流通等缺点。

第二个阶段是金属货币阶段。金属货币包括金银等贵金属货币以及后来出现的铸币,铸币在交易过程中不可避免地会发生磨损,成为不足值的货币,但不足值的货币依然可以完成足值货币的交易功能,此时货币开始具有信用货币的一些特质。

第三个阶段是信用货币阶段。信用货币本身并不具有价值,是靠国家强制力或一定的信用担保发行的,如纸币、银行创造的存款货币、流动性较强的证券和债券等。这是一种优秀的货币形式,非常利于交易成本的降低。

第四个阶段是电子货币阶段。电子货币是一种抽象的货币概念,是以电子信号为载体的货币,其表现形式为信用卡、智能卡、数字现金等。电子货币的特点是无面额约束,可以提高货币流通效率,降低货币流通费用。

随着社会与经济的发展,信用货币在流通过程中的局限性逐步显现。比如,现金交易在时间和范围上、在安全性和流通携带中的局限;传统的转账支付在交易中的时间滞后等。尤其是在人类迈向网络经济的今天,传统的货币体系已经越来越不能满足人们的需要。因此,随着计算机介入货币流通领域,出现了一种新的、更便捷、更安全的货币形式,即电子货币。

电子货币使有形的货币凭证变成了无形的电子数据,存储在物理介质或计算机系统中,其优越性主要有:一是使用户携带和使用起来更加方便,用户只需要携带一张卡或者待在家里利用计算机网络就可以轻松地完成支付;二是随着网络应用越来越普及,电子货币在网络中发挥了传统货币不可比拟的作用,它可以通过网络直接传递电子支付指令甚至直接传递电子货币,使货币支付打破了时间和地域的局限,有利于提高支付效率、降低支付费用,并大大促进了电子商务的发展;三是电子货币的使用也对金融电子化和安全认证技术提出了更高的要求,因为没有完善的支付与结算体系作支撑和先进的安全技术作保障,电子货币的应用必然会受到限制。

我国对主权数字货币有相当的理论研究基础和初步模型试验,2016年,时任中国人民银行行长周小川就提出了DCEP(Digital Currency Electronic Payment)的概念,即数字货币和电子支付,把新一代支付和数字货币连在一起,这在国际上是领先的。2017年初,中国人民银行成立了央行数字货币研究所,从法定数字货币理论体系,央行法定数字货币引用场景,分布式账本技术等理论框架、技术难点和政策等方面研究和探讨了央行数字货币的发行与运营,这在国际上也是领先的,走在了当时也在思考和研究央行主权数字货币的瑞典、瑞士、英国、加拿大、德国和新加坡等国家央行的前面。

2. 电子货币的定义

由于电子货币采用形式的多样性，目前关于电子货币还没有一个统一、规范的定义。

1998 年，巴塞尔银行监管委员会将电子货币界定为：在零售支付机制中，通过销售终端、各类电子设备以及在公开网络上执行支付的"储值"产品和预付支付机制。这里提到的"储值"产品包括两种：一种是预先保存在物理介质中可用来支付的价值，这种物理介质一般为各种卡介质，如磁卡、IC 卡等；另一种是以电子形式存在并通过计算机网络流通的可用于支付的电子数据。电子货币简单地讲就是电子(或数字)形式的货币。换而言之，货币的形式不再是纸(纸币)和金属(硬币)，而是电子载体中所包含的信息，即人们用计算机来储存货币和进行货币支付。

目前，关于电子货币还没有一个权威的定义。这里，我们给出两个典型的定义。

定义一：电子货币是指以金融电子化网络为基础，以商用电子化工具和各类交易卡为媒介，以电子计算机技术为手段，以电子数据(二进制数)形式存储在银行的计算机系统中，并通过计算机网络系统以电子信息的方式传递，具有支付功能的货币。

定义二：用一定金额的现金或存款从发行者处兑换并获得代表相同金额的数据或者通过银行及第三方推出的快捷支付服务，通过使用某些电子化途径将银行中的余额转移，从而能够进行交易。严格意义上，电子货币是消费者向电子货币的发行者使用银行的网络银行服务进行储值和快捷支付，通过媒介(二维码或硬件设备)，以电子形式使消费者进行交易的货币。

3. 电子货币的属性

电子货币作为现代金融业务与现代科学技术相结合的产物，除具有货币的一般属性外，与传统货币相比，还具有一些特有的属性。

①虚拟性。传统货币具有一定的物理形态、大小、重量和印记。而电子货币是一种虚拟货币，它是在银行电子化技术高度发达的基础上出现的一种无形货币，它采用数字脉冲代替纸张等载体进行传输和显示资金，通过芯片进行处理和存储。电子货币的这一属性使其与传统货币在存储方式、传递方式和交易方式上都存在很大差别。

②非垄断性。传统货币都由中央银行或特定机构垄断发行，中央银行承担其发行的成本，享受其收益。而电子货币的发行机制有所不同，从目前来看，电子货币的发行既有中央银行，也有一般的金融机构，甚至非金融机构，而且更多的是后者。

③个性化。传统货币是以中央银行和国家信誉为担保的法币，是标准产品，由各个货币当局设计、管理和更换，被强制接受和广泛使用。而目前的电子货币大部分是不同的机构自行开发设计的带有个性特征的产品，其担保主要依赖于各个发行者自身的信誉和资产，风险并不一致。其使用范围也受到设备条件、相关协议等限制。如果缺乏必要

的物理设备，即使是中央银行代表发行的电子货币，也不能强制人们接受。

④安全性。一般来说，传统货币的匿名性比较强，即交易当事人以外的第三方无从知晓货币的流向、支付金额和交易对象等，这也是传统货币可以无限制流通的原因。而电子货币要么是非匿名的（可以详细地记录交易，甚至交易者情况），要么是匿名的（几乎不可能追查到其使用者的个人信息），且具有较高的安全性。

⑤技术性。传统货币的防伪可以依赖于物理设置，而电子货币防伪只能通过电子技术的加密算法或认证技术来实现。

⑥无地域限制。货币的使用具有严格的地域限制；而电子货币打破了地域的限制，只要商家愿意接受，消费者可以很容易地获得和使用多国货币。

⑦半政府半民间性。电子货币技术标准的制定，电子货币的推广应用，在大部分国家都具有半政府半民间的性质。一般是企业负责技术安全标准的制定，政府侧重于推广应用。

虽然电子货币就其职能而言与通货还有相当的距离，但是它代表了货币未来的发展方向，并且随着技术的不断发展，电子货币终有一天能够取代纸币，独立地执行货币的职能，就像纸币最终取代了金属货币一样。

二、电子货币的分类

电子货币是一个整体，根据不同的标准可以进行不同的类型划分，不同类型的电子货币具有不同的特征，充分认识这些特征是正确认识电子货币的前提。按照电子货币价值的存储媒介，可以将其分为卡基型电子货币和网基型电子货币；按照在流通和支付过程中，是否需要同中央数据库联系进行联机授权，可以将其分为联机型电子货币和脱机型电子货币；按照电子货币与银行账户的关系，可以将其分为存款型电子货币和现钞型电子货币，在存款型电子货币中按照存款的归属关系，可以分为银行型和客户型电子货币；按照电子货币发行人的行业性质，可以分为金融型电子货币和商业型电子货币；按照电子货币的使用范围，可以分为单一型电子货币和复合型电子货币；按照电子货币是否可以自由转让，可以将其分为转让型和专有型电子货币；按照电子货币的币种，可以将其分为单币种和多币种电子货币。

1. 卡基型与网基型电子货币

①卡基型电子货币。它包括电子现金（电子钱包）和远程支付电子现金，主要是以预付卡（储值卡）形式进入流通支付的卡片，包括各种储值卡、零售卡、福利保障卡等。卡基型电子货币是以各种类型的含有计算机芯片的塑料卡为货币价值的存储媒介的电子货币，它是将集成电路芯片嵌入塑料卡中，将货币价值预先存入芯片，利用芯片的计算、存储等功能来实现货币价值的转移。

②网基型电子货币。是以计算机为基础的电子货币，它是将特殊的软件装在用户的计算机上，通过计算机网络同银行和商户相连，通过计算机网络传输货币的一种支付手段。目前，比较典型的网基型电子货币是网络现金和数字现金。我国目前的网基型电子货币，统一在"电子银行业务法规"中进行规范。

2. 联机型与脱机型电子货币

①联机型电子货币。它通常存在一个中央数据库，这个数据库可以是电子货币的发行人设立的，也可以委托第三方设立，它的主要作用是对电子货币使用者的电子货币进行确认。在使用者使用电子货币进行交易时，特约商户需要通过其终端将电子货币使用者传来的电子货币传送给中央数据库，由中央数据库进行确认，如果确认该电子货币是真实的，就向特约商户发出接受该电子货币的指令。按照我国法规的规定，我国的金融机构既可以自行设立中央数据库，也可以委托第三方设立中央数据库。

②脱机型电子货币。它是在使用这种电子货币进行交易时不需要提前联机授权，在这种电子货币系统中没有中央数据库，鉴别电子货币的真伪主要依靠货币卡、交易终端本身的技术措施，利用加密技术和数字签名技术来保证电子货币的真实性。许多电子货币都允许使用者与使用者之间，以及商户与商户之间进行直接的货币价值转移，在此过程中不需要向发行人进行联机授权，只要符合加密技术和数字签名的要求，这种转移发行人就是承认的，具有转让效力。目前，我国还没有脱机型电子货币发行，我国的电子货币流通都要经过中央数据库的确认，否则无法实现电子货币的转移。

3. 存款型与现钞型电子货币

①存款型电子货币。它是指以特定账户为载体，只能在不同账户中流动的电子货币。这种电子货币不能脱离账户而独立存在，只能在账户之间实现货币价值的转移；不能像现钞货币一样由其拥有主体直接掌握和支配，并完全独立地进行各种直接的支付，只能在账户管理者的协助下进行转账结算。实践中，存款型电子货币的账户管理主体通常是银行，现在也出现了一些专门进行这类账户管理的公司，为存款型电子货币的使用者提供电子货币支付结算服务。

②现钞型电子货币。它是指具有电子货币的独立载体，并且该载体可以直接由电子货币拥有主体控制和支配的电子货币。它不像存款型电子货币那样必须依赖于账户管理主体的账户而存在，而是像现钞货币一样由使用者直接持有，在实际使用中也可以像现钞货币一样直接用于支付，货币流通和支付行为可以由交易双方直接完成，不需要委托第三方代理其支付活动。

4. 银行型与客户型电子货币

①银行型电子货币。它是指银行是电子货币的发行人，银行出售电子货币所取得的收入不是保存在客户的账户中，而是从客户账户转移到银行的保证金或普通负债账户

中，当特约商户收到使用人的电子货币并要求转化为传统货币时，才将这笔资金从银行自身的账户转移到特约商户或第三方账户中，自始至终电子货币的发行与流通行为同客户的银行账户无关。

②客户型电子货币。它指的是存款客户电子货币。虽然银行是电子货币的发行人，但银行出售电子货币所取得的收入是保存在客户的账户中，当特约商户收到使用人的电子货币并要求转化为传统货币时，是直接从客户账户转移到特约商户或第三方账户中，自始至终电子货币的发行与流通行为同银行自身的账户无关。在此条件下，电子货币发行所取得的收入实质上是发行人在银行的存款，这种存款是受存款保险制度保障的。我国的电子货币，基本上都是存款客户型电子货币。

5. 金融型与商业型电子货币

传统意义上的货币，都是由金融机构发行和回笼的，代表的是金融机构的信用。然而，电子货币的发行主体并不完全限制于金融机构，它既可以由金融机构发行，也可以由非金融机构发行。按照发行主体的性质，可以将电子货币分为金融型电子货币和商业型电子货币。

在信用货币本位制条件下，任何形式的货币发行都是以发行主体的信用为基础的，除法定货币外货币发行本身是以发行主体的财产作担保的，发行主体的信用是保证货币财产价值以及货币能够作为货币而被社会所接受的前提。因此，金融型电子货币与商业型电子货币，在其担保能力和信用程度上是有区别的，金融型电子货币是以金融机构为发行主体而发行的电子货币，代表的是金融信用；商业型电子货币是以非金融机构为发行主体而发行的电子货币，代表的是商业信用。

在当代社会，金融信用是有比较完善的法律保障和现实保障的，金融机构作为社会法律体系中的特殊主体，受到法律的严格规范和监管，有非常严格的设立制度、经营制度、挽救制度和破产保护制度。这些制度保证了金融机构，特别是其中的银行具有最高程度的社会信誉，这样就基本保证了在正常条件下，不会出现客户的财产权利经常受到威胁的情况。并且，即使在出现客户财产权利受到威胁的情况下，也能够通过相应的保护制度得到基本的保护。但是，商业组织的信用就没有这样的法律和现实保障，商业组织作为社会法律体系中的普通主体，其设立制度、经营制度和破产制度都是一般性的，这就使其在法律上和实际上都难以达到金融机构的信用水平，从而使其发行的电子货币难以像金融机构发行的电子货币一样，具有比较完善的法律保护体系。我国目前的金融性电子货币主要是银行卡，商业型电子货币主要是各种类型的消费卡；金融型电子货币主要具有流通与支付功能，商业型电子货币主要具有消费支付的预付功能，它会给发行主体带来事实上的集资效力。

6. 单一型与复合型电子货币

按照电子货币的流通与支付领域的数量不同，可以将其分为单一型电子货币和复合型电子货币。

单一型电子货币是指只能用于某一特定领域或特定类型的流通与支付的电子货币。

复合型电子货币是指可以用于两个以上特定领域或特定类型的流通与支付的电子货币。

通常，单一型电子货币只能有某种类型货币卡的功能；复合型电子货币则是将许多种货币卡的功能集中于一个载体，使用者可以根据需要选择其中最满意的方式，实现卡内电子货币的流通与支付。

7. 转让型与专有型电子货币

转让型电子货币是指电子货币的载体即货币卡，可以在不同的拥有主体之间转让的电子货币。

专有型电子货币是指电子货币的载体即货币卡，不能在不同的拥有主体之间转让的电子货币。电子货币是不能像法定货币那样自由支付的。

8. 单币种与多币种电子货币

多币种电子货币是指在某个电子货币载体内，同时存储两种以上的电子货币，可以在两个以上的货币区域进行流通与支付，或在一个货币区域内进行两种以上的货币流通与支付的电子货币。

通常，多币种电子货币要受到本货币区域内外汇管理制度的规范，同时也要受到相关货币区域内外汇管理制度的规范。

三、电子支付工具

电子货币是为了适应现代高度发达的商品经济、满足人类进入数字化时代的需要而产生的一种新型的货币形式，是对传统货币形式的一种补充，它采用无形的电子数据代替有形的纸质凭证，在快捷性、方便性、安全性等方面弥补了传统货币在流通和支付过程中的局限。近年来，随着电子货币的广泛应用以及电子支付方式的兴起，各种电子支付工具也随之产生。电子支付是指单位、个人直接或授权他人通过电子终端发出支付指令，实现货币支付与资金转移的行为。电子支付的类型按照电子支付指令发起方式分为网上支付、电话支付、移动支付、销售点终端交易、自动柜员机交易和其他电子支付。20世纪90年代，国际互联网迅速走向普及化，逐步从大学、科研机构走向企业和家庭，其功能也从信息共享演变为一种大众化的信息传播手段。互联网的广泛应用，既降低了成本，也造就了更多的商业机会，从而促进了电子商务技术的迅速发展，使其逐步成为互联网应用的最大热点。为适应电子商务这一市场潮流，电子支付随之发展起来。

电子支付工具的应用不仅可以使电子货币的支付过程更加简便、快捷，还可以提高电子货币在支付过程中的安全性，是保证电子支付能够顺利进行的重要手段。

广义的电子支付工具包括所有电子货币的载体，不仅包括银行卡（包括信用卡）、电子现金、电子支票、电子钱包，还包括互联网上大量使用的第三方支付工具（如 PayPal、支付宝、安付通、财富通和快钱等）。本章主要介绍前面 4 种电子支付工具。

第二节　银行卡

银行卡是指经批准由商业银行（含邮政金融机构）向社会发行的具有消费信用、转账结算、存取现金等全部或部分功能的信用支付工具。银行卡减少了现金和支票的流通，使银行业务突破了时间和空间的限制，发生了根本性变化。银行卡自动结算系统的运用，使"无支票、无现金社会"的梦想成为现实。银行卡的产生和发展，推动了包括 ATM、POS 在内的自助银行系统的产生和发展，也成为电子商务中网上支付的主要方式。2019 年 4 月 22 日，中国银联发布《中国银行卡产业发展报告（2019）》。报告显示，2018 年，银联网络转接交易金额占全球银行卡清算市场的份额进一步提高，并继续保持全球第一。同时，银行卡发卡和受理规模进一步扩大，银联卡全球发行累计超过 75.9 亿张，银联卡全球受理网络已延伸到 174 个国家和地区，覆盖超过 5 370 万家商户和 286 万台 ATM，用卡增值服务不断丰富。

一、银行卡的分类

1. 按是否给予持卡人授信额度分类

（1）信用卡

信用卡也称贷记卡，是一种常见的银行卡，具有购物消费、信用借款、转账结算、汇兑储蓄等多项功能。信用卡又分为贷记卡和准贷记卡。贷记卡是指发卡银行给予持卡人一定的信用额度，持卡人可在信用额度内先消费、后还款的信用卡。准贷记卡是指持卡人先按银行要求交存一定金额的备用金，当备用金不足支付时，可在发卡银行规定的信用额度内透支的信用卡。信用卡与其他银行卡的一个重要区别在于，信用卡不仅是一种支付工具，同时也是一种信用工具。由于在消费中实行"先消费、后付款"，因此对信用卡账户的处理是滞后于货款支付的。电子信用卡支付系统的特点是：每张卡对应着一个账户，资金的支付最终是通过转账实现的。

信用卡是银行向金融上可信赖的客户提供无抵押的短期周转信贷的一种手段。发卡银行根据客户的资信等级，给信用卡的持卡人规定一个信用额度，信用卡的持卡人就可以在任何特约商店先消费、后付款，也可以在 ATM 上预支现金。用信用卡进行交易后，持卡人的消费费用或预支款项记入发卡行的账目上，同时持卡人在发卡行产生一笔尚欠账项，待持卡人信用期满时，银行才向持卡人索还部分或全部贷款。这样，通过发行信用卡，银行可以根据预先确定的信用限额，向广大持卡人提供银行柜台以外的延伸信贷。

（2）借记卡

信用卡的性质使其存在较大的风险，这促使金融机构研制一种能替代现金、支票和信用卡的新的银行卡——借记卡。借记卡标识持卡人是某特定银行的客户，即该持卡人在该银行有存款。持卡人在特约商店消费后，通过电子银行系统授权，发卡行在线检查持卡人银行账户资金额是否能满足本次支付需求，若能，则直接将付款金额从持卡人账户转到商户的账户。除了用于消费以外，借记卡也可以在 ATM 系统中用于取现。与信用卡不同的是，借记卡不支持透支贷款，持卡人必须在发卡行有存款，因此借记卡具有低风险的优点。2017 年，按全国人口计算，银行卡人均持卡量在 2014—2016 年的基础上持续增长，年末人均持卡数 5.06 张。其中，借记卡人均持卡数 4.49 张，信用卡人均持卡数 0.57 张。[①] 越来越多的人使用借记卡通过 POS 终端付款，而且随着电子商务的快速发展，很多银行都提供了借记卡网上支付功能。

2. 按信息载体的不同分类

银行卡的介质经历了塑料卡、磁卡、IC 卡和激光卡 4 个阶段。此外，还有一种在磁卡中内藏 IC 芯片的复合介质卡。

（1）塑料卡

这种塑料卡与计算机无关，20 世纪中期，发达国家的信用卡公司率先用塑料卡制成信用卡，顾客消费时，必须出示此卡以示身份，验明无误后，即可享受信用消费。

（2）磁卡

磁卡就是在塑料卡上粘贴一个磁条而成的，磁条里有 3 条磁道，可记录相关信息。磁卡具有存储容量小、安全性差、不可脱机处理等缺点，但是由于其制造成本低，是使用最广泛的银行卡。按照中国人民银行要求，2017 年 5 月 1 日起，银行已全面关闭芯片磁条复合卡的磁条交易。

（3）IC 卡

IC 卡是以芯片作为介质的银行卡，与磁条卡相比，芯片卡安全性高，卡内敏感数据难以被复制。芯片卡不仅具有普通磁条银行卡所有的金融功能，还具备电子现金账户，支持脱机小额支付，可以使用非接触界面，实现即刷即走的快速支付和智能卡手机支付。

随着银行卡的普及，犯罪分子盗取老百姓银行卡内余额、盗刷信用卡的花样不断翻新，如果使用的是磁条银行卡，犯罪分子盗取磁条上的资料相对容易，复制伪冒卡的成

---

① 中国银行业协会：《中国银行卡产业发展蓝皮书（2018）》，2018-06-20。

本较低。应对银行卡犯罪的有效方法是推广使用 IC 银行卡。IC 卡的主要功能如下。

①与普通的磁条银行卡相比，芯片卡存储多种信息，功能更完善。

②IC 银行卡还可以像刷公交卡一样脱机操作，只要在 POS 机旁轻轻靠一下，1 秒内就可以完成支付。

③IC 卡芯片还可以嵌入手机，让手机同时变成一张银行卡。

④IC 银行卡除正常存取款、消费等金融功能之外，在卫生、文化、教育、旅游、园林、公安、交通、市政公用、广电、税务、监察等方面都可以使用。

⑤IC 银行卡具有电子钱包、快速支付、智能应用等功能。

⑥智能芯片借记卡不仅更安全，同时也解决了小额支付手续烦琐的问题，持卡人进行小额消费时，只需将 IC 银行卡在读卡区轻轻一挥就可以了。

(4)激光卡

激光卡是在塑料卡片中嵌入激光存储器而成的，它同 IC 卡一样可提供多重功能，安全性高，存储量极大，可比 IC 卡的存储量大百倍以上，但目前尚在试验阶段。

二、银行卡的功能

1. 储蓄和存取款功能

居民储蓄一直是我国各商业银行的主要业务之一，为提高业务效率以吸纳更多存款，各发卡银行都发行了具有储蓄功能的借记卡。银行对持卡人开立的银行卡存款账户，按照规定的活期存款利率和计息办法支付利息。持卡人凭卡可以在发卡银行指定的受理网点办理存取款业务(通存通兑)，也可以在发卡银行提供的自动柜员机取款和查询账户余额等。

2. 消费支付功能

持卡人凭卡可在特约商户使用银行卡进行支付结算，由发卡银行扣减持卡人银行账户资金后，将持卡人所支付的款项划拨给特约商户。支付结算是银行卡最主要的功能，它能为社会提供最广泛的结算服务，方便持卡人和特约商户的购销活动，减少社会现金流量，节约社会劳动。

3. 转账结算功能

持卡人凭卡可在发卡银行的营业机构从自己的账户转账付款，也可利用 ATM 或电话银行、网络银行等将银行卡账户的资金转至其他账户。持卡人外出商旅、销售、度假的过程中，在异地甚至异国都可以借助汇款的方式，通过任何一家国际信用卡组织的会员机构网点，实现资金的调拨流转。

4. 消费信贷功能

消费信贷功能只专属于贷记卡和准贷记卡。贷记卡持卡人可以自由使用信用额度而不必费力去银行申请贷款。准贷记卡持卡人在支付结算过程中，如需支付的款项超过其准贷记卡存款账户的余额，发卡银行允许持卡人按规定限额进行短期透支。

5. 代收代付功能

发卡银行利用自身营业网点、网络、人员、借记卡账户管理等优势，为政府、企业、个人提供代理资金结算的代理服务和分销服务，以代理人的身份为被代理人办理收付委托事项金融服务，以获取中间的业务收入。目前，这类代收代付业务主要有代发工资、代收、代付、代扣各种费用以及代销业务。

6. 综合理财功能

客户根据发卡银行为其提供的综合理财卡账户，实现了一卡多账户的关联。持卡人凭卡可在各账户中间办理个人转账，办理贷款融资，完成股票、基金、外汇买卖等投资类商品的购买，从而实现个人资产的保值和增值。

7. 派生功能

发卡银行通过与合作伙伴合作拓展并延伸银行卡的服务领域，如联名卡可以为持卡人在发卡银行合作的单位用卡消费提供一定比例的折扣优惠和特殊服务等。

三、银行卡授权与清算

1. 银行卡信息交换中心

中国银联银行卡信息交换系统（简称 CUPS）是实现全国范围内所有跨行银行卡业务的信息转接和资金清算、数据的收集、清分和下发等工作的系统。该系统的建设包括交换应用、网络、运行管理、切换过渡及业务持续等项目的建设。银行卡信息交换中心是对银行卡跨行交易信息进行转接和提供跨行交易清算数据的银行卡跨行联网服务机构。在跨行交易中，银行卡信息交换中心是交易信息的实时转发枢纽；在日结后，银行卡交换中心是网络交易数据清分、对账的组织者；在清算中，银行卡信息交换中心是清算流程的启动者，交换中心向清算银行（中心）提交的清算数据，构成清算依据。

银行卡信息交换中心总体上可分为银行卡信息交换总中心、区域中心和入网银行行内中心，入网银行及其分支机构需要接入全国银行卡网络来实现跨行信息交换。全国银行卡网络由跨行网络和行内网络组成，跨行网络由总中心连接各入网银行行内中心和各区域中心，以及各区域中心连接各入网银行分支机构组成；行内网络由各入网银行行内中心连接其分支机构组成。

①银行卡信息交换总中心。银行卡信息交换总中心接收与总中心联网的入网银行行内中心或区域中心转发的银行卡跨行交易信息，按照入网银行确定的信息流路径，转发给相应的行内中心或区域中心。总中心主要提供以下服务：银行卡异地跨行业务的信息

转接服务、清算数据发送服务、止付名单管理服务、安全与风险控制服务、个人信用控制服务、仲裁服务及信息服务等。总中心还提供与国际信用卡网络的接口,实现国际卡收单业务的授权信息转接。

②区域中心。区域中心主要负责本地区银行卡跨行交易的授权信息转接服务、资金清算服务、止付名单管理服务、代理授权服务、差错及纠纷处理服务、银行卡作业安全与保密服务、持卡人信用控制及信息服务等。区域中心接收总中心、与本中心联网的行内中心或入网银行分支机构提交的银行卡跨行交易信息,区分不同情况进行处理:对本区域入网卡交易信息转发给相应的发卡行;对非本区域入网卡交易信息按照本地发卡机构的要求转发给总中心或本地发卡机构。

③入网银行行内中心。入网银行行内中心主要负责本行系统内银行卡交易的信息交换服务,包括授权信息转接、资金清算、止付名单管理、代理授权等。入网银行行内中心与总中心或区域中心联网,当系统内各分支机构传来非本行银行卡交易信息时,行内中心将交易信息转发给与该中心联网的总中心或区域中心。

2. 授权过程

授权是指当持卡人所进行的交易金额超过发卡银行规定的特约商户限额,或取现限额,或经办人对持卡人所持银行卡有怀疑时,其特约商户或代办银行向发卡银行征求是否可以支付的过程。而代理授权是指当发卡行休息,授权主机关闭,或发卡行授权主机系统出现故障、发卡行的授权系统通信中断时,银行卡信息交换中心根据发卡行的意愿代理发卡行进行授权。

授权处理一般由各发卡行的银行卡授权系统完成,授权请求信息发送至收单行后,若收单行即是发卡行,则直接由收单行进行授权处理;若收单行与发卡行属于同一银行系统,则收单行直接将授权请求信息通过入网银行行内系统转发至发卡行,再由发卡行进行授权处理;若收单行与发卡行不属于同一银行系统,则需要进行跨行信息交换,将授权信息转发至发卡行进行授权处理。跨行信息交换的流程如下。

①有区域中心地区。发卡行有分支机构的,区域中心将信息转发给发卡行系统内的当地分支机构,是异地卡时,由当地分支机构将信息转发至本系统行内中心,行内中心再转发至发卡行分支机构;发卡行无分支机构或有分支机构但有特殊要求的,区域中心将信息转发给总中心,总中心将信息转发给发卡行行内中心。

②无中心业务联合地区。银行卡跨行交易无中心联合是指入网银行分支机构没有共建当地跨行信息交换系统,而是通过多路由 POS(包括前置机方式)共享实现银行卡跨行通用。发卡行有分支机构的,共享 POS 或收单行前置机将信息转发给发卡行系统内的当地分支机构,是异地卡时,由当地分支机构将信息转发至本系统行内中心,行内中心再转发至发卡行分支机构;发卡行无分支机构的,共享 POS 或收单行前置机将信息转发给

发卡行的签约代理行当地分支机构进行处理。

③未实现本地跨行联合地区。收单行将信息转发至本系统行内中心,由行内中心转发给总中心,总中心将信息转发给发卡行行内中心(行内中心未联网或已联网但有特殊要求时,则转发给相应的区域中心再转发至发卡行分支机构)。

3. 资金清算

资金清算(Capital Settlement)是金融机构之间办理资金调拨、划拨支付结算款项,并对由此引起的资金存欠进行的清偿。

适应全国银行卡网络系统架构,银行卡跨行业务资金清算采用分级清算的方式:银行卡信息交换总中心负责完成与其联网的入网银行和区域中心的清算;各入网银行和区域中心负责完成行内分支机构和区域内入网银行的再清算。全国银行卡跨行业务资金清算,以信息交换中心的清算数据为依据。信息交换中心的清算数据根据中心交易记录和收单行发送的清算文件产生。当联网成员与信息交换中心对账不符时,以信息交换中心数据为准先行清算,清算后查实差错,按差错处理有关规定处理。

①总中心清算。通过总中心转接的银行卡异地跨行交易的资金清算,以总中心清算数据为准,采用两级清算模式,即总中心产生与其相连的入网银行及区域中心清算数据,提交中国人民银行营业管理部实施一级清算;入网银行、区域中心以总中心清算数据为准产生二级清算数据,通过行内系统或当地人民银行营业部门实施二级清算。

②区域中心清算。只通过区域中心转接的跨行交易清算,以区域中心的清算数据为准,提交当地人民银行营业部门实施清算。

③记账。资金清算采用日终轧差、净额清算的办法,由人民银行营业部门根据信息交换中心提交的清算数据和凭证借记或贷记联网成员指定的备付金存款账户。

四、银行卡支付的处理过程

如图 3-1 所示,一个完整的银行卡支付的处理过程如下。

①持卡人到发卡行申领银行卡。

②收单行与特约商户签订协议。

③持卡人到特约商户购物。

④特约商户通过不同的方式(如电话、POS 终端等)向收单行发出授权请求。

⑤收单行把授权请求送往信息交换中心。

⑥信息交换中心把授权请求转送到发卡行。

⑦发卡行把授权答复送回信息交换中心。

⑧信息交换中心把授权答复送回收单行。

⑨收单行把授权答复送回特约商户。

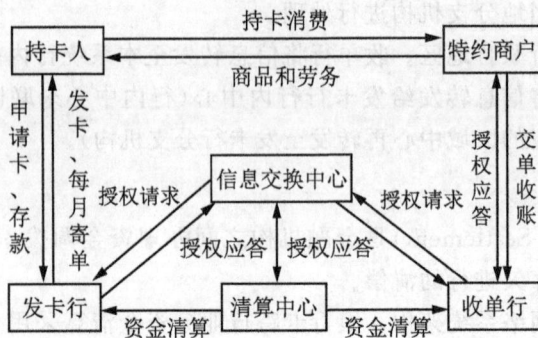

图 3-1 银行卡支付的处理过程

⑩特约商户把已授权的交易提交收单行。

⑪收单行把交易金额记入特约商户账户。

⑫收单行把交易数据档案送往信息交换中心。

⑬信息交换中心对所有交易数据进行清分和结算。

⑭信息交换中心把所有交易数据送往交易所属的发卡行。

⑮发卡行向持卡人发出账单，并从持卡人账户扣回交易金额。

⑯信息交换中心把清算净额数据送往清算中心。

⑰清算中心为发卡行及收单行进行资金调拨。

在特约商户使用银行卡支付时存在脱机和联机两种情况。脱机状态下，收单行通常规定了一个最低标准限额，若交易额低于标准限额，银行授权商户自行认证，即④～⑨的步骤可以省略；若交易额超出最低限额，商户要打电话给收单行取得银行的授权。授权过程又分为两种情况：如果持卡人的银行卡是该收单行发行的，则直接通过该收单行的处理中心检查授权文件，以确定是否批准这笔交易，即⑤～⑧的步骤可以省略；如果持卡人的银行卡不是该收单行发行的，商户银行需要通过信息交换中心同发卡行通信，以得到批准或拒绝的回答。而在联机的状态下，由于几秒内就可以取得发卡行的联机电子授权，所有的银行卡交易全部送发卡行进行授权处理，这样就不需要规定标准限额。交易完成后，如果持卡人的银行卡是该收单行发行的，收单行处理中心就直接将该笔交易金额从持卡人账户过账到商户账户上，即⑫～⑭的步骤可以省略；如果持卡人的银行卡不是该收单行发行的，则通过信息交换中心，将交易数据传输给发卡行的处理中心进行结账处理。

通常，商业银行办理银行卡收单业务应向商户收取一定的结算手续费用，一般占商品交易费用的 1%～5%，由于收单行要通过相应的信息交换中心同发卡行交换这些交易，并进行清算，因此，收单行要支付一笔交换费给发卡行和信息交换中心，以承认他们对该笔银行卡交易所做的贡献。根据现行的《中国银联入网机构银行卡跨行交易收益分配办法》，银行卡收单业务的结算手续费全部由商户承担，但不同行业所实行的费率不同，费率标准从 0.5％到 4％不等。一般来说，零售业的刷卡手续费率在 0.8％～1％，超市为 0.5％，餐饮业为 2％。

五、我国银行卡业务的发展现状

银行卡的广泛应用，对于促进旅游、消费，扩大税基，提升国际形象具有重要意义。经过三十多年的发展，我国已初步形成具有中国特色的银行卡支付体系，在银行卡产品、受理市场、发展模式等方面都体现出中国自己的特色。

1. 以借记卡为主体、信用卡快速发展的银行卡产品体系基本形成

借记卡作为吸收储蓄存款的电子存折，具有申办和使用方便、手续费和年费低的特点。近年来，随着银行卡市场竞争的加剧和银行业金融机构创新意识的增强，借记卡产品功能不断拓展，应用领域不断扩大，品种不断丰富，逐渐成为银行卡的主导产品。截至 2018 年年末，全国银行卡在用发卡数量 75.97 亿张，同比增长 13.51％。其中，借记卡在用发卡数量 69.11 亿张，同比增长 13.20％；信用卡和借贷合一卡在用发卡数量共计 6.86 亿张，同比增长 16.73％。借记卡在用发卡数量占银行卡在用发卡数量的 90.97％，较上年末有所下降。全国人均持有银行卡 5.46 张，同比增长 12.91％。其中，人均持有信用卡和借贷合一卡 0.49 张，同比增长 16.11％。[①] 信用卡具有消费信贷功能，有着较大的发展空间。一些主要的银行业金融机构相继设立独立运作的信用卡中心，加大营销力度，广泛开展个人消费信贷业务，大大推动了信用卡的发展。

2. 银行卡受理市场快速发展

为加强银行卡受理市场的建设，扩大商户普及率，中国人民银行会同有关部门，积极推动银行卡在税款缴纳、水电气等公用事业缴费及医院、交通、学校与公共生活密切相关领域的应用，特别是在中小城市、中小商户的应用；保障银行卡支付网络安全稳定运行，提高持卡交易成功率；规范银行卡受理市场，促进受理市场的良性发展。截至 2018 年年末，银行卡跨行支付系统联网商户 2 733.00 万户，联网 POS 机具 3 414.82 万台，ATM 机具 111.08 万台。全国每万人对应的 POS 机具数量 245.66 台，同比增长 8.91％，每万人对应的 ATM 数量 7.99 台，同比增长 15.03％。银行卡支付功能得到有效发挥，持卡消费习惯初步形成。2017 年我国银行卡交易总额占全国社会消费品零售总额的比重为 48.7％，较 2016 年提高 0.2 个百分点。银行卡渗透率持续上升这一事实已

---

① 中国人民银行：《2018 年支付体系运行总体情况》，2019-03-18。

经从侧面反映了上述作用。① 同时，根据中国银行卡的发展战略，银行卡受理市场实现了"出镜和下乡"。2004年人民币银行卡开始走出国门，为境内居民出境公务和旅游消费提供了便利。2018年，人民币跨境支付系统处理业务144.24万笔，金额26.45万亿元，比2017年分别增长14.57%和81.71%。2006年中国人民银行已在贵州、山东、福建、重庆、江苏、湖南、江西、四川、陕西、云南、河南、广西12个农民工输出大省（自治区、直辖市）组织开展了农民工银行卡特色服务，银行卡受理业务拓展到广大农村地区，在发达地区打工的农民可以在家乡农村信用社用银行卡取现，大大方便了农民工异地取款。2018年，农信银支付清算系统共处理业务84.51亿笔，金额8.45万亿元，同比分别增长152.34%和26.60%。

3. 银行卡支付系统逐步完善

银行卡支付系统由银行卡跨行支付系统及发卡银行行内银行卡支付系统组成。经过近几年的发展，中国已形成以中国银联银行卡跨行支付系统为主干，连接各发卡银行行内银行卡支付系统的银行卡支付网络架构。它是银行卡支付体系的重要基础设施，实现了银行卡的联网通用，促进了银行卡的广泛应用。

银行卡跨行支付系统专门处理银行卡跨行交易信息转接和交易清算业务，由中国银行建设和运营。2004年10月，中国银联建成新一代银行卡跨行支付系统，解决了过去银行卡跨行交换网络分散、整体运行效率不高、各地区执行标准各异、受理质量参差不齐等问题，适应了各银行业金融机构数据集中处理的需要，加速了银行卡全国联网通用进程，为境外人民币银行卡跨行业务的集中和高效处理提供了技术保障。

2004年11月4日，银行卡跨行支付系统成功接入中国人民银行大额实时支付系统，实现了银行卡跨行支付的即时清算，提高了银行卡跨行支付效率和控制资金清算风险的能力。银行卡跨行支付系统业务量稳步增长，2018年，银行卡跨行支付系统共处理业务263.25亿笔，金额119.07万亿元，同比分别增长16.24%和26.87%。日均处理业务7 212.27万笔，金额3 262.22亿元。

六、国内外银行卡组织

1. VISA 国际组织

VISA国际组织是目前全球最大的信用卡集团，它致力于开发全球性的产品、系统和网络，并为其会员提供高效率的授权和结算服务。VISA发挥着中介、支援和协调的积极作用，并不直接向持卡人发卡，也不与特约商户直接发生业务关系，而是为会员提供一个经营框架，在框架范围内，会员可根据既定的章程和规则向持卡人和特约商户提

---

① 中国银行业协会：《中国银行卡产业发展蓝皮书（2018）》，2018-06-20。

供在全球范围内可被接受的支付手段。每一会员可自行筹划符合当地市场需求的 VISA 产品与服务项目，自行决定经营模式、经营规则及收费标准。

VISA 建成了全球性的、完整的、全方位服务的支付网络。VISA 通行全球的支付产品有普通信用卡、金卡、借记卡、现金卡、商务卡、多功能智能卡及旅行支票等。提供的服务包括全球电信服务、授权传送服务、清算结算服务、风险管理服务、自动化转账服务和国际电子汇兑服务，为各国提供万事达卡、运通卡、大来卡和欧洲支付卡等其他信用卡业务所需的电信通道服务，以及制订操作标准、开发新产品和服务等。

VISA 的核心网络——VisaNet 是世界上最大的交易和信息处理网络之一，帮助金融机构客户、消费者、商户、企业和政府机构实现价值和信息的传递。VisaNet 向 200 多个国家和地区的消费者、企业、银行和政府提供支持，帮助他们提高自身的经济能力。现在，该网络以可靠、方便和安全的方式每秒可处理 20 000 多笔交易。随着数字货币在全球经济中的地位不断提升并逐渐取代现金和支票等支付方式，VISA 一如既往地进行投资，确保 VisaNet 始终是各国中央银行和政府值得信赖的全球最先进的支付网络之一。其功能包括：第一，授权。接收收单行的授权请求；将授权请求转送到国内外的发卡行；可接受发卡行的要求，作暂时性授权处理。第二，清算。收集收单行(或发卡行)发出的清算文件，处理并分发清算数据；发送报表。

在我国，经中国人民银行批准，VISA 分别于 1993 年和 1996 年在北京和上海成立代表处，并拥有包括银联在内的 18 家中资会员金融机构和 5 家外资会员银行。2006 年一年的时间里，VISA 国际卡在中国内地共发行超过 2 060 万张，签账总额达 168 亿美元，受理 VISA 国际卡的 POS 机终端达到 187 500 台，ATM 自动柜员机达 60 800 台。

在电子商务方面，"VISA 验证"服务为持卡人和特约商户提供一种安全、便捷的网上购物支付方式。仅 2006 年，中国市场已有 18 家 VISA 会员机构和 2 372 家商户参与支持"VISA 验证"服务。2007 年 1 月 23 日，VISA 与中国银行签署《北京 2008 年奥运会战略合作协议》。双方在包括奥运村、奥运会指定宾馆、竞赛及训练场馆等的奥运现场优化支付系统基础设施，为迎接奥运会建立了便捷安全的支付平台，共同积极推广 VISA 奥运主题卡片的普及和使用，并携手拓展奥运会相关城市商户受理网络。

2. MasterCard 全球组织

MasterCard 全球组织是全球第二大信用卡集团(第一为 VISA 国际组织)，它是一个服务于全球多家金融机构的非营利性协会组织，其会员银行包括商业银行、储蓄与贷款协会以及信贷合作社。MasterCard 全球的宗旨是为会员提供全球最佳支付系统和金融服务。

MasterCard 的授权系统为 BankNet，网络控制中心每天提供 24 小时服务。

MasterCard 组织提供 MIP 界面机，各会员银行的计算机系统通过 SNA 或专线与 MIP 界面机通信就可以进入 BankNet。MasterCard 系统的功能包括授权和清算，授权标准由各发卡行自行决定。除联机授权外，还有两种授权方式：低消费额时由 MIP 查授权参数文件和黑名单文件；网络出问题时，由 MIP 代替发卡行授权。

MasterCard 全球组织自己不发行银行卡，主要通过其会员发行万事达信用卡、借记卡及消费卡等。MasterCard 国际组织于 1988 年进入中国，我国银行系统中的中国银行、中国工商银行、中国建设银行和中国农业银行等大多数商业银行都已加入 MasterCard 国际组织。

3. 中国银联

中国银联（China Union Pay）是经中国人民银行批准的、由 80 多家国内金融机构共同发起设立的股份制金融机构，注册资本 16.5 亿元人民币。公司于 2002 年 3 月 26 日成立，总部设在上海。作为中国的银行卡联合组织，中国银联处于我国银行卡产业的核心和枢纽地位，对我国银行卡产业发展发挥着基础性作用，各银行通过银联跨行交易清算系统，实现了系统间的互联互通，进而使银行卡得以跨银行、跨地区和跨境使用。在建设和运营银联跨行交易清算系统、实现银行卡联网通用的基础上，中国银联积极联合商业银行等产业各方推广统一的银联卡标准规范，创建银行卡自主品牌；推动银行卡的发展和应用；维护银行卡受理市场秩序，防范银行卡风险。

(1)经营宗旨

采用先进的信息技术与现代公司经营机制，建设和运营广泛、高效的银行卡跨行信息交换网络系统，制定统一的业务规范和技术标准，实现高效率的银行卡跨行通用及业务的联合发展，并推广普及银行卡，积极改善受理环境，推动我国银行卡产业迅速发展，把银联品牌建设成为国际主要支付品牌，实现"中国人走到哪里，银行卡用到哪里"。

(2)经营范围

建设和运营全国统一的银行卡全国信息交换网络；提供先进的电子化支付技术和银行卡跨行信息交换相关的专业服务；开展银行卡技术创新；管理和经营"银联"标志；制定银行卡跨行信息交换技术标准和业务规范；协调和仲裁银行间跨行交易业务纠纷；组织行业培训、业务研讨，开展国际交流，从事相关研究咨询服务；经中国人民银行批准的其他相关业务。

(3)发展历程

2011 年 6 月 8 日，中国银联推出"银联在线支付"和"银联互联网手机支付"，标志着中国银联无卡交易处理平台正式建成。

2012 年 9 月 21 日，中国银联在上海首推具有自主知识产权的金融 IC 卡互联网应用终端——"银联迷你付"。

2013 年 6 月 9 日，中国银联与中国移动携手推出移动支付平台。用户通过该平台，可在支持 NFC(近距离无线通信)功能的手机 SIM 卡上下载银行卡，实现电子现金充值、远程消费和商户现场小额快速交易，未来还将支持现场大额交易。该平台可帮助商业银行实现从传统"柜面发卡"向"空中发卡"的转变，创新发卡和营销模式；可支持通信运营商开拓增值服务；可让消费者拥有低成本、安全、便利和应用丰富的"手机钱包"，享受更贴心的支付服务。

2014 年 7 月 29 日，中国银联发布消息，银联在互联网与移动支付领域已接入超过 255 家发卡银行。截至 2014 年 7 月，银联互联网与移动支付用户数突破 1.5 亿。

2015 年 12 月 4 日，银联卡小额免密免签服务正式试点推出。

2016 年 2 月 18 日，银联云闪付正式开通支持 Apple Pay 服务。

2017 年 5 月 27 日，中国银联联合 40 多家商业银行，共同推出了银行卡的扫码支付业务。

截至 2017 年 6 月，银联网络遍布中国城乡，并已延伸至亚洲、欧洲、美洲、大洋洲、非洲等境外 160 个国家和地区。中国银联将不断加快国际化进程，努力把中国银联建设成为在国内具有权威性和公信力，在国际具有竞争力和影响力的国际性银行卡组织，把银联品牌建设成为不仅服务中国，而且服务于越来越多国家和地区的、具有全球影响力的中国自主支付品牌。

第三节　电子现金

电子现金其实是一种用电子形式模拟现金的技术。电子现金系统企图在多方面为在线交易复制现金的特性：方便、费用低(或者没有交易费用)、不记名以及其他性质。但不是所有的电子现金系统都满足这些特点，多数电子现金系统都能为小额在线交易提供快捷与方便。电子商务是通过 Internet 网所进行的商务活动，对于电子商务一个非常关键的要求就是要有一个安全高效的电子现金系统。自 1982 年 David Chaum 发表第一篇关于电子现金系统的论文以来，电子现金系统的研究已取得了很多成果。

电子现金的表现形式有两种：基于卡介质的电子现金和纯电子形式的电子现金。基于各种卡介质的电子现金主要用于现实交易中的支付，近些年来随着 IC 卡的发展，其应用也越来越广泛。基于卡介质的电子现金通常使用电子钱包形式的 IC 卡作为媒介，无须密码，主要用于小额交易，持卡人每次使用时，由终端机从卡上直接划钱，卡中的现金金额用完时，还可以向卡中追加所需金额。纯电子形式的电子现金以电子形式存储并通过网络完成支付，本节主要介绍的就是这种纯电子形式的电子现金。

一、电子现金概述

1. 电子现金的概念

电子现金（E-Cash）英文全称为 Electronic Cash，又称为电子货币（E-Money）或数字货币（Digital Cash），是一种以数字（电子）形式存储并通过互联网流通的货币，它把用户银行账户中的资金转换成一系列的加密序列数，通过这些序列数来表示现实中各种金额，用户以这些加密的序列数就可以在 Internet 上接受电子现金的商店购物了。电子零钱或电子硬币本质上也属于电子现金的范畴，它特指价值数额微小的电子现金。

电子现金是类似于纸质现金的一种电子货币，可以说，电子现金是纸质现金的电子化。随着电子商务的发展，电子现金必将广泛应用于网上支付，特别适用于涉及个体的、小额网上消费的电子商务活动。

2. 电子现金的属性

①系统无关性。电子现金的使用与计算机系统无关。

②不可重复花费。电子现金只能使用一次，重复花费很容易被检查出来。

③匿名性。银行和商家相勾结也不能跟踪电子现金的使用。

④不可伪造性。用户不能造假币，包括两种情况：一是用户不能凭空制造有效的电子现金；二是用户从银行提取 N 个有效的电子现金后，不能根据提取和支付这 N 个电子现金的信息，造出有效的电子现金。

⑤可传递性。用户能将电子现金像普通现金一样借给别人，且不能被跟踪。

⑥可分性。电子现金可以进行任意金额的支付。

3. 电子现金的优点

①安全性。电子现金是高科技发展的产物，它融合了现代密码技术，提供了加密、认证、授权等机制，只限于合法人使用，能够避免重复使用。

②匿名性。电子现金由于运用了数字签名、认证等技术，确保了它实现支付交易时的匿名性和不可跟踪性，维护了交易双方的隐私权。

③方便性。电子现金完全脱离实物载体，使得用户在支付过程中不受时间、地点的限制，使用更加方便。

④成本低。电子现金的发行成本、交易成本都比较低，而且不需要运输成本。

4. 电子现金的密码技术

电子现金的安全性和可靠性等主要依靠以下密码技术来实现。

①分割选择技术。用户在提取电子现金时，不能让银行知道电子现金中用户的身份信息，但银行需要知道提取的电子现金是正确构造的。分割选择技术是用户正确构造 N

个电子现金传给银行，银行随机抽取其中的 $N-1$ 个让用户给出它们的构造，如果构造是正确的，银行就认为另一个的构造也是正确的，并对它进行签名。

②零知识证明技术。证明者向验证者证明并使其相信自己知道或拥有某一消息，但证明过程不能向验证者泄露任何关于被证明消息的信息。以上两种技术用于将用户的身份信息嵌入电子现金。

③认证技术。认证一方面是鉴别通信中的信息发送者是真实的而不是假冒的；另一方面是验证被传送信息是正确和完整的，没有被篡改、重放或延迟。

④盲数字签名技术。签名申请者将待签名的消息经盲交换后发送给签名者，签名者并不知道所签发消息的具体内容，该技术用于实现用户的匿名性。

二、电子现金的制作与使用

1. 电子现金的制作

电子现金的制作过程相当于客户从银行购买或兑换电子现金的过程。

①客户在发行电子现金的银行建立资金账户，存储一定的现金，并领取相应的客户端电子现金应用软件。

②客户在自己的计算机上安装电子现金应用软件，利用此软件产生一个原始数字代币及其原始序列号 X。

③客户端借助软件通过将原始序列号 X 与另一个随机数（隐藏系数）相乘，得到一个新的序列号 Y，与原始数字代币一起，发送到发行银行。

④银行收到客户传来的相关信息后，只可以看见这个新序列号 Y 与数字代币的联合体，银行用其签名私钥对其进行数字签名，认可申请人的电子现金价值，并从客户资金账号中扣除对应资金余额。

⑤银行将经过数字签名的新序列号 Y 与数字代币的联合体回送客户。

⑥客户收到后再用隐藏系数分解新序列号 Y，变换出这个数字代币的原始序列号 X，这时收到的经过签名的数字代币与原始序列号 X 联合体就是产生的一定价值的电子现金。

在此过程中，由于银行看不到电子现金的原始序列号 X，因此银行无法得知电子现金的流向以及现在归谁所有。这种盲签名（Blind Signature）技术，是由荷兰阿姆斯特丹 DigiCash 公司的创始人 David Chaum 发明的具有专利权的数学算法，可用来实现银行对电子现金的认证，而且允许电子现金的匿名，就像纸币的匿名性一样。

2. 电子现金的支付方式

根据确认电子现金有效性的不同方法，电子现金在支付过程中有以下两种支付结算方式。

①双方支付方式。双方支付方式只涉及买卖双方，在交易中商家收到电子现金后用发行银行的公开密钥检验电子现金的数字签名，以确认支付是否有效。确认后则暂时保存电子现金或送交发行银行兑换。

②三方支付方式。交易中客户将数字现金发给商家，商家直接将电子现金发给发行银行，由发行银行审核其真伪。银行检验电子现金的有效性，并确认它没有被重复使用或复制后，直接兑换成等值货币，转入商家账户。

3. 电子现金支付存在的问题

目前，电子现金在应用上仍存在以下问题。

①电子现金发展到现在仍然没有一套国际兼容的统一的技术与应用标准，接收电子现金的商家和提供电子现金开户服务的银行比较少，不利于电子现金的流通。这也是电子现金发展还不成熟的地方。

②电子现金的灵活性和不可跟踪性带来发行、管理和安全验证等方面的一系列问题。从技术上说，每个商家都可发行电子现金，如果不加以控制，电子商务将不能正常发展，甚至会带来严重的经济和金融问题。

③应用电子现金需要在客户、银行和商家计算机均安装对应的电子现金软件，且对三方都有较高的软、硬件要求，目前的运作成本还较高。且为加强认证、防伪，预防重复消费，需要银行建立大型数据库对存储用户完成的交易和 E-Cash 序列号进行记录，因而加大了投入，也限制了电子现金的自由流通性。

④电子现金的电子数据形式，满足不了人们欣赏纸质现金的直观与触摸感要求，在亲和力上差一些，不容易被大量的传统人士所接受。同时，如果某个用户的硬盘损坏，电子现金丢失，钱就无法恢复，这个风险许多消费者都不愿承担。

⑤存在货币兑换问题。由于电子现金仍以传统的货币体系为基础，因此从事跨国贸易必须使用特殊的兑换软件。

⑥对于无国界的电子商务应用来说，电子现金还存在税收、法律、外汇的不稳定性，以及货币供应的干扰和金融危机的可能性等潜在问题。美国联邦储备银行的电子现金专家 Peter Ledingham 在他的论文《电子支付实施政策》一文中告诫说："一旦电子伪钞获得成功，那么，发行人及其一些客户所要付出的代价可能是毁灭性的。"

⑦电子现金的完全匿名性为不法分子利用电子现金进行一些违法犯罪活动提供了机会，例如，贪污、非法购买(如购买毒品、军火等)、敲诈勒索、洗钱等。警方即便拿到赃款，如果想要获取证据，需要检查网络所有的数据包并且破译所有的密码，但这几乎是不可能的。

虽然各种电子现金支付方案都在试图模仿现金支付的特点，但是到目前为止，很多方案并没有获得预期的成功，有的甚至以失败而告终。尽管如此，人们仍然在这个领域进行着不懈的探索，并且有几种影响力较大的电子现金支付系统在一定范围内成功运行。比如接下来要介绍的几种电子现金解决方案。

三、电子现金解决方案

以下是目前国际上流行的几种电子现金解决方案。

1. E-Cash

E-Cash 是由 DigiCash 公司开发的在线交易用的无条件匿名的电子现金系统，它通过数字形式记录现金，集中控制和管理现金，是一种安全性很强的电子交易系统。DigiCash 公司在开发 E-Cash 系统中，为了保证 E-Cash 的匿名性，开发了盲签名系统。如前面所介绍的，这一系统允许客户从银行得到电子现金，而银行却不能将客户的身份与所领取电子现金联系起来。银行在收到商家的电子现金后，根据自己签发时的签名进行兑现，但银行并不知道使用电子现金的客户是谁。

2. NetCash

NetCash 是可记录的匿名电子现金支付系统，主要特点是设置分级货币服务器来验证和管理电子现金，从而使电子交易的安全性得到保证。NetCash 是南加利福尼亚大学于 1995 年开发的，现在已不再使用。虽然它是一套优秀的实现方案，却因为太早被颁布而难以获得成功，它所要求的基础设施过于复杂以至难以实现，不过在早期，还是有许多因特网用户使用它。NetCash 提供因特网上的匿名支付，它是一种支持实时电子支付的电子货币。为了从货币服务器那里获得钱，客户需要在 NetCheque 服务器上有一个账户，NetCheque 系统为在线支付系统（它经过扩展后包括电子现金）提供一套安全的框架，NetCash 和 NetCheque 的结合使客户可以选择他们的匿名级别。

3. CyberCoin

CyberCoin 系统主要应用于微支付，CyberCoin 的面值从 0.25～10 美元，主要针对那些对于使用信用卡购买来说太小的币值。该系统在一个专门的互联网服务器上为每个客户和商家提供了专门的"现金容器"（cash-containers）用作 CyberCoin 账户。利用 CyberCash 钱包，可以将钱转移到 CyberCoin 账户中。为了可以用该钱包进行支付，需要从 Web 浏览器向 CyberCash 钱包发送一个特殊指令，该指令要求客户接受支付，一旦客户同意支付，钱就从客户账户过户到商家账户，该过程通过加密使通信安全化。客户订单发送到商家，商家将商家数据添加到订单中，并将已完成的订单发送给 CyberCash 网关，然后由该网关来完成账户间的转账。

第四节　电子支票

随着电子商务的迅猛发展，全球电子商务交易额呈现出逐年递增的趋势。目前，小额的网上交易一般使用银行卡或数字现金等进行网上支付，基本能够满足网上支付的需求；而对大额的网上交易，银行卡等支付方式已经不能满足需求，尤其是B2B交易的加速发展迫切需要发展适合大额交易的网上支付方式，电子支票就是为了满足大额网上支付的需要而产生的。

一、电子支票及其发展

1. 电子支票及其支付原理

（1）电子支票的概念

电子支票（Electronic Check）是客户向收款人签发的、无条件的数字化支付指令。它可以通过因特网或无线接入设备来完成传统支票的所有功能，主要用于中大额资金的传输。电子支票具有不少优势，如可为新型的在线服务提供便利；简化了顾客的学习过程；非常适合大额结算；可为企业市场提供服务等。

电子支票是网络银行常用的一种电子支付工具，是纸质支票的电子替代物。电子支票将纸质支票改变为带有数字签名的电子报文，或利用其他数字电文代替纸质支票的全部信息。电子支票与纸质支票一样，是用于支付的一种合法方式，它使用数字签名和自动验证技术来确定其合法性。监视器的屏幕上显示出来的电子支票样子十分像纸质支票，填写方式也相同，支票上除了收款人姓名、账号、金额和日期信息外，还隐含了加密信息。电子支票通过电子函件直接发送给收款人，收款人从电子邮箱中取出电子支票，并用电子签名签署收到的证实信息，再通过电子函件将电子支票送到银行，把款项存入自己的账户。

（2）电子支票的支付原理

使用电子支票支付时，客户使用电子支票簿来代替传统的支票簿。电子支票簿是一个类似于IC卡的硬件装置，其中装有一系列程序和设备，插入客户的计算机接口后，客户通过密码或其他手段激活这个装置，使其正常运作。由这个装置产生的电子支票不再是纸质的，而是显示在电脑屏幕上的，客户像填写传统支票一样，在电子支票上填好应该填写的信息，然后进行数字签名。客户的电子支票簿中装有客户的私人密钥，电子支票簿会自动生成客户的数字签名。同时，对购货信息、电子支票等进行数字签名，像一个信封一样，把所有的信息都缄封起来，然后将电子支票传给商家。

客户在电子支票上进行的签名，采用的是数字签名技术；而鉴别客户身份的真伪，则需要借助认证中心。电子支票的运作，涉及了数字签名的多次运用，甚至是"双重"签名(商家的背书)，其技术更为复杂。电子支票的运作需要公共密钥、电子证书的广泛使用，同时也需要良好的管理。通常的情况是：银行负责管理自己客户的公共密钥，比如商家的开户行负责管理商家的公共密钥，为商家发放认证的电子证书；客户的开户行负责管理客户的公共密钥，为客户发放认证的电子证书；而银行之间的联合组织，比如负责银行间清算的自动清算所，除了负责清算外，还负责管理银行的公共密钥，发放证书，形成一种网络状的结构，保障交易的安全、可靠。

电子支票与电子现金的系统架构类似，最大的不同点是电子现金需要发行机构为其所发行的现金担保，因此电子现金发行机构在电子现金上的数字签名很重要，而电子支票的开票人即付款人要为其所开出的支票兑现作担保，因此付款人在电子支票上的数字签名很重要。

2. 电子支票的发展过程

从传统的以纸质支票为手段的支付体系演变到完全的电子支票支付体系，一共经历了 3 个阶段。

(1)传统的纸质支票

传统支票是银行的存款人签发给收款人办理结算或委托开户银行将款项支付给收款人的票据。使用支票支付时，付款人和收款人可以是独立的个体、中介经济人、企业、政府或其他类型的组织。

下面来看一下传统支票的运作过程。客户填写支票，签字盖章后将支票交给收款人，收款人背书后提交给收款人银行，收款人银行和付款人银行通过票据清算中心进行清算，如图 3-2 所示。

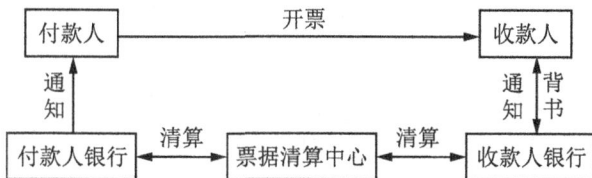

图 3-2 传统支票运作过程

传统支票给人们带来了许多方便，但同时也带来了一系列的问题。首先，传统支票的清算一般是通过手工进行的，耗费大量人力物力，因此造成支票的处理成本过高。其次，由于收款人在收到支票前的等待时间与将支票兑现所耗费的时间较长，使支票的处理速度过慢，形成大量的在途资金，给收款人带来不少损失。最后，传统支票易于伪造，伪造的支票也给银行和客户带来不少损失。

国外个人使用纸质支票已有很长的历史，我国的纸质支票多用于企业与企业之间。

但是随着信息技术的发展，在一些发达国家，纸质支票的使用已经逐步减少，这一方面是因为纸质支票的处理成本较高，支付速度慢；另一方面是由于信息安全技术的应用使纸质支票转化为电子支票成为可能。

(2)混合阶段

在这个阶段纸质支票与电子支票共存，以纸质支票存在为前提，用电子手段进行资金划拨。采用支票影像交换系统进行"支票截留"是这种支付体系的特点，即将纸质支票由收款方银行保存，通过计算机处理将之转换为数字信号，再通过银行电子资金划拨网络将资金划拨提示传递到付款方银行。这样，纸质支票就转化成电子支票，从而实现资金划拨。

(3)完全的电子支票阶段

电子支票的出现实际上使传统支票的概念发生了彻底的变革，电子支票完全脱离了纸质媒介，真正实现了无纸化和电子化的资金转移。这种电子支票以智能卡为载体，以电子签名为基础，用数字信息彻底取代了纸质的支票。所以，其运作方式与传统的支票有很大的区别。在使用电子支票付款的时候，付款方手中所持有的不再是传统的支票簿，而是电子支票簿。电子支票簿中储存了客户证书、私钥和公钥。

首先，付款方把智能卡插入计算机的读卡器并通过自己的身份识别码(PIN)激活智能卡，使其正常工作；其次，电子支票簿在电脑屏幕上显示一张空白的支票给客户填写，客户填写完信息后，由电子支票簿中的私钥自动生成客户的电子签名并对支票中的所有信息进行加密；然后，客户通过电子邮件把这张电子支票寄给收款人，收款人在收到电子邮件后，也使用同样的电子签名技术在电子支票上进行背书，并把经过背书的支票交给自己的开户银行；最后，电子支票款项通过清算中心在银行之间进行清算，由付款方和收款方的开户银行分别在其账户上借记或贷记票款并予以通知。

3. 电子支票的交易步骤和支付流程

电子支票的交易步骤如下。

①消费者和商家达成购销协议并选择用电子支票支付。

②消费者通过网络向商家发出电子支票，同时向银行发出付款通知单。

③商家通过验证中心对消费者提供的电子支票进行验证，验证无误后将电子支票送交银行索付。

④银行在商家索付时通过验证中心对消费者提供的电子支票进行验证，验证无误后向商家兑付或转账。

电子支票的支付流程不是单一的，它和所要应用的电子支票系统密切相关。现以美国卡内基梅隆大学开发的"NetBill"电子支票为例，介绍其网上支付流程。

①客户向商户请求正式的报价单，启动 NetBill 交易。

②在收到报价单请求后，商户定出价格，并返回报价单。

③如果客户接受所报价格，则应指示其支票簿向商户收款机发送购买请求。

④收到购买请求后，收款机从商户应用中取出产品，并采用一个密钥来加密该产品，在计算出密码校验和后，将结果传送至客户支票簿。

⑤收到加密信息后，支票簿验证校验和，随后，支票簿向商户收款机送回一份签名的电子支付订单。

⑥收款机对电子支付订单进行背书，然后将之发送至 NetBill 服务器。

⑦NetBill 服务器在验证价格、校验和等符合规定之后，借记客户账户恰当的数额。NetBill 服务器记录该笔交易并且保存一次性密钥的复制件，然后，再将包含有同意或拒绝信息的数字签名信息发送给商户。

⑧商户对 NetBill 服务器做出回答，如果同意，即同时将解密密钥发送给客户支票簿。

二、电子支票的特点及安全性能

1. 电子支票的特点

电子支票是一种借鉴纸质支票转移支付的优点，利用数字传递将钱款从一个账户转移到另一个账户的电子付款形式。电子支票的支付是在与商户及银行相连的网络上以密码方式传递的，多数使用公用关键字加密签名或个人身份证号码（PIN）代替手写签名。用电子支票支付，事务处理费用较低，而且银行也能为参与电子商务的商户提供标准化的资金信息，大大提高了结算效率。

①电子支票可为新型的在线服务提供便利。它支持新的结算流；可以自动证实交易各方的数字签名；增强每个交易环节上的安全性；与基于 EDI 的电子订货集成来实现结算业务的自动化。

②电子支票的运作方式与传统支票相同，简化了顾客的学习过程。电子支票保留了纸质支票的基本特征和灵活性，又加强了纸质支票的功能，因而易于理解，能得到迅速采用。

③电子支票非常适合大额结算。电子支票的加密技术使其比基于非对称的系统更容易处理；收款人和收款人银行、付款人银行能够用公钥证书证明支票的真实性。

④电子支票可为企业市场提供服务。企业运用电子支票在网上进行结算，可比其他方法降低成本；由于支票内容可附在贸易伙伴的汇款信息上，电子支票还可以方便地与EDI 应用集成起来。

⑤电子支票要求建立准备金，而准备金是商务活动的一项重要要求。第三方账户服务器可以向买方或卖方收取交易费，它也能够起到银行作用，提供存款账户并从中

营利。

⑥电子支票要求把公共网络同金融结算网络连接起来，充分发挥了现有的金融结算基础设施和公共网络的作用。

2. 电子支票的安全性能

使用电子支票进行网上支付的过程中，由于需要传送资金信息和其他敏感信息，因此需要采取一些安全措施来保证电子支票支付的正常进行，其中包括电子支票簿、防欺诈等。

(1)电子支票簿

由于手写签名与一个人的各种特性相关联，如肌肉运动等，所以即使仿造者得到了手写签名的样本，也不容易仿造签名。数字签名则不同，只要拥有签名私钥，任何人都可以伪造数字签名。因此，必须建立一种机制和技术手段，来保证签名私钥的个人拥有性，使收款人和银行在任何时候都可以相信数字签名的有效性，即付款人完全拥有对签名私钥的控制权，而其他任何人都不能使用和存取该签名私钥。电子支票簿智能卡或其他加密硬件拥有签名私钥的保存和维护的功能，确保只有合法的签名者才能使用签名私钥。另外，电子支票簿智能卡还能简化密钥的产生、分配和维护，方便用户使用。

(2)防欺诈

①重复检查。电子支票簿为每一个电子支票分配唯一的数字，以保证电子支票的唯一性。收款人和收款银行必须能够检查并拒绝重复的电子支票，付款人银行也必须检查重复的电子支票，并只对重复的电子支票中的一个付款。这样可以防止由于电子邮件的多次发送而导致的重复支付，也可以防止收款人将支票重复兑现。

②收款人标识。电子支票中可以填写收款人银行账号代码或客户的 ID 号，以及收款人公钥，这些参数可以唯一地标识收款人，防止非法者窃听和假冒。

③电子账号。电子支票中的电子账号是一个由银行分配的随机数字，用于写和存电子支票。付款人和存款人的电子支票账号都被相应银行映射为纸基支票账号，银行将不接受非法电子账号的支票。

④附带账单。账单、发货单或其他数据块都同电子支票一起发送，以说明支付的目的和其他信息。这些数据连同电子支票一起签名，并同电子支票进行绑定，以保证其认证和完整性。

⑤私有性保障。虽然在电子支票中没有要求使用加密技术来保证其私有性，但在付款人和收款人，以及收款人和收款人银行之间的电子支票信息传输中，为了保证信息不被非法窃听，也经常采用一些加密技术。如在 HTTP 中采用 SSL，在电子邮件中采用 S/MIME 等。

第五节 电子钱包

电子钱包是电子商务购物活动中常用的支付工具。在电子钱包内可存放电子货币，如电子现金、电子零钱、电子信用卡等。使用电子钱包购物，通常需要在电子钱包服务系统中进行。

一、电子钱包概述

1. 电子钱包概念

电子钱包(E-Wallet)为安全电子交易(SET)中的一环，为一款计算机软件，用以让消费者进行电子交易与储存交易。消费者在网络上进行安全电子交易前，必须先安装符合安全标准的电子钱包。

电子钱包有两种概念：一是指纯粹的软件，主要用于网上消费、账户管理，这类软件通常与银行账户或银行卡账户连接在一起；二是指小额支付的智能储值卡，持卡人预先在卡中存入一定的金额，交易时直接从储值账户中扣除交易金额。

持卡人在使用银行卡进行网上购物时，卡户信息(如账号和到期日期)及支付指令可以通过电子钱包软件进行加密传送和有效性验证。电子钱包能够在 Microsoft、Netscape 等公司的浏览器软件上运行。持卡人要在 Internet 上进行符合 SET 标准的安全电子交易，必须安装符合 SET 标准的电子钱包。

使用电子钱包的顾客通常要在有关银行开立账户。在使用电子钱包时，将电子钱包通过有关的电子钱包应用软件安装到电子商务服务器上，利用电子钱包服务系统就可以把自己的各种电子货币或电子金融卡上的数据输入进去。在发生收付款时，如顾客需用电子信用卡付款，如用 VISA 卡或 Master 卡等收款时，顾客只要单击一下相应项目(或相应图标)即可完成，这种电子支付方式称为单击式或点击式支付方式。

在电子钱包内只能装电子货币，即装入电子现金、电子零钱、安全零钱、电子信用卡、在线货币、数字货币等。这些电子支付工具都支持单击式支付方式。

2. 电子钱包的组成

使用电子钱包进行网上支付，需要在客户端、商家服务器与银行服务器建立支持电子钱包支付结算的体系。为使电子钱包可靠运作，其组成体系上一般还要包括商家与银行支持的电子钱包服务系统、客户端电子钱包软件以及电子钱包管理器等构件。

①电子钱包服务系统。使用电子钱包，要在电子钱包服务系统中进行。目前全球有 VisaCash 和 Mondex 两大在线电子钱包服务系统，其他电子钱包服务系统还有 MasterCard Cash、EuroPay 的 Clip 和比利时 Proton 等。

②客户端电子钱包软件。电子商务活动中的客户端电子钱包软件通常是免费提供的。许多著名信息厂商都研发了客户端电子钱包软件，像 Microsoft 的 Microsoft Wallet/Pay、IBM 的 Consumer Wallet 和 CyberCash 的 Internet Wallet。这些电子钱包软件通常设计为浏览器的 Plug-in 软件，加载在 IE 或是 Netscape 的浏览器上。

③电子钱包管理器。在电子商务服务系统中设有电子货币和电子钱包的功能管理模块，统称为电子钱包管理器。顾客可以用它来改变保密口令或保密方式，查看利用电子钱包进行网上支付的记录以及银行账号上往来收付的电子货币账目、清单和数据。电子商务服务系统中还包括电子交易记录器，顾客通过查询该记录器，可以了解自己购买了什么物品，购买了多少，也可以把查询结果打印出来。

3. 电子钱包的功能

①档案管理。系统将在电子钱包服务器为用户开立一个属于个人的电子钱包档案，用户可在此档案中增加、修改、删除个人资料。

②网上付款。用户在网上选择商品后，登录到电子钱包，选择入网银行卡，向支付网关发出付款指令来进行支付。

③交易记录查询。用户可对通过电子钱包完成支付的所有历史交易记录进行查询。

④银行卡余额查询。用户可通过电子钱包查询个人银行卡余额。

⑤提供商户站点链接。电子钱包内设众多商户站点链接，用户可通过链接直接登录商户站点进行购物。

电子钱包是消费者在小额购物或购买小商品时常用的新式钱包，是全世界各国电子商务活动中的热门话题，也是实现全球电子化交易和网络交易的一种重要工具，全球已有很多国家正在建立电子钱包系统以便取代现金交易的模式，目前我国也正在开发和研制电子钱包服务系统。

4. 电子钱包的特点

①可管理个人资料。客户成功申请钱包后，系统将在电子钱包服务器上为其开立一个属于个人的电子钱包信息档案，客户借助客户端软件可在此信息档案中增加、修改、删除个人资料。当需要应用时，用户只需在网页上单击"钱包图标"，就能把这些个人信息安全地发送给商家，而不需要每次都填写一些购物时的重复性信息，如姓名、送货地址、联系 E-Mail、信用卡号等，让用户感到省心、简便而有效率。

②可使用多张银行卡。很多客户都持有不止一张银行卡，客户可能同时持有多张不同品牌的银行卡，如中国银行的长城卡、工商银行的牡丹卡、建设银行的龙卡等，也可能同时持有多张同一品牌的银行卡。许多人考虑将多张银行卡用于网上支付，在不同情况下，或者购买不同商品时，使用不同的银行卡进行支付。为了满足客户的这一需求，电子钱包软件允许客户使用多张银行卡，还可使用电子现金，且可以让客户

任意选择。

③可多人共用一个电子钱包软件。软件供应商提供的客户端电子钱包软件一般都可以供多人共用。也就是说，一个电子钱包软件可以让多人各自授权使用，互不干涉。启动电子钱包后，只要输入不同的用户名与开包密码，就能打开不同的钱包。每位用户只能打开自己的钱包取出自己的银行卡等，而无法打开别人的钱包。

④购物记录可保存与查询。客户使用电子钱包软件每进行一次交易，无论成功与否，电子钱包软件都会将交易结果记录下来，供客户查询。电子钱包能够帮助客户记下所有网上交易情况，包括交易的商家、购买的商品、购买金额等，客户借助电子钱包可对自己的网上消费情况知道得清清楚楚。

⑤多台电脑可使用同一套电子钱包，共用同一张数字证书。许多客户家里有一台电脑，出差时，往往带一台笔记本电脑。借助电子钱包软件与计算机的非对应性，这两台电脑都可运用自己的电子钱包软件上网购物。目前，几乎所有的电子钱包软件都提供此类功能。客户可以选择此项功能，将数字证书复制到软盘上，然后在另一台电脑中也安装一套电子钱包软件，选择将软盘中的证书数据装入电子钱包的功能，将数字证书复制到另一台电脑的电子钱包软件中，另一台电脑就可以使用同一张数字证书了。

⑥具有较强的安全性。一般来讲，电子钱包用户的个人资料存储在服务器端，可以通过技术手段确保安全，而且不在个人电脑上存储任何个人资料，避免资料泄露的危险。同时，用银行卡支付传输采用 SET 协议安全机制，安全可靠。

⑦对参与各方要求较高。使用电子钱包进行网上支付，需要在一整套电子钱包服务系统中进行，并且客户需要配置电子钱包客户端软件才可使用，这在一定程度上给客户带来了不便。

二、电子钱包网上支付流程

以电子钱包中银行卡的网上支付为例，具体的支付流程如图 3-3 所示。

①电子钱包的使用客户到电子钱包支持银行申请一张相应的银行卡，然后通过该银行网站下载对应的电子钱包软件，而支持该行电子钱包的网上商家必须已申请并安装了对应的电子钱包服务器软件。

②客户在客户端成功安装所下载的电子钱包软件，设置开包的用户名和密码，以保证电子钱包的授权使用。一般成功安装后会在计算机桌面上看到对应的电子钱包的图标。

③客户在自己的电子钱包中添加对应的银行卡(也可以是电子现金、电子支票等)，申请并安装银行卡的数字证书。

④客户使用计算机通过 Internet 连接商家网站，挑选商品。

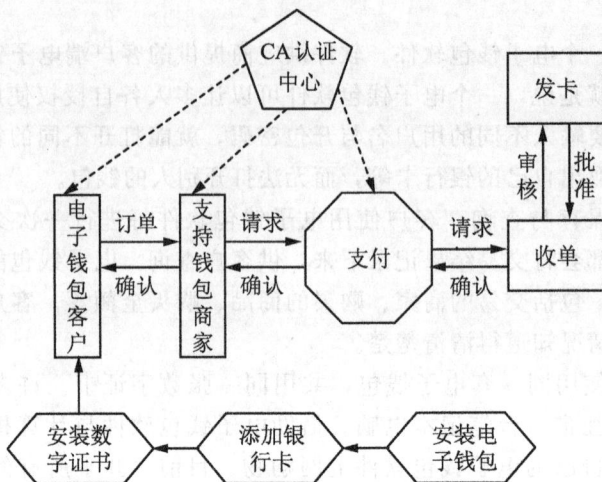

图 3-3　电子钱包网上支付流程图

⑤客户检查并确认自己的购物清单后，利用电子钱包进行网上支付。电子钱包自动启动打开，客户输入开包用户名和密码，确认自己的电子钱包且从电子钱包中取出对应的银行卡付款。如果使用银行卡支付，则后续的支付过程采用银行卡的 SET 网上支付模式进行支付结算；如果使用电子现金支付，则后续的支付过程采用电子现金模式进行支付结算。

⑥如果经发卡银行确认后拒绝且不予授权，则说明这张银行卡的钱不够或者没有钱了，客户可再单击电子钱包的相应项打开电子钱包，取出另一张电子银行卡，重复上述操作。

⑦发卡银行证明银行卡有效且经客户授权后，在后台专用金融网络平台上把相应的资金从客户银行卡账号转移至商家收单银行的资金账号，完成支付结算，并且回复商家与客户。

⑧商家按照客户的订单要求发货，与此同时，商家或银行服务器端将记录整个交易过程发生往来的财务与物品数据，供客户电子钱包管理软件查询。

三、Mondex 电子钱包

Mondex 电子钱包是智能卡、电子钱包和电子现金的有机结合体，它是将电子现金存储在智能卡式电子钱包中，其中物理载体是智能卡，功能是电子钱包，存储在电子钱包中的是电子现金。Mondex 电子钱包充分发挥了智能卡、电子钱包和电子现金各自的优势，了解 Monde 电子钱包有助于我们更好地理解前面所讲的理论知识，这一部分将对Mondex 电子钱包进行简单的介绍。

1. Mondex 电子钱包简介

Mondex 电子钱包融合了现金的方便性这一优势，也充分发挥了智能卡一卡多功能的特点，它拥有多重应用操作系统（Multi-Application Operating System，MULTOS），因此，既可以用于识别身份，又可以用于实时的支付，不用借记银行账户，不用信用卡授权，不用清算和结算，也不用找零。它不仅适合现实交易中的支付结算，而且也可以通过智能卡读卡器用于安全的网上支付以适应电子商务支付的更高要求。

Mondex 电子钱包最早是由英国国民西敏寺银行（National Westminster Bank）和米德兰银行（Midland Bank）合作开发的电子钱包系统。1995 年 7 月，由英国企业 Mondex UK 在温斯顿市开始实用化实验，经过不断的发展，现已成为当今最完整、最先进的电子钱包系统。

Mondex 电子钱包可以脱机处理，两个 Mondex 电子钱包之间的信息传递可以通过专用终端（如读卡器、PC）直接进行，也可以通过电话、网络远程进行。当一方余额减少时另一方的金额增加，实现资金的及时转移即及时的支付，不需要与 Mondex 电子钱包的发行主体取得联系。Mondex 电子钱包与使用者的银行账户连接以便让使用者作循环储值，当 Mondex 内余额不足时，可以通过专用终端（如读卡器、ATM、圈存机等）将使用者在银行账户上的资金调入卡内。因此，可以实现客户和客户之间、客户和商户之间以及客户和银行之间的电子货币价值转移，而且 Mondex 内可存储 5 国货币。

2. Mondex 的使用

电子钱包使用起来十分简单，只要把 Mondex 卡插入终端，三五秒之后，卡和收据条便从设备输出，一笔交易即告结束，读取器将从 Mondex 卡中所有的钱款中扣除掉本次交易的花费。此外，Mondex 卡还大都具有现金货币所具有的诸多属性，如作为商品尺度的属性、储蓄的属性和支付交换的属性。通过专用终端设备还可将一张卡上的钱转移到另一张卡上，而且卡内存有的钱一旦用光、遗失或被窃，Mondex 卡内的金钱价值不能重新发行，也就是说，持卡人必须负起管理上的责任。Mondex 卡损坏时，持卡人就向发行机关申报卡内所剩余额，由发行机关确认后重新制作新卡发还。Mondex 卡终端支付只是电子钱包的早期应用，从形式上看，它与智能卡十分相似。而今天电子商务中的电子钱包则已完全摆脱了实物形态，成为真正的虚拟钱包了。

3. Mondex 卡的特点

安全性高，采用了几种强大的安全措施，使得几乎不可能伪造货币。采用价值传输协议，这种协议采用强大的加密技术以保护货币的传送过程。在卡片丢失时，Mondex 系统允许客户锁住卡上的货币金额。还提供密码保护功能，以防止不法分子的恶意侵入。同时，用户可以重新申请一张卡，把原有金额再转入新卡内。Mondex 的安全防欺诈理念包含 3 个元素：防侵入、审计监控和数据恢复。

高效性，用 Mondex 卡进行的每次交易的成本比信用卡或借记卡都要低，有时甚至比商家整理现金的开销还要小，支付时不收取手续费，并且使用次数也不受限制。

交易不被追踪，这是 Mondex 电子现金最有争议的地方，这恰恰也是其最灵活、最优越的地方。正是由于这样，才能保证持卡人的隐私。

此外，Mondex 还有一个比现金更优良的特点，即它能安全地通过电子管道（如电话、互联网等）来进行远距转值。每位持卡人都会由发卡银行处取得一张 Mondex 卡，持卡人不但可以利用 Mondex 卡来做消费及转值，更可以做循环储值，并且用此晶片卡结合其他应用工具（如信用卡、转账卡、红利积点计划等），以达到多卡合一的便利使用。我国台湾地区为配合 Mondex 电子钱升级至 MasterCard Cash 作业，银行已经发行 MasterCard Cash 电子钱包，并将 Mondex 电子钱消费转为提供 MasterCard Cash 消费。

【本章小结】

本章共分为两部分，第一部分即第一节电子货币概述，主要从电子货币的产生、定义、性质及分类等方面进行介绍，使大家对什么是电子货币有一个整体的认识。

第二部分分 4 小节分别对银行卡、电子现金、电子支票及电子钱包进行了详细的介绍。第二节银行卡介绍了银行卡的分类、功能、银行卡支付处理过程、我国银行卡的发展情况以及国内外的银行卡组织；第三节电子现金主要介绍了纯电子形式的电子现金的定义、属性与优点、制作过程、网上支付流程、存在的问题以及主要的解决方案；第四节电子支票首先对传统支票进行了简单的介绍，接着介绍了电子支票的定义、特点、网上支付流程、电子支票安全以及 FSTC 系统；第五节电子钱包则介绍了电子钱包的定义、组成体系、功能、特点、网上支付流程，并介绍了 Mondex 电子钱包。

【关键概念】

电子货币　银行卡　电子现金　电子支票　电子钱包

【思考与练习】

1. 根据不同的标准，电子货币可分为哪几类？
2. 使用电子现金支付存在哪些问题？
3. 描述银行卡支付的处理过程。
4. 在网上购物的过程中，如何使用电子现金进行网上支付？

【案例分析】

招商银行"一卡通"

招商银行（简称"招行"）"一卡通"（如图 3-4）是招商银行向社会大众提供的、以真实姓名开户的个人理财基本账户，它集定活期、多储种、多币种、多功能于一卡，多次被评为消费者喜爱的银行卡，是国内银行卡中独具特色的知名银行卡品牌。招行从1995年7月发行"一卡通"以来，凭借高科技优势，不断改进其功能，不断完善综合服务体系，创造了个人理财的新概念。招商银行"一卡通"为客户提供以下的服务。

1. 一卡多户

具有人民币、美元、港币、日元、欧元等币种的活期、定期等各类储蓄账户。

2. 通存通兑

在招行同城任一网点办理各储种存取款业务；在全国各网点办理人民币、港币、美元活期账户异地存取款业务。

3. 自动转存

凡存有整存整取存款且到期后，银行自动按原存期连本带息代为办理存款转存。

图 3-4　招商银行"一卡通"

4. 自助转账

在招行柜面申请自助转账服务功能后，可以直接使用相关自助渠道，办理以下业务：第一，通过网上银行、ATM自助设备、自助查询终端渠道办理同一客户项下同城"一卡通"、存折间的资金划转；第二，通过网上银行、自助查询终端渠道办理向任意预先指定账户的资金划转；第三，通过网上银行、ATM自助设备、自助查询终端渠道办理向任意第三方账户的资金划转。

特别说明：办理同一"一卡通"内的人民币或同外币同一钞汇类型账户间的定活互转，无须到柜台办理申请手续，由电脑系统自动开通。

5. 商户消费

在招行和中国银联的特约商户直接进行消费结算。

6. 自动柜员机提款

在招行开户地自动柜员机上办理人民币活期取款、修改密码、第三方转账及查询活期账户余额等业务；在招行非开户地自动柜员机上可办理人民币活期取款；还可在加入中国银联的他行自动柜员机上办理人民币活期取款、活期账户余额查询等业务。

7. 自助存款机

在招行开户地自助存款机可办理人民币活期、整存整取、零存整取等存款业务；非开户地存款业务即将开通。

8. 查询服务

招行柜台、自助银行、电话银行、网上银行等各种渠道，为客户提供存款利率、汇率、业务简介及各类账务查询。

9. 电话银行

招行电话银行提供自动语音服务和人工服务。第一，直接拨打 95555，并根据自动语音提示可以办理账务查询、转账、挂失等业务。第二，95555 电话银行人工服务可提供 24 小时业务咨询服务和受理客户的投诉。

10. 手机银行

作为国内首家推出手机银行的金融企业，招商银行不断创新，推出了一系列新一代手机银行产品，包括 iPhone 版、JAVA 版、Mobile 版、网页版、WAP 版等，满足客户的多种需求，倾力打造新一代移动金融生活平台，让您的移动金融生活尽炫尽美。

11. 网上个人银行专业版

在招行柜台申请"网上个人银行专业版"功能后，通过网上银行同步管理一卡通、存折、信用卡，并进行转账汇款、自助缴费、投资管理、贷款管理、理财计划、财务分析、功能申请等业务。

12. 网上个人银行大众版

凭招行一卡通即可直接通过网上个人银行(大众版)办理如下个人银行业务：账户查询、自助转账、自助缴费、网上支付、投资管理、贷款管理等业务。

13. 网上支付

在招行柜台或网上银行申请"网上支付"功能后，通过招行网上商城中的特约商户在线选购全国各地商品或享受其他服务，同步完成消费款项的支付。

14. 银证转账

在招行柜台或招行特约券商处申请银证转账服务功能后，通过招行电话银行、网上银行等自助设备，可实现活期账户与指定券商处开立的证券保证金账户之间的资金相互划转，该功能主要适用于外币资金在活期账户与证券保证金之间的划转。

15. 第三方存管

在券商柜台办理预指定且到招行柜台办理第三方存管功能确认后(部分券商可以在券商柜台办理第三方存管一站式开户)，通过招行电话银行、网上银行等自助设备，可实现活期账户与指定券商处开立的证券保证金账户之间的资金相互划转，该功能主要适用于人民币资金在活期账户与证券保证金之间的划转。

16. 银基通

可通过柜台、网上银行、电话银行办理各项开放式基金认购、申购、赎回等交易及查询业务，其他各项开放式基金转托管转出等业务在柜台办理。

17. 受托理财

可通过柜台、网上银行、电话银行等渠道查询理财产品资料、账户持仓情况、当前交易委托及账户历史交易等信息，并可办理我行理财产品的认购、申购、赎回、撤单等交易。

18. 代理保险业务

凭一卡通及投保单、身份证件等投保材料，可在招商银行各网点购买各类保险产品，并享受电话销售、网上销售保险理财服务。

19. 黄金业务

在招行相应渠道开通了"招财金"代理个人黄金交易业务后，可通过不同渠道进行交易所挂牌交易的各类贵金属交易品种的买入、卖出等交易委托、查询等业务，并可通过招行柜面渠道办理招商银行个人金银投资品代购业务。

20. 外汇买卖

在招行柜台或网银专业版申请个人外汇买卖业务后可以在招行电话银行、自助查询终端、网上银行专业版、财富账户专业版等多渠道办理外汇买卖委托、查询等业务。客户可轻松参与并投资于国际外汇市场获取一定的投资汇报。

21. 自助贷款

在与招行签署协议后，以存入招行一卡通内的自有本外币定期储蓄存款作质押，通过电话银行、网上银行和自助终端等自助设备向招行申请获得贷款并可通过以上渠道自助还款。

22. 自助缴费

在招行柜台或电话银行、网上银行、手机银行等渠道申请自助缴费服务功能后。通过招行电话银行、网上银行向招行的特约收费单位自助交纳各类费用。

23. 代理业务

根据单位或个人书面委托，银行可为单位或个人办理工资发放或代缴各种费用。

思考：

1. 招商银行"一卡通"的功能有哪些？

2. 招商银行"一卡通"如何保证用户的用卡安全？

第四章
电子支付与清算体系

【本章重点】

- ◆ 电子支付系统的形成和发展
- ◆ 电子支付系统的构成和基本模式
- ◆ 电子支付系统功能
- ◆ 国内外电子支付应用系统
- ◆ 电子银行清算体系

第一节　电子支付系统的形成与发展

一、电子支付系统的形成

1. 电子支付系统

电子支付系统是指由提供支付服务的中介机构、管理货币转移的法规以及实现支付的电子信息技术手段共同组成的，用来清偿经济活动参加者在获取实物资产或金融资产时所承担的债务。即把新型支付手段(包括电子现金、信用卡、借记卡、智能卡等)的支付信息通过网络安全传送到银行或相应的处理机构，来实现电子支付。因此，电子支付系统是电子交易顺利进行的重要社会基础设施之一，也是社会经济良好运行的基础和催化剂。电子支付不仅对经济发展有着促进作用，而且在营造开放的市场环境、鼓励业界平等竞争和创新方面起着不容忽视的重要作用。电子支付系统的形成与发展是和银行业务的发展密切相关的，从历史的角度来看，电子支付系统的形成经历了5个阶段。

①银行内部电子管理系统与其他金融机构的电子系统连接起来，如利用计算机处理银行之间的货币汇划、结算等业务。

②银行计算机与其他机构的计算机之间进行资金汇划，如代发工资等。

③通过网络终端向客户提供各项自助银行服务，如 ATM 系统。

④利用网络技术为普通大众在商户消费时提供自动的扣款服务，如 POS 系统。

⑤网上支付方式的发展，电子货币可以随时随地通过互联网直接转账、结算。

银行基于自身业务发展和客户的需要，引入计算机与通信技术，逐渐推出银行卡和 POS 系统，改变了传统的银行支付结算方式，使支付活动的各方借助于网络联系在一起，形成了功能齐全的电子支付系统。

2. 电子资金转账系统

电子资金转账系统是指将银行的计算机系统通过通信线路和设备与特约商户的 POS 相连接所构成的系统。电子资金转账系统主要由销售点终端(POS)、终端控制器、调制解调器及电话专线、银行电子计算机系统 4 部分组成：

①销售点终端(POS)是与电子货币的接口，接受电子资金信息。

②终端控制器有两个作用：一是接收来自所连接的各个 POS 终端的信息，综合这些信息并通过一条通信线路把信息传输给银行电子计算机系统；二是有选择地通过各条线路把有关信息传输给适当的 POS 终端。在电子资金转账系统中，采用终端控制器的根本目的是减少通信线路的租用费。

③调制解调器和通信线路的作用是将 POS 与银行的计算机系统连接起来，实现数据的传输。

④银行电子计算机系统是整个系统的核心，客户账户数据以及扣款卡使用的信息全部由银行计算机系统处理。

电子资金转账系统的主要功能是提供电子付款服务，即当顾客在安装有 POS 的商户消费或购物时，不必付现金，只需用扣款卡启动商家柜台上的 POS，而直接将顾客在银行账户上的资金划拨到商家账户上，从而实现无现金消费。

二、电子支付系统的发展

在互联网电子商务条件下，支付过程对原有的支付系统提出了更高的要求，要求从发出支付信息到最后完成资金转账的全过程都是电子形式，电子货币的种类和形式也相应地有了进一步的发展。

1. 信用卡的广泛应用

1951 年全球第一张银行信用卡在美国的富兰克林国际银行诞生，在此之后短短的几十年时间里，信用卡业务已经得到了迅速的发展，几乎遍及全球各个国家。1996 年亚特兰大奥运会期间，VISA 集团发行了 30 万张信用卡，芬兰银行也于 1997 年 5 月在欧洲开展网络购物付款活动。2005 年第一季度，欧洲 10% 的 VISA 零售支付通过互联网进行，比 2004 年同期增长 50%。VISA 欧洲称，互联网已经成为增长最快的支付渠道，至

2016年，欧洲 VISA 网络的互联网支付率已达到 54％。

据麦肯锡预测，中国的零售信贷市场将呈指数增长，信用卡将成为仅次于个人住房贷款的第二大零售信贷产品，成为银行的核心业务和主要利润来源之一。中国央行公布的数据显示，截至 2018 年年末，全国信用卡发卡数量 75.97 亿张，同环比增长 13.51％[①]。支付系统业务金额超过 2 157.23 万亿元人民币，达到 2018 年第四季度全国 GDP 总量的 23.96 倍。但国内信用卡发卡商们也面临着前所未有的严峻挑战，因为银行间的竞争进一步升级，大部分银行至今都没有实现信用卡业务盈利。能否扭亏为盈，避免中国信用卡市场走向整体长期亏损，是中国信用卡发卡商面临的关键问题。

2. 中国的电子支付

中国的电子支付起步虽晚，但发展非常迅速，iResearch 研究报告显示，2001 年中国网上支付的市场规模才 9 亿元，2004 年增长为 75 亿元。截至 2017 年年底，中国第三方支付综合交易规模已达 218.9 万亿元，相比 2016 年的 130.3 亿元，同比增长 68％。2013－2016 年第三方综合支付交易规模复合增长率达到 110.9％，到 2017 年止，网络支付已经渗入了生活中的各个环节，民生领域线上支付环节也逐步打通。现阶段，随着监管趋严，市场将进入有序发展阶段，第三方支付交易规模的增长速度也将初步稳定下来。[②]

电子支付在中国的发展开始于 1998 年招商银行推出的网上银行业务，随后，中国工商银行等各大银行的移动银行、网上支付等业务也逐渐发展起来，银联的网关在 2001 年开始建设，现已覆盖全国各地以及世界许多国家和地区。目前，中国已经建立了同城清算所、全国手工联行系统、全国电子联行系统、电子汇兑系统、银行卡支付系统、邮政储蓄和汇兑系统、中国国家现代化支付系统和各商业银行的网络银行系统八类电子支付结算系统。这些系统的相互配合和应用，不但形成了中国电子支付与电子银行的完整体系，而且为基于互联网平台的电子商务的发展提供了现代化的支付结算服务工具。

第二节　电子支付系统的构成和基本模式

电子支付系统是实现网上支付的基础。电子支付系统的发展方向是兼容多种支付工具，但目前的各种支付工具之间存在较大差异，分别有自己的特点和运作模式，适用于不同的交易过程。因此当前的多种电子支付系统通常只是针对某一种支付工具而设计的。Mondex 系统、First Virtual 系统和 FSTC 系统是目前使用的几种主要的电子支付

---

① 中国人民银行：《2018 年支付体系运行总体情况》，2019-03-18。
② 艾瑞咨询：《2018 年中国第三方支付行业研究报告》，2019-02-25。

系统。

支付系统是指由提供支付服务的中介机构、管理货币转移的法规以及实现支付的技术手段共同组成的，用来清偿经济活动参加者在获取实物资产或金融资产时所承担债务的一种特定方式与安排。因此支付系统是重要的社会基础设施之一。

一、电子支付系统功能

不同的电子支付系统有不同的安全要求和功能要求，通常电子支付系统要求具备以下功能。

1. 用有效手段对支付信息进行加密

能够根据对安全级别的要求，采用对称密钥或公开密钥技术对传输的信息加密，并采用数字信封技术来加强数据传输的安全保密性，保证可靠的接受方，以防止被未授权的第三方获取真实信息。

2. 保证支付信息的完整性

为保护传输的数据完整无误到达接收者，系统必须能够将原文用数字摘要技术加密后传送给接收者，接收者就可以通过摘要来判断所接收的消息是否被篡改。

3. 实现对交易各方的认证

为保证交易的安全进行，必须对参与电子交易的各方身份的真实性进行认证，可以通过认证机构向各参与方发放数字证书，能使用数字签名和数字证书证实交易各方身份的合法性。

4. 保证业务不可否认性

支付系统必须在交易的过程中生成或提供充分的证据，当交易出现纠纷时，能防止交易双方否认已发生的业务。能通过使用数字签名技术使发送方不能否认他所发送的信息；能使用数字信封技术使接收方不能否认他所接收的信息。

5. 能够处理网上贸易业务的多边支付问题

网上贸易的支付关系到客户、商家和银行等多方，其中传送的购货信息与支付指令必须捆绑在一起。商家只有确认了支付指令后才会继续交易，银行也只有确认了支付指令后才会提供支付。但同时，商家不能读取客户的支付指令，银行也不能读取商家的购货信息，这种多边支付的关系可以通过双重签名等技术来实现。

二、电子支付系统的基本构成

电子支付系统是一个由买卖双方、网络金融服务机构、网络认证中心、电子支付工具和网上银行等各方组成的大系统。网络支付系统应该在安全电子交易 SET 协议或安全套接层 SSL 协议等安全控制协议的环境下工作，这些涉及安全的协议构成了网上交易的可靠环境；网上交易与支付环境的外层，则由国家及国际相关法律法规的支撑来予以实现。

电子支付系统的基本构成如图 4-1 所示，参与对象主要有客户、商家、交易双方的开户行、支付网关、银行专用网和认证机构。

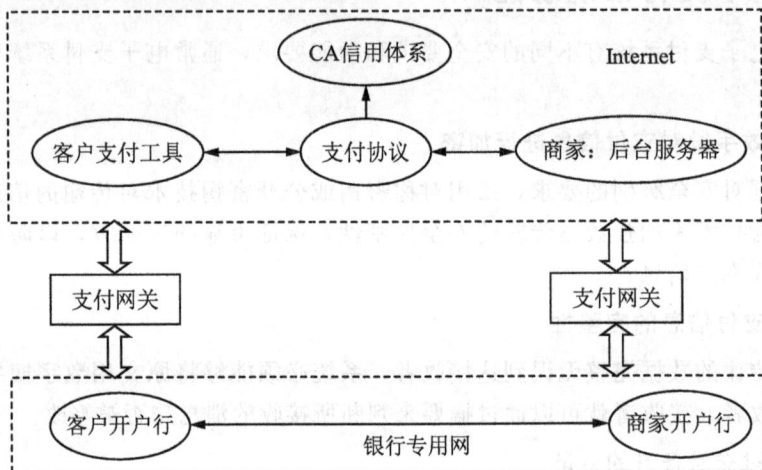

图 4-1　电子支付系统的基本构成

下面我们对电子支付系统的组成部分进行简要的说明。

1. 客户

客户一般是指与某商家有交易关系并需要付款的一方。客户用自己拥有的电子支付工具进行在线支付，是支付流程的起点。

2. 商家

商家一般是指交易中拥有债权的一方，它可以根据用户发起的支付指令向银行系统请求货币给付。商家备有专用服务器来处理客户发起的支付过程，包括客户身份的认证和不同支付方式的处理。

3. 银行

电子商务的各种支付工具都要依托于银行信用，没有信用就无法运行。作为参与方的银行方面会涉及客户开户行、商家开户行、支付网关和银行专用网等方面的问题。

①客户开户行。客户开户行是指客户在其中拥有自己账户的银行，客户所拥有的支付工具就是由开户行提供的，客户开户行在提供支付工具的同时也提供了银行信用，即保证支付工具的兑付。在利用银行卡进行支付的体系中，客户开户行即为发卡行。在卡

基支付体系中，客户开户行又称为发卡行。

②商家开户行。商家开户行是指商家在其中拥有自己账户的银行，支付过程结束时资金应该转到商家在其开户银行的账户中。商家将客户的支付申请提交给其开户行后，就由商家开户行进行支付授权的请求并完成与客户开户行之间的清算。商家的开户行是依据商家提供的合法账单来操作，因此又被称为收单行。

③银行专用网。银行专用网是银行内部及银行之间进行通信的网络，具有较高的安全性。中国的银行专用网主要包括中国国家现代化支付系统、人民银行电子联行系统、工商银行电子汇兑系统和银行卡授权系统等。

4. 支付网关

支付网关是公用网和银行专用网之间的接口，通过互联网完成的交易支付信息必须通过支付网关才能进入银行支付系统。支付网关一方面起到将互联网络和银行专用网络连接起来，将用户的支付信息从公用网络安全可靠地传递到银行专用网络，保证电子商务安全顺利实施的作用，另一方面又起到隔离和保护银行专用网络的作用。

5. CA 认证机构

为确认交易各参与方的真实身份，需要由认证机构向参与商务活动的各方发放数字证书，以保证电子商务支付过程的安全性。认证机构必须确认参与方的资信状况（如在银行的账户状况、与银行交往的信用历史记录等），因此认证过程也离不开银行的参与。

6. 支付工具

目前经常使用的电子支付工具有银行卡、电子现金、电子支票、支付宝、财付通等。在网上交易中，消费者发出的与支付工具有关的支付指令信息，在由商家送到支付网关之前，是在公用网络中传送的。

7. 支付协议

支付协议的作用就是为公用网上支付信息的流动制定规则并进行安全保护。目前比较成熟的支付协议主要有 SET 协议、SSL 协议等。一般一种协议针对某种支付工具，对交易中的购物流程，支付步骤，支付信息的加密、认证等方面做出规定，以保证在复杂的公用网中的交易双方能快速、有效、安全的实现支付与结算。

三、电子支付的基本模式

电子支付不是新概念，从 1998 年招商银行率先推出网上银行业务之后，人们便开始接触到网上缴费、网上交易和移动银行业务。这个阶段，银行的电子支付系统无疑是主导力量，但银行自身没有足够的动力也没有足够的精力去扩展不同行业的中小型商家参与电子支付。于是非银行类的企业开始进入支付领域，它们通常被称为第三方电子支付公司。目前，我国主要存在 4 种模式：支付网关型模式、自建支付平台模式、第三方垫付模式、多种支付手段结合模式。

1. 支付网关型模式

支付网关型模式是指一些具有较强银行接口技术的第三方支付公司以中介的形式分别连接商家和银行，从而完成商家的电子支付的模式。这样的第三方支付公司包括网银在线、上海环讯、北京首信等，它们只是商家到银行的通道而不是真正的支付平台，其收入主要是与银行的二次结算获得的分成，一旦商家和银行直接相连，这种模式就会因为附加值低而最容易被抛弃。

2. 自建支付平台模式

自建支付平台模式是指由拥有庞大用户群体的大型电子商务公司为主创建或它们自己创建支付平台的模式，这种模式的实质便是以所创建的支付平台作为信用中介，在买家确认收到商品前，代替买卖双方暂时保管货款。这种担保使得买卖双方的交易风险得到控制，主要解决了交易中的安全问题，容易保证消费者的忠诚度。采用自建支付平台模式的企业有淘宝网、慧聪网、贝宝等。这种支付平台主要服务于母公司的主营业务，其发展也取决于母公司平台的大小。

3. 第三方垫付模式

第三方垫付模式是指由第三方支付公司为买家垫付资金或设立虚拟账户的模式。它通过买卖双方在交易平台内部开立的账号，以虚拟资金为介质完成网上交易款项支付，这样的公司有 99Bill、Yeepay 等。

4. 多种支付手段结合模式

多种支付手段结合模式是指第三方电子支付公司利用电话支付、移动支付和网上支付等多种方式提供支付平台的模式。在这种模式中，客户可以通过拨打电话、手机短信或者银行卡等形式进行电子支付。

四、电子支付的主要分类

1. 大额支付

主要处理银行间大额资金转账，通常支付的发起方和接收方都是商业银行或在中央银行开设账户的金融机构。大额系统是一个国家支付体系的核心应用系统。现在的趋势是，大额系统通常由中央银行运行，处理贷记转账，当然也有由私营部门运行的大额支付系统，这类系统对支付交易虽然可做实时处理，但要在日终进行净额资金清算。大额系统处理的支付业务量很少（1‰～10‰），但资金额超过 90%，因此大额支付系统中的风险管理特别重要。

2. 小额支付

主要处理预先授权的定期贷记(如发放工资)或定期借记(如公共设施缴费)。支付数据以磁介质或数据通信方式提交清算所。

3. 联机支付

指 POSEFT 和 ATM 系统,其支付工具为银行卡(信用卡、借记卡或 ATM 卡、电子现金等)。主要特点是金额小、业务量大,交易资金采用净额结算(但 POSEFT 和 ATM 中需要对支付实时授信)。

第三节　电子支付应用系统

一、电子汇兑系统

以类现金、类支票为支付手段的支付系统的服务对象是广大的消费者,因此这些系统的特点是覆盖面广、响应速度快、交易频繁、每笔交易额度小,属于电子银行中的小额支付系统,也称零售业务服务系统。而面对公司、企事业单位和其他金融机构的是电子银行中的大额支付系统,也叫作批发业务服务系统。大额支付系统虽然批次少,但交易额大,在商业银行处理的项目中,大额业务占交易金额的比重大,占有重要地位。

1. 电子汇兑系统概述

电子汇兑系统是银行之间的 EFT 系统,它的转账资金额度很大,是电子银行系统中最重要的系统。包括行际之间的资金调拨业务系统和清算作业系统。电子汇兑系统以银行自身的计算机网络为依托,完成银行之间的资金转账,为客户提供汇兑、托收承付、委托收款、银行承兑汇票、银行汇票等支付结算服务,涉及的金额通常很大,是电子银行系统中的重要系统。

电子汇兑交易由汇出行发出,到汇入行收到为止,根据汇出行和汇入行之间的不同关系,可以把汇兑作业分为联行往来汇兑业务和通汇业务。

①联行往来汇兑业务。联行往来汇兑业务是指汇出行和汇入行隶属于同一个银行的汇兑业务,属于银行内部账务调拨,必须遵守联行往来约定,办理各项汇入和汇出事宜。

②通汇业务。通汇业务是指资金调拨作业需要经过同业多重转手处理才能顺利完成,是一种行际间的资金调拨业务,又可以分为本国通汇和国际通汇,本国通汇中汇出行与汇入行隶属于同一个国家,国际通汇中汇出行与汇入行隶属于不同国家。跨行或跨国的通汇,因为涉及不同银行间的资金调拨,所以参加通汇的成员必须签署通汇协定,

才能保证作业系统的正常运行。

2. 电子汇兑系统的类型

国际上有许多著名的电子汇兑系统，根据这些系统所提供功能和作业性质的不同，可以把它们分为如下3类。

①通信系统。通信系统主要提供通信服务，为其成员金融机构传送同汇兑有关的各种信息，成员金融机构接收到信息后，若同意处理，则将其转送到相应的资金调拨系统或清算系统内，再由后者进行各种必要的资金转账处理。比如国际环球同业财务电信系统 SWIFT 就属于通信系统，还有中国国家金融通信网 CNFN 也属于通信系统。

②资金调拨系统。资金调拨系统是典型的支付作业系统，有的只提供资金调拨处理，有的还具有清算功能。比如美国的 CHIPS、FedWire、日本的全银系统，还有中国各商业银行的电子汇兑系统、中国人民银行的全国电子联行系统都属于资金调拨系统。

③清算系统。清算系统主要提供清算处理，当汇入行和汇出行之间无直接清算能力时，则需要委托另一个适当的清算系统来进行处理。比如，美国的 CHIPS，它除了可以做资金调拨外，还可以兼作清算，但对象仅限于纽约地区的银行，纽约以外的银行清算则需要由具有清算能力的 FedWire 来进行处理；英国的 CHAPS、新加坡的 CHITS 和日本的日银系统都是纯粹的行间清算系统；中国人民银行的全国电子联行系统是负责国内异地跨行转汇的清算系统。

3. 电子汇兑系统的作业流程

电子汇兑系统的种类很多，功能不一，但是汇出行和汇入行的基本作业流程和账务处理逻辑基本是相同的。即在一笔电子汇兑交易中，汇兑过程都是从汇出行发出，到汇入行收到为止，无论是点对点传送，还是通过交换中心来中转，汇出行和汇入行都要经过数据输入、报文的接收、数据控制、处理与传送和数据输出这几个基本的作业处理流程。

①当银行作为汇出行时，由内部输入电文，经过有效性检测无误后，可以做些必要的存档处理或账务处理后，通过对外输出接口发送出去。

②当银行作为汇入行时，通过外部输入接口接收电文，对接收的电文检测无误后，进行必要的处理后，将数据送往会计系统进行账务处理，同时通知客户。

③当信息通过边界进入各子系统，要做相应的检查，防止错误信息进入，各子系统根据相应的指令工作，通过边界控制和处理过程控制这种双重控制机制，可以使交易信息正确地从汇出行传送到汇入行。

二、封闭式网络转账结算

封闭式网络转账结算是指电子资金在金融机构之间，或是金融机构与专用终端之间流动，而不是通过开放式网络进行的转账结算。金融机构通过自己的专用网络、设备、软件及一套完整的用户识别、标准报文数据验证等规范协议完成资金的转账结算，从而有效地保证支付结算过程的安全。下面介绍几个国内外著名的封闭式网络转账系统。

1. SWIFT 通信网络系统

SWIFT（环球银行金融通信系统）是环球银行金融通信协会（Society for Worldwide Interbank Financial Telecommunication）为实现国际银行间金融业务处理自动化而开发的，它是国际上最重要的金融通信网络之一，负责连接全球各银行的金融数据通信系统，可在全球范围内把原本互不往来的银行串联起来，处理世界范围内银行间的数据交换，主要提供通信服务，专为其成员银行传送同汇兑相关的各种信息，不直接参与资金的转移处理服务。在国际贸易结算中，SWIFT 信用证是正式的、合法的，被信用证各当事人所接受的、国际通用的信用证，信用证是指凡通过 SWIFT 系统开立或予以通知的信用证。采用 SWIFT 信用证必须遵守 SWIFT 的规定，也必须使用 SWIFT 手册规定的代号（Tag），而且信用证必须遵循国际商会 2007 年修订的《跟单信用证统一惯例》各项条款的规定。SWIFT 信用证可省去开证行的承诺条款（Undertaking Clause），但不能因此免除银行所应承担的义务。SWIFT 信用证的特点是快速、准确、简明、可靠。

（1）SWIFT 的建设与发展

20 世纪 60 年代初，国际贸易迅速猛增，电信和计算机的应用日益广泛，由于银行从各个方面收到的电文格式都不相同，所以必须要经过人工转换后才能输入计算机进行处理，既不方便，效率又低，处理费用又太高，这意味着传统的手工处理方式已经无法满足银行业务增长的需要。为了解决这个问题，各国银行界人士普遍认为需要建立一个采用统一电文格式的全球金融通信系统，来正确、安全、低成本、高速度地传递标准的国际资金调拨信息。于是，1973 年 5 月，美国、加拿大和欧洲的一些大银行正式成立了一个国际银行间非盈利性质的国际合作组织——SWIFT 组织，负责设计、建立和管理 SWIFT 网络，以便在该组织成员之间进行国际金融信息传输。1977 年夏天，SWIFT 系统的各项建设和开发工作已经完成，开始正式投入运营。1977 年时 SWIFT 在全世界就拥有会员国 150 多个，会员银行 5 000 多家，SWIFT 系统日处理 SWIFT 电信 300 万笔，高峰达 330 万笔。

（2）SWIFT 的组织机构

SWIFT 组织的总部设立在比利时的布鲁塞尔，创始会员为欧美 15 个国家的 239 家大银行，随后该系统延伸至各大洲，成员银行的数量迅猛增长，从 1987 年开始，包括经纪人、投资公司、证券公司和证券交易所等在内的非银行金融机构也开始使用

SWIFT 系统。截至 2007 年 6 月，SWIFT 的服务已经遍及 207 个国家，接入的金融机构超过 8 100 家，成为全球最大的金融通信网络系统。

SWIFT 系统的组织成员分为会员银行、附属会员银行和参与者三大类，会员行有董事会选举权，当股份达到一定份额后，有董事会被选举权。凡是 SWIFT 会员国中拥有外汇业务经营许可权银行的总行都可以申请成为会员银行，如中国各商业银行的总行；会员银行在境外的全资附属银行或持股份额达到 90% 以上的银行，可以申请成为附属会员银行，如中国银行的海外分行、美洲银行上海分行、花旗银行上海分行等；世界主要的证券公司、旅游支票公司、国际清算中心等一些非金融机构，可以根据需要申请成为参与者，但只允许其使用一部分的 SWIFT 报文格式。

（3）SWIFT 系统提供的服务

①接入服务。SWIFT 的接入服务通过 SWIFTAlliance 的系列产品完成，包括 SWIFTAlliance Access and Entry：传送 FIN 信息的接口软件；SWIFTAlliance Gateway：接入 SWIFTNet 的窗口软件；SWIFTAlliance Webstation：接入 SWIFTNet 的桌面接入软件；File Transfer Interface：文件传输接口软件，通过 SWIFTNet FileAct 使用户方便地访问其后台办公系统。

SWIFTNET Link 软件内嵌在 SWIFTAlliance Gateway 和 SWIFTAlliance Webstation 中，提供传输、标准化、安全和管理服务。连接后，确保用户可以用同一窗口多次访问 SWIFTNet，获得不同服务。

②金融信息传送服务。SWIFTNet 启用以后，传统的 FIN 服务转而在新的网络 SWIFTNet FIN（已于 2002 年 8 月开通）上提供。SWIFT 把传统的 FIN 服务与新开发的、交互性的服务进行了整合，开发出 SWIFTNet 信息传送服务以满足现代金融机构不断发展的需要。包括以下 4 种服务：第一种是在金融信息传送方面；第二种是 SWIFTNet InterAct 提供交互（实时）和存储与转发两种信息传送方式，适合要求实时应答的金融业务；第三种是 SWIFT FileAct 提供交互和存储与转发两种文件自动传输方式，适合大批量数据的传输；第四种是 SWIFTNeBrowse 以浏览为基础，使用标准的 Internet 浏览器（如 IE）和 SWIFT Alliance Web Station 访问 Browse 服务，其安全由 SSL 和 SIPN 保证。

③交易处理服务。交易处理服务也是通过 SWIFTNet 向外汇交易所、货币市场和金融衍生工具认证机构提供交易处理服务，具体包括：交易处理匹配服务（Accord Matching）；实时报告的双边净额清算服务（According Netting）；支持 B2B 的商务中的端对端电子支付（E-PaymentsPlus）。

④分析服务与分析工具。SWIFT 也向金融机构提供一些辅助性的服务，即分析服务与分析工具。包括以下工具：BIC Online 和 BIC Directory Update broadcast，向金融机构提供最新的、世界范围内的金融机构的代码（BIC）；Traffic Watch，可以监视

SWIFT 当前传送信息的数量；Transaction Watch，可以监视信息从发出到接收所经历的过程，获得各种参数，为提高证券系统和支付系统的效率提供分析数据；STP Review，金融机构为提高自身竞争力，直达处理(Straight Through Processing，STP)能力变得愈加重要。SWIFT 可以向用户提供独立、客观的 STP 评估。

(4)SWIFT 全球标准

SWIFT 提供了 240 种以上的电文标准，以支持支付、证券、债券和贸易等业务电文的通信服务，通过 SWIFT 传输的电文类型包括以下 10 类。

第 1 类，客户汇款与支票(Customer Payments & Checks)；

第 2 类，金融机构间头寸调拨(Financial Institution Transfers)；

第 3 类，资金市场交易(Treasury Markets-FX，MM，Derivatives)；

第 4 类，托收与光票(Collections & Cash Letters)；

第 5 类，证券(Securities Markets)；

第 6 类，贵金属(Treasury Market-Precious Metals)；

第 7 类，跟单信用证和保函(Documentary Credits and Guarantees)；

第 8 类，旅行支票(Traveler's Checks)；

第 9 类，现金管理与账务(cash management & Customer Status)；

第 10 类，SWIFT 系统电报。

除上述 10 类电文外，SWIFT 电文还有一个特殊类，即第 N 类——公共报文组(Common Group Messages)。SWIFT 的电文标准格式，已经成为国际银行间数据交换的标准语言。全球各大银行的电文，或者直接采用 SWIFT 格式，或者基于 SWIFT 格式。

(5)SWIFT 在中国

1980 年 SWIFT 系统连接到中国香港地区，中国银行于 1983 年加入 SWIFT，是 SWIFT 组织的第 1 034 家成员行，并于 1985 年 5 月正式开通使用，成为中国与国际金融标准接轨的重要里程碑。1990 年 9 月，中国工商银行被批准成为 SWIFT 会员银行，银行的标准代码为 ICBKCNBJ。随后中国其他各商业银行也相继加入 SWIFT 组织，1993 年，中国在 SWIFT 组织中的持股数为 201 股，占总股份的 0.23%。为更好地为亚太地区用户服务，SWIFT 于 1994 年在中国香港地区设立了除美国和荷兰之外的第三个支持中心，这样，中国用户就可得到 SWIFT 支持中心讲中文的员工的技术服务。1995 年，SWIFT 在北京电报大楼和上海长话大楼设立了 SWIFT 访问点 SAP(SWIFT Access Point)，它们分别与新加坡和中国香港地区的 SWIFT 区域处理中心主节点连接，为用户提供自动路由选择。1996 年，中国 SWIFT 发报量增长率为 42.4%，在 SWIFT 全球增长率中排名第一，中国银行在 SWIFT 前 40 家大用户中排名第 34 位。截至 2003 年年底，我国已有中国工商银行、中国农业银行、中国银行、中国建设银行、交通银行、中信实业银行和中国投资银行 7 家中资银行成为 SWIFT 的会员银行,有 9 家外资银行成为附属会员银行,上海和深圳的证券交易所也先后加入 SWIFT 系统。目前,中国银行每日 SWIFT 发报量达 3 万多次,采用 SWIFT 方式进行收发的电报已占全行电信总收付量的 90% 以上,SWIFT 系统已经成为中国商业银行进行国际结算、收付清算、外汇资金买卖、国际汇兑等各种业务系统的通信主渠道。

2. CHIPS 支付系统

由于 SWIFT 只能完成国际支付结算指令信息的传递,因此真正进行资金调拨还需要另外一套电子业务系统,这就是 CHIPS(Clearing House Interbank Payment System),即纽约清算所银行同业支付系统。

CHIPS 是一个带有 EDI 功能的实时大额电子支付系统,主要以世界金融中心美国纽约市为资金结算地,用来完成资金调拨即支付结算过程。由于纽约是世界上最大的金融中心,国际贸易的支付活动多在此地完成,因此,CHIPS 也就成为世界性的资金调拨系统。现在,CHIPS 已成为全球最大的私营支付清算系统之一,处理全球 95% 左右的国际美元交易。

(1)CHIPS 的组织机构

20 世纪 60 年代末,随着经济的快速发展,纽约地区资金调拨交易量迅速增加,纽约清算所于 1966 年研究建立了 CHIPS 系统,于 1970 年正式创立,当时,采用联机作业方式,通过纽约清算所的交换中心同 9 家银行的 42 台终端相连。到了 1982 年,CHIPS 共有 100 家位于纽约地区的成员银行,其中包括:

①12 家纽约清算所的会员银行。这些银行在纽约联邦储备银行有存款准备金,具有清算能力,并且都有系统标识码作为收益银行的清算账号,系统标识码用以符号 CP 开头的 ABC 三位数字码来标识。

②5 家纽约清算所的非会员银行。这类银行又称为参加银行,参加银行需经过会员银行才能清算。CHIPS 的参加银行,除了可以利用该系统本身调拨资金以外,还可以接收往来银行的付款指示,透过 CHIPS 将资金拨付给指定银行。

③22 家美国其他地区的银行设于纽约地区的分支机构。它们具有经营外汇业务的能力。

④61 家外国银行设于纽约地区的分支机构。这些外国银行可以选择 CHIPS 会员银行为代理银行,它们只要在代理行设定用户识别号号码,就可以参加 CHIPS 同业清算。

目前 CHIPS 系统中参加清算的银行除了纽约清算所的 12 家会员银行外,还有其他的银行,如上所述,非会员银行可以在会员银行的协助下实施清算,其他的银行可由会员银行代理清算等。CHIPS 正是通过这种层层代理的清算体系,构成了庞大复杂的国际资金调拨清算网,到 20 世纪 90 年代,已发展成为由 12 家核心货币银行组成的,有 140

家金融机构加入的庞大资金调拨系统，用以处理电子资金转账和清算业务，这些金融机构遍布全球 22 个国家，其中包括我国的中国银行和交通银行，中国工商银行则在多家美国 CHIPS 成员银行开有账户。

（2）CHIPS 国际资金调拨处理过程

通过 CHIPS 系统的国际资金调拨处理过程并不复杂，整个流程可以分为 CHIPS 电文的发送和在实体银行之间完成最终的资金清算两部分。例如，纽约的 A 行从 SWIFT 网等国际线路（CHIPS 交易量的 80％是靠 SWIFT 系统进入和发出的）接收到某国甲行的电报付款指示，要求 A 行于某生效日扣其往来账，并将此款拨付给在纽约 B 行设有往来账户的他国乙行，如果 A 行和 B 行均为 CHIPS 的成员行，则这笔资金调拨可通过以下的方法来完成，如图 4-2 所示。

图 4-2　CHIPS 国际资金调拨处理过程示意图

A 行从 SWIFT 网接到甲行的上述付款通知后，核对电文的信息识别码无误后，A 行操作员根据甲行发来的电文，依据纽约清算所规定的标准格式，将有关数据，包括 A 行、B 行、甲行和乙行的编号、付款金额、生效日等数据录入计算机终端。将电文通过 CHIPS 网传送到中央计算机系统存储起来，只有当 CHIPS 中央计算机系统稍后接到 A 行下达的解付指令后，才能将此付款通知传送到纽约 B 行的计算机终端。B 行通知乙行接收汇款，完成汇款。

CHIPS 系统的营业时间是纽约时间上午 7 点至下午 4 点半。在每个营业日结束的时候，中央计算机系统都要对各参加银行当日的每笔交易进行统计，统计出各参加银行应借或应贷的净金额。中央计算机系统除了要给各参加银行传送当日交易的摘要报告外，并且还要于当日下午 4:30 后，通过 FedWire 网络，将各参加银行应借或应贷的净金额通知纽约区联邦储备银行，纽约区联邦储备银行利用其会员银行的存款准备金账户来完成清算，清算完成后，通知 CHIPS，CHIPS 则于下午 5:30—6:30，用 1 小时的时间来轧平账务。

从 2001 年开始，CHIPS 已成为一个实时的、终结性清算系统，可以对支付指令连续进行撮合、轧差和结算。2003 年，CHIPS 对系统接入方式进行了新的调整，开始提供基于互联网络的管理报告和更高效的结算处理服务。

（3）CHIPS 系统的特点

①允许事先存入付款指示。参加银行除了可在当日调拨资金外，CHIPS 还允许参加银行事先将付款指示存入中央计算机系统，以后需经拨款银行下达“解付”命令后，CHIPS 的中央计算机系统才会于解付日将此付款通知传送给收款银行。未下达解付命令

前，拨款银行有权取消该笔付款指示。

②完善的查询服务功能。由于中央计算机系统能即时将每笔资金调拨情况存入文件，因此各参加行的账务管理员可随时查询自己银行的每笔提出或存入的金额，并及时调整自己的头寸。

③自动化程度高。CHIPS 设计了一个灵活的记录格式，以方便发报行和收报行能进行计算机自动处理。这样参与行的支付信息可在不同系统之间流动而无须人工干预。例如，CHIPS 接受 SWIFT 的标识码，并自动地与 CHIPS 的通用标识码相互参照。

④安全性好。CHIPS 将 4 台 Unisys A15 大型计算机组成两套系统，实行两套系统互为备份，每套系统又是双机互为备份。两套系统分别安装在不同的地方，并用高速线路连接。为保证电源的不间断供应，由蓄电池储备电能，并以双内燃发电机系统来保证。保密性是通过保密模块(ISM)、保密设备和一系列规定来实现的。每个成员行均有 1 台专门设计的保密机，该保密机遵守 ANSI X9.9 金融机构保密检测标准。付款电文都经保密机加密并加 MAC 传送，以保证电文的传输安全。

3. 中国现代化支付系统 CNAPS

中国现代化支付系统 CNAPS(China NationalAdvanced Payment System)为世界银行技术援助贷款项目，主要提供商业银行之间跨行的支付清算服务，是为商业银行之间和商业银行与中国人民银行之间的支付业务提供最终资金清算的系统，是各商业银行电子汇兑系统资金清算的枢纽系统，是连接国内外银行重要的桥梁，也是金融市场的核心支持系统。并利用现代计算机技术和通信网络自主开发建设的，能够高效、安全处理各银行办理的异地、同城各种支付业务及其资金清算和货币市场交易的资金清算的应用系统。

(1)CNAPS 概述

中国人民银行通过建设现代化支付系统，将逐步形成一个以中国现代化支付系统为核心，商业银行行内系统为基础，各地同城票据交换所并存，支撑多种支付工具的应用和满足社会各种经济活动支付需要的中国支付清算体系。中国现代化支付系统建有两级处理中心，即国家处理中心(NPC)和全国省会(首府)及深圳城市处理中心(CCPC)。国家处理中心分别与各城市处理中心连接，其通信网络采用专用网络，以地面通信为主，卫星通信备份。

政策性银行和商业银行是支付系统的重要参与者。各政策性银行、商业银行可利用行内系统通过省会(首府)城市的分支行与所在地的支付系统 CCPC 连接，也可由其总行与所在地的支付系统 CCPC 连接。同时，为解决中小金融机构结算和通汇难问题，允许农村信用合作社自建通汇系统，比照商业银行与支付系统的连接方式处理；城市商业银行银行汇票业务的处理，由其按照支付系统的要求自行开发城市商业银行汇票处理中心，依托支付系统办理其银行汇票资金的移存和兑付的资金清算。

为有效支持公开市场操作、债券发行及兑付、债券交易的资金清算，公开市场操作系统、债券发行系统、中央债券簿记系统在物理上通过一个接口与支付系统 NPC 连接，处理其交易的人民币资金清算。为保障外汇交易资金的及时清算，外汇交易中心与支付系统上海 CCPC 连接，处理外汇交易人民币资金清算，并下载全国银行间资金拆借和归还业务数据，供中央银行对同业拆借业务的配对管理。

（2）CNAPS 的主要功能

CNAPS 的总体功能是：集金融支付服务、支付资金清算、金融经营管理和货币政策职能于一体，为金融机构提供跨行跨地区的综合性金融服务。它以中央银行支付资金清算系统为核心，充分发挥各商业银行下层支付服务系统功能特性，为广大银行客户提供方便、快捷的金融服务。CNAPS 上层的功能，即中央银行为商业银行提供的支付资金清算服务功能如下。

①为参与者提供以下两类电子支付及清算服务。一是实时全额清算，实现同城和异地范围内各参与者之间贷记支付的实时转移和在中央银行账户上的资金清算；二是批量净额清算，实现同城和异地间大批的贷记、事先授权借记和定期借记电子支付传输、清分扎差、净额记账清算。

②支付资金清算和账户管理功能。实现对全国银行参与者账户之间支付业务的资金清算以及参与者账户和有关部门往来账户的物理上集中处理，逻辑上分散管理。

③支付风险控制功能。

④信息存储及再利用功能。

⑤与外部系统连接的功能。

除了上述与电子支付有关的功能以外，CNAPS 的上层服务还包括金融信息传输功能，即为商业银行和其他金融机构提供安全、可靠的端对端金融数据文件、报文传输等服务。

本书第九章将对中国现代化支付系统进行更详细的介绍。

三、互联网络开放式转账结算

封闭式网络转账结算主要发生在金融内部网络之间，在封闭式的网络中进行电子资金的转账与结算，而基于信用卡的网上支付系统、电子现金网上支付系统和电子支票网上支付系统则是属于通过开放式网络进行的转账结算，支付信息在开放的互联网上进行传输，对安全性的需求比较大。

1. 电子信用卡网上支付系统

电子信用卡是一种支付方式。由于使用电子信用卡需要通过公共 Internet 的网络进行信用卡传输，因此在技术上需要保证传输的安全性和可靠性。利用 SET 安全电子交易协议保证电子信用卡卡号和密码的安全传输，在信用卡进行支付的过程中，也需要认证客户、商家以及信用卡发放机构的身份，防止抵赖行为的发生。电子信用卡支付系统是美国等发达国家人们进行日常消费的一种常用支付工具，与其他形式的支付相比，使用非常简单方便，而且被全世界所广泛发行和接受，占有很大的市场份额。如今在互联网上，电子信用卡支付是最普遍和首选的支付方式。

电子信用卡网上支付系统主要有实时处理和非实时处理两种模式，实时处理的电子信用卡主要采用 SSL 协议或 SET 协议，如招商银行的"一网通"、CyberCash 等；非实时处理的电子信用卡主要通过 E-Mail 的方式将客户的信用卡信息传送给发卡授权机构，如 First Virtual Holding。

2. 电子现金网上支付系统

电子现金又称数字现金，狭义的电子现金是一种以数字形式储存并流通的货币，通过把银行账户中的资金转换一系列加密的序列数，用这些序列数来表示现实中的各种金额，客户用这些加密的序列数就可以在互联网上允许接受电子现金的商店购物了。

按照载体来划分，电子现金主要包括两类，一类是币值存储在 IC 卡上的电子钱包卡形式；另一类则以数据文件的形式存储在计算机的硬盘上。所以，电子现金网上支付系统包括电子钱包卡模式和纯数字现金模式两种。典型的电子现金网上支付系统主要有 NetCash、Mondex、E-Cash、CyberCoin 和 MicroPayments 等。

3. 电子支票网上支付系统

电子支票是纸质支票的电子替代物，狭义的电子支票是指基于互联网的，用于发出支付和处理支付的网上服务工具。

电子支票主要通过互联网和金融专用网络，以 E-Mail 的方式传输，并用数字签名加密，进行资金的划拨和结算。电子支票网上支付系统，可以在收到支票时即验证出票者的签名、资金状况，避免了传统支票常发生的无效或空头支票的现象，既可以满足 B2B 交易方式的支付结算需要，也可以用于 B2C 交易方式的支付结算，成本低、支付速度快、安全性高、不易伪造。典型的电子支票网上支付系统主要有 FSTC 的电子支票系统、BIPS、E-Check、NetBill 和 NetCheque 等。

4. 典型的互联网络开放式转账结算系统

①CyberCash。CyberCash 是于 1995 年 4 月开始在互联网上为商家和客户提供实时电子信用卡支付服务的网上支付系统，以加密技术和数字签名技术作为基础来实现安全的互联网支付服务。CyberCash 为每位用户建立信用档案，并为每位用户设置公开密钥，可以为用户提供连接多张信用卡的电子支付服务。CyberCash 向客户和商家免费提供客

户端软件，用户付款给零售商，零售商再传送给连接到美国银行专用网络的 CyberCash 服务器，在这个过程中，零售商看不到加密支付信息中的信用卡明细账。

②First Virtual(FV)。First Virtual 仅限于在线信息服务，并且通过邮寄的方式而不是互联网来传送电子信用卡明细账。用户在 FV 上注册为一个客户或商家，得到一个账号 ID 和口令，客户使用 FV 账号 ID 和口令来进行购物，商家与 FV 进行在线验证，并提供商品或服务信息给客户，客户最后通过 E-Mail 或传真的方式来确认交易，当小额交易累计到适当的数额后，现金从客户的信用卡上支付。其中 FV 通过用 E-Mail 或传真的方式来确认请求支付，保证了一定程度上的安全。目前 First Virtual 仅应用于 VISA 和 MasterCard 账号和美元上，商家从指定的银行账号接收资金。

③E-Cash。E-Cash 是一种实现无条件的匿名电子现金系统，由 1994 年 5 月成立的 DigitCash 公司开发，也是最早的电子现金系统。目前使用该系统发布的 E-Cash 的银行有十多家，包括 Mask Twain、Eunet、Deutsche、Advance 等世界著名银行。电子现金以数字信息形式存在，通过通信网流通。电子现金在其生命周期中要经过提取、支付和存款 3 个过程，涉及用户、商家和银行三方。电子现金的基本流通模式：用户与银行执行提取协议从银行提取电子现金；用户与商家执行支付协议支付电子现金；商家与银行执行存款协议，将交易所得的电子现金存入银行。

④Mondex。Mondex 系统是由英国最大的 West Minster 银行和 MidLand 银行为主开发和倡议的以智能卡为存储介质的电子现金系统，它属于电子钱包卡模式的电子现金系统的一种，类似智能卡的应用模式。Mondex 是一种灵活的电子现金，通过专用终端设备，它可以方便地实现资金在一张 Mondex 电子钱包卡和另外一张 Mondex 电子钱包卡之间的划拨。而且卡内存有的钱一旦用光、遗失或被窃，Mondex 卡内的金钱价值不能重新发行，也就是说，持卡人必须负起管理上的责任。Mondex 于 1995 年 7 月在英国斯温顿市正式开始使用，可以说是全球唯一国际性的电子现金系统，也是最先进最完整的智能卡系统。目前，Mondex 最大的市场在亚太地区，澳大利亚，中国的香港、澳门、台湾地区，日本，印度，印度尼西亚，毛里求斯，新西兰，菲律宾，新加坡，斯里兰卡，泰国，越南都已经得到许可授权。中国香港地区已发行了 18 万张 Mondex 电子钱包卡，这些电子钱包可以在 700 多个 ATM 上充值，有 7 000 多商户接受 Mondex。

⑤NetBill。NetBill 是由美国匹茨堡的 Carnegie Mellon 大学开发的一种电子支票网络支付系统，该系统参与者包括客户、商家以及为他们保存账户的 NetBill 服务器。这些账户可以与金融机构中的传统账户相连。客户的 NetBill 账户可以从其银行转账注入资金，而商家的 NetBill 账户中的资金可以存入其银行账户。NetBill 通过与客户服务器协作，利用各种文库来提供对交易的支持。客户文库称作"支票簿"，而服务器文库称作"收款机"。支票簿和收款机分别依次地与客户应用和商家应用进行通信。两者之间所有

的网络通信均经过加密，以防止入侵者的进入。

四、微支付系统

随着网络技术和信息技术的发展，信息产品的销售越来越得到人们的关注，信息产品包括的范围比较广，如网上新闻、网上证券、信息查询、资料检索、音乐下载、发送手机短消息服务和小额软件下载等。这些电子交易的共同点就是对客户来讲均属于较小的交易，收费金额一般都很小，如查看一条新闻收费一分钱等，但是消费较频繁。对于一次消费金额总共只有几元人民币的电子交易来说，如果利用信用卡等电子支付方式在线支付或去商家当面交付现金，相对来说成本较高，速度较慢，方便性较差，正如人们不会愿意用纸质现金去支付一次 0.1 元的手机短消息服务费用一样。因此，这种电子交易对电子支付系统有着特殊的要求，在满足一定安全性的前提下，要求有尽量少的信息传输、较低的管理和存储需求，即对速度和效率的要求比较高，于是就产生了一种快捷、简单易用、成本低廉的网络支付方式——微支付（micropayment）。微支付是指在互联网上，进行的一些小额的资金支付。这种支付机制有着特殊的系统要求，在满足一定安全性的前提下，要求有尽量少的信息传输，较低的管理和存储需求，即速度和效率要求比较高。这种支付形式就称为微支付。

1. 微支付概述

目前微支付在国内外还没有统一的定义，通常是指支付金额特别小，类似于零钱应用的电子支付方式，支付数额上，按美国情况发生的支付金额一般在 5 美元以下，中国相应的为 5 元人民币，但这也不是标准，视具体情况而定。在微支付系统中，商家可以用比较低的价格出售商品，比如从下载信息产品或者点击在线广告中收费。通过便捷的网络渠道，微支付可以低成本、迅速地完成大量的交易支付活动。同时微支付也是一个商业概念，它的目标是通过提供付费的网页、网站链接和网络服务来集合"微分（不到一分钱）"。人们用微支付来购买的商品通常包括手机铃声、彩信、图片、新闻、电影、音乐和网络游戏等许多信息产品以及一些价格很低的商品。微支付一般通过电子现金和电子钱包来实现，SSL 和 SET 协议不支持微支付，Millicent、SubScrip 和 Payword 等都是目前应用较广的微支付系统。

微支付系统之所以逐渐受到重视的原因主要是：微支付交易的需求不断增加，消费者开始接受支付少量货币来使用原本免费的网络商品；商家希望降低电子支付系统的交易成本，目前通过信用卡进行网上支付是很普遍的，但信用卡对介于 1 分到 10 元之间的低价商品支付来说，其交易手续费是不经济的，特别是对于那些负责网站开发设计、网站维护管理、网站内容更新及靠广告收入的互联网内容提供商来说，在无法赚得足够利润的情况下，他们更希望消费者使用成本较低的付款机制；微支付的消费者群体庞大，有些商家通过订阅服务来吸引信息商品的购买者，但往往容易忽略为数众多的临时消费者，这些消费者不需要商家的定期服务，只是经常通过浏览网络来寻找并购买特定的商品或服务，因而急需一套方便而安全的微支付机制来开发这个潜在的庞大市场。

2. 微支付的特点

微支付系统主要用于特别小的网络交易，能够处理任意微小的金额，精确度甚至可以达到十分之一美分，适合于互联网上"不可触摸商品"的销售。微支付同其他的电子支付相比，具有其自身的特点。

①支付金额小。微支付的首要特征是能够处理任意微小的支付额，一般一次所支付的商品价格通常在几分到几元之间，而其他电子支付方式一次支付的金额比较大。

②安全性需求不高。在电子商务活动中，对于不同的交易类型，不同的客户，需要采取不同的安全支付手段，作为安全性较高的基于信用卡的支付方式，它的支付费用是相对昂贵的，一笔交易费用可能是 25 美分左右，然而一个典型的微支付本身很可能仅仅是 1 美分的支付，显然，对于支付额很小的微支付来说，采用昂贵的安全保护是没有必要的，而且在经济上是不可行的。微支付本身的支付金额一般都很小，在这种情况下即使支付过程中有关的支付信息被非法截获、窃取或者篡改，对支付双方的损失也不大，对支付安全性的需求就不如其他电子支付那么严格。

③效率高。也正因为微支付支付金额小，但次数比较频繁，所以要求微支付系统比其他电子支付的效率要高，使得消费者的支付请求能够得到即时满足。

④成本低。由于小额支付的价值本身就很小，如果采用其他电子支付方式，需要耗费大量的成本，那么商家根本就无法赢利，这就要求微支付系统的支付费用非常低才行。

⑤实时性。微支付要求商品的发送与支付几乎同时发生在互联网上，具有极高的实时性。

⑥匿名性。对于现在采用的大多数支付系统，商家为了抢夺网上消费者，经常在网络上搜索并记录人们的各种网上交易活动，以便于有的放矢地进行广告宣传，这样有可能造成消费者隐私被滥用。微支付系统能够保证在支付过程中不暴露诚实支付者的真实身份，以维护合法支付者的隐私和利益。

⑦离线性。目前广泛使用的电子支付系统大多为遵从 SET 标准的在线信用卡支付，付款方和收款方在支付过程中必须与第三方(如银行)在线通信，由第三方来检验付款方提供的信息是否正确，进行在线授权和确认。尽管这种在线方式和复杂的密码技术相结合，使得系统的安全性极高，但在线服务的银行网关会成为系统性能的瓶颈。微支付系统不需要第三方在线验证和处理消费者的每笔支付，从而克服了其他电子支付系统中存

在的通信和处理瓶颈问题。

3. 微支付系统分类

微支付系统通常可以分为以下 3 类。

①基于票据的微支付系统。票据是微支付系统中最为常见的支付工具之一，它是一种面值很小的电子货币，一般由商家或经纪人产生，也可以由经纪人独立产生。在不需要第三方参与的情况下，可以由商家在线验证电子货币的合法性。采用票据作为支付工具的微支付系统一般不使用公钥加密技术，而使用对称密钥加密技术或 Hash 算法。常见的票据形式的微支付系统包括 Millicent、Subscrip 和 MicroMint 等。

②基于 Hash 链的微支付系统。Hash 链的思想最初由 Lamport 提出，主要用于一次性口令认证，后来被 Ronald L. Rivest 和 Adi Shmir 应用到微支付机制中。对基于 Hash 链的微支付而言，当消费者初次在经纪人处注册时，经纪人会为其颁发一个消费者证书，支付前消费者将 Hash 链的最后结果签名后发送给商家，该签名称之为支付承诺。在这种支付模式中，由于消费者在付款之前已获取了商家所提供的信息商品或服务，因而对于消费者的重复花费（同一电子货币在不同商家处使用了多次）和超支消费（所购信息商品或服务的总价值超过其真实账户的余额或信用上限）没有良好的防范措施。基于 Hash 链的微支付机制比较普遍，并出现了多种改版和变形，比较典型的系统有 Payword、PayTree、Mini-Pay 和 UOBT 等。

③其他微支付系统。在以上两种微支付系统的基础上，一些研究机构和公司还提出了多种新的微支付系统及其扩展形式，并在一些新的领域得到了应用，以满足不同的安全性和效率需求。除了前面介绍的微支付系统外，典型的还包括 u-iKP、ITESET、Jalda 和 IBM 开发的微支付系统等。

4. 微支付系统模型

微支付系统模型中一般涉及客户、经纪人和商家这三方，客户是使用微电子货币购买商品的主体，商家为用户提供商品并接收支付，经纪人是作为可信赖的第三方存在的，用于为客户和商家维护账号、通过数字证书或其他方式认证客户和商家的身份、进行微电子货币的发行和清算，并解决支付过程中可能引起的争端，它可以是一些中介机构，也可以是银行。

根据不同的微支付模型，微支付中的电子货币可以由票据（scrip）或 Hash 链等组成，可以由商家产生，也可以由经纪人和客户产生。由商家或经纪人代理产生的微电子货币一般与特定的商家有关；经纪人作为可信赖的第三方机构，也可以独立产生电子货币，它独立产生的货币一般与特定的商家无关；另外，客户也可以根据经纪人的授权（如通过颁发数字证书）来独立制造货币，它一般是基于 Hash 链形式的，可以与特定的商家有关，也可以无关，并具有灵活的扩展形式。

在进行支付之前，客户一般通过离线方式获取微电子货币或交易中使用的数字证书，客户和经纪人之间建立联系，客户在经纪人处建立账号，并通过在线方式同商家进行联系，浏览选择商品和进行支付。商家一般可以在本地验证电子货币的真伪，但一般不能判断客户是否在重复消费（除非对特定商家的货币）。每隔一定的时间，如一天或一周等，商家会把客户支付的微电子货币发送给经纪人进行兑现，经纪人对电子货币进行验证，以防止商家的欺骗和客户的重复消费，这个步骤一般通过离线方式完成。有些微支付机制更简单，甚至不需要经纪人的参与，整个支付过程中只涉及客户和商家，如图 4-3 所示。

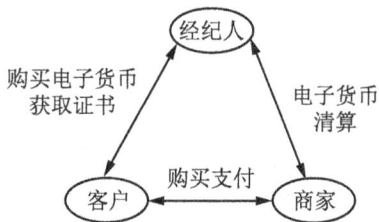

图 4-3　微支付系统模型

5. 几种典型的微支付系统

（1）Millicent

Millicent 是基于票据的微支付系统，于 1995 年由 Compaq 与 Digital 联合开发，属于离线支付方式（即商家不必与经纪人联系就可以鉴别客户所付票据的真伪）。票据是 Millicent 支付系统的基础，其基本思想是利用一个密钥控制的单向 Hash 函数来认证和验证支付票据（scrip）。每一个 scrip 代表客户与某一特定商家所建立的一个资金账户，当客户用其持有的 scrip 购物时，商家将费用从客户的 scrip 中扣除，并产生一个新的 scrip 作为所找回的钱退还给客户，当客户完成了一系列的交易后，还可以将所剩的 scrip 兑换成实际的货币，从而撤销与某一商家的账户。

在 Millicent 系统中，存在着 3 个实体：brokers（经纪人）、merchants（商家）以及 customers（客户）。在 Millicent 中引进经纪人，可以简化客户和商家之间的负担。因为一个 scrip 其实通常是一个很小的金额，而且每个商家的 scrip 仅仅在该商家处购买才有效，对其他商家均无效，而客户对不同商家的商品会有不同的需求，有可能在某一个商家处买的很少，因此经纪人可以销售不同商家的 scrip，这样大大减少了客户和商家之间的任务，客户不需要保存大量的商家 scrip，商家也不必保存每一个客户的账号。经纪人一方面大量购买商家的 scrip，另一方面再把 scrip 卖给客户，当然商家给经纪人的是折扣价，这样商家不必储存大量的 scrip。同时，经纪人可以经商家批准代理生产商家的票据，这使得系统的效率更高，减少了大量的票据传输，也减轻了商家的工作量。每个商家仅仅接受自己的 scrip，并且在本地就能够鉴别 scrip 的有效性和是否是重复消费，所以 Millicent 是一种离线支付方式。客户要购买商家的 scrip 才能购买商家的信息产品和服务，客户首先通过非微支付的形式购买经纪人的 scrip，然后再用经纪人的 scrip 去购买商家的信息产品和服务。

当客户第一次购买某个商家的信息产品和服务时，他必须首先从经纪人处购买该商家的 scrip，此时经纪人和商家并未发生任何联系。客户把 scrip 以及购买请求发送给商家，商家检查票据的有效性，如果有效，则将所剩的零头和信息产品传送给客户，否则拒绝交易，从而完成第一次交易支付。当客户下次再使用剩下的商家 scrip 进行交易支付时，就不再需要经纪人的参与了，商家在本地就可以检查 scrip 的有效性，这就大大减少了支付成本。

Millicent 系统中通常支付的金额都很小，对于攻击者来说其花费的成本远远大于盗取的微支付金额，因此，攻击 Millicent 是得不偿失的，所以 Millicent 是以牺牲部分安全为代价而获取较高效率的。在 Millicent 中，没有使用公钥加密技术，而采用了效率更高的 Hash 函数，部分采用了对称加密算法。单向 Hash 函数中使用的密钥只有 scrip 的发行者(经纪人)和要验证并最终接受此 scrip 的商家才知道，所以，可以有效防止 scrip 的伪造。Scrip 中包含了唯一的序列号，对特定的商家，可以杜绝同一 scrip 的多次消费；并且 Millicent 不需要在线或离线的第三方(经纪人)去验证 scrip 的合法性，这些都由商家独立完成。

但是，在 Millicent 的信任模型中，商家、经纪人和客户之间维持着一个不对称的信任关系，更倾向于防止客户欺骗(伪造 scrip 和同一 scrip 的二次花费)，客户则无法检查和防止经纪人和商家的欺诈，无法验证 scrip 的真伪。针对每一个新的商家，客户都要申请一个新的商家 scrip，所以 Millicent 对于经常更换商家的客户效率并不高。

(2) Payword

Payword 微支付系统是麻省理工学院(MIT)实验室的 Rivest 及 Shmari 于 1996 年提出的。其协议设计的主要目的是降低付款过程中公钥的运算次数，进而满足微支付对于成本与效率的需求。Payword 是一个基于信用的微支付系统，也就是说，客户是在购买完商品后的一定日期内(如一天或一个月)才进行实际的支付。它采用数字签名和 Hash 函数进行加密，并通过 Hash 函数减少每次支付过程中公开密钥操作的次数，从而提高了系统的性能。Payword 系统用 Hash 链值代表客户信用，一个 Hash 链值称为一个 Payword 或 Payword 值。

在整个 Payword 微支付过程中，也涉及商家、经纪人和客户 3 个方面。经纪人处于客户和商家之间，起联系纽带的作用，负责向客户发送数字证书，使其可以生成 Payword 链，同时持有客户和商家双方的账户以备交易结束后划拨账款。商家接收到客户支付给自己的 Payword 值且验证无误后，将商品发送给客户，并且保存具有客户签名的支付凭证，它们连同客户承诺一起发送给经纪人，从而得到实际的银行账户拨款支付。在整个交易过程中，经纪人除了每月一次的证书发放和最终结算外，其余时间都处于离线状态。

在支付实现过程中，客户首先在经纪人处开设一个账户，然后经纪人给客户发送一份数字签名证书，这个证书授权客户可以生成 Payword 链，并使用 Payword 链作为支付凭证提交给商家，同时经纪人要向商家保证，客户的 Payword 值可以兑换成现金货币。在第一次支付请求时，客户需要计算并签署对某一特定 Payword 链 $W_1\cdots\cdots W_n$ 的承诺（即一个包含 Payword 链的根值 W_0 和其他附加信息的数字签名）。客户通过随机的方式提取一个 Payword 值 W_i，并在此基础上通过 Hash 函数以相反的顺序创建 Hash 链：$W_{i-1}=H(W_i)$，…，$W_0=H(W_1)$，其中 $i=1$，2，…，n。在这个 Hash 链中，W_0 不能用于 Payword 支付，它只是该链的根值。客户把承诺、W_0 和第 i 个支付对 $(W_i，i)$ 一同发送给商家，商家对承诺中的数字签名进行验证，然后利用 W_0 和承诺验证支付对 $(W_i，i)$。在某一周期的最后，商家把最后的支付对 $(W_i，i)$ 和承诺（所有客户的）提交给经纪人。经纪人验证通过以后，就从客户的账户中扣除价值 i 的货币，并存储在商家的账户中。至此，完成了整个 Payword 的微支付过程。

Payword 在向一个新商家支付时，不需要联系第三方经纪人；Payword 支付交易中不需要保留过多的记录；系统的很多耗时工作都是离线完成的，如证书签署和货币兑换，这样有利于提高效率；支持可变大小支付，如客户在一次交易中需要支付 5 个单元的 Payword 时，首先向商家发送 $(W_1，1)$，然后再发送 $(W_5，5)$ 即可；由于采用了强 Hash 函数，从已知花费的 Payword 来导出未花费的 Payword，在计算上是很困难的，这样可以有效防止 Payword 的伪造；在每一次支付中都包含支付承诺和相应的 Payword 链，所以，如果要重复花费的话，都要提交相同的支付承诺和 Payword 链，而最后一次消费的 Payword 和 Payword 根值都会被商家和经纪人保留和跟踪，所以，通过数据库形式存储某一支付承诺项及其对应的已花费的 Payword，可以有效防止多重花费。

但 Payword 系统本身也存在一定缺陷。如消费者必须对他需要支付的商家签署一个承诺，如果商家更换频繁的话，将会带来很大的计算消耗；采用了公钥技术，降低了协议的效率；如果获取经纪人公钥，则可以解密证书，并了解消费者的详细信息，严重破坏消费者的匿名性；除此之外，Payword 的基本思想是把多次小额支付累积成为一个大额支付，但实际情况并非如此理想，如果结算时客户只在该周期内花掉了为数不多的 Payword，这样处理客户支付的费用就会超过客户的实际支付，从而失去小额支付的意义，而由于不同客户的小额支付又不能累加，因而成为 Payword 系统的主要缺陷；反过来，如果客户在结算时花掉了大量的 Payword，也并非一定有利，因为 Payword 系统是基于信用的支付方式，当客户的支付额较大时，商家也会承担较大的风险。

同 Millicent 不同的是，客户在每次使用 Payword 进行新的支付时，没有必要更改数字证书或把没有使用的 Payword 链返回给经纪人。

（3）微信支付

2013 年 8 月 5 日，财富通与微信合作推出的微信支付正式上线。截至 2017 年 12

月，微信支付绑卡用户已超过 8 亿，已与近 400 家银行进行合作，并拥有超过 3 万家服务商。

微信支付已实现刷卡支付、扫码支付、公众号支付、App 支付，并提供企业红包、代金券、立减优惠等营销新工具，可以满足用户及商户的不同支付场景。

微信提供的闭环式移动互联网商业解决方案中，涉及的服务能力包括：移动电商入口、用户识别、数据分析、支付结算、客户关系维护、售后服务和维权、社交推广等。这也预示着微信再次加大商业化开放步伐，为合作伙伴提供连接能力，助推企业用户商业模式的移动互联网化转型。

通过为合作伙伴提供"连接一切"的能力，微信正在形成一个全新的"智慧型"生活方式。其已经渗透进入以下传统行业，如微信打车、微信交电费、微信购物、微信医疗、微信酒店等。为医疗、酒店、零售、百货、餐饮、票务、快递、高校、电商、民生等数十个行业提供标准解决方案。

本书第六章第二节将详细介绍微信支付的使用流程、应用方式及安全保障。

第四节　支付与清算体系

一、支付与支付清算

只要有交易发生，必然引起资金流流动，而资金流的流动具体体现为商务伙伴之间的支付与结算活动，因此支付与支付清算体系是电子商务活动中最为关键的支撑部分。

1. 支付、清算与结算的含义

支付是指为清偿商品交换或劳务活动引起的债权债务关系，将资金从付款人账户转移到收款人账户的过程。清算是指按一定的规则和制度安排对经济活动中形成的多重债权债务关系结清的过程。结算是将清算过程中产生的待结算债权债务，在收付款人金融机构之间进行账务处理、账簿记录，以完成资金的最终转移的过程。

支付源于交换主体之间的经济交换活动，但由于银行信用中介的介入，最终演化成为银行与客户之间，客户开户行之间的资金收付关系。而银行之间的资金收付交易，又必须通过中央银行的资金清算，清算过程计算出众多收付方的多重债务关系，而结清最终债务关系的结果就要结算。

由于银行处于社会经济活动中资金往来的中心，其中银行与客户之间的支付是银行向客户提供的一种金融服务，是整个支付活动的基础。银行的业务系统要结清经济活动中的各种债权债务关系必然要通过清算制度的安排才可能在最短的时间内进行最终结算，以结清银行客户之间由于收付款产生的复杂债务关系。因此，有时也把银行的支付系统称为清算系统，实际上，对银行来说，支付与支付清算是两个无法完全区分的概念，支付系统与支付清算系统是两个无法分开的系统。

2. 支付与清算的过程

商品交易时的支付与清算过程如图 4-4 所示。

如果客户 A 和客户 B 在不同的商业银行开户，客户 A 向客户 B 购买商品，用支票支付。那么，由 A、B 双方进行商品交易而引发的全部支付过程将在两个层次上进行。

①低层次是面向客户的，是客户的开户行与银行客户之间的支付与结算，这也是银行向客户提供的一种金融服务，是支付系统的基础。

②高层次是面向往来银行的，是中央银行与各商业银行之间的支付与清算，它使交易活动中的支付得以完成。

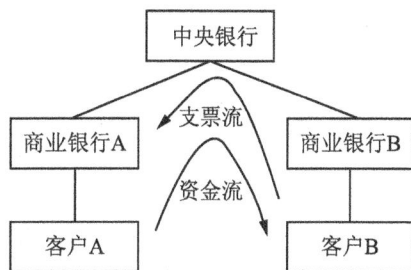

图 4-4　商品交易时的支付过程

整个支付过程始于客户 B 从客户 A 处得到支票，经商业银行 B 和中央银行，再到商业银行 A 的支票流，然后商业银行 A 将客户 A 的资金反向拨付到客户 B 在商业银行 B 的账户中，从而才能最后完成该笔交易的资金支付。

从上述过程可以看出，不同银行间资金的流动，必须经过中央银行的资金清算来完成。支付过程将交易双方及相关的银行联系在一起，组成了一个支付系统。

支付过程的复杂程度，随着支付双方开户银行之间的关系不同而异。如果支付双方开户银行是同一银行，或是同一银行下属的两个分行，则该银行自己就能完成全部支付过程；如果支付双方开户银行是本地的两个不同银行，则需要通过中央银行的同城资金清算才能完成；若是异地的两个银行，则需要通过中央银行的异地资金清算才能完成支付过程；若支付双方银行是隶属于不同国家的银行，则是国际支付，需要经过同业的多重转手才能完成一次国际性的支付过程。

二、中国电子支付模式及发展趋势

1. 中国电子支付的主要运作模式

根据中国目前电子支付运营主体的区别，中国电子支付的运作模式主要有 3 种方式：银行的电子支付、第三方支付平台、以电信运营商为主体的电子支付。

(1)银行的电子支付

银行实施的电子支付主要有两种形式：网上银行和基于安全电子交易协议用于网上购物的电子支付。由于中国目前没有统一的电子支付协议，使用某一银行网上支付工具的用户只能购买与该银行签约的特约商户的商品和服务，而无法直接实现跨行的电子支付。例如中国银行的 set 应用只使用在其网上商城中（中银电子商城），招商银行的一网通同样如此。实现跨行的电子支付要借助于网上银行或者第三方支付平台。

（2）第三方支付平台

第三方支付平台通过自身与商户及银行之间的桥接完成支付中介的功能，同时有的支付平台又充当信用中介，为客户提供账号，进行交易资金代管，由其完成客户与商家的支付后，定期统一与银行结算。根据中国人民银行颁布的《非金融机构支付服务管理办法》，第三方支付业务包括网络支付、银行卡收单、预付卡发行及受理以及其他。前三者是第三方支付平台的基本业务，在该业务中第三方支付平台以向收付款双方收取手续费盈利。随着第三方支付平台服务丰富度的增加，以客户服务为中心，逐渐建立起多样化的业务模式，如图 4-5 所示，大大方便了用户。

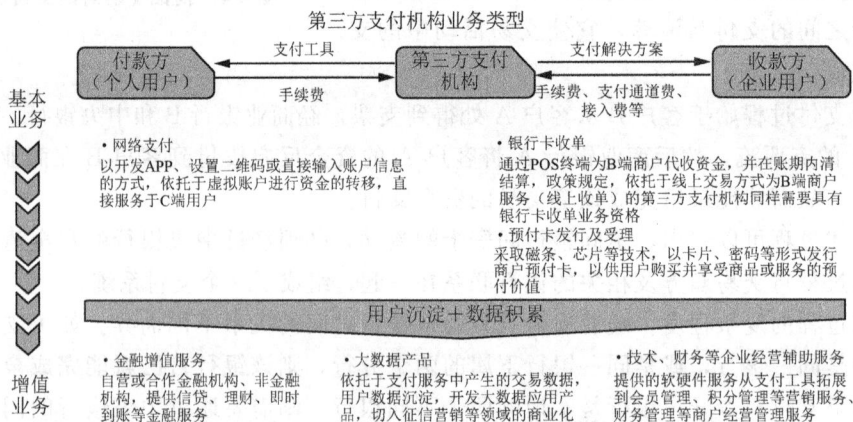

图 4-5　第三方支付机构业务类型[①]

（3）以电信运营商为主体的电子支付

以电信运营商为主体的电子支付模式，除了用于手机缴费以外，也通过手机号与手机用户的银行卡绑定，提供类似于电子钱包的功能，实现电子支付。主要包括各种 SP 代收费以及购买彩票、保险、水、电等公共事业服务，2013 年开始，智能手机以及 4G 网络的快速普及大大推动了移动支付市场的发展，一方面部分互联网的支付规模转移至移动端，另一方面人们在线下扫码支付、NFC 支付习惯的养成推动了移动支付规模的大幅增长。至 2017 年，银行卡收单业务规模占比 32%，网络支付总规模占比 68%，其中移动支付的部分超过 80%，如图 4-6 所示。

---

① 艾瑞咨询：《2018 年中国第三方支付行业研究报告》，2019-02-25。

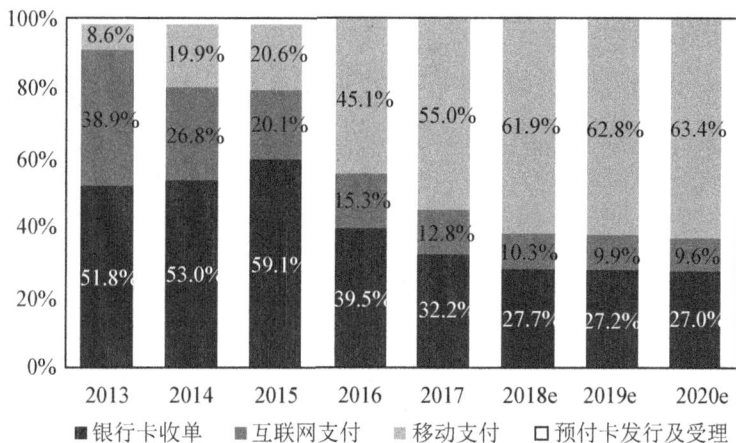

注：该数据统计维度中，互联网支付指 PC 端网络支付，移动支付包含所有使用移动终端支付的部分。

图 4-6 2013—2020 年中国第三方支付交易规模业务结构①

2. 各种支付模式的现状

2013 年以前，网络购物的快速发展逐步培养了人们线上支付的习惯，第三方网络支付平台兴起。2013 年开始，第三方支付机构上线金融、航旅等领域的在线支付功能，网络支付交易规模大幅提升，2013—2016 年第三方综合支付交易规模复合增长率达到 110.9%。在这一阶段，面向 C 端用户的第三方支付机构品牌渗透率占绝对优势地位，并顺势推出信用消费产品；其他支付机构大多针对行业内大客户提供支付解决方案，并建立个人账户体系发展自由的"电子钱包"。到 2017 年，网络支付已经渗透到了生活中的各个环节，民生领域线上支付环节也逐步打通。现阶段，随着监管趋于严格，市场将进入有序发展阶段，第三方支付交易规模的增长速度也将初步稳定下来，如图 4-7 所示。

三、中国的支付清算与结算服务

电子支付直接服务于电子商务的交易，但支付的完成则依赖于银行支付清算与结算体系的完善。2005 年 6 月人民银行建成的支付清算网络体系覆盖了所有支付工具的应用，提供了社会资金快速运动的重要渠道，成为中央银行制定货币政策、救助问题金融机构、充当最后贷款人角色的必要支撑。

---

① 艾瑞咨询：《2018 年中国第三方支付行业研究报告》，2019-02-25。

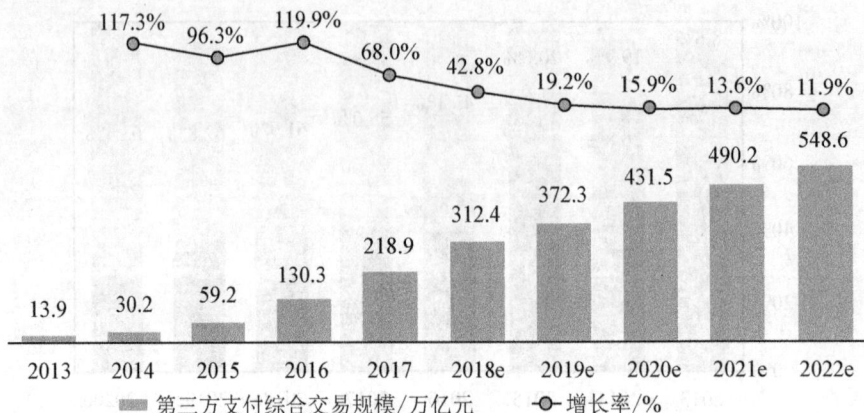

图 4-7 2013—2022 年中国第三方支付综合支付交易规模①

1. 中国支付结算体系的构成与特点

(1)中国支付结算体系的构成与核心

中国的支付结算体系可分为 5 个部分，即支付结算法规体系、支付服务组织体系、支付工具体系、支付清算网络体系和支付结算管理体系，这 5 个组成部分是密不可分的有机整体。支付结算法规和支付结算管理是支付体系正常运行的重要保障，支付服务组织提供的清算服务必须以支付工具和清算系统为依托，结算工具的应用离不开支付清算系统的支撑，5 个部分缺一不可。

支付清算系统是支付结算体系的核心。以大额支付系统在全国建成并取代电子联行系统为标志，目前中国已经初步建立以中国人民银行现代化支付系统为核心，银行业务金融机构行内支付系统为基础，票据支付系统和银行卡支付系统为重要组成部分的支付清算网络体系。

(2)中国支付清算系统的特点

支付清算体系是中央银行向金融机构及社会经济活动提供资金清算服务的综合安排。中国目前的支付清算包括央行和国有商业银行两大类系统、三条支付清算渠道。

第一条渠道：央行支付清算系统，包括 2 000 多家同城清算所、全国手工联行系统和全国电子联行系统(现由大额支付系统取代)；

第二条渠道：国有商业银行联行往来系统及其辖内(内部)往来系统，大约三分之二的异地支付是通过这些系统进行清算的；

第三条渠道：商业银行同业之间的异地跨系统资金划转。

---

① 艾瑞咨询：《2018 年中国第三方支付行业研究报告》，2019-02-25。

这种支付清算体系的缺点是支付清算系统与货币经营系统混合，占用了企业的资金，限制了银行的贷款规模和支付清算能力，导致信用膨胀和金融风险在银行体系中不断累积。

2005 年 6 月 10 日，央行发布《支付清算组织管理办法(征求意见稿)》。该办法颁布实施后将会极大地促进支付服务市场健康发展，规范支付清算行为，提高清算效率，防范清算风险，维护中国金融稳定。

2. 中国的支付清算系统类型

支付清算系统是由提供支付服务的中介机构、管理货币转移的法规以及实现支付的技术手段组成的整体，用以偿清经济活动参与者在获取实物资产或金融资产时所承担的债务和资金的划拨。中国的支付清算体系适应中国现行的银行体制、为市场经济和对外开放条件下的经济及社会活动提供现代化支付清算服务的阶段，对加快资金周转，提高支付清算效率，促进国民经济健康平稳发展发挥着越来越重要的作用。中国目前存在以下 7 种类型的支付清算系统。

(1)票据交换系统

票据交换系统是中国支付清算体系的重要组成部分。从行政区划上看，中国票据交换所有两种：地市内的票据交换所和跨地市的区域性票据交换所。通常将地市内的票据清算称为"同城清算"，跨地市的清算称为"异地清算"。

同城票据交换是指同一城市金融机构同业间在指定的场所交换相互代收的业务结算凭证，并对由此而引起的资金往来进行清算的一种方式。这是适应大中城市金融机构众多，相互之间资金往来频繁而设立的一种交换票据、清算资金的方法。

票据交换所是由中央银行拥有和运行的，中国共有区域性票据交换所 18 个，300 多个城市票据交换所，2 000 多个县城票据交换所。全部同城跨行支付交易和大部分同城行内支付业务都经由同城清算所在商业银行之间进行跨行清算，而跨地域的支付则交跨地市的票据交换所进行"异地清算"。

为了提高同城清算的电子化程度，业务量大的票据交换所采用票据清分机；通信发达的地区建立电子资金转账系统，由数据通信网传送支付数据；通信不发达的地区可以采用磁介质交换支付数据。中国第一个票据清分系统于 1990 年在广州建立，1998 年 8 月北京同城票据自动清分系统投入使用，成为中国最大规模的票据清分中心之一。目前 50％以上的支付业务量(包括行内和跨行支付在内的)都是经过票据交换系统处理的，所以票据交换系统在中国支付体系中的重要性不言而喻。

(2)全国手工联行系统

中国人民银行和四大国有商业银行都有自己的全国手工联行系统，对于异地纸质凭证支付交易的处理采用了所谓"先横后直"(即先跨行后行内)的处理方式。在这种意义上，只存在同城跨行系统和异地行内系统。1996 年后，四大国有银行全都以全国电子资金汇兑系统代替了原来的手工联行系统，但是，中国银行依然运行着自己的手工联行系统，用以处理跨行纸质凭证异地支付交易，以及中国人民银行分/支行之间的资金划拨。

中国人民银行的全国手工联行系统分全国、省、县三级，是三级联行系统。业务处理内容包括以下 3 部分。

①支付凭证的交换。一般是通过信汇或电汇在发起行和接收行之间直接进行交换。

②资金结算。发起行和接收行根据支付项目的联行清算范围，将支付总金额记到相应账户。

③对账监督。每天每个分/支行向其上级机构报告往来账发生额，以便管辖行实施对账监督，并计算联行往来汇差(净额结算金额)。当汇差超过规定金额时，才借记分行头寸。

由于手工联行的票据传递和处理速度慢，会造成大量在途资金，逐渐将被电子联行系统所取代。

(3)全国电子联行系统

全国电子联行系统是基于 VSAT 卫星通信网络、覆盖全国范围的电子资金汇划系统，由中国人民银行清算总中心开发，通过中国人民银行联合各商业银行设立的国家金融清算总中心和在各地设立的资金清算分中心运行，是中国人民银行处理异地清算业务的行间处理系统。商业银行受理异地汇划业务后，汇出、汇入资金通过此系统由中国人民银行当即清算。全国电子联行清算系统承担了全国各银行之间支付和清算的重要职能，为异地银行间资金汇划提供了方便快速的通道。

全国电子联行系统于 1989 年开始建设，自 1991 年在 7 个城市正式运行后，发展到拥有 2 个卫星主站和 646 个地面卫星小站，开通运行 2 000 多个电子联行收发站，覆盖全国所有的地市级以上城市和 1 000 多个经济发达的县，电子联行的业务量也随着通汇城市的增多、通汇网点的增加而迅速增长。该系统的设计可以处理跨行和行内、贷记和借记异地支付业务，但目前主要处理跨行贷记支付交易。1996 年年底，该系统每天处理 30 000 笔支付，金额约为 300 亿元。

但由于电子联行系统功能比较单一，汇划速度较慢，已不能适应经济金融发展和新形势的要求，为了更好地发挥中央银行的职能作用，改进金融服务，促进社会主义市场经济的发展，全国电子联行系统于 2005 年 6 月底被大额支付系统所取代，但该系统是迄今为止中国人民银行稳定运行时间最长的电子支付系统。

(4)电子资金汇兑系统

1996 年年底，中国四大国有商业银行都用电子资金汇兑系统取代了原来的手工联行，用来处理外部资金结算和内部资金划拨清算，随后各家股份制商业银行陆续建立起自身的电子资金汇兑系统，绝大部分异地支付业务是由这些电子资金汇兑系统处理的。

电子汇兑系统与手工联行清算系统一样，具有多级结构，一般情况下，有全国处理中心、几十个省级处理中心、数百个城市处理中心和上千个县级处理中心。一家分行必须在每一级处理中心开设单独的账户，各级分行接受纸凭证支付项目，将纸票据截留后以电子方式发往相应的处理中心，处理中心在当天或第二天营业前将净额结算头寸通知分支机构。

各商业银行的电子资金汇兑系统具有相似的框架结构，业务处理流程也基本相同，当然，在网络结构、技术平台等方面，各系统不尽相同。目前，电子资金汇兑系统正在逐步实现数据集中，向新一代清算系统发展，但是各商业银行的电子资金汇兑系统仍没有解决跨系统的资金清算问题，跨系统的资金清算还要由中国人民银行的全国电子联行来解决。

(5)中国现代化支付系统。

该项目的总体设计始于1991年，1996年11月进入工程实施阶段，2002年10月8日，该系统正式在中国人民银行清算总中心上线运行。

中国现代化支付系统主要提供跨行、跨地区的金融支付清算服务，能有效支持公开市场操作、债券交易、同业拆借、外汇交易等金融市场的资金清算，并将银行卡信息交换系统、同城票据交换所等其他系统的资金清算统一纳入支付系统处理，是中国人民银行发挥中央银行作为最终清算者和金融市场监督管理者职能作用的金融交易和信息管理决策系统。中国现代支付系统由大额实时支付系统和小额批量系统两个系统组成。大额实时支付系统实行逐笔实时处理支付指令，全额清算资金，旨在为各银行和广大企事业单位以及金融市场提供快速、安全、可靠的支付清算服务。小额批量支付系统实行批量发送支付指令，轧差净额清算资金，旨在为社会提供低成本、大业务量的支付清算服务，支撑各种支付业务，满足社会各种经济活动的需求。

大额支付系统连接着境内办理人民币结算业务的中、外资银行业金融机构，我国香港地区、澳门地区人民币清算行等，拥有1 600多个直接参与机构，9万多个间接参与机构，日均处理业务110多万笔，资金超过3.2万亿元。2018年，大额实时支付系统共处理支付清算业务10.73亿笔，金额4 353.48万亿元，日均处理业务425.84万笔，金额17.28万亿元。2018年，小额批量支付系统共处理支付清算业务21.83亿笔，金额35.53万亿元，日均处理业务598.03万笔，金额973.50亿元。[①]

(6)银行卡支付系统

银行卡支付系统是指全国银行卡跨行信息交换网络系统，全国银行卡信息交换中心于1998年年底投入运行。银行卡支付系统通常由客户所持有的系统访问工具即银行卡、ATM和POS网络及其单独的支付清算系统构成。通过银行卡支付系统，可以实现银行

---

① 中国人民银行：《2018年支付体系运行总体情况》，2019-03-18。

卡全国范围内的联网通用，为了加速中国银行卡事业的发展，2002年成立了中国银联股份有限公司，负责建设、管理和运行全国银行卡跨行交易处理系统，目前已在全国各地推广普及全国统一的"银联"标识卡，实现各商业银行发行的"银联"标识卡在中国各省主要城市内和城市间跨地区、跨银行通用，极大地推动了中国银行卡的普及和迅速发展。

从表4-1中可以看出，2018年银行业支付清算网络中各子系统的业务分布和银行卡支付业务的状况。

表4-1　2018年各系统业务量统计笔数所占比例　　　　　单位：%

统计项目	各子系统			
	中国人民银行现代化支付系统	票据支付系统	银行业金融机构内支付系统	银行卡支付系统
业务笔数所占比例	6.0	0.1	14.0	80.0
业务金额所占比例	66.2	2.1	19.2	12.4

可见，银行卡支付系统面向的是广大消费者，业务笔数占的比例较大（80.0%），但金额数目占的比例较小（12.4%）；而中国人民银行现代化支付系统处理的是大额实时支付和小额批量支付，虽然业务笔数占的比例很小（6%），但金额数目占总清算金额的比例很大（66.2%）。中国央行公布的数据显示，截至2018年年末，中国银行卡发卡量已接近75.97亿张。中国银行卡支付体系保持平稳、高效运行，有力地支持了中国经济平稳、快速发展。[1]

（7）邮政支付系统

中国邮政支付系统在个人消费者支付汇款中发挥了十分重要的作用，邮政局提供信汇和电报汇款的方式，主要面向消费者个人客户。汇款人通常要携带现金到附近邮政局办理汇款手续，收款邮政局通知收款人到指定邮政局取款，邮政局还开办了邮政储蓄业务，消费者可以从其邮政储蓄账户汇出或汇入资金，各邮政局之间的资金结算是通过开设在中国人民银行的特殊账户来实现的。

【本章小结】

本章介绍了电子支付系统的形成与发展及电子支付系统要求具备的功能。分别详细介绍了类现金电子货币支付模式和类支票电子货币支付模式的流程。

电子汇兑系统指的是银行内部和银行之间的各种资金调拨作业系统。电子汇兑系统可以分为通信系统、清算系统和资金调拨系统。封闭式网络转账结算是指电子资金在金

---

[1]　中国人民银行：《2018年支付体系运行总体情况》，2019-03-18。

融机构之间，或是金融机构与专用终端之间流动的转账结算方式。基于信用卡的网上支付系统、电子现金网上支付系统和电子支票网上支付系统则是属于通过开放式网络进行的转账结算。微支付通常是指支付金额特别小，类似于零钱应用的电子支付方式。

支付是指为清偿商品交换或劳务活动引起的债权债务关系，将资金从付款人账户转移到收款人账户的过程。清算是指结清债权和债务关系的经济行为。中国目前存在的支付清算系统主要有票据交换系统、全国手工联行系统、全国电子联行系统、电子资金汇兑系统、中国现代化支付系统、银行卡支付系统和邮政支付系统。

【关键概念】

支付系统 电子汇兑 支付清算系统 支付结算 微支付系统

【思考与练习】

1. 试述电子支付系统的主要功能。
2. 电子支付系统有哪些构成要素？
3. 电子支付的基本模式有哪些？各具有什么特点？
4. 封闭式网络转账结算系统的特点是什么？
5. 试述微支付系统的工作原理。
6. 互联网络开放式转账结算有哪些主要的方式？
7. 说明支付与清算的原理与工作过程。

第五章
安全电子支付措施

【本章重点】

◆ 了解电子支付面临的安全问题
◆ 掌握电子支付中的安全技术
◆ 熟悉电子支付中的安全协议
◆ 熟悉电子交易的安全认证过程

第一节　安全电子支付概述

一、安全电子支付的意义

从理论上讲，电子支付比传统的支付方式有很多优点，例如便捷、高效、实时等，但为什么很多人在电子商务中仍然迷恋传统的支付方式呢？人们有时会采用"网上交易、网下支付"的方式，即先在网上进行商品信息查询，确定价格，进行定货，而采用传统的脱机方式付款，如货到付款、银行转账、邮局汇款等。尽管电子支付的发展前景十分诱人，但是其安全问题也变得越来越突出。如何建立一个安全、便捷的电子支付应用环境，对信息提供足够的保护，已经成为商家和用户都十分关心的话题。如果保障不了安全，电子支付就无从谈起，电子支付活动就很难在现实生活中蓬勃开展。

1. 安全问题对网上支付的影响

中国互联网络信息中心（CNNIC）发布第 42 次《中国互联网络发展状况统计报告》：截至 2018 年 6 月，我国网民规模达 8.02 亿，互联网普及率为 57.7%；2018 年上半年新增网民 2 968 万人，较 2017 年末增长 3.8%；我国手机网民规模达 7.88 亿，网民通过手机接入互联网的比例高达 98.3%。上网用户对电子支付的信心比以往有所增加，但安全问题仍是影响电子支付普及的最核心问题。中国银联发布的《2017 移动互联网支付安全调查报告》显示，账户不够安全、发生风险后没有赔付是消费者对移动支付最担忧的问题，如图 5-1 所示，有 37％、32％的被访者将"品牌实力保证资金安全"以及"支付验证保证账户安全"作为主要选择因素，此外，也有 26％的被访者担心"发生风险后是否有赔付"，与此同时，社交账号（QQ 号等）被盗用后发生诈骗的比例虽较去年降低 18 个百分点，但依然是被访者遭遇比例最高的诈骗手段，是影响移动支付安全的重要环节。由此可见，电子支付的安全性仍是人们最关心的问题。电子支付的安全性问题已经成为电子支付发展的瓶颈，严重影响了人们使用电子支付的积极性，妨碍了电子支付在各个领域的广泛应用。

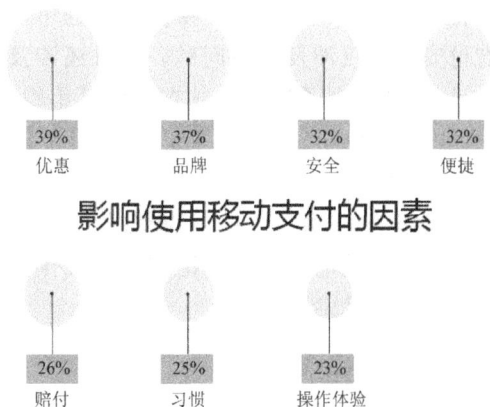

图 5-1　影响使用移动支付的因素

2. 安全支付问题对电子商务的威胁

安全电子支付是电子商务发展的核心和关键，由于基于 TCP/IP 技术的互联网络在设计之初没有考虑到有关安全的问题，在安全方面存在先天不足，所以随着电子支付和网上银行的发展，网络安全事故开始频繁发生，一浪接一浪的黑客风暴和病毒在互联网上横冲直撞，甚至连微软和 Intel 这样顶尖的高科技公司都不能幸免，电子交易与支付更是面临严重威胁。2005 年，美国超过 300 万的信用卡用户资料外泄，导致用户财产损失严重；除了"冲击波""I love you""熊猫烧香"等肆意横行的病毒外，以商业为目的，以欺骗用户为手段的间谍软件，如网络钓鱼软件（网络钓鱼攻击是一种主要以骗取用户各种在线交易的账户、密码而造成严重经济损失的攻击方式）已成为电子支付的最严重的威胁，黑客曾模仿中国工商银行、中国银行等金融机构，设计了类似的网页，用来盗取用户账号和密码信息，非法从中获取利益，这使得很多用户对电子支付的信心大减。2015 年 9 月，在"果粉"眼中无比安全的苹果手机也被病毒侵袭。苹果应用商店感染上了一种名叫 XcodeGhost 的病毒。受病毒影响的应用超过 76 款，包括 12306、网易云音乐、滴滴出行、高德地图、同花顺等 20 多款常用应用软件。封闭不兼容的系统、严格的上架审查制度，一直为苹果树立了可以天然防御病毒的安全形象。然而，这一次的安全漏洞却引发了手机用户的关注。9 月 19 日，苹果向被感染手机程序开发者发出下架通知，建议手机程序编写者下载正版开发工具，重新编译相关程序后上传至 App Store。

3. 安全支付对社会环境与法律的影响

如果电子支付的安全问题得不到解决，就会给商家和消费者的经济带来巨大损失，也关系着银行等金融机构的生存和经营成败。为了防止各类不安全事件的发生，我们不仅要在电子支付中采取防火墙、数据加密、身份认证等网络与信息安全技术，同时，还要加强对消费者的安全教育。据调查，在电子交易支付过程中，有三分之一的消费者不会使用数字证书。电子支付安全不仅涉及技术问题，而且还涉及法律政策问题，在政府相关部门的大力支持下，目前已有《电子签名法》《支付清算组织管理办法（征求意见稿）》《电子支付指引（第一号）》《非金融机构支付服务管理办法》《中国人民银行支付系统参与者监督管理办法》等相关法律文件出台。

近年来，我国加快推进网络安全顶层设计，积极维护电子商务活动安全。在法律法规逐步出台的同时，网络安全相关战略规划、标准规范、工作要求和管理办法也不断完善，认真践行"网络安全为人民"的使命。

二、电子支付面临的安全问题

1. 电子支付中的不安全因素

电子支付给人们带来交易便利的同时，也存在许多安全方面的问题，网络技术方面本身存在的漏洞和权限，也为不法分子开展不法行为提供了便利条件。这些安全问题直接影响了电子支付各方的经济利益，电子支付中的不安全因素主要有如下几点。

（1）信息被截获或窃取

由于未采用加密措施或加密强度不够，数据信息在网络上以明文形式传送，入侵者可以在数据包经过的网关或路由器上截获传送的信息，或通过对信息流量和流向、通信频度和长度等参数的分析，窃取有用的信息，如消费者的信用卡号码、密码以及企业的商业机密等隐私信息。当消费者的信用卡号码和密码在网上被窃取后，盗用者就可以利用消费者的信用卡信息伪造出一张新的信用卡，然后就可以从任何一个 ATM 或 POS 机中取出消费者的资金。

（2）信息被篡改

入侵者可以通过各种技术手段和方法，将网络上传送的交易信息在中途修改，然后再发向目的地。信息可以从 3 个方面被篡改：

①修改。即改变信息流的次序，更改信息的内容，如支付货币的数量。

②删除。即删除某个信息或信息的某些部分。

③插入。即在信息中插入一些额外的信息，让接收方读不懂或接受错误的信息。

利用电子支付系统进行支付时，数据容易被修改，当支付金额被更改，发生多支付或少支付的问题时，会给交易双方带来很大麻烦。

（3）信息假冒

入侵者可以冒充合法用户的身份发送假冒的信息或者窃取商家的商品信息和用户信用等，而远端用户通常很难分辨。信息假冒有两种方式。

①冒充他人身份。如冒充领导发布命令、调阅密件；冒充他人消费、栽赃；冒充主机欺骗合法主机及合法用户；冒充网络控制程序，套取或修改使用权限、密钥等信息；接管合法用户，欺骗系统，占用合法用户的资源。

②发送假冒的信息。伪造电子邮件，虚开网站和商店，给用户发电子邮件，收订货单；发送大量恶意的电子邮件，穷尽商家资源，使合法用户不能正常访问网络资源，使有严格时间要求的服务不能及时得到响应。

由于支付方不知道商家到底是谁，商家不能清晰确定信用卡等网络支付工具是否真实，以及由谁来支付的和资金如何入账等，一些不法商家或个人就利用电子交易支付的非面对面特点来进行欺诈活动。

（4）否认已经做过的交易

电子支付中还可能存在着发送者事后否认曾经发送过某条信息，接受者事后否认曾经收到过某条信息的情况。比如消费者不承认已发出的定货单，商家卖出的商品因价格问题而不承认原有的交易或否认收到消费者的支付款项等。

（5）电子支付系统不稳定

电子支付系统会突然由于技术性中断或故意被攻击而瘫痪，由于客户的电子货币信息存放在相应的银行后台服务器中，当银行后台服务器出现错误、运行中断或瘫痪时，客户肯定无法使用电子货币，可能导致正在进行的电子支付中断，影响了客户的支付行为。

2. 安全电子支付的目标

基于上述电子支付中容易出现的问题，安全电子支付必须达到以下几个目的。

（1）机密性

在电子支付过程中，对用户的银行账户、信用卡卡号、信用卡密码、身份证号等重要而敏感的信息，必须进行加密和安全传输，以防止敏感信息被人窃听。采用加密传输，即使别人截获了数据，也无法在短时间内得到其真实内容。

（2）完整性

要求信息接收方能够验证出接收到的信息是否真实完整，是否被人篡改，以保障交易支付数据的一致性。

(3)真实性(身份的可认证性)

为防止电子支付中可能出现的欺诈行为,双方应能可靠地确认对方身份的真实性,并要求双方的身份不能被假冒或伪装。

(4)不可抵赖性

交易一旦达成,交易的任何一方都不能对自己的交易行为进行抵赖,电子商务系统应能从技术角度提供防抵赖功能。

(5)有效性

有效性是指贸易数据确定的时刻、确定的地点是有效的。信息保密性是针对网络面临的被动攻击一类威胁而提出的安全需求,但它不能避免针对网络所采用的主动攻击一类的威胁。所谓被动攻击,就是不修改任何交易信息,但通过截获、窃取、观察、监听、分析数据流和数据流模式获得有价值的情报。而主动攻击就是篡改交易信息,破坏信息的有效性,以达到非法的目的。电子支付中要保证交易信息的有效性。

第二节　电子支付中的安全技术

一、防火墙技术

防火墙(Firewall),也称防护墙,是由 Check Point 创立者 Gil Shwed 于 1993 年发明并引入国际互联网[US5606668(A)1993-12-15]的。防火墙是位于内部网和外部网之间的屏障,它按照系统管理员预先定义好的规则来控制数据包的进出。防火墙是系统的第一道防线,其作用是防止非法用户的进入。它是一个由软件和硬件设备组合而成、在内部网和外部网之间、专用网与公共网之间的边界上构造的保护屏障,是一种获取安全性方法的形象说法,它是一种计算机硬件和软件的结合,使 Internet 与 Intranet 之间建立起一个安全网关(Security Gateway),从而保护内部网免受非法用户的侵入,防火墙主要由服务访问规则、验证工具、包过滤和应用网关 4 个部分组成,防火墙就是一个位于计算机和它所连接的网络之间的软件或硬件。该计算机流入流出的所有网络通信和数据包均要经过此防火墙。

1. 防火墙概述

(1)设置防火墙的意义

网络的开放性和方便性往往带来安全性的下降。互联网为用户提供了方便、快捷的服务,允许人们以匿名的方式上网,同时也使一个机构的专用网络与数据资源被非法访问和破坏的风险加大了,WWW、E-Mail、FTP、Telnet、网络新闻组等互联网提供的服务当中都存在着一些安全漏洞，为了阻止未经授权的用户访问机构的内部网络，防止他们更改、拷贝、毁坏机构的重要信息，发生不可预测的、潜在破坏性的侵入，就需要设法在开放的物理网络环境中，构造逻辑意义上的封闭私有网络。这样，防火墙的概念就应运而生了，它是保证整个电子交易与支付安全的第一道关卡，也是比较关键的安全防护环节。

目前防火墙已经成为世界上用得最多的网络安全产品之一。在互联网上，防火墙是一种非常有效的网络安全模型，通过它可以隔离风险区域与安全区域的连接，同时不会妨碍用户对风险区域的访问。防火墙可以监控进出网络的通信量，能根据企业的安全策略控制出入网络的信息流，且本身具有较强的抗攻击能力。它是提供信息安全服务，实现网络和信息安全的基础设施。

虽然从理论上看，防火墙处于网络安全的最底层，负责网络间的安全认证与传输，但随着网络安全技术的整体发展和网络应用的不断变化，现代防火墙技术已经逐步走向网络层之外的其他安全层次，不仅要完成传统防火墙的过滤任务，同时还要能为各种网络应用提供相应的安全服务。

（2）防火墙的设计原则

防火墙是放在两个网络之间的用于提高网络安全的软硬件系统的集合。它有如下属性：

①所有从内到外和从外到内的信息流，都必须经过它。

②仅仅被本地安全策略定义的且被授权的信息流允许通过。

③能实施安全策略所要求的安全功能，控制外部用户访问专用网。

④系统对外部攻击具有高抵抗力，提供日志、审计和报警功能。

（3）防火墙的工作原理

防火墙不是对内部网中的每台计算机分别进行保护，而是让所有互联网对内部网中计算机的访问都通过某个点，防火墙就通过保护这个点，实现对内部网的整体防护。

其实，防火墙技术就是一种隔离控制技术，在逻辑上，防火墙是一个分离器，一个限制器，也是一个分析器，有效地监控了内部网和互联网之间的任何活动，保证了内部网络的安全。它在互联网和内部网之间建立起一条隔离墙，提供了两个网络通信时执行的一种访问控制尺度，检查进入内部网络的信息是否合法，是否允许用户的服务请求，从而阻止对内部网络的非法访问和非授权用户的进入；同时，防火墙也可以禁止特定的协议通过相应的网络。

防火墙能够保护站点不被任意连接，甚至建立反向跟踪工具，帮助总结并且记录有关正在进行的连接资源、服务器提供的通信量，以及试图闯入者的任何企图。

2. 防火墙的种类

防火墙从诞生开始，已经历了4个发展阶段：基于路由器的防火墙、用户化的防火墙工具套、建立在通用操作系统上的防火墙和具有安全操作系统的防火墙。常见的防火墙属于具有安全操作系统的防火墙,如 Neteye、Netscreen、Talentit 等。根据对防火墙技术的综合分析,可以将其分为包过滤型防火墙(Packet Filter)和代理服务器型防火墙(Proxy Service)两大类型,以及最近几年来将上述两种类型的防火墙加以结合而形成的新产物——复合型防火墙(Hybrid)。

(1)包过滤防火墙

包过滤防火墙是最普通的防火墙,基于硬件,运作在底层的 TCP/IP 协议堆栈上,适用于简单网络,是面向网络层和传输层的防火墙产品,其技术依据是网络中的分包传输技术。

这种方法只需简单地在互联网网关处安装一个数据包过滤路由器,并设置过滤规则阻挡协议或地址。数据包过滤路由器在发送前先检查每一个数据包,根据数据包的 IP 源地址、IP 目的地址、所用的 TCP 源端口号、目的端口号以及 TCP 链路状态等因素或它们的组合来确定是否允许数据包通过,只有满足过滤逻辑的数据包才能被转发至相应的目的地的输出端口,其余数据包则从数据流中被删除,系统管理员也可以根据实际情况灵活制订判断规则。例如,若防火墙设定某个 IP 地址如(211.71.68.163)的站点不能访问的话,那么从这个地址来的所有信息都会被防火墙屏蔽掉。

包过滤防火墙技术的实现相当简捷,其原理如图 5-2 所示,通常将防火墙安装在路由器上,使路由设备在完成路由选择和数据转发功能的同时进行包过滤,不需要任何额外的费用,而且对用户透明,网络性能好,速度快,效率高。

图 5-2　包过滤防火墙示意图

包过滤防火墙的弊端也很明显,通常它没有用户的使用记录,这样就不能从访问记录中发现黑客的攻击记录。另外,包过滤防火墙需从建立安全策略和过滤规则集入手,需要花费大量的时间和人力,还要根据新情况不断地更新过滤规则集。同时,规则集的复杂性又没有测试工具来检验其正确性,这些都是不方便的地方。对于采用动态分配端口的服务,如很多 RPC(远程过程调用)服务相关联的服务器在系统启动时随机分配端口的,包过滤防火墙很难进行有效的过滤。

(2)代理服务器型防火墙

代理服务器型防火墙也叫应用层网关(Application Gateway)防火墙。这种防火墙通过一种代理(Proxy)技术参与到一个 TCP 链接的全过程。从内部发出的数据包经过这样的防火墙处理后,就好像是源于防火墙外部网卡一样,从而可以达到隐藏内部网结构的作用。这种类型的防火墙被网络安全专家和媒体公认为是最安全的防火墙。它的核心技术就是代理服务器技术。所谓代理服务器，是指代表客户处理在服务器连接请求的程序。当代理服务器得到一个客户的连接意图时，它们将核实客户请求，并经过特定的安全化的 Proxy 应用程序处理连接请求，将处理后的请求传递到真实的服务器上，然后接收服务器应答，并做进一步处理后，将答复交给发出请求的最终用户。代理服务器在外部网络向内部网络申请服务时发挥了中间转接的作用。代理服务器提供了详细的日志和审计功能，大大提高了网络的安全性，也为改进现有软件的安全性能提供了可能。

代理服务器型防火墙将所有跨越防火墙的网络通信链路分为两个部分，一部分是从外部网络到代理服务器，另一部分是从代理服务器到内部网络，从外部网络只能看到该代理服务器而无法知道内部网的任何内部资源信息。外部网络要想和内部网络建立连接，就必须通过代理服务器的中间转换，首先代理服务器根据安全规则决定是否允许建立连接，若允许，代理服务器就代替客户机向外部网络服务器发出接受信息，然后代理服务器接受外部网络服务器发过来的数据包并根据安全规则决定是否允许这个数据包通过，若符合安全规则，则将该数据包转发给内网中发起请求的那个客户机。总之，内部网络只接受代理服务器提出的服务要求，拒绝外部网络的直接请求，代理服务器在此扮演着"中间人"的角色。

代理服务器型防火墙比包过滤型防火墙更为安全，是应用最广的一种防火墙。它可以实现用户认证、详细日志、审计跟踪和数据加密功能，并且能够实现对具体协议及应用的过滤，例如可以阻拦 Java 或 JavaScript；同时，由于代理服务器防火墙是基于软件的，只需在代理服务器上装上相应的服务器程序，所以它比包过滤防火墙更易配置，且配置界面又好，不易出错。

但代理服务器型防火墙最大的缺点是性能差，速度相比较慢，代理防火墙必须建立在操作系统提供的 Socket 服务接口之上，它对每个访问实例的处理代价和资源消耗接近于 Web 服务器的两倍，这使得代理服务器型防火墙的性能通常很难超过 45Mbps 的转发速率和 1 000 个并发访问，当用户需要在内外网之间进行大量的数据处理和信息交换时，它就会成为一个信息交流的瓶颈；代理服务器需要对每个特定的互联网应用服务安装相应的代理服务软件，并进行相关设置，对用户的透明度较差，操作麻烦，维护量大；由于代理服务器型防火墙中的代理应用程序要对来往数据进行详细的检查和审计，所以对作为服务器的计算机的性能有较高的要求，成本相对较高。

(3)复合型防火墙

复合型防火墙的设计目标是既有包过滤的功能，又能在应用层进行代理。能从数据链路层到应用层进行全方位的安全处理，由于 TCP/IP 和代理的直接相互配合，是系统的防欺骗能力和运行的安全性都大大提高。

复合型防火墙本身就是一个操作系统，因而在安全性上较之前两种防火墙有了质的提高。一般而言，获得安全操作系统的方法有两种：一种是通过许可证方式获得操作系统的源代码；另一种就是通过固化操作系统的内核来提高其安全可靠性。复合型防火墙的设计综合了包过滤技术和代理技术，克服了二者在安全方面的缺陷，从 TCP/IP 的数据链路层一直到应用层施加全方位的控制，将网关与安全系统合二为一。

复合型防火墙的系统构成如图 5-3 所示。

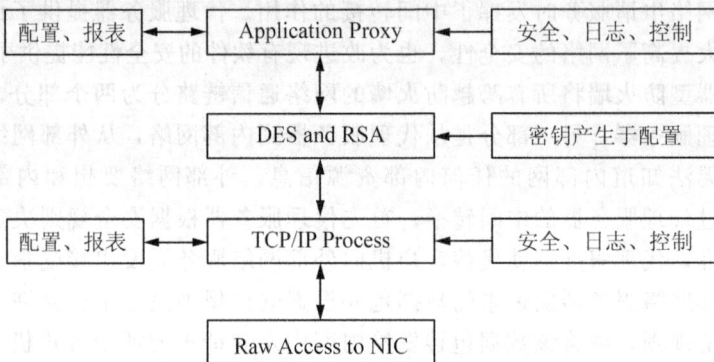

图 5-3　复合型防火墙的系统构成

从图 5-3 可知，该防火墙既不是单纯的代理防火墙，又不是纯粹的包过滤型防火墙。从数据链路层、IP 层、TCP 层到应用层都能施加安全控制，且能直接对网卡操作，对出入的数据进行加密或解密。

目前，市场上可选用的防火墙种类很多，国内获得公安部许可证的防火墙产品有几十种，如蓝盾股份、汉邦软科、复旦光华、绿盾科技、启明星辰、华为赛门铁克、联想网御等厂商的产品在市场上具有一定的竞争优势。

3. 防火墙在电子支付中的应用

在电子商务业务活动中，包括网络支付与结算业务在内，商家、银行与客户均需在网络上进行互动，比如查询商品信息、填写订单、选择支付方式、提交支付表单、确认支付等，这些活动主要是基于 WWW 方式进行的，所以商家与银行就需要设置对应的业务 Web 服务器，为顾客提供网络服务。

为了保证电子支付在内的网络业务能够顺利进行，防火墙与这些业务的 Web 服务器之间就要进行必要的关联设置，以便商家和银行既能利用 Web 服务器对外提供网络业务服务，又能借助防火墙保证内部网络安全。

根据需要可以按照防火墙和相应的业务 Web 服务器所处的位置，有如下两种配置方式：业务 Web 服务器设置在防火墙之内，业务 Web 服务器设置在防火墙之外。本书第十章第一节中将展开介绍。

二、加密技术

电子支付在开放性的互联网上进行，大量的数据需要在网上传输，其中包括订单、支票、信用卡密码、身份证明等敏感信息，如果这些信息在互联网传输过程中被窃取、篡改，势必会影响到电子支付的正常进行，甚至会给用户带来巨大的损失，为了保护电子支付中隐私数据的安全，就需要应用到加密技术，以防止敏感信息被外部获取，加密技术是确保电子支付中数据安全性、真实性和完整性的重要手段。

1. 加密技术概述

密码理论与技术主要包括两个部分，既基于数学的密码理论与技术(包括公钥密码、分组密码、序列密码、认证码、数字签名、Hash 函数、身份识别、密钥管理、PKI 技术等)和非数学的密码理论与技术(包括信息隐形、量子密码，基于生物特征的识别理论与技术)。基于数学的密码理论与技术目前仍然是电子商务安全应用技术的主流。所谓的加密技术包括信息的加密和解密两个过程，任何一个加密系统至少包括明文、密文、算法和密钥 4 个部分。发送方用加密密钥，通过加密设备或算法，将信息加密后发送出去；接收方在收到密文后，用解密密钥将密文解密，恢复为明文。如果传输中有人窃取，由于他没有解密密钥，只能得到无法理解的密文，从而实现信息在合法用户之间的正确传送，避免机密信息被非法用户截获或篡改。其中密钥和算法对于加密至关重要，为了保证密文信息更加安全可靠，需要经常更新算法，并增加算法的安全强度。密码算法的安全强度，在很大程度上依赖于密钥的安全保护。

根据密钥的性质划分，目前广泛使用的加密技术主要有两种：对称密钥加密技术和非对称密钥加密技术。对称加密以数据加密标准(Data Encryption Standard，DES)算法为典型代表，非对称加密通常以 RSA(Rivest Shamir Adleman)算法为代表。对称加密的加密密钥和解密密钥相同，而非对称加密的加密密钥和解密密钥不同，加密密钥可以公开而解密密钥需要保密。

2. 对称密钥加密技术

(1)对称密钥加密技术概述

对称加密是指发送方和接受方使用同一密钥对信息进行加密解密，如果一个加密系统的加密密钥和解密密钥相同，或者虽然不同，但可以由其中一个推导出另一个，则称为对称密码体制，对称密钥加密也称秘密密钥加密或专用密钥加密。对称加密算法使用起来简单快捷，密钥较短，且破译困难，除了数据加密标准(DES)，另一个对称密钥加密系统是国际数据加密算法(IDEA)，它比 DES 的加密性好，而且对计算机功能要求也没有那么高。IDEA 加密标准由 PGP(Pretty Good Privacy)系统使用。

(2)对称加密应用原理

发送信息时，发送方 A 用密钥 K 对明文 M 进行加密得到密文 E，并发送给接收方

B，接收方 B 收到密文 E 后，用发送方 A 所给的密钥 K 对密文 E 进行解密，即可得到明文信息。如果没有密钥 K，即使密文 E 在网络传输过程中被非法截获，也很难被破译，这样就保证了双方信息传输的安全。对称加密技术工作过程如图 5-4 所示。

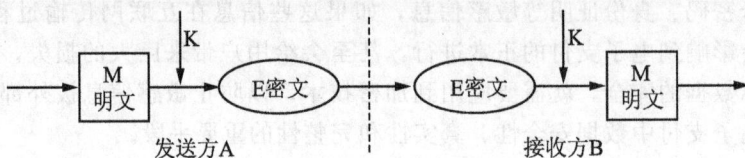

图 5-4　对称加密技术工作过程

3. 非对称密钥加密技术

1976 年，美国学者 W. Diffe 和 M. E. Hellman 为解决信息公开传送和密钥管理问题，提出一种新的密钥交换协议，允许在不安全的媒体上的通信双方交换信息，安全地达成一致的密钥，这就是"公开密钥系统"。非对称密钥加密是指加密和解密过程分别使用两个不同的密钥，即密钥被分解为一对，一把公开密钥和一把私有密钥。公开密钥通过非保密方式向他人公开，私有密钥要由用户自己妥善保存。用公开密钥加密的内容，可用私有密钥解密，用私有密钥对明文加密后，可用公开密钥解密，但由公开密钥是不可能推导出私有密钥的。公开密钥用于对机密信息的加密或验证数字签名，私有密钥则用于对加密信息的解密或对消息进行数字签名。公开密钥加密体制有以下两种应用。

（1）信息加密与解密

发送方 A 用接收方 B 的公开密钥对明文 M 进行加密得到密文 E，通过互联网发送给接收方 B，接收方 B 以自己的私有密钥对密文进行解密，得到明文信息。用这种方法，将公开密钥作为加密密钥，私有密钥作为解密密钥，由于解密密钥只有接收方 B 自己知道，其他人即使截获密文 E，也无法还原加密信息，因此可以实现由多个用户加密的信息只能由一个用户解读，这就保证了数据的机密性和完整性，整个过程如图 5-5 所示。

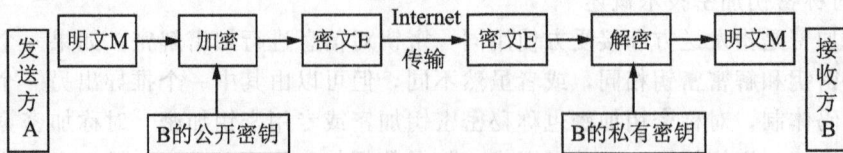

图 5-5　公开密钥加密解密过程示意图

（2）身份认证

发送方 A 用自己的私有密钥对明文 M 进行加密得到密文 E，通过互联网将密文 E

发送给接收方 B，接收方 B 用发送方 A 的公开密钥对密文 E 进行解密，得到明文信息。这种方式，以私钥作为加密密钥而以公钥作为解密密钥，可实现由一个用户加密的信息可由多个用户解读，这就是数字签名的原理，进行发送方身份认证，提供抗抵赖性服务，整个过程如图 5-6 所示。

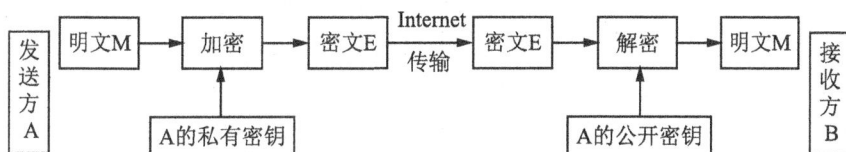

图 5-6　公开密钥认证过程示意图

4. 数字摘要

在电子交易过程中，交易双方不仅要确保电子合同、电子支票、信用卡卡号密码等相关数据的保密性，而且还要确保数据在传输过程中没有被别人篡改，即保证数据的真实性，这就要应用到数字摘要技术，这一加密方法也被称为安全 Hash 编码法 SHA。

数字摘要技术是发送方将需要加密的信息报文利用单向 Hash 函数进行处理计算，得到一个特殊的数字信息串，即数字摘要（又称为数字指纹），并将此摘要值与原始信息报文一同通过网络发送给接收者，接收者收到信息报文和数字摘要后，用相同的 Hash 函数处理收到的信息报文，得到新的数字摘要，比较两个数字摘要是否相同，若相同，则可以确定信息报文在传输过程中未被篡改，是真实完整的。这是因为，Hash 算法具有如下特性：

①对输入的任何长度的信息报文，Hash 能生成固定长度的数字摘要。

②对不同的信息报文进行 Hash 算法，所得到的密文总是不同的。

③同样的信息报文，其摘要必定一致。

④从原始信息报文的变化不能推导出数字摘要的变化。

目前常用的 Hash 算法主要有安全散列算法 SHA-1，MD5 等。数字摘要过程如图 5-7 所示。

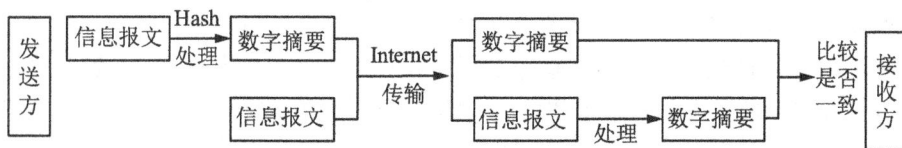

图 5-7　数字摘要过程示意图

三、数字签名技术

在传统的商业活动中，通常是利用书面文件的亲笔签名或印章来规定契约性的责任，而在电子支付活动中，则要通过"数字签名"来证实交易者身份与数据的真实性。数字签名是相对于手书签名而言的，也称为电子签名，是实现电子交易和支付的安全核心技术之一，它在身份认证、数据完整性、不可否认性以及匿名性等方面有着重要的应用。2005 年 4 月《中华人民共和国电子签名法》，首次赋予可靠电子签名与手写签名或盖章具有同等的法律效力，并明确了电子认证服务的市场准入制度。

1. 数字签名概述

数字签名(Digital Signature)在 ISO 7498－2 标准中定义为："附加在数据单元上的一些数据，或是对数据单元所做的密码变换，这种数据和变换允许数据单元的接收方用以确认数据单元来源和数据单元的完整性，并保护数据，防止被人(如接收方)进行伪造。"

美国电子签名标准(DSS，FIPS186－2)对数字签名作了如下解释："利用一套规则和一个参数对数据计算所得的结果，用此结果能够确认签名者身份和数据的完整性。"

数字签名是基于加密技术的一种信息认证技术，所谓的数字签名就是在要发送的信息报文上附加一小段只有信息发送者才能产生的，别人无法伪造的特殊个人数据标记，起到传统上手书签名或印章的作用，既证明了信息报文是由真正的发送者发送过来的，同时解决了信息报文传送与交换后的不可否认性与完整性。

2. 数字签名的原理

数字签名利用了公开密钥加密技术和数字摘要技术，它的实现原理是：报文的发送方 A 对原始信息报文采用特定的算法(如 Hash)进行运算，得到一个固定位数的散列值(或称为报文摘要)，发送方 A 用自己的私有密钥对这个报文摘要进行加密，形成发送方 A 的数字签名，然后将这个数字签名与原始信息报文附加在一起，发送给接收方 B，这是发送方 A 的签名过程。

接受方 B 收到该数字签名后要对该签名进行验证，首先从接收到的原始信息报文中计算出报文摘要，接着再用发送方 A 的公开密钥对 A 的数字签名进行解密，如果两个报文摘要相同，那么接收方就能确认该数字签名是发送方 A 的。

因为接收方 B 能够用发送方 A 的公开密钥对数字签名进行解密，所以可以确定该数字签名是发送方 A 产生的，这样就验证了发送者的身份，同时发送方 A 就不可抵赖了；接受方 B 计算出来的报文摘要如果和发送方 A 发来的报文摘要是相同的，接收方 B 就可以确认该发送方 A 发送的消息在传输过程中未被篡改，因为原始信息报文不同，所得到的报文摘要也不同，但对相同的信息报文，它的报文摘要是唯一的。因此，数字签名能够实现原始信息报文的完整性和不可抵赖性。

数字签名过程如图 5-8 所示。

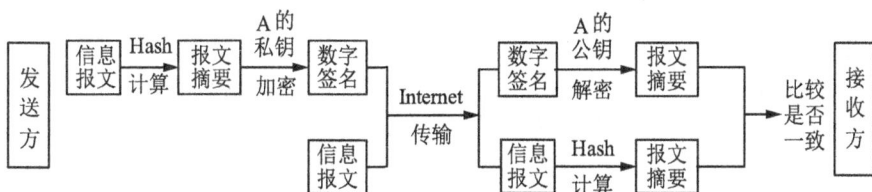

图 5-8　数字签名过程示意图

3. 特殊的数字签名

在电子支付交易中还有很多种其他特殊的签名，如双重签名、多重签名、代理签名、盲签名、群签名、门限签名等，在此我们只简单介绍其中的几种。

（1）双重签名

双重签名技术是为了解决电子交易中三方之间信息传输的安全性问题，在电子交易过程中消费者对支付信息和订单信息分别进行签名，使商家只能对用户的订单信息解密，而看不到支付信息；金融机构则只能对支付和账户信息解密，看不到订单信息，这样就充分保证了消费者的账户和订货信息的安全性。目前支持银行卡网上支付的 SET 安全协议就是采用这种双重数字签名方法的。

双重签名的实现步骤如下：

①发送方 A 将发送到接收方甲的报文信息 1 生成报文摘要 a。

②发送方 A 将发送到接收方乙的报文信息 2 生成报文摘要 b。

③发送方 A 将报文摘要 a 和报文摘要 b 连接起来，再次进行 Hash 运算，得到报文摘要 c，即双重报文摘要。

④发送方 A 用自己的私有密钥对报文摘要 c 进行数字签名，得到双重数字签名。

⑤发送方 A 将双重数字签名、报文信息 1（可以用接收方甲的公钥加密，以保证机密性）和报文摘要 b 一起发送给接收方甲。

⑥发送方 A 将双重数字签名、报文信息 2（可以用接收方乙的公钥加密，以保证机密性）和报文摘要 a 一起发送给接收方乙。

⑦接收方甲收到信息后，对报文信息 1 进行相同的 Hash 运算后得到一个新的报文摘要，把这个报文摘要与收到的报文摘要相连接，再次使用 Hash 运算，最终得到一个双重数字摘要；用发送方 A 的公开密钥对接收到的双重数字签名进行解密，与新生成的这个双重数字摘要相比较，若一致，则可以确认信息发送方的身份，而且保证了信息在传输过程中未被修改。

⑧同理，接收方乙收到信息后，对报文信息 2（用接收方乙的私钥解密后的）进行相同的 Hash 运算后得到一个新的报文摘要，把这个报文摘要与收到的报文摘要相连接，再次使用 Hash 运算，最终得到一个双重数字摘要；用发送方 A 的公开密钥对接收到的

双重数字签名进行解密，与新生成的这个双重数字摘要相比较，若一致，则可以确认信息发送方的身份，而且保证了信息在传输过程中未被修改。

(2)代理签名

代理签名是于 1996 年由 Mambo、Usuda 和 Okamoto 提出来的，它是指在原始签名者和代理签名者之间的相关法律协议下，被指定的代理签名者可以代表原始签名者生成有效的数字签名。代理签名的目的是当签名授权人因公务或身体健康等原因不能行使签名权力时，可以将签名权委派给其他人替自己行使签名权。根据代理权限的大小，可以将代理签名分为完全代理签名、部分代理签名和有授权书的代理签名；根据代理签名密钥是否由原始签名人产生，可以将代理签名分为未对代理人提供保护的代理签名和对代理人提供保护的代理签名。

(3)盲签名

盲签名的概念是 1982 年由 David Chaum 提出来的，简单地说，盲签名是一种特殊类型的数字签名，一般数字签名的情况是签名者知道所签署的信息报文的内容，而在盲签名中，先由信息报文拥有者对原始信息进行盲化，然后发送给签名者，签名者对盲化后的信息进行签名并返还给信息报文拥有者，最后由信息报文拥有者去除盲化因子，得到签名者对原始信息报文的签名。

David Chaum 曾给出了关于盲签名直观的说明：就是先将要隐蔽的文件放入信封，再将一张复写纸也放入信封，签名的过程就是签名者将名字签在信封上，他的签名便透过复写纸签到了文件上，文件拥有者拆开信封，即可得到签名者的签名。

盲签名要使签名的信息报文对签名者保密，在认证的同时而不泄露信息报文的内容，这是它的显著特性，适应了许多商务活动的保密性需求，因此在合同公证、电子货币、电子支付、电子投票系统中得到了广泛的应用。盲签名在某种程度上保护了参与者的利益，但不幸的是盲签名的匿名性可能被犯罪分子所滥用。为了阻止这种滥用，人们又引入了公平盲签名的概念。公平盲签名比盲签名增加了一个特性，即建立一个可信中心，通过可信中心的授权，签名者可追踪签名。

四、身份识别技术

身份识别技术是指系统对通信用户或终端个人的身份进行确认的技术，是用户获得系统服务所必须通过的第一道关卡。身份识别技术是安全电子支付领域的一个重要方面，目前常用的身份识别技术可分为如下几种模式：基于口令的身份识别、基于物理证件的身份识别和基于生物特征的身份识别等。

1. 基于口令的身份识别

(1)用户名/密码技术

用户名/密码属于静态口令技术，是最简单，也是最常用的身份识别技术。系统为每个合法用户建立一个用户名/密码，每个用户名相对应的密码是由这个用户自己设定的，只有他自己才知道，每次登录系统时，只要用户输入的用户名和密码与系统内已有的用户名和密码相匹配，那么身份就得到了认证。

但实际应用过程中，许多用户为了防止忘记密码，经常采用诸如自己或家人的生日、电话号码等容易被他人猜测到的有意义的字符串作为密码，或者把密码抄在一个自己认为安全的地方，这都存在着许多安全隐患，极易造成密码泄露；即使能保证用户密码不被泄露，由于密码是静态的数据，在验证过程中需要在计算机内存中和网络中传输，而每次验证过程使用的验证信息都是相同的，所以很容易被木马程序或监听设备截获；除此以外，用户的口令一般较短，极易被重放攻击和字典式的暴力攻击所破解，因此，用户名/密码方式是一种极不安全的身份认证方式。

（2）一次性口令技术

20世纪80年代初，针对静态口令认证的缺陷，美国科学家Lamport首次提出了利用单项散列函数产生一次性口令（One Time Password，OTP）的思想。它属于动态口令认证技术，其基本原理是在登录过程中加入不确定因素，使每次登录过程中计算所得的密码都不相同，系统接收到登录口令后，以同样的算法做一个验算即可验证用户的身份。一次性口令技术可以有效避免在线口令窃听，有效保护了用户身份的安全性。

一次性口令的实现机制主要有两种：

①挑战/应答（Challenge-Response）机制。目前，挑战/应答机制使用最多。在挑战/应答方式下，每一个用户都持有相应的挑战/应答器，应答器内存储着该用户本人的秘密密钥和应答算法，用户登录时，认证服务器随机产生一个挑战信息发给用户，用户将该挑战信息输入挑战/应答器，应答器利用内置的秘密密钥和应答算法计算出相应的应答数，用户将该应答数上传回系统，认证服务器根据用户在其中保存的秘密密钥和相同的应答算法计算出自己的应答数，并与用户传过来的应答数相比较，以确定登录者是否合法。

由于用户的秘密密钥不同，所以即使挑战信息相同，产生的应答信息也不相同；况且认证服务器每次发送的挑战信息不同，所以应答信息也不相同，因此不用担心应答信息被非法获取[14]。

②时间同步（Time Synchronization）机制。时间同步机制以用户登录的时间作为随机因素，每一个用户都持有相应的时间同步器，同步器内置了时钟、用户的秘密密钥和加密算法，同步器每隔一分钟就自动生成一个新的动态口令。登录时用户将同步器当前的动态口令上传给认证服务器，认证服务器根据当前的时间，结合该用户的秘密密钥和加密算法，计算出该用户当前的动态口令，两者相比较来进行核对。

由于同步时钟的存在，在同一时刻，用户和认证服务器可以计算出相同的动态口令，又由于每个用户的秘密密钥互不相同，不同用户即使在同一时刻产生的口令也互不相同，因此，该口令只在当时有效，不用担心被窃取[15]。

这种方式对双方的时间准确度要求较高，一般采取分钟为时间单位，对时间误差的容忍可达正负一分钟，但是如果用户端与认证服务器端的时间不能保持良好的同步，就可能发生合法用户无法登录的问题。

2. 基于物理证件的身份识别

基于物理证件的身份识别是一种将授权用户的持有物与密码结合使用的双密技术，物理证件（智能卡、USB Key）在此相当于钥匙，携带方便。

（1）智能卡

智能卡是一种内置集成电路的卡片，卡片中存有与用户身份相关的数据，可以存储用户的私有密钥和口令，也可以在卡内进行加密运算。智能卡使用 PIN（个人识别码）保护技术，使用时，用户将智能卡插入专用的读卡器，然后输入正确的 PIN，如果连续输入错误（可设定，一般为 3 次），智能卡会自动锁定，防止猜测口令式的攻击。

然而由于每次从智能卡中读取的数据是静态的，通过内存扫描或网络监听等技术还是很容易截取到用户的身份验证信息；而且还可能存在着盗窃冒用他人的智能卡，以企图冒充合法用户进入系统的情况，因此这种方法存在着一定的安全隐患。

（2）USB Key

①USB Key 的原理。USB Key 采用软硬件相结合的一次一密的强双因子认证模式，很好地解决了安全性与易用性之间的矛盾。USB Key 是一种使用 USB 接口的硬件设备，它内置单片机或智能卡芯片，可以存储用户的密钥或数字证书，利用 USB Key 内置的加密算法实现对用户身份的认证。

基于 USB Key 的身份识别是近几年流行的一种方便、安全、经济的身份识别技术，由于其体积一般较小，能够像普通钥匙一样随身携带，同时具有 USB 接口的热插拔和即插即用特性，可以像钥匙一样使用，因而又被称为密码钥匙。北京飞天诚信科技有限公司于 2000 年推出了国内第一款 USB Key 产品 epass。

②USB Key 的使用流程。使用 USB Key 进行身份识别的基本流程是：用户将 USB Key 插入 PC，PC 检测到 USB Key 插入后，要求用户输入 USB Key 的 PIN 码，若 PIN 错误，就进入系统设定的出错处理程序（如退出系统、锁定系统或自动报警等），若 PIN 正确，则 PC 向服务器发出一个认证请求，服务器接到认证请求后，生成一个随机数并通过网络传输给 PC，PC 将收到的随机数提供给 USB Key，USB Key 使用该随机数与存储在其中的用户密钥进行消息认证码（MAC）运算，将得到的结果传递给 PC，PC 将此结果作为认证证据传给服务器，同时，服务器也使用该随机数与存储在服务器数据库中的该用户密钥进行 MAC 运算，如果服务器的运算结果与 PC 传回的结果相同，则认为该用户是一个合法用户[16]。

③USB Key 的安全性能。使用 USB Key 进行口令认证可以极大地提高系统的安全性，它将传统的单一身份认证方式扩展为对设备的认证与对用户身份的认证两个层面，入侵者即使获得了 PIN 码，由于没有相应的 USB Key，就无法侵入系统；即使 USB Key 被窃取，入侵者没有 PIN 码也不能正常使用 USB Key。

3. 基于生物特征的身份识别

基于生物特征(BIOMETRICS)的身份识别是指通过检查每个人的生理或行为特征来确认身份，因为每个人的生理或行为特征都是独一无二的，所以它比传统的身份认证方法更为可靠。

常用的基于生物特征的身份识别方法包括人脸识别、虹膜识别、指纹识别、掌纹识别、语音识别、手写签名识别等诸多种类，其中虹膜识别和指纹识别是最可靠的基于生物特征的身份识别技术。生物识别技术是目前最为方便与安全的识别技术，它不需要记住复杂的密码，也不需随身携带钥匙、智能卡之类的东西。生物识别技术认定的是人本身，这就直接决定了这种认证方式更安全、更方便了。由于每个人的生物特征具有与其他人不同的唯一性和在一定时期内不变的稳定性，不易伪造和假冒，所以利用生物识别技术进行身份认定，安全、可靠、准确。此外，生物识别技术产品均借助于现代计算机技术实现，很容易配合电脑和安全、监控、管理系统整合，实现自动化管理。

五、防病毒技术

对于电子交易支付中的用户来说，减少因病毒破坏所带来损失的最佳策略是防患于未然，所以我们必须采取有效措施，尽最大可能地防止计算机感染病毒。目前流行的防病毒技术主要有以下几种。

1. 病毒码扫描技术

该技术是利用病毒留在受感染文件中的病毒特征值进行检测，发现新病毒后，对其进行分析，根据其特征编成病毒码，加入到数据库中。今后在执行查毒程序时，通过对比文件与病毒数据库中的病毒特征代码来检查文件是否含有病毒。

对于传统病毒来说，病毒码扫描技术速度快，误报率低，是检测已知病毒的最简单、开销最小的方法，被目前大多数反毒产品所采用；但是，随着病毒种类的增多，特别是变形病毒和隐蔽性病毒的发展，病毒扫描码技术就不能准确报警了。

2. 主动内核技术

主动内核技术改变了传统的被动防御理念，是指将实时防毒墙、宏病毒分析器等已经开发出来的各种防病毒工具组合起来嵌入到操作系统和网络系统内核中，从安全的角度对系统或网络进行管理和检查，对系统漏洞进行修补，任何文件在进入系统之前，作为主动内核的反毒模块都将首先使用各种手段对文件进行检测处理。

3. 虚拟机技术

虚拟机技术是国际防病毒领域的前沿技术，这种技术更接近于人工分析，智能化程度和查毒准确性都非常高。虚拟机技术防病毒的原理是：用程序代码虚拟一个系统运行环境，包括虚拟内存空间、CPU 寄存器以及硬件端口，用调试程序调入可疑带毒样本，将每一条语句放到虚拟环境中执行，这样的一个虚拟环境就是一个虚拟机，我们可以通过内存、寄存器以及端口的变化来了解可疑带毒样本的运行情况，以此来判断它是否有毒。

虚拟机技术改变了过去我们拿到可疑样本后不敢直接运行，而必须通过跟踪它的执行，来查看其是否带有破坏、传染模块的状况；但是虚拟机运行太慢，大约会比正常程序执行的速度慢几十倍甚至更多，所以事实上我们无法虚拟执行可疑样本的全部代码，个别反病毒软件选择了虚拟执行可疑样本代码段的前几千字节，其查出概率已高达 95%左右。

4. 实时反病毒技术

实时反病毒技术一向为反病毒界所看好，被认为是比较彻底的反病毒解决方案，其宗旨就是对系统实施实时监控，对流入、流出系统的数据中的可疑代码进行过滤，解决了用户对病毒的"未知性"问题。

实时反病毒技术是先前性的，而不是滞后性的，任何程序在调用之前都先被过滤一遍，一旦有病毒侵入系统，它就会自动检测并清除病毒；它能阻止病毒从网络向本地计算机系统入侵；同时保证了本地系统不会向远程资源传播病毒，比如在用户发出邮件前自动将其中可能含有的病毒过滤掉。相对于在病毒入侵以后再去采取措施来挽救的做法，实时反病毒技术的安全性更高，但是它需要占用一部分系统资源而降低系统性能。

第三节　电子支付中的安全协议

电子支付中的安全协议主要指 SSL 协议和 SET 协议，其中 SSL（Secure Socket Layer，安全套接层）协议是 Netscape 公司于 1994 年开发的对互联网上计算机间对话进行加密的一种网络安全协议，它采用公开密钥和对称密钥相结合的技术，通过浏览器软件和 WWW 服务器建立一条安全、可信任的通信通道，在这一通信通道中，所有点对点的信息都将被加密，从而实现了在互联网中传输保密文件；SET 协议（Secure Electronic Transaction，安全电子交易协议）是由 VISA 和 MasterCard 两大信用卡公司在 IBM、Netscape 等多家计算机公司的支持下于 1996 年联合推出的，其实质是一种应用在互联网开放环境下，以信用卡支付为基础的安全支付协议，它具有保证交易数据的完整性、交易的不可抵赖性等种种优点，因此它成为目前公认的信用卡网上交易的国际标准。

一、SSL 协议

1. SSL 协议概述

SSL 协议是国际上最早应用于电子商务的一种安全协议，也是目前安全电子交易支付中使用最多的协议之一，它被许多世界知名厂商的网络产品所支持，比如 IE 和 Netscape 浏览器，IIS、Domino Go Web Server、Netscape Enterprise Server 和 Apache 等 Web 服务器。

SSL 协议位于 TCP/IP 协议与各种应用层协议之间，为数据通信提供安全支持。SSL 协议可分为两层：SSL 记录协议（SSL Record Protocol）：它建立在可靠的传输协议（如 TCP）之上，为高层协议提供数据封装、压缩、加密等基本功能的支持。SSL 握手协议（SSL Handshake Protocol）：它建立在 SSL 记录协议之上，用于在实际的数据传输开始前，通信双方进行身份认证、协商加密算法、交换加密密钥等。SSL 协议中两个重要的概念是 SSL 会话和 SSL 连接，在规范中定义如下。

①连接：连接是提供恰当类型服务的传输，对于 SSL，这样的连接是点对点的关系，连接是短暂的，每个连接与一个会话相联系，在任何一队交互实体之间可能存在多个安全连接。

②会话：SSL 的会话是客户和服务器之间的关联，会话通过握手协议来创建。会话定义了加密安全参数的一个集合，该集合可以被多个连接所共享。会话可用来避免为每个连接进行繁重的新安全参数的协商。一个 SSL 会话可以包括多个安全的连接，而实体可以同时有多个会话。每个会话存在一组状态。一旦建立了会话，就用当前的操作状态用于读和写。另外，在握手协议期间，创建了挂起读和写状态。一旦握手协议成功，挂起状态就变成当前状态。

2. SSL 协议提供的服务

SSL 协议主要提供以下 3 个方面的服务：

①加密数据以隐藏被传送的数据。SSL 所采用的加密技术既有对称密钥加密技术，也有公开密钥加密技术，客户机与服务器在安全通道中传输的所有信息都将经过加密处理，网络中的非法窃听者所获取的信息都将是无意义的密文信息。

②保护数据的完整性。SSL 利用信息验证码（Message Authentication Codes，MAC）机制来保证信息的完整性，可以保证所有经过 SSL 协议处理的业务在传输过程中完整准确地到达目的地，避免客户机和服务器之间传输的信息受到破坏。

③用户和服务器的合法性认证。利用数字证书技术和可信任的第三方认证，可以让客户机和服务器相互识别对方的身份，为了验证证书持有者是其合法用户而不是冒名用户，SSL 协议要求证书持有者在握手时相互交换数字证书，通过验证来保证对方身份的

合法性，确保通信数据将被发送到正确的客户机和服务器上。

3. SSL 协议体系结构

SSL 协议被设计成一种可靠的端到端的安全服务，不是单个协议，而是两层协议。其体系结构如图 5-9 所示。上层是被封装的协议，即 SSL 握手协议（SSL Handshake Protocol）、SSL 更改密码规范协议（SSL Change Cipher Spec Protocol）、SSL 报警协议（SSL Alert Protocol），它们管理 SSL 的信息交换，让服务器和客户机在传输应用数据之前，协商加密算法和加密密钥，客户机提出自己能够支持的全部加密算法，服务器选择最适合它的算法；下层是 SSL 记录协议（Record Protocol），用于封装不同的上层协议，为不同的更高层协议提供基本的安全服务，其中最主要的两个协议就是 SSL 握手协议和 SSL 记录协议。

HTTP	TELNET	SMTP	FTP
SSL握手协议	SSL修改密码规范协议	SSL报警协议	SSL应用数据协议
SSL记录协议			
TCP			
IP			

图 5-9　SSL 协议体系结构示意图

（1）SSL 握手协议

握手协议是指主要用来让客户端及服务器确认彼此身份的一类网络协议。除此之外，为了保护 SSL 记录封包中传送的数据，握手协议还能协助双方选择连接时所使用的加密算法、MAC 算法及相关密钥。在传送应用程序的数据前，必须使用握手协议来完成上述事项。SSL 握手协议位于 SSL 记录协议之上，被 SSL 记录协议封装，允许服务器和客户机在传送数据信息前交换 SSL 协议版本信息、相互认证、协商加密算法和密钥，用来保护在 SSL 记录中传送的数据，握手协议是在所有数据信息传输之前使用的，具体步骤如图 5-10 所示。

①客户机向服务器发送 Client Hello 消息，将其 SSL 协议版本、加密设置参数、与会话有关的数据以及其他一些必要信息发送到服务器。

②服务器向客户机发送 Server Hello 消息，将其 SSL 协议版本、加密设置参数、与会话有关的数据以及其他一些必要信息发送给客户机。

③服务器向客户机发送 Server Certificate 消息，将自己的证书发送给客户机，以便客户机鉴别。

④服务器向客户机发送 Server Key Exchange 消息，协商密钥交换算法，如果配置服务器的 SSL 需要验证用户身份，还要发出 Certificate Request 请求要求客户机提供用

```
┌─────────────────────────┐          ┌─────────────────────────┐
│          客户机          │          │          服务器          │
├─────────────────────────┤          ├─────────────────────────┤
│  Client Hello           │─────────→│  Server Hello           │
│                         │          │  Server Certificate     │
│                         │          │  Server Key Exchange    │
│                         │          │  Certificate Request    │
│  Client Certificate     │←─────────│  Server Hello Done      │
│  Client Key Exchange    │          │                         │
│  Certificate Verify     │          │                         │
│  Change Cipher Spec     │          │                         │
│  Finished               │─────────→│  Change Cipher Spec     │
│                         │          │  Finished               │
│  Application Data       │←────────→│  Application Data       │
└─────────────────────────┘          └─────────────────────────┘
```

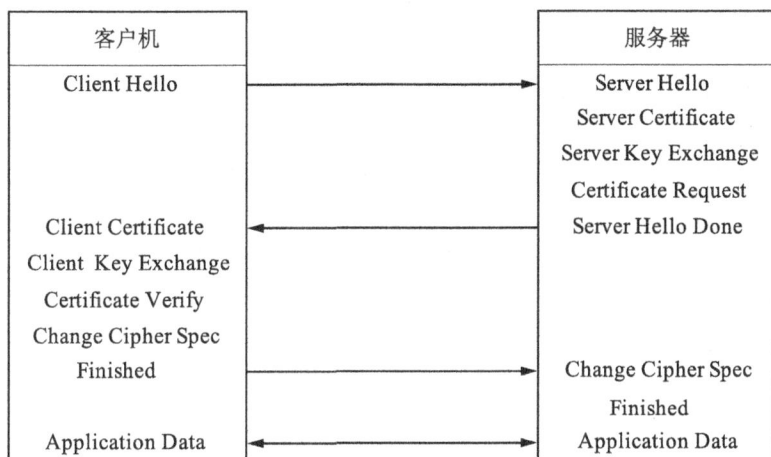

图 5-10 SSL 握手协议流程示意图

户证书。

⑤服务器发送 Server Hello Done 消息，等待客户的应答。

⑥客户端收到 Certificate Request 后，向客户机发送 Client Certificate 消息，将自己的证书发送给服务器，以便服务器鉴别。

⑦客户机为本次会话生成 Pre-master key，将其所用服务器的公钥加密，向服务器发送 Client Key Exchange 消息，如果客户机发送过 Client Certificate 消息，则还应向服务器发送 Certificate Verify 消息，用自己的私钥做一个数字签名，以此证明是合法的证书拥有者。

⑧服务器用自己的私钥解密收到的 Pre-master key，客户机和服务器根据 Pre-master key，分别通过约定的密钥算法生成本次会话的 master-key，在双方 SSL 握手结束后传递任何消息均使用此 master-key。

⑨客户机发送 Change Cipher Spec 消息启动新的加密参数，并对 Finished 消息进行加密，服务器收到后也同样发送 Change Cipher Spec 和加密的 Finished 消息。

至此本次握手过程结束，会话已经建立。双方使用同一个 master-key 分别对发送以及接收的信息进行加、解密，这样做的主要原因是对称加密比非对称加密效率高，能够显著提高双方会话时的通信速度；而且在 SSL 的每次连接中产生的 master-key 都是独特、不重复的，这种每次更换 master-key 的方法在很大程度上确保了传输的机密性。

（2）SSL 记录协议

SSL 握手协议结束后，实际的数据传输是通过 SSL 记录协议来实现的，所有的 SSL 通信包括握手消息都要使用 SSL 记录层，在 SSL 协议中，所有的传输数据都被封装在 SSL 记录中。

SSL 记录是由记录头和长度不为 0 的记录数据组成的。SSL 记录头可以是 2 个或 3 个字节长的编码，包括记录头的长度、记录数据的长度以及记录数据中是否有附加数据（用来在使用分组加密算法时填充实际数据，使明文长度为分组长度的整数倍）；SSL 的记录数据包含 3 个部分：MAC 数据、实际数据和附加数据，其中 MAC 数据用来检查数据的完整性，计算公式为 MAC 数据＝Hash［密钥，实际数据，附加数据，序号］，序号的初始值为 0，每发送一个记录，序号值增 1。

SSL 记录协议是通过将数据流分割成一系列的片段并加以传输来工作的，其中对每个片段单独进行保护和传输，在接收方，对每条记录单独进行解密和验证。在传输片段之前，为了防止数据被篡改，可以通过计算数据的 MAC 来提供完整性保护，然后将 MAC 与片段一起进行传输，由接收方加以验证。发送方 SSL 记录协议的大致工作流程如图 5-11 所示。

①数据分段。SSL 记录层首先将上层传来的应用数据进行分段处理，分成 2^{14} 字节或更小的数据块。

②数据压缩。使用在当前会话状态中定义的压缩算法进行压缩，压缩是可选的，并且必须是无损压缩。

③增加 MAC 码。根据压缩数据计算 MAC 码，并将得到的结果放在压缩数据后面。

④加密。对压缩数据和 MAC 码一起进行加密处理。

⑤附加 SSL 记录头。附加一个由内容类型、主要版本、次要版本以及压缩长度字段组成的 SSL 记录首部。

⑥发送方将记录发送给接收方。

相类似，接收方的 SSL 收到记录后，采用相同的加密算法，把收到的记录解密成压缩数据，用相同的 Hash 函数计算出压缩数据的 MAC 码，将计算得到的 MAC 码与接收到的 MAC 码进行比较，来判断记录是否在传输过程中被更改，SSL 将压缩数据解压缩，得到原始数据。

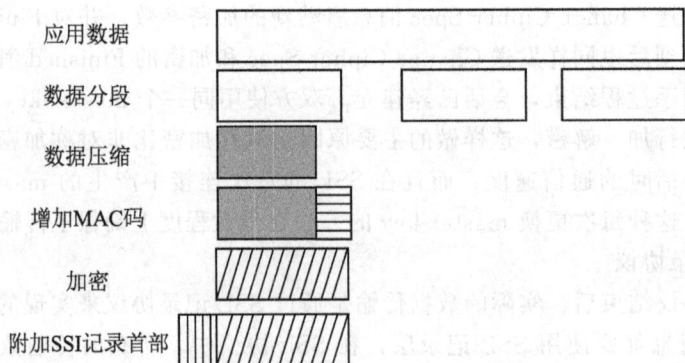

图 5-11　发送方 SSL 记录协议工作流程示意图

4. SSL 协议的局限性

虽然 SSL 协议提供了端对端的安全通信信道，独立于应用层协议，大部分内置于浏览器和 Web 服务器中，应用便利，实现简单，但仍存在着一些安全方面的局限性：SSL 产品的出口受到美国政府限制，我国的 SSL 产品只能提供 512 位的 RSA 公钥和 40 位的对称密钥，加密强度不够；SSL 缺乏数字签名能力，不能提供交易的不可否认性；客户与商家之间通过 SSL 传递信用卡信息，可以保证数据传输过程中的安全性，但由于客户的信用卡信息传给商家后，对于商家是完全透明的，因此，电子支付采用 SSL 方式会存在一定风险，如果不能保证商家对客户信息的保密，就容易被商家欺诈。

二、SET 协议

SET 协议是为了实现更加完善的即时电子支付应运而生的。SET 协议（Secure Electronic Transaction）被称为安全电子交易协议，是由 MasterCard 和 VISA 联合 Netscape、Microsoft 等公司，于 1997 年 6 月 1 日推出的一种新的电子支付模型。SET 协议是 B2C 上基于信用卡支付模式而设计的，它保证了开放网络上使用信用卡进行在线购物的安全。SET 主要是为了解决用户、商家、银行之间通过信用卡交易而设计的，它具有保证交易数据的完整性、交易的不可抵赖性等种种优点，因此，它成为目前公认的信用卡网上交易的国际标准。

1. SET 协议概述

电子商务在提供机遇和便利的同时，也面临着一个最大的挑战，即交易的安全问题。在网上购物的环境中，持卡人希望在交易中保密自己的账户信息，使之不被人盗用；商家则希望客户的订单不可抵赖，并且，在交易过程中，交易各方都希望验明其他方的身份，以防止被欺骗。针对这种情况，由美国 VISA 和 MasterCard 两大信用卡组织联合国际上多家科技机构，共同制定了应用于 Internet 上的以银行卡为基础进行在线交易的安全标准，这就是"安全电子交易"（Secure Electronic Transaction，SET）。它采用公钥密码体制和 X.509 数字证书标准，主要应用于保障网上购物信息的安全性。由于 SET 提供了消费者、商家和银行之间的认证，确保了交易数据的安全性、完整可靠性和交易的不可否认性，特别是保证不将消费者银行卡号暴露给商家等。因此，至 2012 年，它成为了公认的信用卡/借记卡网上交易的国际安全标准。

SET 协议主要应用于 B2C 模式中，以保障支付信息的安全性。SET 协议本身比较复杂，设计比较严格，安全性高，能保证信息传输的机密性、真实性、完整性和不可否认性。SET 协议是 PKI 框架下的一个典型实现，同时也在不断升级和完善。

2. SET 协议的安全目标

①防止数据被非法用户窃取，保证信息在互联网上安全传输。

②SET 中使用了一种双签名技术保证电子商务参与者信息的相互隔离。客户的资料加密后通过商家到达银行，但是商家不能看到客户的账户和密码信息。

③解决多方认证问题。不仅对客户的信用卡认证，而且要对在线商家认证，实现客户、商家和银行间的相互认证。

④保证网上交易的实时性，使所有的支付过程都是在线的。

⑤提供一个开放式的标准，规范协议和消息格式，促使不同厂家开发的软件具有兼容性和互操作功能。可在不同的软硬件平台上执行并被全球广泛接受。

3. SET 协议的体系结构

基于 SET 协议的电子支付系统主要由持卡人、商家、发卡银行、收单银行、支付网关和认证中心 6 部分组成，以下是其中各个参与者的具体介绍。

①持卡人（Card Holder）。即消费者，通过 Web 浏览器或客户端软件购物，通过由发卡机构颁发的支付卡（信用卡、借记卡等）进行结算。持卡人必须要有一台能够上网的电脑，还必须到发卡银行申请一套 SET 交易的持卡人软件，也被称为电子钱包，同时，持卡人还要在认证中心注册登记，获得数字证书，然后才能采用基于 SET 协议的电子支付手段来购物。在持卡人和商家的交易支付过程中，SET 协议可以保证持卡人的个人账号信息不被泄露给商家，从而保证了支付信息的保密性。

②商家（Merchant）。商家为持卡人提供商品或服务，也必须先到可以接受网上支付业务的信用卡收单银行开设账户，并去认证中心申请数字证书。

③发卡银行（Issuer）。发卡银行为持卡人开设账户，并发放支付卡，保证对每一笔认证交易的支付。

④收单银行（Acquirer）。为商家开设账户，并且处理支付卡的认证和支付。在支付过程中，发卡银行和收单银行之间进行支付授权和账户结算，发卡银行和收单银行也可以是同一银行。

⑤支付网关（Payment Gateway）。目前，银行的业务系统大都建立在封闭的安全数据网络之上，资金的清算都是在这个金融专用网络上进行的，在电子商务中，如果资金从开放的互联网进入这一封闭的金融专用网络，中间必须有一套专用系统把从互联网上传来的信息翻译成后端系统所能接收的信息，以使两套互不兼容的信息模式在切换时的安全性得到保证，这一套专用系统就是支付网关。支付网关是连接互连网与金融专用网络的接口。支付网关也需要去认证中心申请数字证书，它将互联网上的传输数据转换为金融机构的内部数据，一般由收单银行担任，或者由可信任的第三方来处理商家的支付信息和持卡人的支付指令，北京的首信网上支付平台就是著名的第三方支付网关。

⑥认证中心（CA）。认证中心是为持卡人、商家和支付网关颁发并管理数字证书的可信任的第三方，虽然不参与 SET 的支付流程，但它在 SET 支付中起了至关重要的作

用，各参与方正是通过查看对方的数字证书来确定对方的身份。

4. SET 协议的工作流程

SET 交易过程中要对商家、持卡人、支付网关等交易各方进行身份认证，因此它的交易过程相对复杂。

①持卡人在网上商店看中商品后，和商家进行协商，然后发出订单信息。

②商家要求客户用电子钱包付款。

③电子钱包提示持卡人输入口令后与商家交换握手信息，确认商家和持卡人两端均合法。

④持卡人的电子钱包形成一个包含订单信息与支付指令的报文发送给商家。

⑤商家将含有持卡人支付指令的信息发送给支付网关。

⑥支付网关在确认持卡人信用卡信息之后，向商家发送一个授权响应的报文。

⑦商家向持卡人的电子钱包发送一个确认信息。

⑧将款项从持卡人账号转到商家账号，然后向顾客送货，交易结束。

从上面的交易流程可以看出，SET 交易过程十分复杂性，由于各地网络设施良莠不齐，因此，完成一个 SET 协议的交易过程可能需要耗费更长的时间。

5. SET 协议与 SSL 协议的比较

SET 协议和 SSL 协议的区别主要表现在以下 6 个方面，如表 5-1 所示。

表 5-1　SSL 协议与 SET 协议比较

项　目	SSL 协议	SET 协议
是否使用专用软件	否	是
协议所处层次	传输层与应用层之间	应用层
是否透明	透明	不透明
过程	简单	复杂
效率	高	低
安全性	商家掌握客户 IP	客户 IP 对商家保密
认证机制	双方认证	多方认证
是否专为 EC 设计	否	是

①用户方面。SSL 协议已被浏览器和服务器内置，无须安装专门软件，也不用申请数字证书；而 SET 协议中在客户端要安装专门的电子钱包软件，在商家服务器和金融专用网络上也需安装相应的软件，还要求必须向交易的各方发放数字证书，而且只适用于 B2C 模式的信用卡交易。这使得 SET 比 SSL 的使用成本要高得多，推行起来阻力大，也限制了 SET 协议的发展。

②协议层次方面。SSL 位于传输层和应用层之间，可以很好地封装应用层的数据，对用户是透明的；SET 协议则位于应用层，对网络上其他各层也有涉及，规范了整个商务活动的流程。

③效率方面。SET 协议非常复杂、庞大、处理速度慢，系统负载重，一个典型的 SET 交易过程需验证电子证书 9 次，验证数字签名 6 次，传递证书 7 次，进行 5 次签名，4 次对称加密和 4 次非对称加密，整个交易过程可能需花费 1.5～2min；而 SSL 协议则相对简单得多，整个交易过程仅需几秒，工作效率要比 SET 协议高很多。

④认证方面。早期的 SSL 协议并没有提供身份认证机制，虽然在 SSL v3.0 中可以通过数字签名和数字证书实现浏览器和服务器之间的身份认证，但仍不能实现多方认证，而且 SSL 协议中只有商家服务器的认证是必需的，客户端认证则是可选的；相比之下，SET 协议的认证要求较高，所有参与的成员都必须申请数字证书，并且解决了客户与银行、客户与商家、商家与银行之间的多方认证问题。

⑤安全性方面。虽然 SSL 协议和 SET 协议都使用了 RSA 算法，但用于实现不同的安全目标。一般公认 SET 协议的安全性较高，SET 协议采用了公钥加密、消息摘要和数字签名等安全技术，可以确保信息的机密性、完整性和不可否认性，且协议采用了双重签名来保证各参与方信息的相互隔离，使商家只能看到持卡人的订单信息，而银行只能取得持卡人的信用卡信息；SSL 协议虽也采用了公钥加密、信息摘要，可以提供机密性、完整性和一定程度的身份验证功能，但缺乏一套完整的认证体系，不能提供完备的防抵赖功能。

⑥应用层次方面。SSL 协议是面向连接的，但它只是简单地建立起了通信双方的安全连接，运行在 SSL 协议下的支付系统只能与 Web 服务器捆绑在一起；而 SET 协议是一个多方的报文协议，它定义了持卡人、商家和银行之间必须遵守的报文规范，SET 报文能够在银行内部网或者其他网络上传输，它不仅能加密两个端点之间的对话，还可以加密和认定三方面的多个信息，而这是 SSL 协议不能解决的问题。

可以看出，虽然 SET 协议的优点占了多数，但它操作复杂、对用户的要求高、运行成本高，市场占有率低；而相比之下，SSL 协议则以其便捷和可以满足现实要求的安全性得到了不少用户的认可。因此，目前在电子商务的交易和支付系统中这两种协议到底哪一种是未来发展的主流还没有形成共识。

三、其他安全协议

1. DigiCash 协议

DigiCash 是一个匿名的数字现金协议。所谓匿名，是指消费者在消费中不会暴露其身份，例如现金交易（虽然钞票有号码，但交易中一般不会加以记录）。消费者的身份在数字现金的使用过程中保密，除非银行查出该数字现金被消费者重复使用，则消费者的身份将会暴露，消费者的欺诈行为也会暴露。

该协议的步骤如下。

①消费者从银行取款，会收到一个加密的数字标记(Token)，此 Token 可当钱用。

②消费者对该 Token 作加密变换，使之仍能被商家检验其有效性，但已不能追踪消费者的身份。

③消费者在某商家消费时，可以使用该 Token 购物或购买服务，消费者可以进一步对该 Token 用密码交换以纳入商家的身份。

④商家检验该 Token 以确认以前未收到过此 Token。

⑤商家给消费者发货。

⑥商家将该电子 Token 送银行。

⑦银行检验该 Token 的唯一性。至此消费者的身份仍保密。除非银行查出该 Token 被消费者重复使用，则消费者的身份会被暴露，消费者的欺诈行为也会暴露。

DigiCash 协议显然在电子商务中是可行的，而且也应用起来了，但它依然有自己的不足。例如，如果消费者在买东西后，将 Token 发给商家，但消费者无法判断商家究竟是否收到该电子 Token。此时，如果消费者什么也不做，那么一旦商家确实没有收到他的 Token，消费者自然收不到需要的货物，对于消费者而言无疑是有损失的；如果消费者将这个 Token 又用到其他的商家，在最后银行检验唯一性时显然通不过，可能还落得重复使用数字现金的欺诈罪名。

DigiCash 协议有缺陷，数字现金的实际应用也面临着技术方面、法律方面等种种困难，但并不意味着数字现金没有前途，或者只是研究学者的一厢情愿。相反，在技术不断发展的今天和现实世界对电子商务成熟发展的渴求，数字现金在不久的将来一定会大规模地应用在电子商务领域。

2. First Virtual 协议

First Virtual 发布于 1994 年，是互联网上使用最早的信用卡支付方式之一，也是唯一一个没有使用加密技术的安全在线支付系统。该产品的特点是无须使用特定用途的客户端软件，每次交易前，商家和客户都要求在 First Virtual 注册，每次交易都使用 First Virtual 服务器，而且商家必须有银行账号，客户必须有信用卡。First Virtual 的优点是交易简单，商家自由度较大，风险小，支付是通过双方都信任的第三方经纪人完成，但系统不能防止销售中的欺诈行为。

3. NetBill 协议

卡内基梅隆大学(现加利福尼亚大学伯克利分校)的 J. D. Tygar 教授的研究组开发了 NetBill 协议，已经获得 Cyber Cash 的商业用途许可。NetBill 协议最大的特点是网上只购买纯碎的信息商品，NetBill 协议研究的对象是那些能够通过 Internet 网络递送的价格不高的"数字商品"，例如软件、电子报刊、有偿信息和 MP3 乐曲等，该商品可以被加密，通过支付后得到的解密密钥获得商品。在 NetBill 中所有的网络通信均经过加密，以防止入侵者。在交易过程中，所涉及的各方都要识别对方的身份，NetBill 采用修改的 Kerberos 机制，使用对称加密算法。NetBill 协议涉及三方：客户、商家和 NetBill 服务器。客户持有的 NetBill 账号等价于一个虚拟电子信用卡账号。其流程如图 5-12 所示。

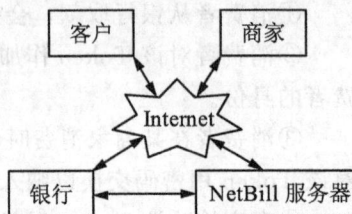

图 5-12　NetBill 协议流程示意图

该协议的步骤如下。

①客户向商家查询某商品价格。

②商家向该客户报价。

③客户告知商家他接受该报价。

④商家将所请求的信息商品(例如一个软件或一首歌曲)用密钥 K 加密后发送给客户。

⑤客户准备一份电子采购订单(Electronic Purchase Order，EPO)，即三元式(价格、加密商品的密码单据、超时值)的数字签名值，客户将该已数字签名的 EPO 发送给商家。

⑥商家会签字该 EPO，商家也签署密钥 K，然后将此二者送给 NetBill 服务器。

⑦NetBill 服务器验证 EPO 签名。然后检查客户的账号，保证有足够的资金以便批准该交易，同时检查 EPO 上的超时值看是否过期。确定没有问题时，NetBill 服务器从客户的账号上将相当于商品价格的资金划往商家的账号上，并储存密钥 K 和加密商品的密码单据。然后准备一份包含值 K 的签好的收据，将该收据发给商家。

⑧商家记下该数据单传给客户，然后客户将第④步收到的加密信息商品解密。

NetBill 协议就这样传送商品的加密拷贝，由 NetBill 服务器验证交易数据和账户资金，并在 NetBill 服务器的契据中记下解密密钥。

4. 3-D Secure 协议

为了提高消费者进行在线交易的意愿并促进电子商务的发展，继 SET 协议之后，VISA 又自 2001 年起在全球范围内积极推动新一代的 3-D Secure(Three-Domain Secure)协议。与 SET 协议一样，3-D Secure 协议也应用于 B2C(Business to Customer)模式中，是 PKI(Public Key Infrastructure)框架下基于可信第三方的开放规范，设计目标同样是为在互联网上传输的信用卡支付信息提供安全保护机制。在验证模型中，发卡机构负责建立用户可访问的系统，该系统还能够和 3-D Secure 中的商户插件和 VISA 目录服务器进行交互，采用多种方法对持卡人进行验证；收单机构负责建立支付网关，保证信息流的安全，同时安装一个 3-D Secure Merchant 插件，与 VISA 目录服务器和发卡机构系统进行交互；中间域提供参与 3-D 验证的发卡机构名录，方便多方对交易进行认证。由于该技术是开放性的，VISA 允许美国运通和日本 JCB 使用，因此磁条信用卡在进行交易时因能够得到多方验证而保障安全。

3-D Secure 安全协议和 SET 协议的根本区别在于，3-D Secure 安全协议将从前的网上用卡环境做了调整，将原来的消费者需要下载的软件及烦琐的动作由发卡银行及商户来执行。由卡组织提供路由的转换，将安全的认证改由发卡行在消费的同时直接与消费者点对点地认证，因此，消费者可以方便、安全地在每一次消费时直接得到发卡银行的认证。

5. S-HTTP(安全超文本传输)协议

S-HTTP 全称 Secure Hypertext Transfer Protocol，即安全超文本传输协议。它是一种面向安全信息通信的协议，它可以和 HTTP 结合起来使用。S-HTTP 能与 HTTP 信息模型共存并易于与 HTTP 应用程序相整合。S-HTTP Veri Fon 公司应 CommerceNet 要求开发的，处于 Internet 协议集的最顶层——应用层。SS-HTTP 协议为 HTTP 客户机和服务器提供了多种安全机制，提供安全服务选项是为了适用于万维网上各类潜在用户。S-HTTP 为客户机和服务器提供了相同的性能(同等对待请求和应答，也同等对待客户机和服务器)，同时维持 HTTP 的事务模型和实施特征。S-HTTP 使用 HTTP 的 MIME 网络数据包进行签名、验证和加密，它保护单个交易的询问或响应消息，与保护 E-Mail 消息的安全消息协议有类似之处。S-HTTP 所提供的安全业务类似于 SSL，包括实体认证、完整性、保密性，还可通过数字签字提供不可否认性。由于 SSL 的迅速出现，S-HTTP 未能得到广泛应用。

6. iKP 协议

iKP 协议是由 IBM 公司设计的一组协议，用于在互联网上的安全支付，它最主要的特征是提供对数据的密码保护和解决争端的检查跟踪。与用于两方的 SSL 和 S-HTTP 协议相比，iKP 协议用于在三方之间仲裁支付信息。该协议基于 RSA 公钥体制，并能推广到借记卡或电子支票等支付系统。协议中的三方为客户、商家和接收行的网关。网关是形成接收银行界面的前端，界面是用现有的支付基础形成的，并且通过现有支付基础来确认业务。

iKP 协议表示 i-key-Protocol，其中 $i=1$、2 或 3，i 的值用于决定协议的三方中有几方持有自己的公钥/密钥对。所以，1KP 是最简单的协议，其中只有接收行的网关拥有公钥/密钥对；2KP 中，接收行的网关和商家服务器拥有公钥/密钥对；3KP 则要求协议的三方都拥有公钥/密钥对。因此，3KP 的安全级别最高，1KP 的安全级最低。

7. PGP 协议

PGP 全称 Pretty Good Privacy，即优良保密协议，是一套用于消息加密、验证的应用程序，采用 IDEA 的散列算法作为加密与验证之用。PGP 加密由一系列散列、数据压缩、对称密钥加密，以及公钥加密的算法组合而成。每个步骤支持几种算法，可以选择一个使用。每个公钥均绑定唯一的用户名和/或者 E-Mail 地址。这个系统的第一个版本通常称为可信 Web 或 X.509 系统；X.509 系统使用的是基于数字证书认证机构的分层方案，该方案后来被加入到 PGP 的实现中。当前的 PGP 加密版本通过一个自动密钥管理服务器来进行密钥的可靠存放。PGP 协议的创始人是美国的 Phil Zimmermann，它提供了机密性和身份认证服务，可以用在电子邮件和文件存储应用中。它对邮件进行保密，以防止未授权者阅读；还能对邮件加上数字签名，从而使收信人可以确认邮件的发送者，并能确信邮件没有被篡改。PGP 协议提供了一种安全的通信方式，而事先并不需要用任何保密的渠道来传递密钥。Zimmermann 采用了 RSA 公钥体制、对称加密体制、用于数字签名的邮件文摘算法、加密前压缩算法，以及密钥认证管理机制等设计方法，并将这些算法集成为独立于操作系统和处理器的通用应用程序。PGP 在全世界都可以免费使用，并且适用范围非常广泛，从需要选择标准化方案来加密文档和消息的公司，到要想通过互联网或其他网络与他人安全通信的个人都适用。

8. S/MIME 协议

安全多用途互联网邮件扩展协议（Secure Multipurpose Internet Mail Extensions，S/MIME）最初是由 RSA 公司领导下的一个私人小组开发的，是一种正式的互联网电子邮件扩充标准格式，但它未提供任何安全服务功能。S/SIME 在 SIME 基础上增加了数字签名和加密技术协议，它主要用于电子邮件或相关的业务，也可以用于 Web 业务。S/SIME 已成为产业界广泛认可的协议，如 Microsoft 公司、Novell 公司、Lotus 公司等都支持该协议。

第四节　电子交易的安全认证

一、身份认证概述

1. 身份认证的作用

身份认证也称为"身份验证"或"身份鉴别"，是指在计算机及计算机网络系统中确认操作者身份的过程，从而确定该用户是否具有对某种资源的访问和使用权限，进而使计算机和网络系统的访问策略能够可靠、有效地执行，防止攻击者假冒合法用户获得资源的访问权限，保证系统和数据的安全，以及授权访问者的合法利益。计算机系统和互网络是一个虚拟的数字世界，在这个数字世界中，一切信息包括用户的身份信息都是用一组特定的数据来表示的，计算机只能识别用户的数字身份，所有对用户的授权也是针对用户数字身份的授权。而我们生活的现实世界是一个真实的物理世界，每个人都拥有独一无二的物理身份，如何保证以数字身份进行操作的操作者就是这个数字身份的合法拥有者，也就是说，保证操作者的物理身份与数字身份相对应，就成为一个很重要的问题。如果无法确定对方的身份，必然会使人们对电子商务的认识和应用裹足不前。

2. 身份认证针对的问题

一般来说，在电子商务安全中有两个问题涉及身份认证：一是如果不进行身份认证，第三方就有可能假冒交易一方的身份，破坏交易、败坏被假冒一方的信誉或盗取一方的交易成果等，进行身份认证后，交易双方就可以防止相互猜疑的情况；另一个问题涉及交易中的不可抵赖性，即交易双方对自己的行为负有一定的责任，信息发送方和接收方都不能对此予以否认，进行身份认证后，才能有反驳的依据。

3. 参与身份认证的成员

身份认证的成员由三方组成，包括申请者、验证者和可信赖的第三方。申请者是出示证件的人，也成为示证者，由他来提出某些要求；验证者对示证者提交的证件验证其正确性和合法性，决定是否满足示证者的要求；可信赖的第三方在必要时来调解示证者和验证者之间的纠纷。

4. 对身份认证的要求

一个完整的身份认证要求做到以下几点。

①验证者能够正确识别示证者的身份。

②验证者 A 不能重复使用示证者 B 提交的信息，伪装成示证者 B 来骗取其他验证者的信任。

③为实现身份认证所需的计算量要小。

④为实现身份认证所需的通信次数和数据量要少。

⑤能够实现机密参数的安全存储。

⑥必要情况下能够实现示证者和验证者双向的身份认证。

⑦可信赖的第三方能够实时参与认证过程，如在线公钥检索服务和动态认证等。

二、认证体系

为了满足身份认证的要求，保证以及开放互联网上电子交易的安全，防范交易及支付过程中的欺诈行为，除了在信息传输过程中采用足够强的加密措施之外，还必须在网上建立一种信任及信任检验机制，使交易及支付各方能够互相确认身份，解决相互间的信任问题，于是就有了 CA 体系的出现。

电子交易中的 CA 体系可分为两种：基于 SET 标准的 CA 体系（又可称为金融 CA 体系）和基于 X.509 的 PKI CA 体系（又可称为非金融 CA 体系）。

1. SET CA 体系

SET CA 体系遵循 SET 协议标准，为基于银行卡的支付网关、商家及持卡人发放证书，在证书中，利用 X.500 识别名来确定 SET 交易中所涉及的各参与方，以保证基于银行卡的电子交易支付的安全。在 SET 协议中，认证中心（CA）是整个体系的安全核心，1997 年 2 月 19 日，由 MasterCard 和 VISA 发起成立的 SETCO 公司，被授权作为 SET 根认证中心（Root CA）。从 SET 协议中可以看出，由于采用公开密钥加密算法，认证中心（CA）就成为整个系统的安全核心。SET 中 CA 的层次结构依次为：根认证中心（RCA）、区域认证中心（GCA）、GCA 下设持卡人认证中心（CCA）、商户认证中心（MCA）、支付网关认证中心（PCA）。SET CA 层次结构如图 5-13 所示。

SET CA 是一套严密的认证体系，可以保证 B2C 类型的电子商务安全顺利进行，但 SET 认证机构只适用于卡支付，对其他支付方式有所限制。

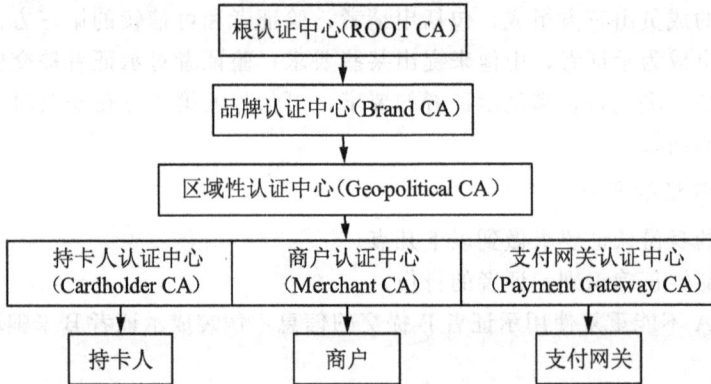

图 5-13　SET CA 层次结构示意图

2. PKI CA 体系

PKI 是 Public Key Infrastructure 的首字母缩写，翻译过来就是公钥基础设施；PKI 是一种遵循标准的利用公钥加密技术为电子商务的开展提供一套安全基础平台的技术和规范。PKI 是基于公开密钥理论与技术的网络安全认证平台，它可以提供数据加密和数字签名等安全服务所必需的密钥和证书管理，并将公开密钥技术、数字证书、证书发放机构和安全策略等安全措施整合起来，是电子交易与支付的安全关键技术，被公认为是在大型开放网络环境下解决信息安全问题最可行、最有效的方法。

(1)PKI 的层次结构

PKI 的相关协议和标准有许多，它们分别由不同的机构或厂商制定，其中 ISO/ITU 制定的 X.509 标准是 PKI 最基础和最广泛的标准。根据 X.509 标准，CA 为用户的公开密钥提供证书，用户与 CA 交换公开密钥后，CA 用其私有密钥对一个包括 CA 名、用户名、用户的公开密钥及其有效期的数据包进行数字签名，并将该签名附在该数据包后面，构成用户的证书，存放在用户的目录款项中。X.509 提供了分层鉴别服务，可以有多个层次的 CA，构成树状的认证层次，当在一个证书树上的节点之间进行鉴别时，在证书树上找到共同的祖先节点，就可以完成鉴别；当两个不同 CA 下的用户相互鉴别时，不同的 CA 要为每个用户建立一个证书。只要保证每一个 CA 是可信赖的，这种证书管理方法就能满足多用户的电子商务网络的需要。

(2)PKI 构成

一个完整的 PKI 系统包括以下 5 个部分。

①认证机构(CA)：即数字证书的申请及签发机关，必须具备权威性的特征。

②数字证书库：用于存储已签发的数字证书及公钥，用户可由此获得所需的其他用户的证书及公钥。

③密钥备份及恢复系统：提供备份与恢复密钥的机制，以避免出现若用户丢失了用于解密数据的密钥而数据无法被解密、合法数据丢失的情况。

④证书作废系统：与日常生活中的各种身份证件一样，证书有效期内也可能需要作废，原因可能是密钥丢失或用户身份变更等。因此，必须提供作废证书的一系列机制。

⑤应用接口：一个完整的 PKI 必须提供良好的应用接口系统，让用户能够方便地使用加密、数字签名等安全服务，使得各种各样的应用能够以安全、一致、可信的方式与 PKI 系统交互，确保安全网络环境的完整性和易用性。

通常来说，CA 是证书的签发机构，它是 PKI 的核心。众所周知，构建密码服务系统的核心内容是如何实现密钥管理。公钥体制涉及一对密钥(即私钥和公钥)，私钥只由用户独立掌握，无须在网上传输，而公钥则是公开的，需要在网上传送，故公钥体制的密钥管理主要是针对公钥的管理问题，时下较好的解决方案是数字证书机制。

(3)PKI 提供的安全服务

PKI 可以提供如下的安全支持。

①实现 CA 以及数字证书库和证书作废列表的管理功能。

②进行密钥的备份和恢复。

③每个 CA 都只能覆盖一定的作用范围，当隶属于不同的 CA 用户需要交换信息时，就需要引入交叉证书和交叉验证。

④保证将用于加密和用于数字签名的密钥分隔使用。

⑤证书和密钥的使用都有一定的期限，PKI 应该提供完全自动的，无须用户干预的

密钥更换以及新证书的分发工作。

PKI CA 为 B2B 及 B2C 电子商务模式提供兼容性服务，特别是 B2B 模式的电子商务服务。

三、数字证书

使用公开密钥技术可以确保电子交易支付的安全性，但前提是必须确保发送方所使用的正是接收方正确的公钥，如果入侵者用其他公钥替代了接收方正确的公钥，那么发送方的加密信息内容就会被泄露给入侵者，为了确保电子交易支付的真实性和可靠性，就需要有一种机制来验证活动中各方的真实身份，目前最有效的认证方式是由权威的认证机构为参与电子交易支付的各方发放数字证书。

1. 数字证书概述

数字证书(Digital Certificate)就是互联网通信中标志通信各方身份信息的一串数字，提供了一种在 Internet 上验证通信实体身份的方式，数字证书不是数字身份证，而是身份认证机构盖在数字身份证上的一个章或印(或者说加在数字身份证上的一个签名)。它是由权威机构——CA 机构，又称为证书授权(Certificate Authority)中心发行的，人们可以在网上用它来识别对方的身份。数字证书是一个经证书授权中心数字签名的包含公开密钥拥有者信息以及公开密钥的文件。最简单的证书包含一个公开密钥、名称以及证书授权中心的数字签名。数字证书还有一个重要的特征就是只在特定的时间段内有效。

数字证书由公正的、可信任的权威机构 CA 中心签发，CA 中心的数字签名保证了数字证书的真实性。在数字证书中使用了公开密钥加密技术，建立起一套完整的身份认证系统，通过使用数字证书，可以实现的功能有：

①信息加密：保证了电子交易支付信息的保密性。

②数字签名：防止他人篡改文件，保证了文件的完整性、可靠性和不可抵赖性。

③身份认证：解决了电子交易支付过程中的身份认证问题。

数字证书本身不需要保密，由于证书中包含了认证机构的数字签名，所以具有自我保护功能，不可能被入侵者篡改，同时它也能起到公钥分发的作用。

2. 数字证书格式

数字证书是一个采用 ITUT X. 509 国际标准格式的文件，由证书申请者的信息和发放证书 CA 的信息两部分组成，其基本格式如表 5-2 所示。

表 5-2 ITUT X. 509 国际标准格式

Version	Serial Number	Signature Algorithm Identifier	Issuer	Validity Period	Subject	Subject Public Key Information	Issuer Unique ID	Subject Unique ID	Extensions

各部分的具体含义如下：

①Version。证书版本号，记录证书所使用的 X.509 的版本信息，方便目录查询。

②Serial Number。证书序列号，每个证书都有一个唯一的序列号，由 CA 发放，是一个整数值，方便目录查询。

③Signature Algorithm Identifier。签名算法标识符，用来说明证书所用的签名算法，如 SHA-1，RSA 等。

④Issuer。证书颁发者，记录签署和发放证书的 CA 的可识别名（命名规则一般采用 X.500 格式），用来认证。

⑤Validity Period。证书有效期，记录证书有效的起始日期和终止日期，一般采用 UTC 时间格式，计时范围为 1950—2049，用于校验证书的有效性。

⑥Subject。证书主体，记录证书用户的可识别名（命名规则一般采用 X.500 格式），用来认证。

⑦Subject Public Key Information。证书持有者公钥信息，其中包括证书所使用的算法标识和用户公钥。

⑧Issuer Unique ID。证书颁发者唯一标识，当颁发证书的 CA 名称被用于其他实体时，可使用此标识符来唯一标识该 CA，但在实际中很少使用。

⑨Subject Unique ID。证书持有者唯一标识，同样在实际中很少使用。

⑩Extensions。证书扩展域，可扩充的一个或多个数据项，用来指定额外信息，从 X.509V3 版本开始扩充。

3. 数字证书的有效性

①证书没有过期，只有在证书有效期内的证书才有效。

②密钥未曾修改，如果密钥被修改过，相对应的证书就应当被 CA 收回，这可通过证书上 CA 的数字签名和生成数字签名的算法来检验。

证书主体仍然有使用证书密钥的权限，否则相应的证书也要被 CA 收回。

证书必须不在 CA 公布的证书作废列表中。

只有满足以上几个条件的数字证书才是有效的。

4. 数字证书的存放方式

数字证书可以存放在计算机的硬盘、软盘、IC 卡中。

①当数字证书被用户下载或复制到计算机硬盘中存放时，使用起来方便，但存放证书的计算机必须有安全保护措施，否则一旦遭到攻击，数字证书就有可能被盗用。

②使用软盘保存数字证书，被盗用的可能性有所降低，但软盘容易损坏，一旦损坏，证书将无法使用。

③用 IC 卡存放数字证书是一种被广泛采用的方式，IC 卡的成本较低，不易损坏，

可随身携带，它采用专门的读卡设备，并且另设密码控制，在加密过程中密钥不出卡，因此安全级别非常高，例如招商银行的企业网络银行以及个人网络银行专业版的数字证书就采用了 IC 卡方式。

5. 数字证书的类别

从证书使用者的不同来区分，数字证书可以分为个人证书、企业证书、服务器证书、支付网关证书和认证中心 CA 证书。

①个人证书：即客户证书，证书申请者为个人，用来证实证书持有人的个人身份。用户可以通过浏览器向某个 CA 中心申请，CA 经过审查后决定是否向该用户颁发个人数字证书，以帮助其在网上进行安全的电子交易支付活动。

②企业证书：证书申请者为企事业单位，证书中包含企业信息和企业的公开密钥，用于证实证书持有企业的身份。

③服务器证书：即网络站点证书，主要证实银行或商家业务服务器的身份，识别服务器证书的信息包括 Web 域名、站点组织名称、所属单位、服务器所在国别、城市等，用户可根据这些信息来确认网站的身份，避免被伪装的流氓网站所欺骗，保证用户与网站所交换的信用卡卡号等安全信息如不被截获和篡改。全球知名的服务器证书品牌有 GlobalSign，Verisign，Thawte，Geotrust 等。

④支付网关证书：也称为银行证书，是证书签发中心针对支付网关签发的数字证书，仅用于支付网关提供的服务，不可被申请者转让。

⑤认证中心 CA 证书：认证中心 CA 是安全电子交易支付的核心，所以它也必须要拥有自己的数字证书，以证实自己的真实身份。在浏览器中，用户可以看到浏览器所接受的 CA 证书，也可选择是否信任这些证书；在服务器端，管理员可以看到服务器所接受的 CA 证书，也可选择是否信任这些证书。

从证书的用途来看，数字证书可分为签名证书和加密证书。

①签名证书：主要用于对用户信息进行签名，以保证信息的不可否认性。

②加密证书：主要用于对用户传送的信息进行加密，以保证信息的真实性和完整性。

6. 数字证书生成模式

①集中生成模式：密钥对全部由 CA 生成，对应的公钥直接提供给 CA 软件生成证书，生成后的证书和私钥通过安全方式分发给申请者，这种模式对 CA 的安全性要求很高，要防止 CA 外部和内部人员窃取申请者的私钥。

②分布式生成模式：密钥由申请者自己的客户端软件来生成，然后将公钥和个人申请资料传送给 CA，由 CA 来生成数字证书并数字签名，发送给申请者，这种模式在实际应用中比较常见。

7. 数字证书的认证

在电子交易支付活动前，双方首先互相交换证书，验证彼此的身份：

①如果双方的数字证书是由相同的认证中心签发的，那么一方只需认证另一方证书上的签名即可。

②如果双方的数字证书是由不同的认证中心签发的，那么一方就必须从认证中心的树形结构底部开始，从底层认证中心往上层认证中心查询，一直查询到同一个认证中心为止，找出双方共同信任的认证中心。

8. 其他类型的数字证书

除了 X. 509 标准的数字证书外，还有一些其他类型的数字证书。

①简单公钥基础设施证书（Simple Public Key Infrastructure，SPKI）。也叫授权证书，它重点在于授权而不是身份认证，主要目的是传递许可权，也有授予许可权的能力。

②PGP（Pretty good privacy）证书，采用 IDEA 的散列算法作为加密与验证之用。PGP 加密由一系列散列、数据压缩、对称密钥加密，以及公钥加密的算法组合而成。每个步骤支持几种算法，可以选择一个使用。每个公钥均绑定唯一的用户名和/或者 E-Mail 地址。这个系统的第一个版本通常称为可信 Web 或 X. 509 系统；X. 509 系统使用的是基于数字证书认证机构的分层方案，该方案后来被加入到 PGP 的实现中。当前的 PGP 加密版本通过一个自动密钥管理服务器来进行密钥的可靠存放。PGP 一般在企业资源规划（即 ERP）软件连接到银行系统时使用，防止信息在传输过程中被删改或盗取，从而减少商业秘密泄露和遭遇诈骗的风险。

③属性证书（Attribute certificate），是一种不包含公钥信息，只包含证书所有人 ID、发行证书 ID、签名算法、有效期、属性等信息的轻量级数字证书。这种证书利用属性来定义每个证书持有者的权限、角色等信息，从而对信任度进行一定程度的管理，有效期一般较短。

四、认证机构

1. 认证中心概述

（1）认证中心的组成

认证中心（CA，Certificate Authority），是电子商务的一个核心环节，是在电子交易中承担网上安全电子交易认证服务，签发数字证书，确认用户身份等工作的具有权威性和公正性的第三方服务机构。认证中心可官方将某个公钥授权给用户。如果一个公司在内部或同可靠的商业伙伴交往时使用了数字证书，就可能会出现这样一个机构。Netscape 和 Xcert 提供了用于管理数字证书的证明服务器。认证中心承担网上安全电子交易认证服务，能签发数字证书，并确认用户身份的服务机构。认证中心通常是企业性的服务机构，主要任务是受理数字凭证的申请、签发以及对数字凭证的管理。认证中心通过向电子商务各参与方发放数字证书，来确认各方的身份，保证网上支付的安全性。认证中心由登记服务器 RS、注册机构 RA 和证书管理机构 CA 构成，是基于互联网平台建立的一个公正的、有权威性的、广受信赖的第三方机构，主要负责数字证书的发放、管理以及认证服务，以保证电子交易支付安全可靠地进行。注册管理机构（RA）负责证书申请的审批，是持卡人的发卡行或商户的收单行。因此，认证中心离不开银行的参与。认证中心所颁发的数字证书主要有持卡人证书、商户证书和支付网关证书。持卡人证书中包括持卡人 ID，其中包含了该持卡人所使用的支付卡的数据和相应的账户信息。商户证书也同样包含了有关其账户的信息。支付网关一般为收单行或为收单行参加的银行卡组织。从这里的分析不难看出，RA 的角色为什么必须由银行来担当。

（2）认证中心的任务

认证中心接受用户证书申请，确定是否批准申请；向申请者颁发或拒绝颁发证书；手工或自动更新证书；接受用户关于证书的查询；管理证书撤销清单（CRL）；存储、归档、备份证书；自动更新密钥；归档、备份、恢复密钥；管理过期作废的密钥；归档历史数据；管理数字签名；管理 CA 内部等功能。

2. 认证中心的证书管理功能

认证中心的主要任务是管理证书，主要包括生成密钥对及证书、证书颁发、证书更新、证书查询、证书撤销和证书归档。

①生成密钥对及证书：CA 要向交易支付各方颁发证书，就首先必须要生成自己的密钥对，并对私钥进行有效保护，以便于数字签名的使用。CA 生成自己的根密钥对后，在此基础上生成根证书，就可以为各级 CA 以及客户生成证书了。

②证书颁发：CA 接受、验证申请者的身份信息，将申请内容进行备案，如果 CA 接受该数字证书的申请，则进一步确定颁发给用户何种类型的证书，并将新证书进行 CA 数字签名，在线发送给申请者；证书颁发也有离线的方式，比如 CA 将申请者的数字证书加密后放入软盘或 IC 卡等载体，由证书申请者亲自到 CA 机构领取。

③密钥备份和恢复：在很多环境下（特别是企业环境下），如果用户丢失了用于解密数据的密钥，则数据将无法被解密，会造成合法数据丢失，这是完全不可接受的。例如，在某项业务中的重要文件被对称密钥加密，而对称密钥又被某个用户的公钥加密。假如相应的私钥丢失，这些文件将无法恢复，可能会对这次业务造成严重伤害甚至停止。为避免这种情况的发生，CA 提供备份与恢复密钥的机制。但须注意，密钥备份与恢复只能针对解密密钥，签名私钥为确保其唯一性而不能够作备份。

④证书更新：一个证书的有效期是有限的，这既可能是理论上的原因，比如基于当前非对称算法和密钥长度进行分析的知识现状，也可能是基于实际估计的因素。因此，

CA 要定期更新所有用户的证书，或者根据用户的请求来更新用户的证书。

⑤证书查询：证书的查询可以分为对证书申请的查询和对用户证书的查询两种，其中对证书申请的查询是 CA 根据用户的查询请求，向用户返回所查询证书的申请处理过程；对用户证书的查询则由目录服务器来完成，目录服务器根据用户的请求返回所查询的证书。

⑥证书撤销：当由于用户的私钥泄密等原因造成用户证书要作废时，用户要向 CA 提出证书撤销申请，CA 根据用户的请求确定是否将该证书撤销；或者当证书过了有效期后，CA 会自动将该证书撤销。CA 通过维护证书作废列表 CRL 来完成此项操作，并将 CRL 以多种格式输出，公之于众。

⑦证书归档：作废后的证书不能简单的丢弃，因为有时候可能会遇到需要验证以前某个交易过程中产生的数字签名的情况，所以 CA 将作废证书和作废密钥进行归档，以便于日后查询。

3. 国内外主要认证机构

（1）国外著名的认证机构

随着电子交易支付活动在全世界范围内的快速发展，国内外已经建立了许多 CA 认证中心，目前世界上最著名的 CA 认证中心是早已在 NASDAQ 上市的美国 Verisign 公司，发展到现在为止，已为超过 2700 万的 Web 站点提供了认证服务，世界 500 强企业的绝大多数网上业务，特别是网上支付业务都采用 Verisign 的认证服务，而且 Verisign 还为无线网络上的支付服务提供安全严格的认证服务。国内用户中包括四大商业银行、招商银行、中信银行、光大银行在内的主要商业银行均选用了 VeriSign 的认证服务。

（2）中国的认证中心建设

我国自 1998 年上海市第一家 CA 认证中心（CTCA）成立以来，全国现已有超过数十家 CA 认证中心，为我国电子交易支付活动保驾护航，虽然我国 CA 在规模、服务水平、用户数量、社会信赖度上与 Verisign 相比还有相当差距，但在我国政府部门的支持下，也建立了一些主要的 CA 认证中心，为促进电子交易支付活动的发展提供了良好的第三方支持。

①北京数字证书认证中心（BJCA），成立于 2001 年 2 月 6 日，是经北京市政府批准成立的数字证书认证机构，致力于为北京乃至全国的电子商务和电子政务发展提供可靠的安全保障，北京地方税务局、北京市海淀园区、北京市质量技术监督局、北京市电子政务平台等相关电子政务网站均接受由 BJCA 提供的网上安全认证服务。

②中国金融认证中心（CFCA），是国内唯一一家能够全面支持电子商务安全支付业务的第三方网上专业信任服务机构。CFCA 是由中国人民银行联合中国工商银行、中国农业银行、中国银行、中国建设银行、交通银行、中信实业银行、光大银行、招商银

行、华夏银行、广东发展银行、深圳发展银行、民生银行、福建兴业银行、上海浦东发展银行14家全国性商业银行共同建立的国家级权威金融认证机构,其主要特色是金融特色,CFCA证书发放前必须经过金融机构审批以规避交易中可能发生的支付风险,证书申请者必须具备合格的金融资信和支付能力才能获得CFCA证书,而且CFCA证书还实现了网上银行业务的跨行身份认证,用户只需持有一张CFCA证书,就可以在多个银行的网银系统中进行身份鉴别。中国金融认证中心的建立是我国电子商务走向成熟的重要里程碑,对电子交易支付起了巨大的推动作用。截至目前,全国已开通网上银行服务并使用数字证书的银行中,有97%的银行使用了CFCA提供的电子认证服务。

此外,国内的CA认证机构还有上海市电子商务安全认证中心、山西省电子商务安全认证中心、中国电信广东省电子商务认证中心等一些区域认证机构。

【本章小结】

电子支付的安全问题是电子商务的一个重点,也是制约电子商务发展的一个瓶颈,没有安全支付的保证,电子商务就无从谈起。本章主要介绍了电子支付面临的安全问题,以及包括防火墙技术、加密技术、数字签名技术、防病毒技术和身份识别技术在内的电子支付中的安全技术,重点介绍了电子支付中常用的安全协议,SSL协议和SET协议,并围绕身份认证问题,在认证体系、数字证书和认证机构基础上,讨论电子交易的安全认证过程。

【关键概念】

防火墙　对称加密　非对称加密　数字签名　SSL协议　SET协议　认证体系

【思考与练习】

1. 试述防火墙在网络安全中的作用。
2. 什么是数字摘要?数字摘要是如何形成的?
3. 简述身份识别的主要方法。
4. 什么是对称加密?对称加密是如何进行的?
5. 公开密钥加密技术是如何进行加密和认证的?
6. 一个完整的PKI应用系统包含哪几个部分?
7. 简述SSL的组成和基本功能。
8. 说明SET协议的作用和工作原理。
9. 数字签名的原理是什么?有哪些数字签名的方法?

第六章
网络支付及其安全支付模式

【本章重点】

◆ 广义的网络支付

◆ 狭义的网络支付

◆ 银行专用网络

◆ 基于移动通信网络的支付

◆ 安全协议环境下的电子支付

第一节　网上支付方式

一、网上支付的概念及在中国的发展

1. 网上支付的概念

网上支付是电子支付的一种形式，是以互联网为基础，利用银行所支持的某种数字金融工具，发生在购买者和销售者之间的资金往来，而实现从买者到金融机构，再到商家之间的在线货币支付、现金流转、资金清算、查询统计等过程。这里涉及了电子支付的概念。电子支付是指电子交易的当事人，包括消费者、商家和金融机构以电子化设备和各类交易卡为媒介，以计算机技术和通信技术为手段，通过计算机网络系统直接或间接向金融机构发出支付指令，实现货币支付与资金转移。电子支付的业务类型按电子支付指令发起方式的不同分为网上支付、电话支付、移动支付、销售点终端交易、自动柜员机交易和其他电子支付。由此我们可以知道电子支付与网上支付之间的关系：网上支付是电子支付中一种重要的业务类型。

2. 中国网上支付发展概况

1999 年 9 月，招商银行全面启动了国内首家网上银行——"一网通"，建立了由网上企业银行、网上个人银行、网上证券、网上商城、网上支付组成的较为完善的网上银行服务体系，网上支付在中国浮出水面。随着招商银行首推网上银行业务，各大银行的网上缴费、移动银行业务和网上交易等网上支付形式逐渐发展起来。

截至 2018 年 12 月，我国网络支付用户规模达 6.00 亿，较 2017 年底增加 6 930 万，年增长率为 13.0%，使用比例由 68.8% 提升至 72.5%。手机网络支付用户规模达 5.83 亿，年增长率为 10.7%，在手机网民中的使用比例由 70.0% 提升至 71.4%。网民在线下消费时使用手机网络支付的比例由 2017 年底的 65.5% 提升至 67.2%。

2018 年国内网络支付市场发展呈现以下特点。第一，行业竞争依旧激烈。银联、商业银行加大支付业务布局力度，在不断优化自身产品体验的基础上，与第三方支付企业展开正面争夺，其中银联的"云闪付"产品上线一年内用户量突破一亿。第二，支付场景不断延伸。网络支付应用在公共交通、医疗健康等领域形成突破，当前我国绝大多数三线及以上城市公共交通系统引入手机网络支付应用。第三，支付方式更为多元。继扫码支付普及后，基于车牌识别、人脸识别的无感支付进入到成熟商用期；基于生物识别技术的指纹识别支付得到广泛应用，网络支付更加高效、便捷。

在深耕国内市场的同时，我国企业加速国际市场开拓，不断发展跨境支付和境外本土化支付业务。在游客跨境支付方面，我国企业已在全球多数旅游热点国家布局，集餐饮、游览、购物、出行和退税等场景为一体的跨境支付体系逐步搭建成型，支付宝和微信支付已分别在 40 个以上国家和地区接入。在海外居民支付方面，我国企业通过资本、技术注入等方式，已在亚洲 9 个国家和地区运营本土化数字钱包产品，并开始在非洲地区部署移动支付业务。国内外网络支付占据的市场份额，凸显了我国的综合实力和技术优势，体现出我国的科技创新和网络金融所带动的巨大民族振兴。

二、电子现金网上支付

电子现金的发行方式包括存储性质的预付卡（即电子钱包）和纯电子形式的用户号码数据文件等形式。这里我们介绍纯电子形式电子现金，也就是前面所讲的狭义的电子现金。

1. 电子现金用于网上支付的要求

电子现金具有纸币现金的特性，如现金的可接受性、保证支付、无交易费、匿名性等，一般用于小额支付。但电子现金用于网上支付时，电子商务交易的各方会从不同的需求和角度，对在互联网应用电子现金支付系统提出不同的要求。比如，消费者要求电子现金是匿名的，能方便灵活地使用；商家希望电子现金是可靠的，接受的数字现金能兑换成等值的实体货币，银行要求存放电子现金的介质不能被伪造，签发的电子现金不能被重复使用。因此对流通于网上的电子现金要求具备以下属性：

①电子现金的货币价值。电子现金必须由授权的银行发行，必须由一定的现金、银行授权的信用或银行证明的现金支票支持。电子现金必须能在不同的银行之间无障碍流动，电子现金支付系统的兼容性要求整个银行系统的支持。

②电子现金的可交换性。电子现金可以与纸币、商品/服务、银行卡、银行账户存款、支票或负债等进行交换。由于消费者可能使用的不是某一家银行的电子现金，甚至不是使用同一个国家的银行的电子现金，因此电子现金的可交换性面临多银行的广泛应用问题。

③电子现金的可存储性。电子现金的存储是从银行账户中提取一定数量的电子现金，存放在计算机的外部存储器或 IC 卡中，也可以存放于其他易于传输的标准或特殊用途的设备。由于电子现金是在计算机上产生或存储，所以伪造起来比较容易。因此有必要将其存入一个不可修改的专用设备中，经过严格的身份认证以后方可取出使用。

④电子现金不可重复使用。必须在技术上保证电子现金不能复制和重复使用。发行和使用电子现金的银行应该建立完善的电子现金数据库管理系统，记录存储所有发行并允许流通的电子现金的序列号，防止电子现金持有人在不同国家、不同地区的网上商店购物时使用同一个电子现金重复消费。

⑤电子现金方便取得和存储。电子现金可以用远程的方式获得和存储。消费者无论是在家里、办公室或旅行时均可以获得和交换电子现金，甚至可以存储在远程计算机和网盘中，随时方便取用。

⑥电子现金需要相应软件的支持。电子现金的使用需要一套安全支付软件系统的支持。这是一套专用的电子现金支付系统，在电子现金使用之前，需要在客户端安装专门的电子现金客户端软件，在商家服务器端安装电子现金服务器端软件，在发行银行要运行对应的电子现金管理软件。

2. 电子现金的网上支付模式

电子现金的网上应用对客户、商家和银行都有较高的软、硬件要求，使用电子现金进行网上支付时，需要在客户端和商家服务器端分别安装专门的电子现金客户端软件和电子现金服务器端软件，并在发行银行运行对应的电子现金管理软件。为了保证电子现金的安全及可兑换性，发行银行还需要从第三方 CA 申请数字证书以证实自己的身份，借此获取自己的公开密钥或私有密钥对，且把公开密钥公开出去，利用私有密钥对进行签名。接收电子现金的商家与发行银行应在电子现金的使用、审核、兑换等方面有协议与授权关系，商家可以在发行银行开设接收与兑换电子现金的账号，也可另有收单银行。

（1）电子现金的发行

由图 6-1 可以看出，电子现金支付系统由客户、客户的开户银行、商家、商家的开户银行和电子现金发行银行组成。

①在电子现金系统中，只有授权的电子现金发行银行才有资格发行电子现金，它根据客户存款的数额向客户兑换等值的电子现金。

②如果使用电子现金的客户和商家均在发行银行开有账户，则图 6-1 中可以省略客户开户行和商家开户行。

③电子现金发行银行必须在权威的认证中心申请数字证书，以获得公开密钥和私有密钥，将公开密钥向使用电子现金的客户和商家公开，用私有密钥对发行的电子现金进行数字签名。

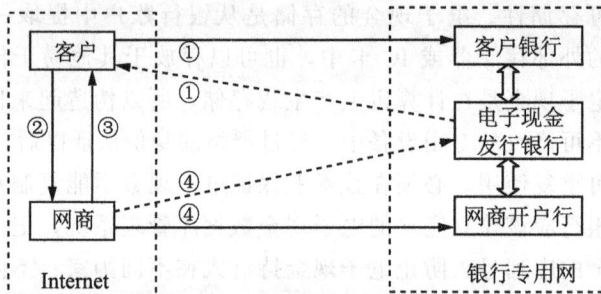

图 6-1　电子现金网上支付过程

（2）电子现金的网上支付流程

电子现金的网上支付分为以下步骤。

①客户购买和存储电子现金。客户购买电子现金时，只需要利用客户端与银行端的电子现金管理系统和应用系统，遵照购买兑换步骤的提示完成。

如果客户没有在电子现金发行银行开户，为了获得电子现金必须要求他的开户行把等量的存款转到电子现金发行银行，由发行银行给客户发送电子现金。

另一种情况是客户在发行银行开设账号，并存有一定量的资金，这种情况下，只需要发行银行直接把资金从客户的传统账户转到电子现金账户中。

客户存储电子现金。客户使用客户端电子现金应用软件在线接收从发行银行兑换的电子现金，存放在客户机硬盘上（或电子钱包、IC 卡上）以备随时使用。

②客户选购商品或服务。客户可以从同意接受电子现金的网上商家选购商品或要求服务，并选择用电子现金支付。

③客户用电子现金支付。客户利用商家的公开密钥对电子现金进行加密后，传送给商家。商家收到后，通过商家服务器端安装的电子现金应用系统，先利用自己的私有密钥解密客户的支付信息，确认电子现金的有效性，然后向客户提供相应的商品和服务。

④商家兑换电子现金。接受电子现金的商家收到数字现金后，可以随时与电子现金的发行银行进行结算，兑换成等值货币；也可以先发送给其开户银行，由其开户银行负

责在电子现金发行银行兑换，发行银行把兑换后的等值货币发送给商家的开户银行，由商家的开户银行为商家记入账户。

3. 电子现金应用系统的特点

电子现金在经济领域起着与普通现金同样的作用，对正常的经济运行至关重要。电子现金具有以下性质：

①可分性。电子现金不仅能作为整体使用，还能被分成更小的部分多次使用，只要各部分的面额之和与原电子现金面额相等，就可以进行任意金额的支付。

②具有金钱价值。即受现金、银行授权信用或银行证明的本票所担保，若没有适当的银行证明，电子现金就有在存款时以资金不足而被拒绝的风险。

③可传递性。电子现金像普通现金一样，能在用户之间任意转让，且不能被跟踪，即可以和其他电子现金、纸钞、货物或服务、信用贷款限额、银行账户存款、银行票据或契约、电子利益转移等来交换。

④独立性。电子现金的安全性不能只靠物理上的安全来保证，必须通过电子现金自身使用的各项密码技术来保证。

⑤快捷方便。客户不论是在家里、办公室或旅行中都可以实时利用电子现金进行交易，甚至可以将电子现金储存在远程的计算机、智能卡或其他方便携带或特别设计的装置上。

⑥匿名性。银行和商家相互勾结也不能跟踪电子现金的使用，就是无法将电子现金用户的购买行为联系到一起，从而隐蔽电子现金用户的购买历史。

⑦安全性。可以预防或检测电子现金的复制或重复使用，使电子现金不容易被复制或篡改。

电子现金的发行和使用给人们带来了巨大的好处，但电子现金在应用上仍然存在许多问题，详见本书第三章第三节相关内容。

尽管存在种种问题，近年来电子现金的使用仍呈现增长势头。

三、电子支票网上支付

在信用卡和电子现金作为网上支付的手段逐渐流行起来的时候，由金融服务技术公司(FSTC)和 Cybercash 推出了可以直接使用电子支票进行网上支付的系统。传统的纸质支票主要是客户向开户银行发送一个通知，将资金从自己的账户转到别人的账户上。这个通知一般是先给资金的接收者，资金的接受者必须到银行去进行转账。转账以后，注销了的支票会返回签发者开户行，作为支付的凭证。而电子支票是一种利用数字传递将资金从一个账户传到另一个账户的电子支付形式。它的支付是在与商户及银行相连的网络上以密码方式传递的，用公开密钥技术进行数字签名代替手写签名。采用电子支票支付方式，处理费用较低，而且银行也能为商户提供标准化的资金信息，将会成为最有效率的网上支付手段之一。

1. 电子支票的支付特点

与传统的纸质支票支付相比，电子支票支付具有以下特点。

①电子支票在内容、外观、支付流程上与传统支票十分相似，易于被用户理解和接受。

②电子支票具有可追踪性，所以当使用者支票遗失或被冒用时可以停止付款并取消交易、风险较低。

③电子支票采用了多种安全技术，以加密方式传递，使用了数字签名或个人身份证号码代替手写签名，还运用了数字证书，比纸质支票中使用印章和手写签名更加安全可靠。

④电子支票适于各种市场，可应用于 B2B 电子商务结算，也可以很容易地与电子数据交换系统应用结合，推动电子订货和支付。

⑤电子支票支付自动化程度高，处理速度快，减少了在途资金。

⑥应用电子支票支付，需要申请认证，安装数字证书和专用软件，操作比较复杂。不适合小额支付。

2. 电子支票的生成

(1)电子支票簿

电子支票簿只是一个形象的说法，它是一种类似于 IC 卡的硬件装置。把这个装置插入计算机相应的插口，用户通过密码或初始化程序将其激活，电子支票簿就可以正常工作了。

①电子支票簿的密钥生成程序可以生成加密和签名的密钥对、实现电子支票的签名、背书和存储签名日志等功能。

②电子支票簿最主要的功能是"制作"电子支票。要填写的支票显示在计算机屏幕上，客户根据提示在相关的栏目内填写相应的信息，填写完毕，就可以签名了。

(2)进行数字签名

电子支票簿中装有客户的私有密钥，只要启动签名功能，电子支票簿自动生成客户的数字签名。而鉴别客户身份的任务，则由认证中心完成。

(3)形成电子支票

电子支票由以下信息构成。

①预制信息：付款方名称、银行账号、支付金额和支票号等。

②填写信息：收款方名称、收款方开户行和银行账号、资金用途、支付金额和支付日期等。

③客户的数字签名、客户的数字证书和客户开户行的数字证书。

3. 电子支票的支付

（1）电子支票支付系统构成

电子支票涉及 3 个主要实体，即购买方、销售方和金融机构；而金融机构又由买方的开户行、销售方的开户行和票据清算中心组成。使用电子支票支付购物时，购买方在购买商品时向销售方出示在金融机构（买方的开户行）得到的付款证明，销售方再把这个付款证明转交给金融机构（销售方的开户行），整个事务处理过程与传统的支票付款查证过程一样，只不过在网上支付时，付款证明是一个由金融机构出具的电子凭证。在线支付过程中，付款证明的生成、传递和生效，以及交易双方银行账户的借贷可以同时发生。如果购买方和销售方不在同一家银行开户，票据的结算就要由中央银行或国际金融组织协调处理。图 6-2 显示了电子支票支付系统的构成以及电子支票支付过程。

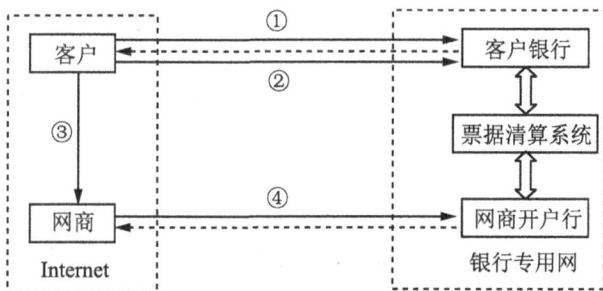

图 6-2　电子支票支付过程

（2）电子支票支付过程

一个完整的电子支票支付过程可以分为 4 个不同的阶段：客户申请获得电子支票使用权、购买方开具电子支票、商家获得电子支票和转账清算。

① 申请电子支票使用权。客户首先在提供电子支票服务的银行开户，注册为可以开具电子支票的用户，银行授权后为用户提供开具电子支票的软硬件工具，即电子支票簿和用户端软件。

②购买方开具电子支票。购买方需要使用电子支票时，向开户行发出开具电子支票的申请，用电子支票簿和与银行联网的客户端软件根据客户账户余额共同生成可用于支付的电子支票，这种在线电子支票必须由开户行进行数字签名。

③商家获得电子支票。购买方购买销售方的商品，收到商家的购物账单以后，选择电子支票支付方式，并用自己的私有密钥在电子支票上进行数字签名，用卖方的公钥加密电子支票，通过网络支付给卖方；只有卖方才能收到用它的公钥加密的电子支票，用自己的私有密钥收到电子支票后，先用买方的公开密钥确认买方的数字签名，再用开户行的公开密钥确认银行的数字签名，确认电子支票有效后向买方发货。

④转账清算。商家在规定的时间期限内，把支票发送给它的开户行；商家开户行再把电子支票发送给银行专用网络的票据清算系统；由票据清算系统向客户开户行发送兑换申请，并将兑换后的款项存到商家的银行账户；最后交易双方的开户行分别向购买者和商家发送支付和到账信息，电子支票支付过程完成。

4. 网上支付电子支票的安全措施

(1)电子支票发送方的认证

电子支票是客户用发送方的私有密钥所签署的一个文件，电子支票接受者使用发送方的公共密钥解密客户的签字，这一过程使得接收方确认发送者的确签署过这张支票；同时客户的数字签名也确认了支票是由客户用自己的私有密钥签署的，支付者对发出的支票不可否认。

(2)电子支票有效性的认证

许多电子支票应用系统还需要发送方开户行进行数字签名，这样使接收方相信他所收到的支票是根据发送者在银行的有效账目填写的，因为接收方会使用发送者开户行的公钥对发送者开户行的签字加以认证，客户开户行对用自己的私有密钥签署过的电子支票不能否认。

(3)公共密钥的发送

发送者及其开户行必须向接受方提供各自的公共密钥。提供方法是在发送购物订单和电子支票时，将它们的数字证书附加在电子支票上，以供电子支票的接受方验证电子支票的有效性。

(4)私有密钥的保存

为了防止欺诈，客户的私有密钥必须被安全存储，并且还要能被方便实用，一般都用一个智能卡类的硬件实现对私有密钥的安全存储。

电子支票的运作早在 20 世纪 90 年代就在一些西方国家开始试验，目前已有一些较成熟的电子支票系统在一定的范围内使用，但主要在银行的专用网络中或是虚拟专用网上运行，基于互联网络的电子支票应用系统仍然在开发与试用阶段，已经成功应用的电子支票应用系统将为互联网络电子支票的广泛使用奠定坚实的基础。这里我们介绍 FSTC 以及它提出的电子支票系统 BIPS。

5. FSTC 的电子支票系统

(1)FSTC 的电子支票项目背景

FSTC(The Financial Services Technology Consortium)金融服务技术财团成立于 1993 年，是一个非赢利性组织，其主要任务是在美国倡导电子支票的服务，旨在提高美国金融服务业的竞争力。它共有 60 多个正式成员，包括：银行(包括美洲银行、波士顿银行、大通曼哈顿银行、化学银行、花旗银行、国家银行和威尔斯法戈银行等)、其他金融机构、研究机构、大学、技术公司和政府机构。FSTC 倡议一系列适应共同合作研究和发展的计划以影响整个金融服务业，特别强调要发挥在线金融服务、支付系统和支付服务等新技术、新方法的优势，以促进金融机构效益的提高、风险和成本的降低，并不断扩展市场领域。FSTC 推行了一系列电子货币试验项目，其中最引人注目的当属电子支票项目。该项目的基本内容是：使用加密技术将支票内容（如，付款人和付款金额等信息）加密后，用电子邮件授信进行结算。另外，该项目对支付账目的摘要（如，对该支票的支付用途进行说明的信息）也可以连同支票一起授信。

（2）FSTC 电子支票的应用

1996 年，美国通过了《改进债务偿还方式法》，它成为推动电子支票在美国应用的一个重要因素。该法规定，自 1999 年 1 月起，政府部门的大部分债务将通过电子方式偿还。而由 FSTC 推出的 FSTC 的电子支票在很大程度上推动了美国电子货币支付系统的发展。1998 年 6 月，FSTC 标志性的创举在美国各大报刊的头版头条刊登，美国财政部每年都通过 FSTC 的电子支票服务向 GTE 公司（美国著名的通信公司）转移大量资金，充分显示了该系统的安全性、可达性和方便性。

（3）FSTC 电子支票的运作机制

FSTC 要求处理电子支票的系统必须具备以下功能：

①能将商家当前的账单发送给付款者，使付款者得到一张在线账单。

②允许付款者创建一张新的电子支票并输入相关信息。

③允许付款人为一笔指定的金额或在一定范围内的资金额创建一个自动授权支付。

④允许付款者调整信息并做必要的修改。

⑤提交支付信息。

⑥对有网络资金账户的收款人直接做资金转移。

⑦对无网络资金账户的收款人签发手工支票并通过邮政汇款方式做资金转移。

⑧能与金融管理软件和交易处理软件相连。

可见，电子支票能够减少原有纸质支票的印刷、运输、邮递支票和结算报告、处理支票等的成本，通过一个软件就能实现资金及时、安全、方便的转移。

（4）FSTC 电子支票系统支付过程

①付款人通过网络签发支票，并生成包括付款人数字证书、付款人数字签名、支票信息等组成的安全信封。

②安全信封以安全电子邮件方式或双方之间已加密过的交互对话方式传送给收款人。

③收款人收到支票后，对支票的签发人身份进行认证并背书（追加收款人数字签名）、付上收款人个人证书，形成安全信封后把支票发送给收款人银行。

④收款人银行收到支票后，利用认证体系对支票的收款人、付款人身份及签名进行认证并进入清算体系，要求付款人银行清算。

⑤电子支票经过清分后，资金由付款人银行账户转账到收款人银行账户。

为了防止重复使用，FSTC 电子支票系统在支票数据中，附加了对支票签发日期安全保护的"数字时间戳"，以防止商户用同一张支票请求第二次、第三次兑现；同时，系统要求客户的开户银行将"支票已支付完结"的信息存储起来，当对方请求兑现时，首先确认该支票是否重复使用，以确保电子支票结算的安全性。

(5)FSTC 提供的电子支票服务内容

FSTC 的电子支票使用标准的 E-Mail 服务，利用电子邮件将支票传递给对方。该系统能够有效提高支付处理的速度，可以将原来传统支票处理所需要的一周甚至更长时间缩短到两天。它使用数字签名和自动验证技术来确定支付的合法性、保密性、真实性、完整性和不可否认性，其中，为了确保私有密钥的安全性，FSTC 还提供给客户使用智能卡来实现对私有密钥的保护，并进一步实现用户的防伪电子签名，以确保网上传递支票的安全。

随着电子商务的进一步发展，客户对金融机构所提供的服务产品的要求越来越高，人们普遍希望银行等金融机构能提供更快、更低成本、更灵活且兼容的支付系统。为此，FSTC 于 1998 年中期推出了 BIPS(Bank Internet Payment System)银行网上支付系统的实验。

(6)FSTC 的安全机制

①使用智能卡。在 FSTC 的电子支票机制中，客户要通过电子支票进行支付，需要在计算机上安装智能卡的读卡器和驱动程序，该读卡器通过串行电缆与计算机的串行通信口相连。在安装驱动程序时，智能卡设备的加密驱动程序将被安装在机器上。

②使用 SSL 协议。使用时，Web 服务器首先验证客户端证书的有效性，要求输入智能卡的 PIN；在确认证书有效后，Web 服务器发送一串随机数给客户端的浏览器，智能卡使用私有密钥对这串随机数进行数字签名，签名后的随机数串被回送 Web 服务器，并由 Web 服务器验证签名；如果签名验证通过，Web 服务器和浏览之间使用 SSL 协议规程，建立安全会话通道进行通信。二者之间发送和接收的信息已经过加密，客户可以进行相关的操作。

③使用 RSA 公共密钥体制。发送和接收电子支票，用了两对非对称密钥。付款方用自己的私有密钥进行数字签名，用接收方的公开密钥制作数字信封。接收方用自己的私有密钥打开数字信封，用发送方的公开密钥认证数字签名。

第二节　移动支付

移动支付，是指交易双方为了某种货物或业务实现，通过移动设备，采用无线方式所进行的银行转账、缴费和购物等商业交易活动。通常移动支付所使用的移动终端是手机、掌上电脑、个人商务助理(PDA)和笔记本电脑。我们这里指的移动支付，就是在交易活动中用手机作为支付手段，简单的移动支付是将支付款项直接计入移动电话账单中，这样的支付通常用在支付费用比较低的情况下；目前比较完善的移动支付业务则是将手机与信用卡号码绑定，每次交易实质上是通过手机代替信用卡来支付费用。

　　作为新兴的电子支付方式，移动支付拥有随时随地和方便、快捷、安全等诸多特点，消费者只要拥有一部手机，就可以完成理财或交易，享受移动支付带来的便利。应用领域一般包括充值、缴费、小商品购买、银证业务、商场购物和网上服务等。

一、移动支付概述

1. 移动支付业务分类

(1)根据支付距离的远近，可以分为手机近端支付和手机远程支付

①手机近端支付：指用户利用近距离无线通信技术，如蓝牙红外、射频识别等技术，在商场POS终端、自动售货机、汽车停放收费表等终端设备完成支付。

②手机远程支付：指用户通过短信、手机上网等方式完成缴费、转账等的支付方式业务。

(2)根据支付金额的大小，可以分为小额支付和大额支付

①小额支付：指运营商与银行合作，建立预存费用的账户，用户通过移动通信的平台发出划账指令，代缴费用。

②大额支付：是指用户手机号码与银行账户绑定，用户通过多种方式对与手机绑定的银行卡进行操作，完成支付。

(3)按照支付媒介分类，可以分为电话账单的移动支付和手机电子钱包的移动支付

①电话账单的移动支付：交易费用直接从手机电话费中支出，用户交易结算所产生的费用和电话账单费用合并为一张账单。不需要银行及信用卡公司的介入，方便、快捷，适合于小额支付。

②手机电子钱包的移动支付：是将银行账户与手机号码绑定，手机用户可以通过发送短信、语音、GPRS等多种方式对自己的银行账户进行操作，完成查询、转账、消费等功能。支付密码与银行账户密码不同，保护资金安全，可用于大额支付。

　　另外，按照不同的业务模式，可以分为手机银行、手机钱包、终端POS机、手机圈存、手机一卡通等。

2. 移动支付的产业链成员

　　移动支付业务的产业链由标准的制定者、设备制造商、移动运营商、银行、移动支付服务提供商、商家、用户等多个环节组成。其中移动支付标准的制定者是指国家独立机构、国际组织和政府，它们负责标准的制定和统一，来协调各个环节的利益。

（1）用户

用户即移动支付者。支付者必须首先注册成为某个移动支付网络的手机支付业务用户，获得经支付网络认可的数字证书，将手机或其他移动终端通过移动网络与商家或支付网关相连，就可以利用手机完成方便快捷的在线支付。用户的需求是推进移动支付系统发展的主要原动力。

（2）商家

参与移动支付的商家在商场和零售店安装了移动支付系统，能为客户提供移动支付服务。对商家来说，能在一定程度上减少支付的中间环节，降低经营、服务和管理成本，提高支付的效率，获得更高的用户满意度。

（3）移动运营商

移动运营商的主要任务是搭建移动支付平台，为移动支付提供安全的通信渠道，它们是连接用户、金融机构和服务提供商的重要桥梁，在推动移动支付业务的发展中起着关键性的作用。目前，移动运营商能提供语音、SMS、WAP 等多种通信手段，并能为不同级别的支付业务提供不同等级的安全服务。

（4）金融机构

移动支付系统中的金融机构包括银行、信用卡发行行等组织，主要为移动支付平台建立一套完整、灵活的安全体系，从而保证用户支付过程的安全通畅。显然，与移动运营商相比，银行不仅拥有以现金、信用卡及支票为基础的支付系统，还拥有个人用户、商家资源。

（5）移动支付服务提供商

也叫作移动支付平台运营商。移动支付服务提供商作为银行和运营商之间的衔接环节，在移动支付业务的发展进程中发挥着十分重要的作用。独立的第三方移动支付服务提供商具有整合移动运营商和银行等各方面资源并协调各方面关系的能力，能为手机用户提供丰富的移动支付业务，吸引用户为应用支付各种费用。

（6）移动设备制造商

移动设备制造商在向移动运营商提供移动通信系统设备的同时，还推出了包括移动支付业务在内的数据业务平台和业务解决方案，这为移动运营商提供移动支付业务奠定了基础。从终端的角度来看，支持各种移动数据业务的手机不断推向市场，这为移动支付业务的不断发展创造了条件。

3. 移动支付的商业模式

正确的商业模式才有可能推动移动支付产业的成熟和发展。一个成功的移动支付商业模式，至少必须能为用户、商家、移动运营商和金融机构的利益共赢提供保证。

(1)按移动商务的参与方划分

基于对移动支付参与方的角色和需求，移动支付可分为如图 6-3 所示的 4 种。

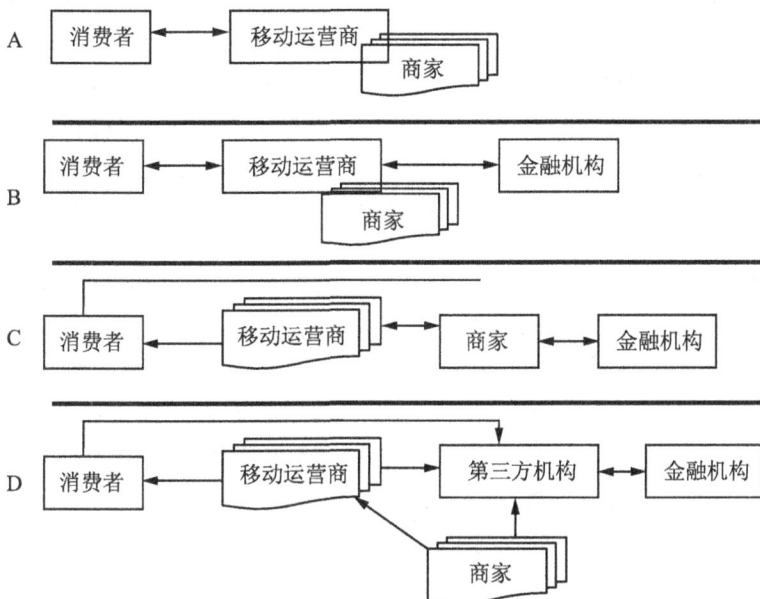

图 6-3 移动支付的 4 种商业模式

①简单的封闭支付模式。模式 A 代表了最简单的封闭模式，被大多数移动运营商所接受。此模式下，用户直接从移动运营商或以移动运营商作为前台的商家购买交易额不大的内容服务（通常是数字内容，如铃声下载、小游戏、天气预报、小额点卡等）。移动运营商会以用户的手机费账户或专门的小额账户作为移动支付账户，用户所发生的移动支付交易费用全部从用户的手机费账户或小额账户中扣减。这种模式不需要银行参与，技术实现简便。运营商需要承担部分金融机构的责任，如果发生大额交易则不符合国家的有关政策。因为无法对正规的交易业务出具发票，税务处理复杂等。

②有银行参与的移动支付。模式 B 中的移动运营商可以提供非数字内容业务，且交易额可以较大。在这种方式下，移动运营商需要与银行的合作，支付通过传统的银行账号（如银行卡），而不是移动话费账单来进行，典型的应用如缴纳水、电、煤气费。虽然这种模式下，为用户提供了更多的支付选择，但是移动运营商需要考虑用户的支付注册问题，并且要建立和金融机构的关系和支付业务接口。模式 B 可以被认为是模式 A 的自然扩展，模式 B 移动支付的内容比较受限，目前主要集中于缴费业务领域。

③直接购买的移动支付方式。模式 C 类似于基于 PC 的在线商店支付，可以称之为"直接购买"的支付方式。该模式下，用户与商家直接联系，由商家来处理和多个银行之

间的支付接口。商家为向更多的用户提供服务，须能够经过多个移动运营商接入。如果采用这种模式，运营商将不能从支付中取得任何收益，就如同固定电话网的运营商在基于 PC 的互联网支付中扮演的角色一样。当然，随着参与的移动运营商和可能的支付选项的增加，这种模式也缺乏灵活性。

④第三方机构参与的移动支付方式。模式 D 提供了一种由第三方机构参与的移动支付方式，可以称之为"中介"模式。移动支付平台提供商是独立于银行和移动运营商的第三方经济实体(同样也可以是由移动运营商或银行或移动运营商同银行合作创立的移动支付平台)，同时也是连接移动运营商、银行和商家的桥梁和纽带。通过移动支付平台提供商，用户可以轻松实现跨银行的移动支付服务。最典型的例子是欧洲的 Paybox，不论为用户提供服务的移动运营商是哪家，也不论用户的个人银行账号属于哪家银行，只要在 Paybox 登记注册后，就可以在该平台上得到丰富的移动支付服务。

该模式具有如下特点：各参与方之间分工明确、责任到位；平台提供商发挥着中介的作用，将各利益群体之间错综复杂的关系简单化；用户有了多种选择；在市场推广、技术研发、资金运作能力等方面，要求平台提供商有很高的行业号召力。

(2)以移动支付的运营主体划分

按照移动支付的运营主体不同，移动支付可以分为以下 4 类商业模式：

①以移动运营商为运营主体的移动支付业务。

②以银行为运营主体的移动支付业务。

③以运营商和银行或卡组织成立公司为运营主体的移动支付业务。

④以独立的第三方为运营主体的移动支付业务。

这 4 类模式各有优缺点，以移动运营商为运营主体的移动支付可以说是移动支付的早期模式，类似于上述的封闭支付模式，只局限于小额支付。目前，以银行为运营主体的移动支付业务大量推出，各家银行都借助于各自的银行网络优势提供手机银行业务服务，并采取优惠措施，鼓励用户采用手机支付。

事实上，在移动支付业务产业价值链中，移动运营商、银行、第三方服务提供商拥有各自不同的资源优势，只有彼此合理分工、密切合作，建立科学合理的移动支付业务的运作模式，才能推动移动支付业务的健康发展，实现各个环节之间的共赢。因此，以运营商和银行或卡组织合作成立公司为运营主体的移动支付业务和以独立的第三方为运营主体的移动支付业务将是未来移动支付业务的发展方向。

二、国内外移动支付的发展

支付体系是支撑经济社会中各项交易活动的金融基础设施。从支付体系演进的历史来看，影响一个国家支付体系改革的动力主要包括金融和非金融部门的发展、对支付工具"成本—收益"的权衡、支付体系风险意识的加强和对金融稳定的关注等。在支付体系的演进中，支付工具经历了逐步从商品—货币—纸币—支票—电子支付工具的转换过渡。

移动支付也是电子支付指令发起方式之一，其是指使用移动设备进行支付的服务方式，可以是通过互联网发送支付指令，或者是近距离传感连接发送支付指令。由于互联网本身有移动化的趋势，互联网支付和移动支付的界限变得模糊，银行和支付机构往往会同时提供 PC 端和移动端的产品，支持各种信息传输方式。智能手机的普及加快了移动支付的发展进程。

1. 国外的移动支付

欧洲国家的移动支付如其他产业一样，同时进军欧洲多国，所以欧洲品牌多数采用的是多国运营商联合运作的方式，即银行作为合作者但不参与运营。目前，主流的移动支付业务模式以远程为主，往往是通过 WAP(无线应用协议)、SMS(短消息业务)、IVR(交互语音应答)等方式接入来验证身份等，操作较为烦琐，不适用时间要求很高的支付行为，所以多用于 WAP 业务、电子票务、预购物等。近端支付方面则倾向于采用 SIM 卡作为近场支付的工具，以便更好地协调参与各方的利益，从而推进移动支付产业发展的进程。此外，NFC(近距离无线通信)也成为欧洲运营商主推业务。

日本最大的手机运营商 NTT DoCoMo 在 2004 年就已经推出第一款手机钱包，这种内置 FeliCa 芯片的 FeliCa 手机通过非接触式 1C 卡技术，把手机变成一个移动的电子钱包。该技术能够将个人或企业的信息、银行卡号等数据以安全的方式存储。该移动钱包主要应用于商店购物、公交乘车、各种票务、公司门禁卡、个人身份识别等多种应用，主要合作方包括全日空、东日本铁路公司、航空公司、票务公司 PIA、各种连锁店等。到 2005 年，NT TDoCoMo 收购日本银行三井住友的信用卡公司股权，进一步将手机支付业务渗透到消费信贷，推出 DCMX 品牌的移动信用卡，从而实现了手机钱包与银行信用卡的严格绑定，这种方式可以不需要再通过在线网银先向手机钱包充值再进行消费，而直接通过用户的信用额度进行透支支付。同时，日本的另外两大电信运营商 KDDI 和 Vodafone 也先后推出了基于 Felica 技术的手机支付业务，采取了类似于 NTT DoCoMo 的发展模式。由于这三家移动运营商都采用了 SONY 的 Felica 技术，为了实现读卡设备的相互操作，他们共同推进 Felica 成为标准，促进了日本整个手机支付行业的蓬勃发展，无论消费者使用的是哪家运营商的电话卡，都可以在全国数十万个支付应用受理点体验到手机刷卡支付的便捷服务。日本的移动运营商是移动支付服务的主要提供者和利益享有者；作为手机制造商和智能芯片开发商，SONY 增加了芯片的销售和手机的销售；参与移动支付的各种卡类组织，也增加了支付的渠道和支付的利润回扣；另外，各种支付终端的商户对移动支付的接受与参与也拓宽了客户的支付渠道。当然，最大的受益者应该是消费者，方便安全的支付手段为用户带来了购物消费的便捷，省去了携带现金和银行卡的不便。因而日本移动支付在多个层面得到了广泛的拥护,业务推广成功也就不足为奇了。

银行独家运营模式在韩国已形成规模,韩国银行业对移动支付的高度重视,也是韩国移动支付飞速发展的关键。银行独立运营,往往希望提供类似信用卡的方式,不需要SMS、WAP等方式反复身份验证,这样对终端就有了新的要求,消费者需要购买支持红外线的终端、上百万家的餐馆和商店需购置通过红外线读取手机信用卡的终端。所以该模式的顺利发展与其先进的技术、电子货币的普及、人们的观念、产业链的和谐发展是分不开的。但是,这仍要归功于这种成功的商业模式,正因为它实现了各环节的利益共享,才会为产业链中的各环节所接受,使得韩国成为在世界上移动支付领域最为成功的国家之一。

目前来看,虽然韩国、日本由于在电子、通信产品方面的先发优势使得其手机银行及移动支付业务发展较好,欧洲、美国由于技术上比较成熟移动支付也有长足发展,但总体而言,中国在移动支付方面已经走在世界前列。从市场需求角度看,发达国家银行卡和信用卡普及率非常高,移动支付只能提供一些边际上的效率改进;相反,在新兴国家,移动支付反而能够有效填补传统金融服务的不足。益普索(Ipsos)调查显示,中国和印度移动支付普及率达到77%和76%,而美国和德国的普及率为48%,日本仅为27%。从基础设施角度看,中国的4G网络已经覆盖了主要乡镇,而国外大多数国家,甚至许多发达国家的移动通信基础建设显著落后于中国。市场需求和基础设施两方面共同作用,使得中国的移动支付得以快速的实现和推广。

2. 中国移动支付的发展

(1)中国特色移动支付技术

近几年来,随着移动网络的普及,我国移动支付技术不断推陈出新,技术上紧跟国际发展,应用上也多有创新,产品技术、应用模式上的研究也非常深入。

国内的互联网公司极其关注创新支付技术并积极推广,如腾讯、阿里巴巴等都推出基于手机、互联网的支付工具,同时第三方支付公司也积极跟进。根据艾瑞咨询统计数据,2018年中国第三方移动支付市场交易总规模达190.5万亿元,同比增长58.4%。

纵观国内支付技术的发展,可以说,很多技术起源于国外,但结合中国国情后又进行了创新,并且在应用方面已经逐步领先于国外。

①SIMpass技术。SIMpass技术出现在2010年前后,是国内的智能卡厂商的技术专利,SIMpass技术在国内也被称为贴片卡技术。SIMpass技术主要是为了解决没有NFC模块的手机模拟刷卡的功能,实现的原理是借鉴了双界面IC卡的实现方式。

智能IC卡一般分为接触式和非接触式两种界面,接触式就是带有金属触点的IC卡,进行读写操作时,将IC卡插入终端设备内,使IC卡触点与终端内的触点一对一接触,通过这种物理连接实现对 IC 卡的读写操作；非接触式就是通过天线线圈耦合产生能量使 1C 芯片工作的一种方式，非接触式在读写操作时不与终端设备发生物理接触，所有通信在空中完成。

SIMpass 的实现方式是设计了一款双界面的 IC 芯片，将其封装成为手机 SIM 卡形式，将 SIM 卡上没有定义的触点(C4、C8)定义为非接触天线的接口，同时设计了一款 FPC 柔性天线，这个天线将 SIM 卡的触点(C4、C8)连接到 FPC 柔性天线上，天线的连接线绕过手机电池，放置在手机电池上面，盖上手机后盖后，实现了通过双界面 1C 卡模拟 NFC 手机卡仿真的功能，可以让此手机在刷卡终端上进行刷卡操作。

SIMpass 技术出现后，得到了国内众多公交领域企业的支持，很多城市的公交系统也进行了相应的技术和产品测试，也有一些城市测试后批量发行了一些产品，在 2014 年前后，国内有一定量的用户在使用。

SIMpass 技术对于在 NFC 模块没有成为手机标配模块的情况下，不失为一种很好的移动支付替代方案，但是目前国内使用此技术的设备、城市公交很少，主要原因是 SIMpass 技术的自身缺陷。一是对手机的限制很大，要求手机不能使用金属外壳、后盖可拆卸，但目前国内的手机大部分都使用了不可拆卸的金属后盖。二是适配手机型号有限，这种技术对手机的环境要求高，每一款手机要想使用这个技术必须进行测试、适配，可能需要重新定制 SIMPass 天线，比较复杂。三是 NFC 手机越来越多，目前带有 NFC 模块的手机型号越来越多，公交客户更愿意对此类手机进行适配。

综上所述，SIMpass 的方案是一个比较简便的替代，在 NFC 手机没成主流之前有一定优势，但智能手机作为时尚的消费类电子产品，更新快，样式多变，这也就注定了 SIMpass 的局限性。早期有部分城市公交卡采用了这种方式，但受手机限制，应用数量并不太多，应用场景也很受限。

②SD 卡支付技术。与 SIMpass 支付方式的历史时期和产生背景相同，SD 卡支付是中国银联主导的一种移动支付方案，目标也是在 NFC 手机不普及的情况下实现手机模拟刷卡功能。

SD 卡支付方案的原理是将安全模块和射频天线集成到 SD 卡上，SD 卡一般是指 Micro SD 卡，将 SD 卡置入手机的 SD 卡插槽，内置在 SD 上的 IC 芯片和天线可以在普通刷卡终端上进行刷卡交易，同时手机的操作系统上安装了管理的 App，通过 SD 卡的物理接口可以对内置在 SD 卡上的安全模块进行管理。

SD 卡支付方案对手机没有进行任何改动，只需要将 SD 卡置入手机的相应插槽内即可，与 SIMPass 方案相比，SD 卡支付方案更简便。由于 SD 卡支付方案实际推广方是中国银联，所以国内一些芯片厂商和支付类企业都积极参与了这个方案的推广。

在实际推广过程中，SD 卡支付方案遇到了与 SIMPass 方案同样的问题：一个是刷卡效果不理想，与手机的结构相关，金属后盖的手机刷卡效果尤其不好；另一个问题是智能手机开始不提供 SD 卡插槽。随着苹果手机的风靡，国内手机厂商纷纷效仿，固定手机内存，取消 SD 卡扩展槽位，金属外壳广泛使用，这也使 SD 卡支付方案慢慢被抛弃。

③RF-SIM 技术。考虑到手机模拟刷卡的需求以及主流手机终端的结构特性，为了改善刷卡效果，中国移动联合国民技术公司推出了 RF-SIM 移动支付方案。

RF-SIM 的射频基于 2.45G 超高频，本身具备远距离传输能力，并且由于频点高、波长短，所以也具备了一定的对金属等的穿透能力。RF-SIM 的这些能力使其具备了集成到手机内并实现稳定数据传输的能力。

通过对接收设备的调试，将 RF-SIM 的信号接收距离限制在 10 厘米左右，把射频芯片、功放、天线等集成到 SIM 卡中，通过手机为射频进行供电；在外部使用偶极子阵列天线实现与手机内 2.45G 射频芯片进行通信，模拟 13.56M 射频卡短距离信息传输模式，从而实现手机刷卡的功能。

RF-SIM 的移动支付方案既回避了 NFC 手机在中国尚未普及的问题，又实现了电信运营商通过手机端 SIM 卡实现对移动支付的相对控制权，应该说是电信运营商的一个极佳的移动支付解决方案。事实上，中国移动与中兴下属公司国民技术以及卡商东信和平、恒宝等厂商合作，中国联通、中国电信与厦门盛华电讯合作在国内取得了非常多的应用案例，其中最典型的是校园卡方案，电信运营商通过赠送手机、手机号的方式，使在校学生使用 RF-SIM 实现校园一卡通。

目前出于对技术安全性的考虑，2014 年中国移动支付标准出台后，对 RF-SIM 要求仅能在封闭环境内使用，不可作为全社会公开的支付方案使用，这对 RF-SIM 是致命打击。因此，目前这种方案仅存于校园一卡通领域，用于配合电信运营进行校园一卡通类项目建设。

④二维码支付技术。2013 年以来，二维码支付可以说在移动支付领域飞速发展，国内以支付宝、微信支付为代表，以支付简捷、便利、对移动设备依赖极少等特点见长。

二维码支付可以认为是标记支付技术的国产化。它的原理很简单，通过安装在智能手机内的 App，将用户账户以二维码的形式展示，每分钟变化一次；收费终端通过条码识别器扫描二维码获取用户账户信息，并通过网络向用户账户发起扣费操作。用户账户信息并非真实的银行账号或系统用户账号，而是一个随时间变化的数字，这个数据在服务器端与用户真实账号关联，扣款成功后此数据即在手机上变为新的数字，以保证每次扣款关系的数据不同，以此来确保用户账户的安全。简单分析可知，这个模式与 EMV 和苹果公司推崇的"标记支付"很类似，只不过在这个交易过程中没有银行的参与，只发生在扣款方、用户移动设备、用户后台账户之间。

二维码支付因为简单、快捷、不受银行限制等特点在中国倍受第三方支付公司喜爱。另外凭借着极低的交易手续费，二维码支付抢占了原来中国银联 POS 终端的传统市场，国内大部分的商场、餐厅都支持了二维码收款。二维码支付在国内蓬勃发展的同时，触角伸展到各行各业，如在支付宝进入了校园卡领域的同时，也积极寻求进入城市公交支付领域，国内个别城市也在探讨在公交车上使用二维码来进行扣款操作。

事实上，二维码支付与标记支付在安全方面差别很大，二维码自身无法抵御复制拍照等简单窃取操作。中央人民银行曾在 2014 年 3 月 13 日下发了文件叫停二维码支付，但是在国内强势的互联网金融公司的推动下，采用了一些密码技术改善了二维码安全强度，在安全层面有了一定的提升，二维码支付几乎成了目前支付技术的主流。

目前，二维码支付技术在国内小额支付领域达到了垄断地位，基于国内移动网络的发展，二维码的快捷体验得到了广大用户的接受，国内大到商场购物、公共事业交费等，小到街边小店都实现了二维码的支持。

那么，二维码就是小额支付的终结技术吗？肯定不是。随着智能终端设备以及 AI 技术的发展，相信以后还会有更便捷的支付技术出现。

(2)中国移动支付的发展趋势

根据人民银行统计口径，电子支付包括网上支付、电话支付和移动支付。其中网上支付作为传统电子支付形式，市场占比依然是最大的，但开始呈现下降趋势；电话支付的占比一直较小，处于萎缩之中；移动支付作为新兴的电子支付形式，占比在快速上升。

①移动支付市场正在快速成长。从全球来看，移动支付是一个高速增长的千亿美元市场。而在中国，移动支付则正处于爆发式增长期，各类移动支付手段层出不穷。移动支付被纳为 2014 年电子商务十大热点之一，2015 年更被称作移动支付元年。

2015 年 1 月，易观智库发布了《2014 年度中国互联网产业核心数据盘点报告》。报告显示，2014 年移动入口持续发力，"手淘"增长迅速，移动端第三方支付交易规模超 7 万亿元，移动支付环比暴增 5 倍。2014 年中国第三方支付企业互联网收单的规模达到 8 861 亿元，环比增长约 47.8%。

随着移动端对 PC 机的替代趋势越来越明显，移动支付已然成为互联网支付发展的重要方向。与此同时，电子商务从 B2B、B2C 向 O2O 方向发展，更加催生了支付宝、财付通等网络支付巨头竞相争夺移动支付市场。种种迹象表明，在政府监管部门的推动之下，移动支付迎来快速大发展的时机已经成熟。

②NFC 将成为移动支付发展的终极状态。从移动支付的发展历程来看，其经历了 3 个阶段，分别为移动互联网远程支付、O2O 电子商务支付和近场支付。

移动互联网远程支付，是一种把 PC 端照搬到移动互联网的模式，其典型代表为支付宝手机客户端、银行网银手机客户端。O2O 电子商务支付，其典型代表主要有 4 种，分别为二维码支付、声波支付、手机刷卡器支付和基于 LBS 技术的 iBeacon。其中，二维码是一种可读性的条形码，终端设备在扫描和识别了这些数据之后取得了支付数据，并借助网络实现远程支付。声波支付利用声波的传输，完成两个设备的近场识别，进而借助网络实现支付。手机刷卡器是读取磁条信息的外接设备，通过手机设备上的3.5mm音频插孔来传输数据。iBeacon技术是基于蓝牙4.0低能耗版协议所开发的技术，商家可通过部署iBeacon基站实现室内定位，但定位精度最高能达到1m，定位精度的不够导致其在支付领域困难重重，目前iBeacon在支付领域的应用还处在构想状态。而近场支付是指消费者在购买商品或服务时，即时通过手机向商家进行支付，支付的处理在现场进行，使用手机射频（NFC）、红外、蓝牙等通道，实现与自动售后机及POS机的本地通信。

比较发现，在近场支付技术中，NFC技术能耗低、安全性高、传输速度快、独立存储能力强，较iBeacon技术和红外技术具有明显的优势。作为移动支付的终极发展方向，NFC技术终将在今后主导移动支付，未来将成为移动支付发展的终极状态。

③移动支付倒逼传统银行自我革命。移动支付对传统银行体系带来的第一次冲击是脱媒效应，在不久的将来它将直接进入到银行业务领域，对传统银行带来第二波强有力的冲击。银行已经意识到危机，逐步将传统银行业务向平台化转换。在移动支付平台背景下，未来银行可能在以下3个方面进行附加金融业务的拓展：第一，余额理财业务。自余额宝始，发端于互联网的余额理财已经是较为成熟的互联网金融模式。在达到一定的市场认可度之后，余额理财会向产品多元化的方向发展，不同的流动性、安全性和收益性组合，可以提供多层次的产品。第二，消费信贷。基于客户的支付信息，移动支付平台也同样可以提供消费信贷服务，最可能的路径是选择类信用卡模式。第三，信用评估和信用增进。电子商务企业和第三方支付机构掌握大量的交易数据，而银行拥有更加专业的信用风险评估技术。两者在大数据层面的合作，可以诞生出面向互联网经济的信用评估产业。同样的，移动支付平台还可以为客户提供信用增进服务。对于交易、支付记录良好的用户，在没有财务报表、可抵押资产的情况下，也可能获得移动支付平台的担保，从而从其他金融机构那里得到融资。

互联网的快速普及和迅速发展将世界划分成了二元世界，即实体世界和虚拟世界；而互联网经济的快速发展将经济划分为实体经济和虚拟经济。传统银行在实体市场是资本融通的佼佼者，但是在互联网的浪潮下如果不能顺势而变，最终只会拱手让出市场，承担被替代的恶果。因此，在互联网浪潮下，自我革命才是传统银行正确的应对之路。

④移动支付将成"兵家必争之地"。移动互联网加速发展，相关的行业也经历着深刻的变革，而各商家均意图趁行业变革之际，率先进入移动互联领域，争夺市场份额。其中，移动支付这块大蛋糕，涉及金融业、餐饮业、零售业等多类行业，支持从线上到线下支付的多种应用场景，是重要的移动互联应用入口。

移动支付市场的快速发展主要取决于智能手机用户数量的增长、移动支付App的普及度以及移动支付的实际使用率 3 个要素。其中智能手机是移动支付的硬件基础，近两年来智能手机用户呈几何级数增长。"得入口者得用户"，拥有了用户便拥有了价值变现的可能。移动支付未来的变现方式有多种，比如在大数据时代，利用海量的用户支付数据，可以了解用户的消费偏好、消费能力和消费种类，以此为基础进行精准营销，可以获得任何时代都无法企及的高性价比营销收入。移动支付战略位置如此重要，因此也成为各商家争夺的重点。未来现金及银行卡交易将逐步被移动支付所取代已基本可以预见，移动支付趋势不可逆转。

（3）移动支付的商业运营模式

移动支付涉及交易金额、付款解决机制和支持技术，其利益相关者主要是技术提供商、服务提供商及移动支付使用者。其中技术提供商包括网络运营商、相关金融机构、移动技术开发者和移动设备制造者等；服务提供商包括移动内容开发者、移动内容整合者、采用移动支付的商家和机构、其他中介机构（如安全服务提供者）、移动支付解决方案提供者等；移动支付使用者是指接受移动支付的顾客，包括使用移动内容的顾客、使用移动支付方式购买传统服务的顾客及接受现有服务移动版的顾客等，三者均是移动支付业务的主要参与者，对移动支付产业的发展起着基础性的作用。

对应以上的利益相关者，形成了移动支付业务的金融机构、移动运营商和第三方支付平台三大关键实体。三者在争夺移动支付业务的过程中相互角力，形成了 4 种主要的商业模式，即金融机构主导的运营模式、移动运营商主导的运营模式、第三方支付平台主导的运营模式及金融机构和运营商合作的运营模式。由于移动支付业务涉及的利益相关者较多，三大关键实体的任何一方独立进行移动支付操作都比较困难，因而形成的商业模式主要是一方或几方主导。

下面介绍 4 种主要商业模式。

①金融机构为主导的商业模式，是指金融机构与移动运营商之间进行系统接入，用户可以直接通过银行卡账户支付款项，也可以将银行账号与手机账号绑定在一起进行支付的模式。在这种商业模式中，移动运营商基本不参与，仅仅是为用户和金融机构提供通信通道，金融机构在其中起主要作用，需要为用户提供付款途径和相应的交易平台。例如，中国银联推出的银联手机支付就是以手机中的金融智能卡为支付账户载体，以手机为支付信息处理终端的创新支付方式，它不仅将手机与银行卡合二为一，还把银行柜台"装进"持卡人的口袋，让用户可以随时随地登录中国银联手机支付客户端。这一方式为移动支付提供了一种更为安全、便捷的新型支付平台，使用户可以利用计算机（Web）、电话（IVR、WAP、SMS）、柜台（面对面）等多种途径进行支付，并通过移动电话进行实时信息互动，确保用户支付的安全。其于 2011 年推出的 NFC-SD 卡更是功能强大，将 NFC 技术与 Micro SD 卡进行了整合，可以同时实现现场支付与远程支付，目前已可以实现包括缴纳水、电、气费和话费充值，电影票的购买及机票预订等在内的多

项移动支付业务。

在这种商业模式下，金融机构的主要收入来源是从商家获得的每笔交易的服务佣金，移动运营商的主要收入来自消费者的通信费和金融机构支付的专网使用或租借费。以金融机构为主导的商业模式的缺陷是：资源浪费严重，每个银行均需要购买自己的设备并开放支付系统，成本比较高；对终端的要求高，要使用该移动支付业务，需要更换手机或者 STK 卡，用户的使用成本上升；银行之间互联互通较差，不利于该支付形式的长远发展。

②移动运营商为主导的商业模式，是指由移动运营商在手机账户中设置专门的账户作为移动支付账户，直接从用户的话费中扣除移动支付所需的交易费用。这种商业模式的特点是运营商直接与用户和商家建立连接，无须银行等金融机构的参与，技术成本很低。但是由于只是在话费中直接扣除，且很难区分手机话费和移动支付的其他费用，因而一般只用于小额支付。由于账户是支付过程的核心环节，因而运营商都倾向于建立自有账户，由运营商自身对账户进行管理和资金划账等。比如，用户下载手机铃声、游戏、小说等服务时，通过 SMS 或者 WAP 计费，将费用从用户的手机话费中直接扣减。这也是目前移动互联网行业中各公司，如新浪网和搜狐网等进行业务收费时主要采取的模式。但由于与国家金融政策发生冲突，无法进行大额支付，因此一般只支持小额支付，对于金额较大的支付，需要与银联或者第三方支付平台合作予以实现。

在这种商业模式下，收入主要来源于从商家获得的服务佣金和从消费者处获得的通信费，如果涉及金融机构的话，还需与金融机构按一定比例分成。该商业模式的优点是技术实现方便、操作简单；主要缺陷是不适用于对较大金额交易进行支付。

③第三方支付服务提供商为主体的商业模式，是指由独立于银行和移动运营商的第三方运营商利用移动运营商的通信网络资源和金融组织的各种支付卡，借助银联跨行结算合作门槛高的特点，与银行和移动运营商开展合作，借助手机的移动上网功能，利用手机客户端软件来实现无线支付，从而提供综合性的结算服务。第三方支付服务提供商是独立于移动运营商和金融机构之外的经济实体，有着独立的经营权，它一方面起着桥梁的作用，负责连接移动运营商、金融机构和用户，另一方面负责划分和结算用户银行账户和服务提供商账户。在这种模式下，第三方企业相当于建立了一个移动支付平台，只要用户通过平台进行注册，便可获得其提供的移动支付服务。例如，目前国内最大的第三方支付平台支付宝推出的手机客户端，便可实现查询、交费及转账等多种支付服务。用户只需在该支付平台上注册账号，将自己的手机和银行卡与其绑定，便可享受该平台提供的多种支付服务。当前，在中国以支付宝、财付通为主的第三方支付平台正在靠庞大的用户群不断发展成为控制终端消费人群的支付工具。2010 年 6 月，央行公布《非金融机构支付服务管理办法》，规定未经中国人民银行批准，任何非金融机构和个人不得从事或变相从事支付业务。该方法自 2010 年 9 月 1 日起正式施行，表明对国内第三

方支付行业正式实施监管。

在这种商业模式下，第三方支付服务提供商的收益来源主要是用户的业务使用费和银行、移动运营商和商户的设备、技术使用许可费，其中收取的用户业务使用费还需与银行和移动运营商进行分成。相较于前两种商业模式，第三方支付服务提供商为主体的商业模式最大的优点是能利用其支付平台，将移动运营商、服务提供商、金融机构和平台运营商进行明确分工，优化各参与者之间错综复杂的关系从而提高整体运作效率；与各金融机构和运营商开展合作，能为消费者提供跨银行和运营商的移动支付服务；缺点就是需要协调各方资源和利益的关系，无形中增加了自身的运营成本和工作量，且在市场、资金、技术和能力等方面均对第三方有较高的要求。

④金融机构与运营商合作模式，这是目前使用最为广泛的模式，且在日本和韩国已经取得了成功。这种模式下的运营商借助自身拥有的用户优势保障通信技术的安全，银行则负责提供安全的移动支付和信用管理服务，这样既可以增强风险的承受力，又可以放宽支付额度，有利于在市场的推广。这种模式下的一般流程是，用户先将自己的手机号和银行卡等用户支付账号进行绑定，然后在交易过程中通过 WAP、语音、短信等多种方式，利用银行卡等账户进行支付。其中，移动运营商是技术方面的强者，银行是信用管理方面的强者，两者合作属于强强联手，优势十分明显。中国国内典型的案例就是由中国移动和银联联合推出的"手机钱包"业务。它将客户的手机号码与有银联标志的借记卡进行绑定，通过手机短信等操作方式便可以随时随地为拥有银联标志借记卡的中国移动手机用户提供方便的个性化金融服务和快捷的支付渠道。同时，它也具备手机支付用户的基础功能．即利用绑定的银行卡可以为手机支付账户充值以实现移动支付。该项业务是基于无线射频识别技术（RFID）的小额电子钱包业务，用户在开通该业务后，即可在中国移动营业厅更换一张手机钱包卡（支持 RFID 功能的专用 SIM 卡，该卡比原 SIM 卡增加了终端刷卡功能），凭此卡可以使用手机在布放有中国移动专用 POS 机的商家（如便利店、商场、超市和公交车）进行现场刷卡消费。目前其支持的业务已涵盖软件付费、邮箱付费、数字点卡的购买、手机保险、电子杂志等多个领域。

该商业模式下的收益来源与移动运营商为主导的商业模式下的收入来源类似，均是从商家获得的服务佣金和从消费者处获得的通信费，两者按一定比例进行分成。该模式的优势是合作双方均有核心产品，两者建立战略合作关系能增强对移动支付产业链的控制力度，有利于移动支付业务的长远发展。

三、微信在线支付系统

1. 微信支付概述

微信支付是由腾讯公司知名即时通信服务聊天软件微信（WeChat）及腾讯旗下第三

方支付平台财付通(Tenpay)联合推出的互联网创新支付产品。微信支付是集成在微信客户端的支付功能，用户可以通过手机完成快速的支付流程。微信支付以绑定银行卡的快捷支付为基础，向用户提供安全、快捷、高效的支付服务。用户只需在微信中关联一张银行卡，并完成身份认证，即可将装有微信 App 的智能手机变成一个全能钱包，之后便可购买合作商户的商品及服务。已开通接口银行包括中国银行、工商银行、建设银行、招商银行、深圳发展银行、宁波银行、光大银行、中信银行、农业银行、广发银行、平安银行、兴业银行、民生银行等绝大部分银行，其他银行仍在陆续接入中。用户在支付时只需在自己的智能手机上输入密码，无须任何刷卡步骤即可完成支付，整个过程简便流畅。

2014 年 9 月 26 日，腾讯公司发布的腾讯手机管家 5.1 版本为微信支付打造了"手机管家软件锁"，在安全入口上独创了"微信支付加密"功能，大大提高了微信支付的安全性。2016 年 3 月 1 日起，微信支付调整手续费收费政策，转账交易恢复免费，对超额提现交易收取手续费。2017 年 5 月 4 日，微信支付携手 CITCON 正式进军美国。8 月 29 日，微信支付正式支持用户在中国(不包括港澳台地区)的 App Store 进行选购或订阅 Apple Music。

有了微信支付，用户的智能手机成为一个全能钱包，用户不仅可以通过微信与好友进行沟通和分享，还可以通过微信支付购买合作商户的商品及服务。

2. 微信支付流程

微信支付的使用流程如下：

第一，首次使用，需用微信"扫一扫"扫描商品二维码或直接点击微信官方认证公众号的购买链接；

第二，点击立即购买，首次使用会有微信安全支付弹层弹出；

第三，点击立即支付，提示添加银行卡；

第四，填写相关信息，验证手机号；

第五，两次输入，完成设置支付密码，购买成功。

3. 微信支付系统应用方式

微信支付具有非常好的应用，具体如下所述：

①线下扫码支付。用户扫描线下静态的二维码，即可生成微信支付交易页面，完成交易流程。

②Web 扫码支付。用户扫描 PC 端二维码跳转至微信支付交易页面，完成交易流程。

③公众号支付。用户在微信中关注商户的微信公众号，在商户的微信公众号内完成商品和服务的支付购买。

④其他方式。目前已经支持微信支付的有 QQ 充值、腾讯充值中心、广东联通、印

美图、麦当劳、微团购等。以 QQ 充值为例(已完成首次使用微信支付绑卡):

首先,关注"服务号"QQ 充值,点击功能菜单中的"充话费"进入充值页面。

其次,填写手机号并选择充值金额,立即充值。

接着,输入微信支付密码。

最后,支付成功,7 秒内收到成功充值确认短信。

4. 微信支付的安全保障

在安全保障方面,微信支付有五大安全保障为用户提供安全防护和客户服务。

①技术保障:微信支付后台有腾讯的大数据支撑,海量的数据和云计算能够及时判定用户的支付行为是否存在风险。基于大数据和云计算的全方位的身份保护,最大限度保证用户交易的安全性。同时微信安全支付认证和提醒,从技术上保障交易的每个环节的安全。

②客户服务:7×24 小时客户服务,加上微信客服,及时为用户排忧解难。同时为微信支付开辟的专属客服通道,以最快的速度响应用户提出的问题并做出处理判断。

③业态联盟:基于智能手机的微信支付,将受到多个手机安全应用厂商的保护,如腾讯手机管家等,将与微信支付一道形成安全支付的业态联盟。

④安全机制:微信支付从产品体验的各个环节考虑用户心理感受,形成了整套安全机制和手段。这些机制和手段包括:硬件锁、支付密码验证、终端异常判断、交易异常实时监控、交易紧急冻结等。这一整套的机制将对用户形成全方位的安全保护。

⑤赔付支持:如果出现账户被盗、被骗等情况,经核实确为微信支付的责任后,微信支付将在第一时间进行赔付,对于其他原因造成的被盗、被骗,微信支付将配合警方积极提供相关的证明和必要的技术支持,帮用户追讨损失。

第三节　网上安全支付模式

通过互联网在 Web 站点上进行的网上交易是一种全新的交易方式。电子商务之前的传统的商品交易,是消费者与商家面对面的直接交易。直接商品交易可面对面地使用直接支付工具,包括使用现金、支票和银行卡。但在电子商务中,买方和卖方无法直接支付,款项需要通过支付网络才能完成结算,最终完成网上交易。为了实现安全的网络支付,需要采取多种信息安全技术。各国相继研究制定并实施了一系列网上支付安全协议与体系标准,主要包括 SET 协议、SSL 协议、X.509 协议、X.500 协议以及 PKI 安全体系等。其中 SET 和 SSL 已被广泛接受和运用在国际及国内的网上支付中。本节主要对基于 SSL 协议、SET 协议以及 PKI 安全体系的不同网上支付模式进行分析,并讨论了移动支付的安全。

一、SSL 安全支付

1. SSL 安全支付原理

SSL 安全支付模式，就是在电子交易过程中进行网上支付时遵守 SSL 协议的安全通信与控制机制，通过 SSL 协议实现即时、安全可靠的在线支付。

SSL 协议是目前安全电子商务交易中使用最多的协议之一。SSL 协议的设计目的是保证互联网信息传递的保密性，而并不是专门用于电子支付的技术。在电子交易过程中，通过 SSL 协议建立消费者和商家之间的联系，其客户端的浏览器与商家服务器通过一个加密的安全通道进行信息交换，第三者无法通过窃听的方式把得到的加密数据还原成明文。

SSL 协议在 Internet 网络层次中的应用层和传输层之间实现。SSL 协议不是单个协议，而是两层协议，包含套接层 SSL 记录协议和封装在应用层的 SSL 握手协议、SSL 更改密文规范协议、SSL 告警协议和 SSL 应用数据协议。

SSL 协议的优势在于它是与应用层协议独立无关的。高层的应用层协议（如 HTTP、FTP、Telnet 等）能透明地建立于 SSL 协议之上。SSL 协议在应用层协议通信之前就已经通过 SSL 记录协议完成加密算法、通信密钥的协商以及服务器认证工作。在此之后应用层协议所传送的数据都会被加密，从而保证通信的安全性。

2. SSL 的工作过程

SSL 的工作过程如图 6-4 所示。其中各个步骤的作用如下。

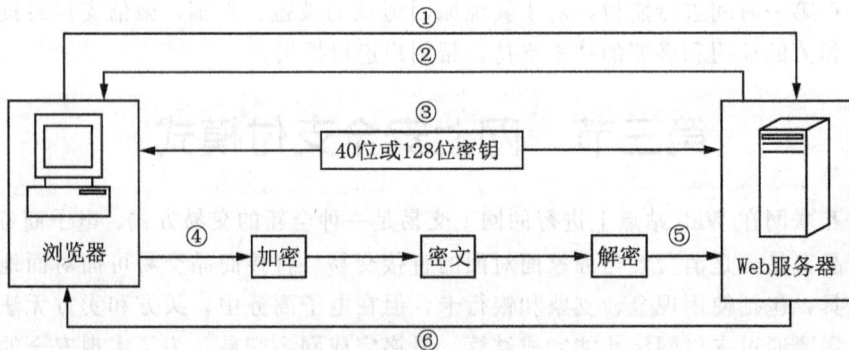

图 6-4　SSL 的工作过程

①浏览器请示与服务器建立安全会话。

②浏览器与 Web 服务器交换密钥证书以便双方相互确认。

③Web 服务器与浏览器协商密钥位数（40 位或 128 位）；客户机提供自己支持的所有

算法清单，服务器选择它认为最有效的密码。

④浏览器将产生的会话密钥用 Web 服务器的公钥加密传给 Web 服务器。

⑤Web 服务器用自己的私钥解密。

⑥Web 服务器和浏览器用会话密钥加密和解密，实现加密传输。

3. SSL 提供的 3 种基本的安全服务

SSL 提供 3 种基本的安全服务，它们都是使用公开密钥技术。

①信息保密。通过使用公开密钥和对称密钥技术以达到数据加密。SSL 客户机和 SSL 服务器之间的所有业务使用在 SSL 握手过程中建立的密钥和算法进行加密。这样就防止了某些用户非法窃听。即使捕捉到通信的内容，也无法破译。

②信息完整。如果 Internet 成为可行的电子商务平台，应确保服务器和客户机之间的信息内容免受破坏。SSL 利用机密共享和 Hash 函数组提供信息完整性服务。

③相互认证。这是客户机和服务器相互识别的过程。它们的识别号用公开密钥编码，并在 SSL 握手时交换各自的识别号。

4. SSL 协议的优缺点

①有效防止冒名顶替。为了验证密钥证书持有者是其用户而不是冒名用户，SSL 要求密钥证书持有者在握手时对交换数据进行数字式标识。密钥证书持有者对包括密钥证书的所有信息数据进行标识，以说明自己是密钥证书的合法持有者。这样就防止了其他用户冒名使用密钥证书。密钥证书本身并不提供认证，只有密钥证书和密钥一起才起作用。

②安全的对话过程。SSL 的安全性服务对客户做到尽可能透明。一般情况下，用户只需单击屏幕上的一个按钮或连接就可以与 SSL 的主机相连。当客户机连接 SSL 主机时，首先初始化握手协议，以建立一个 SSL 对话时段。握手结束后，将对通信加密，并检查信息完整性，直到这个对话时段结束为止。当前，大多数 Web 服务器均可以提供对 SSL 协议的支持。

③缺乏对商家认证。SSL 协议运行的基点是商家对客户信息保密的承诺。从上述流程中可以注意到，SSL 协议有利于商家而不利于客户。客户的信息首先传给商家，商家阅读后再传给银行，这样，客户资料的安全性便受到威胁。商家认证客户是必要的，但在整个过程中，缺少了客户对商家的认证。在电子商务的开始阶段，由于参与电子商务的公司大都是一些大公司，信誉较高，这个问题没有引起人们的重视。随着电子商务参与的商家迅速增加，对商家的认证问题越来越突出，SSL 协议的缺点暴露出来。但是 SSL 在信息传递上的安全性，刚好适应了电子支付的需要。又由于其使用简单，处理步骤少，速度快，所以虽然存在较大的安全性漏洞，但依然被广泛地应用于网上支付中。

5. SSL 协议在电子商务中的应用

SSL 协议作为 HTTP 网络安全传输中事实上的工业标准，被目前国际上的许多大型厂商支持，并广泛应用于支持电子商务的各类应用系统中。当前主流的客户端浏览器和 Web 服务器大都支持 SSL 协议，银行以及支付网关也都研发了大量支持 SSL 协议的应用服务与产品。

要实现客户浏览器与商家服务器之间在 SSL 协议下的信息传输，需要在 Web 服务器端安装支持 SSL 协议的 Web 服务器证书，并将 URL 中的"http://"改成"https://"。如果客户端也要求安装支持 SSL 协议的客户端证书，则称为双向认证；如果不要求客户端安装支持 SSL 协议的证书，则称为单向认证。

(1)商家的选择

商家在互联网上与客户联系的目的是处理两类业务，第一是接受订单，然后是支持网上支付。一般中小规模的网商并不认为处理订单信息的过程需要较高级别的安全协议，一般情况下第一类业务没有必要使用 SSL 协议。但作为一个网上商家首先要解决安全在线支付问题，解决办法有两种。

①直接与某银行合作，接到银行的支付接口，就可以支持该银行提供给银行卡用户网上支付服务了。比如招商银行的"一卡通"、建设银行的"龙卡"等。银行往往欢迎与这种特约商户联盟，因为它要收取一定的服务费，另外这也增加了它的客户群、推广了它的银行卡。但由于各银行的支付接口并不统一，对于商家来说，要实现与多家银行的连接并不现实。

②利用网上支付平台。商家在网上支付平台申请商家账户，这也是目前发展较快的第三方支付模式，如美国的 Paypal 和中国的支付宝、安付通等。统一的网上支付平台屏蔽了各个银行支付接口上的差别，为所有的商家提供统一网上支付接口，降低了商家在支付环节上的技术难度，有效地解决了网商在实现网上支付业务中安全在线支付问题。

(2)网上支付平台

①网上支付平台的 SSL 协议应用。网上支付平台的服务器端一般安装的是全球著名认证中心的 SSL 协议证书，客户端浏览器发送请求时使用 https 协议，通过客户端浏览器与支付平台的服务器之间的所有信息往来都使用 SSL 协议加密。

②网上支付平台提供的服务。网上支付平台根据商家注册信息验证商家身份的合法性，接受商家的支付请求；根据商家提供的客户购物信息要求客户通过支付平台提供的页面在线填写银行卡和本次支付的相关内容，再通过银行的支付网关发给银行专用网络。

③网上支付平台的安全保密性。网上支付平台是通过银行的支付网关进行操作的，安全性由银行方面负责。支付平台并不保存或处理客户的银行卡信息。即当客户在线填写银行卡和支付的相关内容时，已经到达银行的支付网关，因此不用担心个人的敏感信息会泄露给商家或支付平台。

(3)基于支付平台的网上支付流程

统一支付接口的第三方网上支付平台可以支持多种银行卡的网上支付，为从事电子商务的商家和客户提供网上在线交易的支付接口，作为商家、银行和消费者之间的桥梁，既提供了支付安全的保证，又省去了银行和商家之间的接口不统一给支付过程带来的高成本。基于 SSL 协议的支付流程如图 6-5所示。

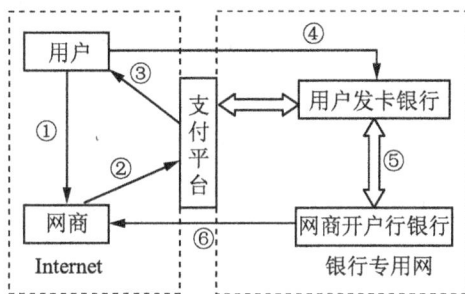

图 6-5　基于 SSL 协议的支付过程

①客户在商家选购商品，生成订单。

②商家将订单发送给支付平台。

③支付平台接受支付请求，要求顾客选择支付购物款所用的银行卡种类。

④支付平台根据客户的选择连接相关银行的加密页面，由客户填写银行卡信息和支付信息，直接提交到发卡银行。

⑤发卡银行首先进行交易合法性检验，然后查询客户的账户信息，将支付请求的款额从客户的账户中扣除，并通过银行的专用网络将资金转到商家的开户银行。

⑥收单行将款项到账的消息通知商家，商家给客户发货。

二、SET 安全支付

1. SET 安全支付的目标

基于 SET 协议机制的安全支付模式，就是指在电子商务过程中进行网上支付时遵守 SET 协议的安全通信与控制机制，通过它实现即时、安全、可靠的在线支付。在这种支付模式中，运用了一系列先进的安全技术与身份认证手段，如私有密钥加密、公开密钥加密、数字摘要、数字签名和双重签名、数字证书等。SET 协议的作用，是为要达到在线的安全交易，安全电子交易的目的是提供信息的保密性，确保付款的完整性和能对商家及持卡人进行身份验证(authentication)，而实施 SET 机制可以做到：

①能确保客户支付信息的安全，对付款信息及订单信息能分别保密和发送。

②能确保所有支付信息的完整性。

③能保护商家利益，确保客户发送的信息不可抵赖。

④能验证商家是该信用卡发卡行的合法特约商家。

⑤能验证付款人是信用卡的合法使用者。

⑥建立一个协议，该协议上的交易通道并不依赖传输安全机制。

⑦能在不同平台上及不同网络系统上使用，尤其适合在互联网上的信用卡支付。

SET 协议为了达到上述目标，需要一个权威的认证机构对所有参与交易的成员进行认证，同时利用公钥体制对传递的信息进行加密。在 SET 协议中对认证过程有严格的要求，如图 6-6 所示。

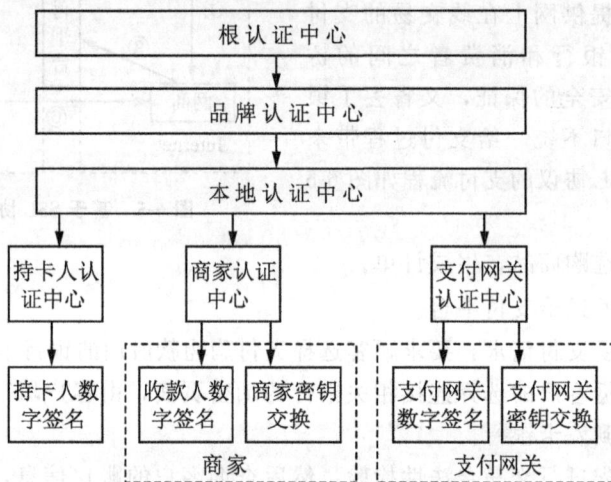

图 6-6　SET 支付模式的分层次认证示意图

图 6-6 中的本地认证中心并不一定存在，品牌认证中心可以直接认证付款人、收款人及金融机构。而无论是付款人、收款人还是收单银行，都需要分别经过持卡人认证中心、商家认证中心和支付网关认证中心的认证才能参与交易。

2. 基于 SET 协议的安全支付过程

在 SET 协议环境下利用信用卡进行网上支付时，需要在客户端安装一个专用的客户端软件，同时在商家服务器端安装商家服务器端软件，在支付网关安装对应的网关转换软件等。各参与方还要事先下载一个证实自己真实身份的数字证书，借此获取自己的公开密钥和私有密钥对，并且把公开密钥在系统中公开。

根据图 6-7 所示的 SET 协议的工作流程，可将 SET 协议的支付过程分为 3 个部分。

①SET 协议工作前。消费者使用浏览器在商家的 Web 主页上浏览商品，并选择要购买的商品，在线填写订单，并选择付款方式。

②SET 开始介入。消费者发送给商家一个完整的订单及要求付款的指令；商家接受订单后，通过支付网关向消费者的金融机构请求支付认可；经银行及发卡机构确认后，批准交易，然后返回确认信息给商家；商家发送订单确认信息给顾客；顾客端软件可记录交易日志。SET 工作结束。

③商家给顾客发运货物，可以立即请求银行将购物者的账款转移到商家的账户，也可以等到某个时间，请求成批划账处理。

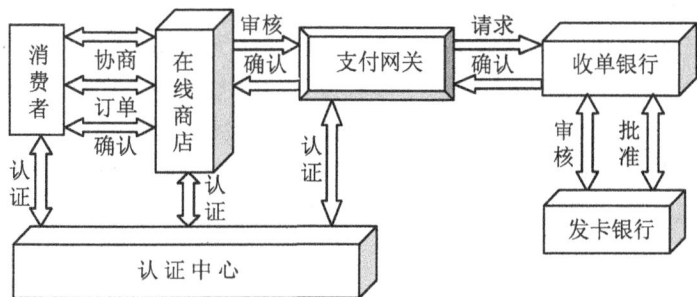

图 6-7 基于 SET 协议的支付工作流程

3. SET 支付过程采取的安全措施

①使用数字信封保证信息的机密性。SET 在一个数据封套中使用对称和非对称两种加密技术和算法来提供数据的机密性。发送方将信息用 DES 加密，并将 DES 对称密钥用接收方的公钥加密，形成信息的"数据信封"，将数字信封与 DES 加密后的信息一起发给接收方，接收方收到信息后，先用其密钥打开数字信封，得到发送方的 DES 对称密钥，再用此对称密钥去解开数据。只有用接收方的 RSA 密钥才能打开此数据信封，确保了接收方的身份。

②应用数字签名技术进行鉴别。数字签名在 SET 协议中一个重要的应用就是双重签名。在交易中持卡人发往银行的支付指令是通过商家转发的，为了避免在交易的过程中商家窃取持卡人的信用卡信息，以及避免银行跟踪持卡人的行为，侵犯消费者隐私，但同时又不能影响商家和银行对持卡人所发信息的合理的验证，只有当商家同意持卡人的购买请求后，才会让银行给商家付费。SET 协议采用双重签名来解决这个问题。使商家只能看到订单信息，而银行则只能看到支付信息。

③使用数字证书来提供信任。SET 协议使用数字证书来提供信任。SET 协议中主要的证书是持卡人证书和商家证书。除此之外，还有支付网关证书、银行证书、发卡机构证书。

在网上购物实现中，持卡人的证书与发卡机构的证书关联，而发卡机构的证书通过不同品牌的证书连到根 CA，而根的公开密钥对所有的 SET 软件都是已知的，可以校验每一个证书。

持卡人可从公开媒体上获得商家的公开密钥，但持卡人无法确定商家不是冒充的，于是持卡人请求 CA 对商家认证。CA 对商家进行调查、验证和鉴别后，将包含商家公开密钥的证书经过数字签名传给持卡人。同样，商家也可对持卡人进行验证。

SET 对处理过程中的通信协议、请求信息的格式、数据类型的定义等，都有明确的规定。在操作的每一步，持卡人、商家、网关都通过 CA 来验证通信主体的身份，以确保通信的对方不是冒名顶替的。

④应用数字摘要保证数据完整性。SET 协议中采用传输数据产生的完整性数值（Hash 值）来验证数据从发送方传输到接收方是否未经篡改。SET 在支付应用中将数字摘要和数字签名一起结合使用，允许信息的接收方验证数据的来源和完整性，防止伪造和篡改。在 SET 结构中，一个数字签名是采用发送方私有密钥加密的 Hash 值，该 Hash 值提供信息数据的完整性。如果支付信息被修改，则其 Hash 值不同，可发现数据被篡改。

三、基于 PKI 体系的安全支付

如前所述，SSL 协议以其便捷和可以满足现实要求的安全性得到了不少用户的认可，但 SSL 协议只是简单地建立起了通信双方的安全连接，由于无法解决多方认证问题，缺乏一套完整的认证体系，不能提供完备的防抵赖功能，在支付应用中存在着客户信息无法得到保障、商家容易受到欺骗等安全隐患。而 SET 协议不仅能加密两个端点之间的对话，还可以加密多个信息和解决多方认证问题，安全性能高，但它操作复杂、对用户的要求高、运行成本高，在互联网上应用的推广有难度。为了推出一个既方便易用，又能有效地认证交易各方的身份，还具有防抵赖和保护各方信息的安全支付系统，建设基于 PKI 和 SSL 协议的支付系统解决方案成为目前人们关注的主流。

1. PKI 简介

PKI 是基于公钥加密算法和技术，为网上通信提供安全服务的基础设施，其核心元素是数字证书，核心执行者是 CA 认证机构。PKI 的主要目的是通过自动管理密钥和证书，为用户建立起一个安全的网络运行环境，使用户可以在多种应用环境下方便地使用加密和数字签名技术，从而保证网上数据的机密性、完整性和有效性。数据的机密性是指数据在传输过程中，不能被非授权者偷看，数据的完整性是指数据在传输过程中不能被非法篡改，数据的有效性是指数据不能被否认。因此，PKI 系统能有效地解决 SSL 协议不能解决的问题。即为交易的各方审批和发放数字证书、管理密钥，并支持多方面的交叉认证。

由于 PKI 体系结构是目前比较成熟的互连网络安全解决方案，基于 PKI 的网络安全产品较多，也为电子商务的发展提供完整的网络安全解决方案奠定了很好的基础，为 PKI 体系与 SSL 协议的结合提供了标准化的基础的环境。

2. 基于 PKI 和 SSL 协议的安全网上支付系统

①建设统一网关。基于 PKI 的方案，首先应建设统一的支付网关，这个网关提供银行的标准接口，并通过互联网与商户连接。由于中国银联银行卡交换中心的跨行交易系统覆盖面广、运行稳定，能够准确、及时地实现发卡行与收单行之间的划账清算，已经

成为我国电子支付平台支付网关的首选。

②安装数字证书。商家事先要在某商业银行开立结算账户，持卡人客户通过互联网与商家网站连接。银联支付网关和商户网站安装服务器证书，持卡人客户安装个人普通证书。

③采用 SSL 协议。持卡人与商家之间采用 SSL 协议，实现点对点的连接和认证；商家和支付网关之间采用 SSL 协议，实现点对点连接和认证，即整个连接是两次点对点通信和交易连接。

基于 PKI 和 SSL 协议的网上支付系统，因为对支付网关、商家和客户均进行了认证，并且消费者的支付信息直接通过 SSL 协议，点对点地传给可信任的第三方支付网关，因此在很大程度上保障了消费者的利益，极大地方便了网上支付。

3. PKI 与 SSL 结合的网上支付流程

这种基于 PKI，采用 SSL 协议，通过两次点对点通信和交易连接，实现网上 B2C 交易的支付流程如图 6-8 所示。

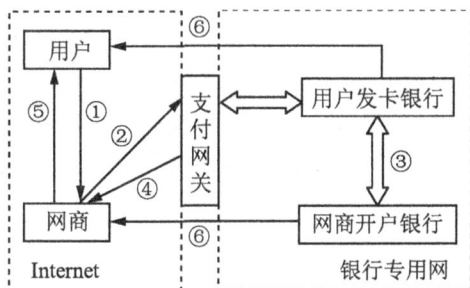

图 6-8　PKI 与 SSL 协议结合的支付过程

①持卡人登录商家网站，浏览商品，填写购物订单信息及银行卡支付信息，数字签名后发送到商家网站服务器。

②商家验证持卡人的订单签名，确认后商家将支付信息转发给银联支付网关，银联支付网关将网上通信格式转换为银行内部格式后转送后台进行信息转接并进行传统授权处理。

③银联信息交换中心将支付信息按传统授权，即收单行向发卡行要求授权，然后，发卡行通过银联信用卡网络向收单行发送授权。

④银联支付网关将交易授权结果返回给商户。

⑤商户将交易扣款成功信息返回给持卡人，持卡人等待商家的配送。

⑥用户发卡行和商家开户行分别向用户和商家发送支付与到账信息。

4. 该系统的特点

基于 PKI 和 SSL 协议的网上支付系统具有以下特点。

①系统安全性高，因为目前黑客尚不能攻破 PKI 机制。

②具有数据完整性、数据保密性功能。

③利用数字签名技术，可以有效防止交易各方对发送信息的抵赖。

④采用了证书机制，网上身份认证采用的是强认证机制，确保交易各方的合法身份。

⑤发扬了 SSL 协议端对端信息传递的安全性和交易过程快捷方便的特点。

⑥虽然与 SET 协议相比，大大降低了交易的复杂性，提高了交易效率，但由于客户端需要安装数字证书，客户的使用成本仍然较高。

第四节　移动安全支付

1. 移动支付面临的风险

移动支付所提供的方便与快捷是众所周知的，然而这样的便利如果需要以牺牲安全性为代价，恐怕将难以吸引任何一个用户。移动支付有各种安全方面的风险，因此首先我们必须正确地认识移动支付的风险。在进行移动付款时，买方、卖方、付款服务提供方之间必须相互交换与付款相关的信息，在整个过程中，移动支付可能面临的风险主要有 3 类。

①交易者身份被冒用。

②交易资料（如付款卡或账号等私人资料）的传输被窃取或修改。

③交易者否认曾经进行过的交易。

2. 安全移动交易系统特征

①交易双方身份的认证。

②资料信息的私密性。

③资料信息的一致性、完整性。

④不可否认性。

以上安全问题在电子商务环境下是类似的，但是由于移动通信的通信介质为开放的空间，因此移动商务的安全问题可能要更加严重。可以看到，安全性是移动支付最重要的一个要求，但除此之外还必须考虑移动支付所牵涉到的经济因素以及社会因素。所谓经济因素，就是指人们在使用移动支付这一支付方式时，通常会考虑使用移动支付的成本是否足够低，电子货币能否与真实货币进行转换，到底有多少人也在使用移动支付这种方式等问题。而所谓社会因素，就是指使用移动支付是否会侵犯到个人的隐私，是否方便等等。

3. 移动支付标准

移动支付问题是移动商务中的关键问题，为移动付款机制制定标准是移动商务成功的基石。实现安全、准确的支付是用户和服务商最关心的问题。

目前有 3 个重要的移动付款的标准化国际组织：全球移动商务兼容性小组（Global Mobile Commerce Interoperability Group，GMCIG）、移动电子交易小组（Mobile Electronic Transaction，MET）和 Mobey 论坛。其中 MET 已经加入了 GMCIG 参与制定兼容性标准。

Mobey 论坛形成于 2000 年 5 月，旨在鼓励人们使用移动付款、处理金融机构提供的银行业务和无线证券交易。金融机构和手机厂商都可以成为 Mobey 的成员。为这些组织提供资金支持的机构有爱立信、摩托罗拉、诺基亚、德意志银行和 VISA 等公司。

GMCIG 由移动业大公司（如诺基亚和西门子）和金融机构（如德意志银行）以及支付卡公司（如 MasterCard）赞助，成员包括信用卡公司、电信网络运营商、移动设备生产商、移动技术开发商、内容提供商以及金融机构，是一家非营利性机构，致力于开发安全的、可互用的移动付款标准。

GMCIG 的工作已经为无线标准化组织，如欧洲通信标准协会（ETSI）和 WAP 论坛采用，获得了广泛认可。GMCIG 的文档中，介绍了如何在开放式的移动网络上进行数字化移动付款、如何使用移动设备进行远程付款等内容。

远程移动钱包标准（Remote M-Wallet standards）介绍了 GMCIG 的移动付款模型。该模型着重突出了安全交易和不同设备上用户体验的一致性。GMCIG 模型的核心是远程钱包服务器，服务器内有一个用户信息数据库。要想建立一个移动钱包账户，用户应访问钱包供应商的网站，并输入账单信息和送货信息。用户必须提交一个密码或者使用手机的 SIM 卡作为身份标识。远程移动钱包交易模型如图 6-9 所示。

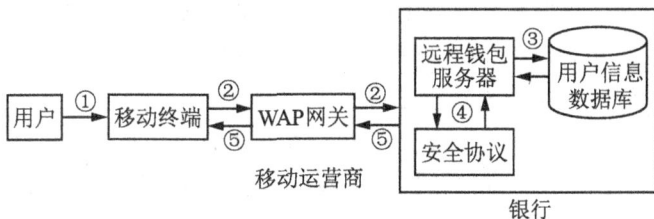

图 6-9　远程移动钱包交易模型

①用户填写一个付款申请，一是可以向远程钱包服务器表明付款意图，二是可以给出付款信息。

②用户信息在手机内加密，通过移动运营商的 WAP 网关发送给已经接入互联网的远程钱包服务器。WAP 网关用于将 WAP 转换为 HTTP 协议。

③服务器通过搜索现有用户信息数据库的方式来处理移动终端的付款请求，修改账户信息并保存。

④考虑到安全，远程钱包服务器通常安置在发放信用卡并处理付款请求的银行，而不是移动运营商处。GMCIG 的这个模型针对远程钱包服务器和银行服务器之间的交易，使用了一个安全协议。

⑤购物验证被加密，钱包服务器使用 HTTP 协议将用户请求的处理信息返回给 WAP 网关。网关将信息转换回 WAP 格式，并将它发送给移动终端。

4. 安全移动支付应用协议

在电子交易过程中，支付网关承担着重要的作用，通常的网上交易的流程一般包括如下几个步骤：消费者向商户发送购物请求；商户把消费者的支付指令通过支付网关送往商户收单行；收单行通过银行卡网络从发卡行（消费者开户行）取得授权后，把授权信息通过支付网关送回商户；商户取得授权后，向消费者发送购物回应消息。如果支付获取与支付授权并非同时完成的话，商户还要通过支付网关向收单行发送支付获取请求，以将该笔交易的金额转到商户账户中。整个交易过程中包括两个基本环节：交易环节和支付结算环节。

支付网关是连接银行专用网络和互联网的一组服务器，是金融专用网与公用网之间的接口。它提供了客户、商家和金融计算机网络之间的通信和协议转换，完成客户支付授权与授权取消、转账与转账取消、交易退款与退款取消等请求。支付网关的主要功能有：将互联网传来的数据包解密；对客户与商家的验证，对支付信息中客户账号的有效性验证，对商家签名认证，对密码 Hash 函数进行计算和校验；按照金融系统内部的通信协议（ISO-8583 或特定格式）将数据重新打包，对进入支付网关的信息各字段进行有效性验证，然后上送到金融系统业务主机；接收金融系统返回的响应信息，并对其进行加密后，返回到客户和商户；存储和管理用于解密支付信息和应答签名的私有密钥；提供商户管理、交易管理、业务统计等功能。

假设支付各方所持有的证书都是同一 CA 所签发的，并且 WAP 移动终端在执行交易前已经保存了自己由 CA 认证过的证书和签名私钥，并且也保存了现有支付网关的证书。那么我们可以实现这样一个安全移动支付应用协议：

①WAP 终端向 WAP 网关发起请求信息，要求建立 WTLS 安全会话。

②此时 WAP 网关与业务服务器建立双方认证的 SSL 会话。

③安全会话建立后，WAP 终端访问业务服务器支付应用。

④本地业务服务器将支付表单传送给 WAP 终端。

⑤WAP 终端填写支付表单信息，将 WAP 终端的证书和支付信息加密封装后发送给本地业务服务器。

⑥本地业务服务器得到从 WAP 终端证书后，验证证书合法性，验证成功则将加密的支付信息发送给支付网关，等待返回信息。

⑦将返回的支付信息发送给 WAP 终端。

⑧WAP 终端打印收据。

其中任何一个步骤出现问题，所有之前的步骤都将被撤销，以保证交易双方资金的安全。至此，我们已经完成了一个完整的并且是安全的移动支付过程。

【本章小结】

本章共分为 3 个部分，第一部分是对网络支付的一个整体概述，主要是从网上支付的概念、发展、电子现金的网上支付模式及其支付方式和电子支票支付的特点、生成、支付及其支付过程的安全措施等方面进行介绍，使大家对网上支付的各个环节有一个整体的认识。

第二部分对移动支付概述、国内外移动支付的发展及微信的在线支付系统分别进行了详细的介绍，移动支付概述这一节主要介绍了移动支付的业务分类、产业链成员、商业模式；国内外移动支付的发展主要对日本、韩国、欧洲等国家移动支付的发展及技术方面进行了介绍，并介绍了我国移动支付的特点、移动支付业务的特点、移动支付应用模式及其发展趋势；最后，对微信的在线支付系统的支付模式进行了介绍。

第三部分对 SSL 安全支付模式、SET 安全支付模式、基于 PKI 体系的安全支付模式及移动支付的安全进行了详细的介绍，SSL 安全支付模式这一节主要介绍了 SSL 安全支付原理、工作过程、安全服务、SSL 协议的安全性能及其在电子商务中的应用；SET 安全支付模式这一节对 SET 安全支付的目标、SET 协议的分层次认证、SET 安全支付的工作过程、SET 支付过程采取的安全措施进行了详细的介绍；第三节介绍了 PKI、基于 PKI 和 SSL 协议的安全网上支付系统及其网上支付流程和该系统的特点；最后在移动支付安全这一节中介绍了移动支付面临的风险、安全移动交易系统特征、移动支付标准和安全移动支付应用协议。

【关键概念】

SSL 安全支付模式　SET 安全支付模式　基于 PKI 体系的安全支付模式　移动支付安全

【思考与练习】

1. 说明电子现金网上支付的原理。
2. 简述电子支票的网上支付过程。
3. 调查与叙述我国移动支付的发展现状。
4. SSL 协议如何保证电子支付的安全?
5. 说明 SET 协议采取的安全措施。
6. 解释基于 PKI 体系的安全支付原理与过程。

第七章
第三方支付及其结算

【本章重点】
- ◆ 第三方支付产生的背景与意义
- ◆ 第三方支付系统构成与运营模式
- ◆ 中国第三方支付平台的建设和应用现状
- ◆ 中国第三方支付发展面临的困难与应对措施

第一节　第三方支付概述

在实施电子商务的过程中，中小商户在线支付需求不断增加，并且多样化，在现代网络技术、信息处理技术和通信技术的支持下，支付手段的创新模式也在不断推出，各种形式的支付平台开始介入电子支付领域，充当客户、商家和金融机构之间支付与清算的桥梁。

随着电子商务的快速发展以及金融与 IT 技术的不断融合，银行业部分支付清算服务已经开始向更具技术优势和市场优势的非金融机构转移。一些非金融机构日益发展成为专业化的支付清算服务主体，并成为支付服务市场的重要补充力量。在这些支付主体中，有的是电子商务企业自身充当支付中介，自建支付平台，和银行网关直接连接，实现资金转移；有的是专门从事电子支付业务的独立于电子商务企业与银行之外的第三方支付清算组织，它们提供电子支付平台，成为电子商务活动中最直接的支付服务提供者。中国移动支付市场主要由支付宝和微信组成，两者的优势是资源整合，即互联网创新＋金融＋技术保障，基于第三方平台和政策支持，并在交易安全、大数据、便利性、信任传递、场景应用等方面不断优化，使客户体验和获得感不断提升。电子支付平台的快速发展，体现了中国互联网经济的蓬勃发展。

一、第三方支付的产生与发展

1. 第三方支付产生的背景

传统的网上支付主要是借助网上银行的支付平台，使用银行卡（信用卡、借记卡）、电子支票和电子现金等作为支付工具，其中最常用的还是银行卡支付。网上银行一般采用 SSL 或 SET 安全协议，对银行卡信息进行加密认证处理，降低用户的银行卡号和密码泄露的风险，实现资金的安全传递。但是，随着网商数量和和网购规模的扩张，这种模式变得不太适应互联网经济发展的需要，因为要实现网上支付，网商就得和各家银行逐个签订接入协议、安装各个银行的认证软件，非常繁琐，对于中小型商家尤其不经济。因此，在银行和网站之间作为支付中介的第三方支付平台应运而生。

2. 第三方支付的内涵

（1）第三方支付

第三方支付指独立于电子商务企业与银行，不直接参与商品或服务的交易，单纯地为商户和消费者（也可能是交易中的其他商户）提供支付服务。以银行的支付清算功能为基础，通过与银行和认证机构合作，向商家和个人用户提供第三方支付清算服务的机构称为第三方支付组织。

第三方支付分为独立第三方支付和非独立第三方支付。非独立第三方支付依托电子商务平台，如：为美国著名拍卖网站 eBay 提供支付服务的 PayPal，中国易趣网和淘宝网的支付工具安付通和支付宝等。独立第三方支付不依托任何电子商务网站，在提供支付服务时保持中立并公正地维护参与交易各方的合法权益，如中国银联电子支付、易宝支付和快线支付等。

（2）第三方支付平台

所谓"第三方支付平台"，就是指由非银行的第三方机构投资运营的网上支付平台。第三方平台通过提供通信、计算机和信息安全技术，在商家和银行之间建立连接，起到信用担保和技术保障的职能，从而实现从消费者到金融机构以及商家之间货币支付、现金流转、资金清算和查询统计。第三方支付平台主要面向开展电子商务的企业提供电子商务基础支撑与应用支撑的服务，不直接从事具体的电子商务活动。

基于第三方（非银行）支付平台，消费者和商家之间的支付业务由第三方支付公司来完成，它是目前发展最为迅速的新型支付模式，第三方支付平台的运作流程如图 7-1 所示。

实际上，第三方支付是"信用缺位"条件下的"补位产物"，尽管它增加了电子商务交易过程的一些手续，使交易的快捷性打了折扣，但采用第三方支付，既可以约束买卖双方的交易行为，保证交易过程中资金流和物流的正常双向流动，增加网上交易的可信

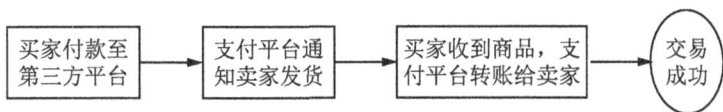

图 7-1　第三方支付平台的运作流程

度，同时还可以为交易提供技术支持和其他增值服务。

3. 第三方支付服务的特点

与普通的网上支付比较，第三方支付平台所提供的服务具有以下 4 点特征。

①方便交易。第三方支付平台采用了与众多银行合作的方式，同时提供多种银行卡的网关接口，从而大大地方便了网上交易的进行。对于商家来说，不用安装各个银行的认证软件，从一定程度上简化了费用和操作，降低了开发和应用成本。

②降低交易成本。对于商家来说，利用第三方支付平台作为中介可以降低企业运营成本；而对于银行来说，可以直接利用第三方的服务系统向它的个人和企业客户提供服务，帮助银行节省网关开发成本。

③增值服务。第三方支付平台能够提供增值服务，帮助商家网站解决实时交易查询和交易系统分析，为消费者提供方便及时的退款和停止支付服务。

④信用担保。第三方支付平台可以对交易双方的交易进行详细的记录，从而防止交易双方对交易的抵赖行为并对后续交易中可能出现的纠纷问题提供相应的证据，很大程度上避免了交易欺诈的发生。

第三方支付平台是当前所有可能突破支付安全和交易信用双重问题的方案中较理想的解决方案，第三方支付的兴起和完善有力地推动了电子商务的发展。

二、第三方支付系统构成与运营模式

1. 第三方支付系统的组成

一个完整的 C2C 或 B2C 交易支付的完成涉及多个部门，包括认证中心 CA、支付网关、银行网络等。其中认证中心、支付网关和银行网络是构成电子交易与支付的基础平台。第三方支付系统的组成如图 7-2 所示。

第三方支付平台是通过与国内外各大银行签约，由一定实力和信誉保障的第三方独立机构投资建立的交易支持平台。由独立的第三方平台作为中介，在网上交易的商家和消费者之间作一个信用担保，通过改造支付流程来约束双方的行为，从而在一定程度上缓解交易双方彼此对对方信用的怀疑，增强对网上购物的信任程度。

除了信用中介，第三方支付平台还承担安全保障和技术支持的作用，与银行的交易接口直接对接，支持多家银行和多卡种支付，采用 SSL 协议和 128 位加密模式，在银

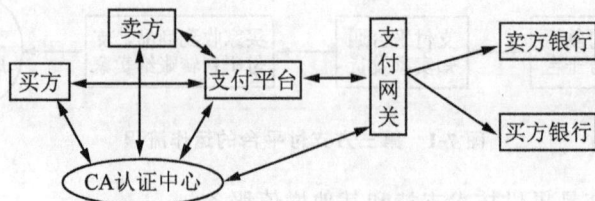

图7-2　第三方支付系统组成

行、消费者和商家之间传输和存储资料。同时，第三方支付平台还根据不同用户的需要对界面、功能等进行调整，具有个性化和人性化的增值服务特征。

2. 第三方支付运营模式

我们可以将目前市场上第三方支付公司的运营模式分为3种类型：一类是独立的第三方网关模式，一类是由电子商务平台支持的第三方支付网关模式，还有一类是有电子交易平台且具备担保功能的第三方支付网关模式，下面对它们分别做出介绍。

(1)独立的第三方网关模式

独立的第三方网关，是指完全独立于电子商务网站，由第三方投资机构为网上签约商户提供围绕订单和支付等多种增值服务的共享平台。这类平台仅仅提供支付产品和支付系统解决方案，平台前端联系着各种支付方法供网上商户和消费者选择，平台后端连着众多的银行。由平台负责与各银行之间的账户清算，同时提供商户的订单管理及账户查询等功能。

此类独立网关发展相对成熟，灵活性大，一般都有行业背景或者政府背景，主要的盈利方式是根据客户的不同规模和特点提供不同的产品，收取不同组合的服务费和交易手续费。成熟的运营管理经验和网络平台技术是此类第三方支付平台发展制胜的关键。

但是，这类网关的增值业务相对较少；进入门槛比较低，技术含量也不大；而且它们往往没有完善的信用评价体系，抵御信用风险能力不高，这些不足也访碍了这类系统的发展。

(2)有电子商务平台的第三方支付网关模式

这种类型的网上支付平台是指由电子商务平台建立起来的支付网关，不同于第一种模式，这里的电子商务平台往往是指独立经营且提供特定产品(虚拟产品或实体产品)的商务网站。支付网站最初是为了满足自身实时支付而研发搭建的，逐步扩展到提供专业化的支付产品服务。这种类型的在线支付系统应用的时间较早，又依附于成熟的电子商务企业，拥有可靠的后方和雄厚的资金，占有了一大部分在网上进行交易的客户资源，其盈利主要来源于年费和手续费。

在支付的3个层面，这种网关型支付公司处于中间层。它的上游是银行这样的基础支付服务提供者，下游是像支付宝这样的应用支付服务的提供者。应用支付服务提供者的优势在于，它们更加贴近消费终端，并提供一些类似担保的增值服务。

但是由于此类支付平台往往依附于某个电子商务企业，其发展受所在的企业限制。一旦在所隶属的电子商务网站之外，又服务于其他的电子商务网站，而这些网站之间往往是竞争对手，也会引起其他电子商务企业的质疑。

随着电子银行的发展，银行开始涉足更广泛的支付领域。目前，有电子商务平台的第三方支付网关公司主要集中在 B2C 和 C2C 领域。一旦银行开始向 B2C 甚至 C2C 领域扩展，对该类支付平台无疑是个很大的挑战。

（3）有电子交易平台且具备担保功能的第三方支付网关模式

这种类型的第三方支付平台，是指由电子交易平台独立或者合作开发，同各大银行建立合作关系，凭借其公司的实力和信誉承担买卖双方中间担保的第三方支付平台，利用自身的电子商务平台和中介担保支付平台吸引商家开展经营业务。

买方选购商品后，使用该第三方支付平台提供的账户进行货款支付，并由第三方通知卖方货款到达，进行发货；买方检验物品后，就可以通知付款给卖家；第三方再将款项转至卖方账户。它的盈利主要来源于店铺费、商品登录费、交易服务费等。但是目前此类平台大多还处于扩大规模和积聚人气的阶段，因此普遍实行免费提供交易支付的政策。

这类支付平台基本都拥有自己的客户资源，承担中介担保职能，按照交易记录建立个人信用评价体系，可信性相对较高。但是由于用户都集中于各自的电子商务平台，因此平台间竞争激烈，认证程序复杂，交易纠纷取证困难，中介账户的资金滞留具有吸储嫌疑，有悖于企业的经营性质。

3. 第三方支付平台的盈利模式

第三方支付公司的收入来源主要由以下各部分组成。

①交易手续费：这是该行业最核心、最基本的盈利模式，决定手续费的因素包括商户所在行业，交易量的大小，交易风险评估等。

②服务开通费：向商户收取一次性的服务开通费，用于商户初次接入支付平台和接入培训等。

③年服务费：收取固定的年服务费，用于系统及服务功能升级、客户服务、技术支持，以及对商户的持续培训等。

④系统集成费：为商户提供针对特定行业和业务的定制服务，真正做到量身定制，随需应变，并向商户收取系统集成费用。

⑤增值服务费：可以根据需求向商户提供基础服务以外的增值服务，并收取费用。

⑥用户服务费：对于一些特殊行业，支付公司向消费者，而不是向商户收取服务费。

在以上各项费用中，收取支付手续费是第三方支付平台的主要收入来源。第三方支付平台与银行确定一个基本的手续费率，缴给银行。然后，第三方支付平台在这个费率上加上自己的毛利润，再向客户收取交易手续费用。由于行业竞争，现在第三方支付得到的交易手续费较低。在 C2C 领域，单笔交易利润本来就很低，而且很多第三方支付平台为了与其他竞争对手争取客户不收取任何费用。还有一个隐性的利润来源就是第三方支付平台的客户暂存资金的利息收入，但目前有人对暂存资金利息收入的合法性表示了质疑。

三、第三方支付的分类

1. 不同的分类方式

①从第三方支付经营主体分类。从第三方支付经营主体上看，常见的电子商务第三方支付有非独立的第三方支付和独立的第三方支付。

非独立的第三方支付(又叫作宿主型第三方支付)是指依托大型 B2C、C2C 网站的支付工具，它为自己的电子商务网站的交易支付进行服务。比如 eBay 的 PayPal、淘宝网的"支付宝"和易趣网的"安付通"就属于这种非独立性的寄生形式，早期的电子商务正是依靠这种支付方式迅速发展起来。

独立的第三方支付不属于任何一个特定的卖方或买方，它整合了网上支付、电话支付、移动支付等多种支付手段，作为一个公平的第三方对买卖双方的支付过程进行全面的监督和保障，具有较强的专业性，如 Chinapay、快钱等，这类支付方式目前正在迅速成长之中。

②从第三方支付业务类型分类。根据第三方支付的业务类型，易观国际将该市场分为非独立的第三方互联网支付、独立的第三方互联网支付、第三方手机支付和第三方电话支付 4 个类型。

③从第三方支付平台运作模式分类。按照其平台运作模式，常见的第三方支付平台大致可以分为两种：一种是平台账户模式(PayPal 模式)，另一种是支付网关模式(简单支付通道模式)，这也是目前活跃于互联网上最常见的两种第三方支付平台运作模式，下面我们主要介绍这两种模式。

2. 平台账户模式

在平台账户模式中，第三方支付平台在具备与银行相连完成支付功能的同时，充当信用中介，为客户提供账号，进行交易资金代管，由其完成客户与商家的支付后，定期统一与银行结算，如图 7-3 所示。

第三方支付平台是作为买家和卖家之间的中介，交易的信息和货款都由第三方支付平台来暂时管理，增加了交易的信誉度，在交易成功以后，货款会从第三方交易平台打

图 7-3　平台账户模式

到商家的账户上，以确保交易顺利进行。

有些研究机构将平台账户模式又继续划分为监管型账户支付模式和非监管型账户支付模式(纯账户支付模式)两种。

①监管账户支付模式。所谓监管型账户支付模式就是上图所描述的那样，支付公司起信用中介的作用，在买家确认收到商品前，代替买卖双方暂时保管货款。阿里巴巴的"支付宝"就是这种模式的典型代表。

②非监管型账户支付模式。而在非监管型账户支付模式中，买卖双方首先要在平台内部开立账号，从银行账户充值到平台账户，第三方支付公司根据付款方指令将款项从其账户中划付给收款方账户，以虚拟资金为介质完成网上款项支付，使支付交易只在支付平台系统内循环。99Bill(快钱)是这种模式最具代表性的第三方支付平台。

3. 支付网关模式

在支付网关模式(简单支付通道模式)中，第三方支付平台与银行密切合作，实现多家银行数十种银行卡的直通服务，支付平台只是充当客户和商家的第三方银行支付网关。参见图 7-4。

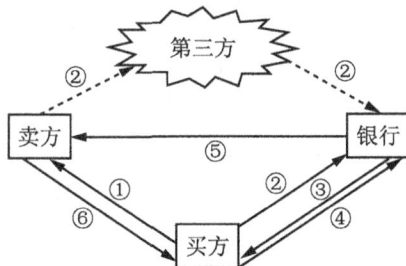

图 7-4　支付网关模式

资料来源：陈洁：《第三方支付平台发展评析》，载《华南金融电脑》，2007。

①买方订购货物后，发出订单给卖方。

②买方选定自己的付款银行账号，卖方通过第三方支付平台得到买方的银行信息，并向买方银行发送订单信息。

③银行向买方发出订单的确认请求。

④买方得到银行传来的订单，确定无误后，发出确认信息给银行。

⑤银行向卖方发出授权付款信息。

⑥卖方收到付款授权后，发货给买方。

这种模式更注重与银行的合作，帮助商家使更多消费者选择在线支付方式。第三方支付平台的客户并不是消费者，而是商家和银行。支付平台的收益来自银行的利益分成及按每笔交易向商家收取的服务费。

第二节　第三方支付的工作原理

一、第三方支付的交易流程

1. 第三方支付的一般运行模式

第三方支付一般的运行模式为：买方选购商品后，使用第三方平台提供的账户进行货款支付，第三方在收到代为保管的货款后，通知卖家货款到账，要求商家发货；买家收到货物、检验商品并确认后，通知第三方；第三方将其款项划至卖家账户上。这一交易完成过程的实质是一种提供结算信用担保中介服务方式。下面我们以 B2C 交易为例说明第三方支付模式的交易流程，如图 7-5 所示。

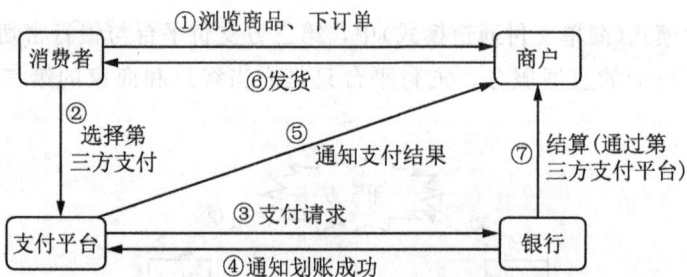

图 7-5　第三方支付交易流程图

资料来源：中国电子商务协会《第三方电子支付探索与实践》编委会：《第三方电子支付探索与实践》，11 页，北京，中国标准出版社，2008。

2. 第三方支付交易流程

由图 7-5 可以看出，第三方支付交易流程的具体步骤如下：

①消费者在电子商务网站进行选购，选定商品，确认价格，完成订单。

②消费者选择第三方支付，卖家把订单需要支付的信息传送到第三方支付平台，消费者选择一个开户行并选用可靠的支付工具向第三方账户划拨货款。

③第三方支付平台按消费者选择的银行和支付方式向银行请求支付。

④银行检查消费者支付能力，并将账务操作结果传至第三方支付平台和消费者。

⑤第三方支付平台收到货款后，通知商家顾客已付款，要求商家在规定时间内发货。

⑥商家收到通知后按照订单发货。

⑦消费者确认收到货物，商家开户银行通过第三方支付平台进行结算。

在第⑥环节，如果商家没有发货，则第三方认定交易失败并通知顾客，同时询问顾客是将货款划回其账户还是暂存在支付平台。

消费者收到货物确认满意后通知第三方，第三方将货款记入商家账户，交易完成；如果消费者对商品不满意，或与商家之前商定的商品不一致，可通知第三方拒付货款给商家，并将货物退回商家，第三方在确认商家收到退货后，根据顾客的要求将货款划回消费者的银行账户或暂存在第三方账户中以便顾客下一次交易的支付。第三方平台在完成客户与商家之间的支付交易后，定期（或不定期）通过银行进行结算。

在支付交易过程中，第三方支付平台在买家和卖家之间起到了中介作用，同时确保了交易的信誉问题，第三方支付不参与交易双方的具体交易内容，它起到的是信誉中介的作用，在交易过程中，对交易双方进行监督和约束，确保交易的安全进行。

二、第三方平台支付结算流程

第三方平台支付结算模式是当前国内服务商数量最多的支付模式。在这种模式下，支付者必须在第三方支付中介开立账户，向第三方支付中介提供信用卡信息或账户信息，在账户中"充值"，通过支付平台将该账户中的虚拟资金划转到收款人的账户，完成支付行为。收款人可以在需要时将账户中的资金兑换成实体的银行存款。其具体的支付结算流程如图 7-6 所示。

整个第三方平台支付结算流程可分为电子商务、结算、清算 3 个环节。

1. 电子商务环节

在电子商务环节中，消费者上网浏览商家网页，选择其所需要购买的商品并向商家发送购买和支付指令。支付的方式有两种，一种是选择第三方平台支付，通过支付平台将账户中的虚拟货币划拨到商家的账户，之后由第三方平台将支付信息发送给银行，将虚拟货币化成实体的银行存款。在这里必须注意的是：第三方平台支付结算模式的资金划拨是在平台内部进行，此时划拨的是虚拟的资金。真正的实体资金还需要结算环节来完成。另一种方式是选择银行支付,直接将自己账户中的货币转存进商家的账户。商家在对消费者的购买和支付确认后,下送货单给配送体系,由配送体系将货物送达到消费者的手中。至此整个电子商务环节结束,但资金的结算与清算还未完成。

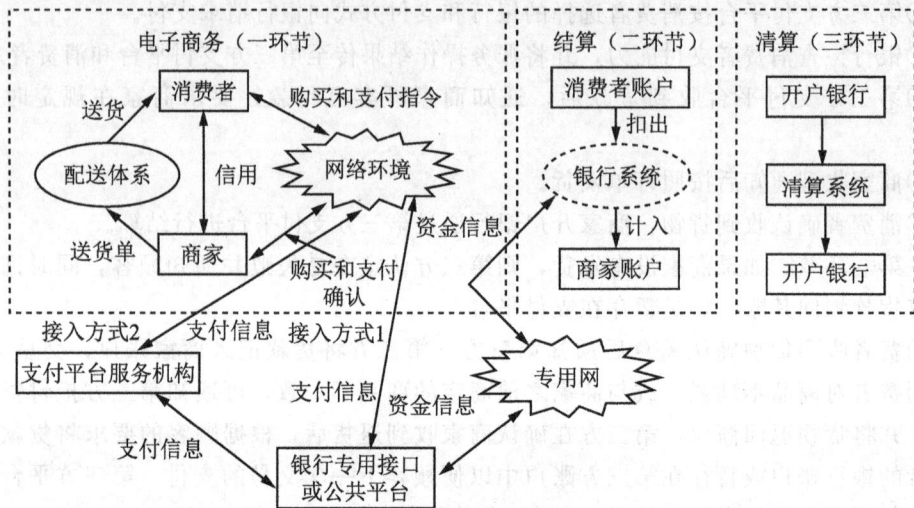

图7-6 第三方平台支付结算流程图

资料来源:张宽海、张靖:《第三方支付问题的分析研究》,载《中国信用卡》,2006(7)。

2. 结算环节

结算环节就是银行对自己所有账户(对企业与个人)进行的核算业务,包括现金存取、转账收付、汇兑业务、中间业务、代理业务、存款、贷款、票据业务等。在这一环节中银行专用接口或公共平台将资金信息通过专用网递交给银行系统,银行系统扣除消费者账户资金的同时记入商家账户,最后再将资金信息反馈回银行专用接口或公共平台。

3. 清算环节

简单地说,清算就是指银行间的资金结算业务,一般为联行业务。当消费者和商家的开户银行为不同的银行时,需要通过中央银行的清算系统进行清算。

第三方平台支付结算模式采用的是典型的应用支付层架构。提供第三方支付结算服务的商家往往都会在自己的产品中加入一些具有自身特色的内容。但是总体来看,其支付流程都是付款人提出付款授权后,平台将付款人账户中的相应金额转移到收款人账户中,并要求其发货。有的支付平台会有"担保"业务,如支付宝。担保业务是将付款人将要支付的金额暂时存放于支付平台的账户中,等到付款人确认已经得到货物(或者服务),或在某段时间内没有提出拒绝付款的要求,支付平台才将款项转到收款人账户中。

由此可见，第三方支付平台对整个支付流程全面介入，进行监管。买卖任一方出现不满意都可以通过第三方支付平台进行调节，直至双方满意。这样就使得支付能够顺利地完成，减少了交易的风险和成本，促进了电子商务的极大发展。

三、第三方平台支付结算模式的优缺点

1. 第三方平台支付结算模式的优点

①方便用户操作。由于第三方支付平台与各大电子商务网站以及银行建立了合作关系。用户在与第三方支付平台合作的电子商务网站上进行支付活动时，第三方支付平台为用户提供的是一个统一的支付界面，因此用户无论拥有哪个银行的账户，都可以通过这个统一的界面进行支付，极大地方便了用户的操作。同时由于支付中介集中了大量的电子交易，形成规模效应，从而降低了支付成本。

②安全支付保障。第三方支付平台采用目前最成熟的电子支付相关技术与银行的支付网关相连。用户在支付时输入的账号和密码都将直接传给用户账户所在的银行，这样通过银行本身的支付网关就能提供足够的支付安全保障。另外，第三方支付平台自身拥有很好的安全防护体系，对用户的关键数据传输使用国际流行的 SSL128 位加密通道并配合 PKI 密钥体系，为用户提供了更强的支付安全保障。

③保护交易双方权益。由于第三方平台支付结算模式提供支付担保业务，这在很大限度上避免了拒付和欺诈行为的发生，创造出良好的、使买卖双方彼此信任的交易环境。第三方平台支付结算模式采用了在网站与银行之间进行二次结算的方式，使得支付平台不再单纯地作为连接各银行支付网关的通道，而是作为中立的第三方机构，能够保留商户和消费者的有效交易信息，为维护双方的合法权益提供有力的保障。

2. 第三方平台支付结算模式的缺点

①这是一种虚拟支付层的支付模式，需要其他的"实际支付方式"完成实际支付的操作。

②付款人的银行卡信息将暴露给第三方支付系统，如果第三方支付系统的信用度或者保密手段欠佳，将带给付款人相关风险。

③第三方结算支付中介的法律地位缺乏规定，一旦其终结破产，消费者所购买的电子货币可能成了破产债权，无法得到保障。

④由于大量资金寄存在支付系统账户内，而第三方支付系统又是非金融机构，所以有资金寄存的风险。

第三节 第三方支付平台存在的问题及解决方法

虽然第三方平台对网络交易提供了担保，增强了买卖双方对于网络交易的信心，维

护了交易的公正性，但它自身的安全和信用却没有得到担保。特别是当第三方平台的交易规模发展到一定程度而涉及大量企业时，如果出现了问题，第三方自身能否担当起相应的责任？其中隐含的风险不仅对第三方支付行业的发展影响重大，而且更是关系到使用第三方支付的网民的切身利益。

一、在途资金风险问题

1. 在途资金的产生

在一个理想的支付系统中，资金的支付过程和相关的账务处理应该是付账人账户的借记与收款人账户的贷记同时进行，而当支付的账务处理和支付指令的处理不同步时就会对支付双方的账务造成影响，这种影响就是在途资金。在途资金对支付系统的某些用户来说就是增加了随机成本，而对另外一些人来说则是得到了一笔意外收入。

作为一个有资金流动的支付系统，第三方支付系统也存在着在途资金，并且由于第三方支付系统支付流程的独特性，在途资金也呈现出不同的特点。在银行的支付系统中，在途资金的产生来自银行业务处理的异步以及周转环节，并且其产生可以通过一定的手段尽量避免。而在第三方支付系统中，支付流程是资金先由买方到第三方支付平台，等支付平台得到买方确认授权付款或到一定时间默认付款后，再经第三方平台转手给收款方，这样的支付流程就决定了支付资金无论如何都会在第三方支付平台作一定时间的支付停留成为在途资金，从而对支付系统本身有一定程度的影响。

2. 在途资金带来的问题

（1）支付企业的问题

①增加托管业务，影响支付效率。对于支付企业来说，在途资金影响第三方支付系统的支付效率。由于在途资金存在着价值，第三方支付公司可以利用结算周期的不同取得一笔定期存款或短期存款的利息，从而影响到资金的周转进而影响到支付系统的支付效率。而利息的分配就成为一大问题。目前除支付宝等少数几个支付平台不直接经手和管理往来资金，而是将其存在专用账户外，其他公司大多代理银行职能，可直接支配交易款项，这就可能出现非法占用和挪用往来资金，不受有关部门的监管而越权调用交易资金的风险。

②增加信用风险。在途资金量的加大使得第三方支付平台本身面临一定的信用风险。随着第三方支付平台业务量的增大在途资金量也日益加大，而这种加大无法通过类似在银行支付体系中采取某种控制进行缓解。最后第三方支付平台还存在着一个资质问题，目前它还不属于金融机构，资金放在平台上有一定的安全问题。

（2）用户的问题

对于用户而言，参与网上交易的在途资金是否安全一直是首要考虑因素。虽然很多厂商和支付平台声称他们从技术上基本解决了安全问题，但消费者还是缺乏足够的信心，因为安全毕竟不只是一个技术问题。多数提供支付服务的平台均声称必要时无须事先通知即可终止服务，并可立即删除账号和账号中的资料和档案，但如果支付企业面临暂停或者关闭时，用户根本无法确保在途资金的安全。

二、法律问题

除了资金安全、信息安全的法律问题，中国的第三方平台支付清算中还面临着如下法律问题。

1. 第三方支付平台法律地位问题

对于银行提供网络支付系统服务中的法律问题，由于各国一般都有相应的银行法律，对银行的法律地位、银行与用户相互之间的权利义务等相关问题都有明确的规定，加上银行在开展网上支付业务时一般都会通过用户协议约定相互之间的权利义务，这方面的问题并不复杂，主要涉及系统故障、电子信息错误、未授权的支付命令等情况。这些问题目前一般在银行的用户协议中都有些相应条款加以调整。

较为复杂的是电子商务交易平台和第三方支付平台在网络支付中的法律地位等问题。这些提供网络支付服务的企业类似于中介机构，但其业务涉及用户资金的结算和一定时期的资金代管、担保等类似于金融业务的活动，它们在电子商务交易平台和第三方支付平台提供支付服务的背后，聚集了大量的用户现金或者发行了大量的电子货币，客观上已经具备了某些银行的特征，甚至被当作不受管制的银行。但这些第三方支付服务商的法律地位难以准确定位，于是就引发了第三方支付服务组织监管者缺位，行业市场运作缺乏有效的规则以及服务组织内部控制标准不明确等问题。这种制度上的缺失是造成第三方支付行业诸多问题的根源，致使交易中的法律责任等很多法律问题都没有明确规范，人们只能从成功或失败的案例中探索并最终以立法来规范。

2. 网络支付中各方法律责任的划分

整个电子商务交易构成涉及了支付平台、交易平台、配送方、交易方、银行、认证服务方、系统运营商、系统开发商，如何界定其中的责任仍值得探讨。目前许多国家并无专门调整电子支付关系的法律，一旦当事人发生纠纷，一般是以民法中一些基本原则、合同法和侵权法来处理。这样做消费者的合法权益往往得不到充分保障，因为在电子支付交易的合同群中，作为消费者只有接受与否的权利，而无决定合同内容的自由。网络支付较传统支付方式而言，其技术性更强，而作为服务的提供者，在各方面的优势比客户大得多，可能会出现服务商滥用技术优势损害客户利益的情况。一些从事网上支付服务的公司会在协议里把更多责任或者不公平条款强加给客户。如果客户出现损失，责任由谁来承担？如果发生客户在交易后财产被盗取，或者系统故障，使得客户遭受损失，这时候应该由谁来承担责任？如果客户在第三方支付平台的账户信息、个人资料和交易资料被盗取，或者其由于系统故障，第三方网上支付服务提供者的过失并未得到客户的同意而传播，使得客户遭受损失，责任如何承担等问题目前没有法律明确规定。

3．支付中举证责任的承担

一旦出现了问题是由消费者举证，还是平台来举证，由于举证责任不同会导致相关的纠纷解决起来会得到完全不同的结果。

所以，有必要通过法律和制度设计，实现监管者、银行、第三方支付机构及客户之间的监督和互动。第三方支付行为的监管法规应该以加强风险监管，打击洗钱、网络赌博等犯罪行为目标，明确交易各方权利义务，维护交易资金安全、保护客户利益。应结合第三方支付的特点，对第三方支付主体的机构性质、业务开办资质、注册资本金、审批程序、信用等级的评定管理、支付清算系统的建立、支付平台之间的协调及第三方支付主体与相关方的权利义务关系、支付标准的规范化、国际化等重要问题做出规定。

三、身份认证及信用评价问题

我国电子商务在发展过程中存在两大瓶颈：支付问题和物流问题。面对支付问题，其根源就在于信用体制的建立不够完善。支付宝公司总裁陆兆禧认为电子商务之所以在美国能够获得成功，很重要的原因就是美国已经建立了全社会的信用体系，而中国的社会信用体系建设刚刚起步。因此，国内的第三方支付公司除了要满足用户支付的需要，还要扮演着信用中介的角色。

近期，支付宝公司发布了国内首个《互联网信任环境调查报告》，近40万网民参与了这个网上调查。调查报告显示，75％的网民进行网上交易最看重商家的资质和诚信，16％的网民会选择自己最需要的商品，价格因素成为网民最不关注的问题，仅占到9％，而73％的网民表示，在网上交易前，一定要考虑商家的诚信度，在价格相差不多的情况下，网民更愿意与诚信度高的商家做交易。

虽然第三方支付商的出现降低了买卖双方交易的风险，但是信用的危机还是存在的，其主要的原因是基于网络环境的交易和信用模糊问题，因此，第三方支付的信用风险不容忽视。

阿里巴巴作为全球最大的网上贸易市场，拥有一整套完善的诚信体系，主要包括：诚信通档案、诚信论坛、投诉曝光机制、信用记录搜索。

1．诚信通档案

诚信通档案是阿里巴巴为商人从事网上贸易提供的网上信用活档案，它结合传统信用认证和网络互动的特点，多角度、及时、持续、动态地展现企业在网上贸易过程中的信用情况，让诚信的企业赢得客户青睐达成更多交易，对不诚信的企业进行曝光。诚信通档案包括：企业身份认证，客户评价，证书荣誉和资信参考。

①企业身份认证。企业身份认证是诚信通服务的基础，每年进行一次，由与阿里巴巴合作的第三方认证机构(华夏邓白氏、上海杰胜、澳美咨询、赛立信、中诚信、中德)对申请诚信通服务的会员进行"企业的合法性、真实性"的核实以及"申请人是否经过企业授权"的查证。认证内容包括：工商注册信息：名称、注册号、注册地址、法人代表、经营范围、企业类型、注册资本、成立时间、营业期限、登记机关、最近年检时间。认证申请人信息：认证申请人姓名、性别、部门、职位。

②客户评价。客户评价是指交易双方就某笔支付宝交易的履约情况，给对方做出的评价，客户评价是企业重要的信用参考记录。分为好评、中评、差评 3 种类型(评价的详细规则可查阅阿里巴巴市场诚信体系帮助中心)。

③证书荣誉。证书荣誉是指诚信通会员可以将企业所获得的各种证书、荣誉奖杯等拍摄扫描成电子图片，上传到其诚信通商铺，以将企业线下经营所获得的信用资料延伸到网上，赢得网上客户的信赖，达成更多交易。

④资信参考。资信参考包含了"资信参考人"和"阿里活动记录"两部分内容。"资信参考人"可以是与企业有密切良好合作关系的采购商、供应商、代理商、开户行、行业协会、政府机关等。"阿里活动记录"是指诚信通会员在阿里巴巴网上市场的经营活动记录，包括购买的服务、注册成为会员的时间、发布的信息数量、在阿里巴巴获得的荣誉等，体现了该企业的活跃程度。

2. 诚信论坛

诚信安全频道是阿里巴巴诚信体系的一个载体。2006 年 4 月诚信安全频道正式开始运营，会员们可以从频道中了解到最新的安全警示、参与案例分析、掌握典型骗术的防范手法。

在身份认证方面，阿里巴巴与中国工商银行签署了整体合作框架协议。由工商银行向支付宝客户提供"U 盾"身份认证服务，即支付宝客户只要申请使用工行 U 盾，就可以将支付宝"用户名＋静态密码"的方式提高到数字证书身份认证的安全级别，同一个 U 盾既可以在工行网上银行又可以在支付宝网站使用，避免账号、密码被盗等可能出现的风险。

其他第三方支付企业的信用评分标准及身份认证与阿里巴巴的基本类似，但以阿里巴巴公司做的更为全面和细致。

目前网络市场的繁荣由于我国经济的持续发展正在被越来越多的人所认可，因此充满了各种商业机会，也吸引了更多的人加入其中，成为未来中国经济发展新的增长点。但是，我们也要看到，其中的风险也是客观存在的，除了在途资金问题、法律问题、身份认证及信用评级问题外，还有网上洗钱、套现、欺诈等许多问题。只有信用体制的建立，形成良好的信用行为和可靠的信用关系才能够有效地避免这种风险，达成便利和发达的交易关系，促进网络市场的成熟与发展。

四、第三方支付平台存在问题的解决方法

在我国目前尚缺乏完善的诚信控制机制的前提下，仅依靠企业自律来维持行业规范发展，这是很不够的，因此需要适度的政府监管，并借鉴国外的经验，以市场为导向，以促进市场发展为目的来规范支付市场。解决第三方支付发展中存在的问题可以从以下3个方面入手。

1. 在政策层面

国家非常重视第三方支付问题，就如何引导第三方支付规范、健康发展，有效防范和控制其业务活动中的风险，切实推动我国支付服务市场的持续与创新发展等问题，中国人民银行借鉴国际上对此类机构的监管经验，依据《中国人民银行法》《行政许可法》等法律规范，着力研究和拟订第三方支付行业规则，以规范第三方支付的支付清算服务行为。2005年，央行起草了《支付清算组织管理办法（征求意见稿）》，并于当年6月向社会各界公开征求意见。第三方支付企业的主体资格、经营范围、支付安全、信用风险、沉淀资金的使用、洗钱风险、套现风险等均需要监管部门在《支付清算组织管理办法》中明确。2010年6月，央行出台《非金融机构支付服务管理办法》，首次对非金融机构从事网络支付、预付卡发行与管理、银行卡收单等支付服务的市场准入、行政许可、监督管理等做出明确规定。2010年12月，央行又发布了《非金融机构支付服务管理办法实施细则》。经过近一年的合规与筹备工作后，2011年5月18日，央行颁发首批业务许可证，支付宝、拉卡拉、快钱、汇付天下等27家企业顺利获得支付牌照。2011年8月31日，央行颁发了第二批13张第三方支付牌照；2011年12月31日，央行再次颁发了61张第三方支付牌照。支付牌照的正式发放进一步提升了行业的市场地位，吸引了更多资本和优秀人才进入第三方支付业，为行业的快速发展注入了强大动力。同时，行业规则的出台有利于第三方支付企业明确自身的权利和义务，在法律法规允许的范围内积极开拓市场，实现更好更快的发展。从政策角度明确第三方支付公司的地位和属性，这会直接影响到相关监管政策的发布与实施监督，进而影响行业的发展进程。

2. 在应用环境层面

虽然用户已经开始进行尝试，但仍然非常担心安全，网络的欺诈也不时发生，保护用户的手段有待逐步健全。

因此，第三方支付企业应确保达到其技术要求。例如，如何确保系统的稳定性、数据的安全性，如何制定内控制度等。这些方面除央行会制定规范外，可能还需要委托第三方公证或监察机构进行监督认证。其次还应建立信用制度。美国就是借助信用，通过

数据的整合、挖掘，制定有效的奖惩机制，进而推动立法更新，最终成为信用制度最完善的国家。

3. 在企业发展模式层面

企业应明确市场定位，做精做细优势业务，走差异化发展之路。

第三方支付企业获得业务许可，只是获得市场准入，要想谋求更大的成长空间，还需进一步明确市场定位，做精做细优势业务，走差异化发展之路。第三方支付发展早期，绝大多数第三方支付企业以互联网支付业务为主，而随着获牌业务类型的多样化以及企业和个人用户需求的多样化，第三方支付企业的业务类型逐渐由线上走向线下，向收单、结算、信贷、供应融资等金融增值服务延伸。如今，越来越多的商户有很强的理财需求，网上金融理财服务必定是未来一大趋势。此外，随着移动互联网和智能手机的发展，越来越多的第三方支付企业发力移动支付市场。第三方支付市场的竞争日趋激烈，有成熟业务模式和稳定客户资源的企业不会满足于现有的优势领域，还会不断地寻找、培育新的盈利增长点，从而推动行业快速发展。

第四节　第三方支付平台在中国的发展

一、中国第三方支付产业的发展

我国的电子商务正处在不断普及和发展的时期。在这种背景下，我国的电子支付金额也会快速增长。然而，目前银行还不大可能互相提供接口，网上商户为了给用户提供更好的服务，需要支持不同银行卡之间互相支付，但是他们没有精力和所有的银行谈判，这就产生了大多数第三方支付公司生存的空间。通过第三方支付平台交易的规模在急剧增长。

总的来说，现阶段我国第三方支付业务的发展具有以下特点。

①市场参与者众多，规模发展较快。越来越多第三方支付产品的出现使得第三方支付行业的竞争愈加激烈。第三方支付的交易金额在 2010 年达到 10 105 亿元，这意味着 2010 年第三方支付就已经突破万亿元大关。2013 年第三方支付交易总额达到 17 200 亿元，2018 年第三方交易规模达到 190.5 万亿元。可以预见，随着电子商务涉及的业务范围越来越广泛，未来第三方支付的交易规模仍将不断扩大。

②市场集中度较高，盈利主要依靠手续费收入和沉淀资金利息。从第三方支付市场的份额看，少数几个行业龙头，如支付宝、财付通占有大部分的市场份额，同时还存在进一步集中化的趋势。根据艾瑞咨询的统计数据，我国已有超过 170 家第三方支付企业提交了第三方支付经营许可证的申请。这些包括支付宝、快钱、财付通及贝宝（PayPal）

等在内的依托于第三方支付的企业正在快速成长。

③移动支付交易规模暴增，移动互联网支付占比快速提升。由于移动支付是一个更加开放的市场，市场渗透度低，目前还没有出现垄断者和成熟的商业应用模式。此外，移动支付本身可能有新模式，比如基于微信平台的移动支付、二维码支付等，可以创造出更多的应用场景。可以预见，移动支付将成为未来第三方支付创新和爆发式增长的重要领域，是第三方支付的蓝海领域，可能颠覆传统支付模式而成为主导模式。

④支付服务不断深入，与金融的深度合作成为新的业务增长点。随着信息技术的进步，第三方支付不仅是一个网络购物支付工具，而且成为一种重要的金融服务创新模式。第三方支付的范围不断扩大，开始与基金、证券、保险等传统金融企业合作，业务逐步扩展到基金支付服务、供应链金融服务、资产管理服务、外汇结算服务等领域。基于个人的购买记录及信用评价等，第三方支付企业获取更多、更加完善的个人信用信息。在此基础上，第三方支付企业拓宽服务，发展小额信贷（如京东的京东白条等），为互联网信贷挖掘融资来源。互联网金融的发展为第三方支付企业带来新的发展前景。

二、中国第三方支付平台应用情况

1. 电子支付产业调查结果与分析

下面是观研天下发布的《2018 年中国电子支付市场分析报告——行业运营态势与投资前景研究》显示的结果和分析。

电子支付产业中最早发展起来的主要为生活刚需且传统方式操作麻烦的场景，如手机充值、生活缴费。其次容易被消费者接受的是电子商务类，因为是纯线上场景，使用电子支付的门槛相对较低。而我国的电商行业在淘宝和支付宝的带领下，也出现了第一批接受电子支付的场景。接下来是 O2O，即线上选购线下消费的模式，支付作为线上活动的最后一环，"滴滴出行""美团""饿了么"都是典型的代表。门槛最高的是纯线下场景，因为整个活动在线下进行，很难把支付这个单独的环节线上化，让人们习惯在收银台处掏出手机翻找 App 里的二维码；并且与线上商户显著的头部效应不同，线下商户数量庞大且非常分散，需要大规模的推广，非常耗时耗力。因此线下是最难切入、发展最慢的场景。

现阶段，移动支付已经全面渗透到线下场景。2017 年，线上场景的移动支付渗透率已经达到 85％左右，基本饱和；而线下市场相对空白，近年来成为各大支付应用竞争的主战场，渗透率从 2016 年的个位数提升至 2017 年的 15％左右，还有很大的提升空间。更重要的是，线下市场的交易规模庞大，是线上市场的 4 倍左右，会是未来支付市场规模增量的主要来源，也是支付宝、微信支付等巨头的必争之地。线下以餐饮、商超和零售为主战场，并向公共交通等领域不断横向拓展。线下市场又可进一步分为不同垂直子行业，各子行业的渗透难度相对不同。目前移动支付主要在餐饮、商超、零售领域拓展，并已初见成效。但是，在娱乐、交通、酒店、医疗等领域，移动支付的渗透率并不高。总而言之，移动支付在"小额、高频"场景的运用更广泛，而在"大额、低频"场景还是落后于银行卡支付。

①餐饮业移动支付。支付宝通过阿里旗下的口碑网，积极接入餐饮商户，并注重在三四线城市的渗透，部分地区联合"饿了么"一起拓展业务。腾讯也通过投资美团点评进行餐饮商户的拓展。按照易观国际监测的数据，2017 年全年，口碑网（含"饿了么"）GMV 达 4 200 亿元，美团点评 3 600 亿元，是 O2O 市场前两名，合计市场份额 78%。

②商超和零售移动支付。除积极接入商户以外，在新零售的大潮下，阿里和腾讯也加大了对行业龙头公司的投资入股，并且将支付环节的整合作为重要内容。现在，全国性的零售商超企业几乎都在站队，要么站到"阿里系"一边，要么站到"腾讯＋京东系"一边。与腾讯结盟的京东还在大力扩张自有品牌的专卖店、便利店。

③公共交通业移动支付。公共交通是典型的小额高频支付场景，目前全国地铁、公交日均支付笔数超 2 亿笔，日均金额超 5 亿元。支付机构从 2015—2016 年就开始探索，并在 2017 年开始发力该领域。以微信支付为例，用户通过"腾讯乘车码"小程序开通相关城市乘车码，即可在乘坐地铁/公交时刷二位码进站上车，结束行程后微信自动扣款。整个过程无须购票，也省去了实体卡和找零的麻烦。目前已经接入广州、厦门、西安等近 50 个城市，还在进一步拓展中。除地域拓展，在玩法上也在不断丰富——乘车码在 2018 年 2 月试点微信车票：微信好友之间可以赠送地铁票，并可以选择个性化票面图案以及附上祝福语，增加了社交性和趣味性。

2. 国内第三方支付网关排名

第三方支付业务属于行政审批准入行业，必须持有支付牌照才能开展。2017 年央行数据统计，有 267 家第三方支付公司获得支付牌照，这些平台有着不同的业务类型，合计共 406 种。下面介绍排名靠前的 10 家第三方支付公司。

①支付宝（浙江蚂蚁小微金融服务集团有限公司）。支付宝公司于 2004 年建立，是国内领先的第三方支付平台，致力于提供"简单、安全、快速"的支付解决方案。作为国内的第三方支付霸主，支付宝在天猫，淘宝等 B2B、B2C 电商支付场景中几乎处于垄断地位。

②银联商务（银联商务有限公司）。银联商务有限公司由中国银联控股。银联商务是人民银行确定的 21 家重点支付机构之一，也是首批获得人民银行《支付业务许可证》的支付机构。作为老牌线下银行支付提供商，银联商务可以说是线下第三方支付霸主，涵盖 POS 收单、预付卡受理等线下支付业务，同时也在大力发展线上支付业务。

③财付通（深圳市财付通科技有限公司）。财付通是腾讯集团旗下的第三方支付平台，于 2005 年成立，其核心业务是帮助在互联网上进行交易的双方完成支付和收款，

支持全国各大银行的网银支付，是支付宝的强力竞争对手。

④快钱（快钱支付清算信息有限公司）。快钱是万达控股的第三方支付平台，成立时间较早，服务领域涵盖零售、商旅、保险、电子商务、物流、制造、医药、服装等各个领域。作为全国性的第三方支付平台，快钱可以进行全国性的收单和资金归集。

⑤汇付天下（汇付天下有限公司）。汇付天下是全国十大第三方支付平台之一，中国支付清算协会网络支付工作委员会副理事长单位，首批获得央行颁发的《支付业务许可证》、首家获得证监会批准开展网上基金销售支付结算业务的单位。

⑥京东金融（京东集团）。京东金融可以分为京东钱包、京东支付和京东快捷支付三大业务。京东收购了网银在线后，改名为京东钱包，独立于京东账号体系。京东以网银在线提供底层技术支持，衍生出京东支付。京东支付无须注册、内嵌无须跳转、费率低、跨平台支付等特点，是针对中小企业客户开发的支付产品。

⑦银联在线（中国银联股份有限公司旗下品牌）。银联在线是银联旗下的在线支付平台，在银联下，银联商务偏重线下支付，而银联在线则主攻在线支付。银联在线的主要功能是提供在线支付，营销推广与客户服务，同时提供银联在线支付的支付场景，如信用卡还款、水电煤缴费、手机充值等功能，以及银联钱包、银联卡权益等支付产品。

⑧易付宝（南京苏宁网络科技有限公司）。易付宝是苏宁金融旗下的一家公司。苏宁作为国内目前最大的零售商之一，旗下的苏宁金融有多张与互联网金融相关的支付牌照，涉猎了支付账户、投资理财、消费金融、企业贷款、商业保理、众筹、保险、预付卡等业务模块。

⑨拉卡拉（拉卡拉支付股份有限公司）。作为首批获得央行颁发《支付业务许可证》的第三方支付企业，线下支付是拉卡拉的优势所在，据了解，拉卡拉线下终端数量有5万多个，基本覆盖了一线城市，同时与多个便利店达成合作关系。

⑩智付支付（智付电子支付有限公司）。智付支付除了有央行颁发的《支付业务许可证》，支持电子钱包、网银支付、网上支付、移动支付、电子收款、扫码支付、信用卡支付等各种电子支付方式外，还开展如国际信用卡结算、跨境结算等跨境服务，是全国27家有跨境支付资质的金融机构之一。

据悉，支付宝、腾讯财付通、京东网银在线、百度百付宝等成为网联平台第一批接入的第三方支付机构，中国银行、招商银行成为首批接入的银行。

零壹财经分析认为，网联上线是我国支付行业的里程碑事件，其将深刻改变行业格局，尤其是聚合支付行业的竞争格局。网联也被称为"网络版银联"，即线上支付统一清算平台，是在央行指导下，由中国支付清算协会组织成立，用以处理由非银行支付机构发起的、与银行交互的支付业务，按照"共建、共有、共享"原则共同发起筹建。网联只是一个清算平台，并不直接开展支付业务，以保持中立性。如果说此前我国聚合支付主要是因市场需要而兴起，网联则更多地受到了央行等监管机构的推动，"正规军"的加入将使行业发展更为规范。

三、中国第三方支付发展面临的困难

1. 市场竞争激烈，利润空间狭窄

第三方支付行业的竞争主要分为两个方面，一方面是行业内各公司之间的竞争，另一方面是与银行的竞争。

(1)第三方支付平台之间的竞争

我国第三方支付行业进入门槛比较低，前几年第三方支付服务也没有严格的资质审查，大量的小型支付公司不断涌现，2005 年，中国第三方支付服务提供商就已达到 50多家，但这些提供商产品单一，服务模式一致。为了获得用户和流量，第三方支付行业出现了明显的价格战，从直接的低价、免费，到服务费折扣等，企业间恶性竞争问题严重。目前，绝大部分网上支付以零手续费进行，盈利能力普遍较差。第三方支付大户支付宝直到 2009 年 1 月 1 日零时，才开始针对某些特定使用者按流量收取手续费。当然出现这种情况的责任不在商户，而是表现出支付服务只限于在低层次上的竞争，服务创新动力不足。

(2)第三方支付平台与银行的竞争

在支付产业链中，第三方支付企业只有支付通道，对资金并没有实际的控制权，资金必须通过银行账户来兑现，因此难免受控于银行。在网上银行不断发展的情况下，第三方支付平台与银行之间的竞争加剧，而在这种竞争中第三方支付平台处于明显的不利地位，其发展受到的限制表现在以下 3 个方面。

在 B2C 领域，商家也可以不通过第三方支付平台直接连接网上银行进行支付。

第三方支付平台主要利用其技术优势，通过提供多家银行的支付通道获得业务，银行为保证自身的市场，可能会限制第三方支付平台的接入。

2006 年年底中国银行业开放之后，央行批准了 15 家外资银行准许在中国开办网上银行，这势必会对国内第三方支付组织造成冲击。

业内普遍认为，银行目前把第三方支付行业作为新服务的拓荒者，并且正在逐渐渗透第三方支付的业务，伺机全面进入支付行业，利用国家政策的支持，良好的信用口碑，强大的资本实力抢占市场，这对第三方支付行业将是个不小的冲击。

2. 安全与诚信问题

鉴于我国目前信用状况不良的特点，在虚拟空间内完成物权和资金的转移，信用问题就显得尤为突出，因此，买卖双方的行为有必要受到约束和控制。目前支付宝在 C2C平台建立了规范买卖双方的信用，大大促进了业务量和交易金额的上升。但是在 B2C 领域，第三方支付机构也只是以自己的信用承担中介担保的责任，而这种信用还纯粹属于

商业信用范畴，这种能力和作用很有限，也很脆弱。不管是 C2C 还是 B2C，由于缺乏对第三方支付机构的信用约束，信用风险都很大。

虽然第三方支付模式在一定程度上缓解了安全与诚信危机，但是频频出现的对网络消费投诉事件以及账号被盗事件等，使得人们对网上购物仍然心存疑虑。现在网络病毒种类繁多、传播方式和途径多样化，也时刻威胁着支付平台的安全。

3. 政策监管的压力

第三方支付企业类似于中介机构，但其业务涉及用户资金的结算和一定时期的资金代管、担保等类似于金融业务的活动，使得第三方支付服务商的法律地位难以准确定位。于是这就引发了一连串的问题，如第三方支付服务组织监管者缺位，行业市场运作缺乏有效的规则以及服务组织内部控制标准不明确等，这种制度上的缺失是造成第三方支付行业诸多问题的根源，致使交易中的法律责任等很多法律问题都没有明确的立法加以规范。

2016 年，中国支付清算协会发布《非银行支付机构自律管理评价实施办法》，针对第三方支付机构建立较为全面的自律管理评价体系。要求获得支付牌照 1 年以上的支付机构均要比照具体标准进行自我评估，并将评估结果报送支付清算协会及中国人民银行。另外，2016 年 3 月，互联网金融协会成立，颁布《中国互联网金融协会自律惩戒管理办法》，明确对会员从业出现违规行为时实施惩戒的具体措施，加大对违规行为的自律惩戒力度，促进市场健康良性发展。2017 年 1 月 13 日，中国人民银行总行发布《关于实施支付机构客户备付金集中存管有关事项的通知》（银办发〔2017〕10 号），明确规定第三方支付机构必须将一定比例（平均为 20%）的客户备付金交存至指定金融机构专户，并将逐步实现全部客户备付金集中存管。

央行准备在注册资本、保证金、风险能力上对这个行业进行监管，采取经营资格牌照的政策来提高门槛，意在规范当前发展迅猛的第三方支付行业，对于行业规范发展将起到引导作用。此举会迫使第三方支付行业面临重新调整，对于已经存在的企业，第一批牌照发放后如果不能成功持有牌照，就有可能被整合或收购。政策风险将成为这个行业最大的风险，会严重影响资本对这个行业的投入。没有资本的强大支持，这个行业靠自己的积累和原始投资是很难发展起来的。因此，对于那些从事金融业务的第三方支付公司来说，面临的挑战不仅仅是如何赢利，更重要的是能否拿到将要发出的第三方支付业务牌照，相当一部分不符合条件的支付公司将退出支付市场。

四、第三方支付平台健康发展的措施

随着第三方支付市场的迅速成长，第三方支付市场的竞争日益激烈，与银行直接的竞争和合作关系也日益复杂，在这种情况下，第三方支付机构必须在传统的资金支付结算基础上，加大业务创新的力度，提供相应的增值服务，以获得更广阔的生存和发展空间。一段时间以来，国内对第三方支付机构信用中介的地位及其支付服务的合法性并没有做出明确的规定，第三方支付行业行为还缺乏相应的规范，国内也没有明确第三方支付市场和机构的监管主体。法律法规与监管缺失不利于第三方支付市场的发展与规范，而第三方支付市场的不规范发展又很可能会带来严重的风险。因此，建立和不断完善第三方支付的监管体系是我国第三方支付平台健康发展的保证。

1. 加强内控机制和风险管理

主要包括对第三方支付机构设置最低资本金限制，加强内控机制和风险管理，强化安全技术、建立保险与保证金等。

关于资本金的限制，已经出台的《非金融机构支付服务管理办法》中已经列出，有望很快出台操作细则并实施。在安全技术要求方面，除准入控制外，建立完备的基础设施以确保客户交易活动安全性和交易记录的真实性很有必要。目前我国在内控机制和风险管理方面还没有相应的法律规定。可以考虑借鉴欧盟的一些做法，在我国《电子银行安全评估指引》的基础上对电子支付做出规范。

2. 完善业务范围监管

主要包括业务运营风险监管，对董事会和经理层的监管，对内部操作人员的管理，对客户的管理。

可借鉴《网上银行业务管理办法》制订电子支付业务管理办法。对单位管理层，可借鉴巴塞尔以及美国、新加坡的做法：设立技术总监，董事会制订监管政策并适时审查，使监督运作合法化。对第三方支付机构市场退出应考虑合并、兼并或收购等方式，类似于金融机构的做法。对客户的管理要利用法律手段约束，通过建立保证金和准备金机制减少风险，以保证客户资料和客户资产的安全。在业务范围监管方面还要设法促进第三方支付的健康发展，保证公平竞争等。

3. 建立健全监管法律体系

主要包括加强技术监管和业务监管，加强内控，防范违规与电脑犯罪，建立健全监管法律体系，实施适时与定期监控，加强市场退出监管，加强国际合作等。目前我国监管机构采用的是银监会＋信息产业部＋公安部＋新闻出版署的方式。第三方支付平台虽然从事着与金融相关的业务，但它不是金融机构，其特性也有许多与金融机构不一致之处，因此，需要一个上级主管部门，并为其明确监管办法。关于国际合作，要积极借鉴国外成功经验，加强国际合作，第三方支付跨国境非常方便，要防止跨国风险，对外国竞争者实行严格监管，并积极扶植本国第三方支付企业发展。新颁布的《非金融机构支付服务管理办法》将对外商投资支付机构另行监管，这意味着外资公司将不得不与本地伙伴成立合资企业，或投资于业内现有的中国企业。

4. 建立第三方支付保证金制度

网络的开放性使得第三方支付面临严重的安全风险，由于第三方支付机构自身大小、实力强弱的差别，其道德风险也难以控制。在这种情况下，可考虑建立第三方支付保证金制度，要求第三方支付机构缴纳一定比例的保证金。保证金制度的存在可以使交易双方的利益得到一定程度的保护，在发生风险的时候不会因第三方支付机构的倒闭破产而蒙受过大的损失。既能提高第三方支付机构作为信用中介的可信度，还能淡化第三方支付机构的实力差别，促进第三方支付市场的公平竞争，并约束第三方支付机构的经营行为，在一定程度上降低了第三方支付机构本身的道德风险。这样一来，第三方支付过程中的各种风险都会得到一定的降低，有助于保持整个支付系统的稳定，并促进第三方支付市场的发展。

5. 加强对在途资金的监管和管理

在途资金是第三方支付过程中风险的重要来源之一，其安全与效率对第三方支付市场的规范和发展起着至关重要的作用。为此，应建立完善的在途资金监管制度，明确规定在途资金的存放位置，是置于银行还是其他公正机构，相关的利息如何处理？还可以考虑给第三方支付的结算周期规定一定的上限，以提高整个支付体系的运行效率。如果由第三方支付机构持有这些资金，那么应对资金的来源和运用进行有效的监督和控制，降低其中的金融风险，一方面可以保障第三方支付体系的正常安全运转，另一方面也能有效防范在途资金不恰当运用对金融市场和金融体系产生的不良影响。

【本章小结】

第三方支付是指具有信誉保障、采用与相应各银行签约方式、提供与银行支付结算系统接口和通道服务并能够实现资金转移和网上支付结算服务的机构。其运营模式分为独立的第三方网关模式、由电子商务平台支持的第三方支付网关模式和有电子交易平台且具备担保功能的第三方支付网关模式。

第三方支付一般的运行模式为：买方选购商品后，使用第三方平台提供的账户进行货款支付，第三方在收到代为保管的货款后，通知卖家货款到账，要求商家发货；买家收到货物、检验商品并确认后，通知第三方；第三方将其款项划至卖家账户上。

第三方支付的优势在于结算比较安全，支付成本较低，使用方便，同时支付担保业务可以在很大程度上保障付款人的利益。由于第三方支付是一个虚拟的支付模式，所以在第三方支付的清算过程中存在着资金风险、法律以及身份认证和信用评价等问题。

【关键概念】

第三方支付　资金沉淀风险　增值服务　信用中介　支付清算组织

【思考与练习】

    1. 建设第三方支付平台有何意义？

    2. 简述第三方支付系统构成与运营模式。

    3. 说明第三方支付平台在建设中存在的问题。

    4. 我国第三方支付发展面临的问题及应对措施。

    5. 说明第三方支付的运作过程。

【案例分析】

中国第三方支付的领头羊——支付宝

    支付宝（中国）网络技术有限公司是国内领先的第三方支付平台，致力于提供简单、安全、快速的支付解决方案。支付宝公司从 2004 年建立开始，始终以"信任"作为产品和服务的核心。旗下有"支付宝"与"支付宝钱包"两个独立品牌。自 2014 年第二季度开始成为当前全球最大的移动支付厂商。

    支付宝主要提供支付及理财服务，包括网购担保交易、网络支付、转账、信用卡还款、手机充值、水电煤缴费、个人理财等多个领域。在进入移动支付领域后，为零售百货、电影院线、连锁商超和出租车等多个行业提供服务。此外，还推出了余额宝等理财服务。

    2016 年 9 月 12 日，支付宝发布公告，自 2016 年 10 月 12 日起，支付宝将对个人用户超出免费额度的提现收取 0.1% 的服务费，个人用户每人累计享有 2 万元基础免费提现额度。11 月 1 日支付宝入驻苹果 App Store。2016 年 11 月 15 日，宣布与 10 家卫视合作，开启"电视红包节"。2016 年 11 月 27 日，支付宝的"圈子"功能上线测试。2016 年 12 月 1 日，支付宝发布保障用户资金安全公告。2017 年 1 月，支付宝推出"汽车充电站"电动汽车一键支付充电费。2017 年 8 月 16 日，支付宝"发现"平台宣布接入全球最大点评网站 Yelp。

    截至目前，支付宝实名用户超过 3 亿，支付宝钱包活跃用户超过 2.7 亿，单日手机支付量超过 4 500 万笔，超过 2013 年"双十一"创造的单日手机支付 4 518 万笔的全球峰值纪录。2014 年"双十一"全天，支付宝手机支付交易笔数达到 1.97 亿笔。支付宝稳健的作风、先进的技术、敏锐的市场预见能力及极大的社会责任感，赢得了银行等合作伙伴的广泛认同。目前，支付宝已经跟国内外 180 多家银行以及 VISA、MasterCard 国际组织等机构建立了深入的战略合作关系，成为金融机构在电子支付领域最为信任的合作伙伴。

    支付宝主要提供的服务包括以下方面：

    ①认证。用户使用支付服务需要实名认证是央行等监管机构提出的要求，实名认证

之后可以在淘宝开店，增加更多的支付服务，更重要的是有助于提升账户的安全性。实名认证需要同时核实会员身份信息和银行账户信息。

自 2016 年 7 月 1 日开始，实名认证不完善的用户，其余额支付和转账等功能会受到限制。个人支付账户分为 3 类，各类账户的功能、额度和信息认证标准不同。其中，Ⅰ类账户只需要一个外部渠道认证客户身份信息，例如，联网核查居民身份证信息，对应的付款限额只有自账户开立起累计 1 000 元的限额。该类账户余额可以用于消费和转账，主要适用于客户小额、临时支付。Ⅱ类和Ⅲ类账户的客户实名认证强度相对较高，分别通过至少 3 个、5 个外部渠道验证客户身份信息。其中，Ⅱ类账户的余额付款限额为年累计 10 万元，Ⅲ类账户的余额付款限额为年累计 20 万元。

②钱包。支付宝也可以在智能手机上使用，该手机客户端为支付宝钱包。支付宝钱包具备了电脑版支付宝的功能，也因为手机的特性，内含更多创新服务，如"当面付""二维码支付"等。还可以通过添加服务，来让支付宝钱包成为自己的个性化手机应用。支付宝钱包主要在 iOS、Android 上使用，iPad 版与 WP 版正在开发中。

③还款。2009 年 1 月 15 日支付宝推出信用卡还款服务，国内 39 家银行发行的信用卡均支持，是最受欢迎的第三方还款平台，主要提供免费查信用卡账单、免费还款服务，还有自动还款、还款提醒等增值服务。

④转账。通过支付宝转账分为两种：一是转账到支付宝账号，资金瞬间到达对方支付宝账户。二是转账到银行卡，用户可以转账到自己或他人的银行卡，支持百余家银行，最快 2 小时到账。

⑤缴费。2008 年年底开始，支付宝推出公共事业缴费服务，已经覆盖了全国 300 多个城市，支持 1 200 多个合作机构。除水电煤等基础生活缴费外，还扩展到交通罚款、物业费、有线电视等更多与老百姓生活息息相关的缴费领域。

常用的在线缴费服务有：水电煤缴费、教育缴费、交通罚款、有线电视费。

⑥服务窗。在支付宝钱包的"服务"中添加相关服务账号，就能在钱包内获得更多服务。包括银行服务、缴费服务、保险理财、手机通信服务、交通旅行、零售百货、医疗健康、休闲娱乐、美食吃喝等十余个类目。

服务窗区别于其他公众服务平台，具有天然的支付基因、超亿的支付用户群体，以及严格审核的商户服务，这使得服务窗产生更大的生态价值。

⑦线下服务。用户装上支付宝钱包后，就可以在商场享受电子支付带来的好处。

2015 年 7 月 8 日，支付宝发布最新 9.0 版本，加入了"商家"和"朋友"两个新的一级入口，分别替代"服务窗"与"探索"，由此切入了线下生活服务与社交领域。此外，还增加了亲情账户、借条、群账户等一系列功能。

2016 年 8 月 16 日，杭州市公交集团召开新闻发布会称，该集团与支付宝公司合作推出公交车上支付宝收款应用，主要是为了解决一些乘客乘车时，既没公交卡又没带零钱的烦恼，乘客可在杭州 506 路 20 辆公交车率先进行体验。同年 9 月 22 日，济南公交 K52 路上线支付宝扫码乘车。武汉、南京、绍兴等城市也陆续支持支付宝付款乘车。

目前，全球十大快时尚品牌：ZARA、H&M、优衣库、无印良品、GAP、M&S、C&A、UR、FOREVER21、MANGO 都可以用支付宝结账。

全国超过 2 000 个汽车客运站可刷支付宝买票，其中上海长途客运总站更实现了车票无纸化，只要亮出电子票二维码，就能扫码上车。

利用支付宝的人脸识别技术，深圳公积金全国首推扫脸登录，深圳居民打开支付宝城市服务中的"深圳公积金"，脸一扫，就能快速登录公积金账户查看。

在日本，乘坐日本交通出租汽车公司的出租汽车可用支付宝付款码付款。日本全境近 1.3 万家罗森便利店将全部支持支付宝。目前，包括无印良品、高岛屋、近铁百货、优衣库、大阪关西国际机场等日本 2 万余家商户支持支付宝付款。

⑧快捷支付。快捷支付是为网络支付量身定做的网银服务，主推支付功能，由银行与支付宝直连，保障了支付的安全性和便捷性。其支付成功率达到了 95% 左右。

用户可以通过在银行留下的联系方式、银行卡号、手机校验码等信息快速开通快捷支付服务。付款时输入支付宝支付密码即可，其便捷性更强，支付宝与保险公司承诺用户资金安全。180 多家银行与支付宝合作提供了快捷支付服务。

缺点：部分银行出于多种目的考虑，限制了单日单次的支付额度，使得大额支付使用快捷支付不甚便利。

⑨余额宝。余额宝是支付宝推出的理财服务，但也能用于日常的购物、还信用卡等支付。在用于支付时，余额宝的优势在于额度较大、支付成功率非常高。未用于支付时余额宝还能获得理财收益。目前，余额宝占支付宝支付的比例正在逐步升高。

⑩专卡支付。支付宝支持全球（除美国华盛顿州）发卡机构发行的 VISA/MasterCard/JCB 卡，只需在付款时登录相应网银，即可享受购物乐趣。

⑪充值。支付宝卡是由支付宝发行的自有预付卡，卡内资金可以在所有支付宝支持的商家购买商品时使用，暂支持天猫商城及淘宝平台。支付宝卡卡面值为：100 元、200 元，该卡需要在有效期内使用，有效期为 36 个月。逾期可进行付费延期，延期后可继续使用。支付宝卡不记名、不挂失，发生退货时，使用支付宝卡支付部分的资金退回卡账户，不提现。

用户可以通过"手机话费充值卡（联通一卡充、神州行卡）"来完成支付宝付款。这种付款方式无须使用银行卡，但需要向充值服务提供方（非支付宝）缴纳手续费，标准为交易金额的 5%。

⑫付款。支付宝用户也可以去身边的便利店、邮局、药店等支付宝合作网点完成付款。无须开通网上银行，线下解决付款问题，刷卡、现金均可。包括"拉卡拉"等自助终端机、空中充值店店主都能为支付宝订单付款。合作的网点覆盖了北京、上海、广州、

深圳、杭州、成都等 25 个大中城市，总计 10 万个网点。

⑬找人代付。支付宝支持"找人代付"功能，可选择一位愿意代付的支付宝用户，就可通知代付人代为付款。

区别于单纯为商户提供第三方支付服务，支付宝也为合作方输出支付能力。2014 年 1 月 7 日，新浪与支付宝全面打通微博与支付宝账号，联手推出微博支付，今后无论是微博平台上的在线交易还是线下商家的日常消费均可用微博客户端直接付款。

思考：

1. 支付宝的主要服务有哪些？

2. 支付宝如何进行认证？

3. 支付宝为何得到了广泛的应用？

第八章
网络银行及其支付服务

【本章重点】

◆ 网络银行的发展模式

◆ 网络银行系统特点

◆ 网络银行的自助处理系统

◆ 网络银行的基本业务

◆ 借助网络银行实现网上支付的过程

第一节　网络银行概述

一、网络银行的概念

1. 网络银行的定义

根据巴塞尔银行监管委员会的定义，网络银行是指那些通过电子通道，提供零售与小额产品与服务的银行。这些产品和服务包括：存贷、账户管理、理财顾问、电子支付，以及其他一些诸如电子货币等电子支付产品与服务。

网络银行是一个宽泛的概念，一般来说，网络银行是指银行借助客户的个人计算机、通信终端（包括电话、手机、掌上电脑等）或其他相关设备，通过银行的内部专用通信网络或互联网络，向用户提供金融服务的方式。

网络银行的概念可以从服务载体、服务场所和服务内容 3 个层次理解。这里的服务载体不局限于互联网，还包括银行的内部计算机网络、专用通信网络或其他公用信息网络；从服务场所看，网络银行的终端既可以是计算机设备，也可以是电话等通信工具；网络银行业务的服务内容包括了自助银行业务、电话银行业务、网上银行业务，还有新兴的手机银行业务和短信银行业务。而网上银行业务一般指的是通过互联网从事的银行业务。

未来网络银行可以通过云计算、大数据、人工智能等新技术，主动挖掘用户需求、分析用户偏好，开展数据驱动的产品设计活动，制定精准营销体系，更好地为客户提供一体化、定制化的金融服务。网络银行特殊的移动互联网基因和低门槛、广覆盖的优势使其能够更加适应普惠金融发展趋势的要求，这将进一步为我国推动普惠金融的更好发展提供新机遇。

2. 狭义和广义的网络银行

虽然目前国内外大部分银行都有网址和网页，但拥有互联网网址或网页的银行不一定就是网络银行。比如美国排名靠前的 100 家银行均拥有自己的网址和网页，但是其中只有 24 家被《在线银行报告》(*Online Banking Report*)列为"真正的网络银行"，因为只有在这 24 家银行的网站上客户才可以查询账户余额、划拨款项和支付账单。更多的网站只是提供银行的历史资料、业务情况等信息，而没有提供网上银行业务。而美国最著名的网络银行评价网站 Gomez 则要求在线银行至少提供以下 5 种业务中的一种才可以称为网络银行：网上支票账户、网上支票异地结算、网上货币数据传输、网上互动服务和网上个人信贷。

网络银行有狭义和广义之分。狭义的网络银行又可称为纯网络银行，是指能够提供以上 5 种服务中至少一种，没有实体分支机构或自动柜员机，仅利用网络进行金融服务的金融机构。广义的网络银行则包括纯网络银行、电子分行和远程银行。电子分行是指在拥有实体分支机构的银行中从事网络银行业务的分支机构。远程银行是指拥有 ATMs、电话、专用的个人网上银行和企业网上银行系统，以及纯网络银行的金融机构。我们现在所指的网络银行基本上沿用了广义网络银行的定义。而我国境内网络银行的业务准确地讲只是网络银行业务的初级阶段或传统银行业务的电子化延伸。

3. 网上银行业务框架

网络银行是利用网络通信技术向用户提供金融服务的银行。当网络银行被称为网上银行或在线银行时，是指利用互联网技术，通过互联网与客户建立联系，并向客户提供开户、销户、信贷、网上证券交易、投资理财等金融产品及金融服务的新型银行。

可以看出，网上银行是金融机构利用网络通信技术在互联网上开设的虚拟银行，使传统的银行服务不再通过银行的分支机构来实现，而是借助技术手段在网络上实现。它开创了一种全新的银行与客户的交互方式，使得用户可以不受上网方式和时空的限制，只要能够上网，无论在家里、办公室，还是在旅途中都能够安全便捷地管理自己的资产和享受银行的服务。图 8-1 显示了网上银行与客户、商户、电子商务和互联网络之间的关系。

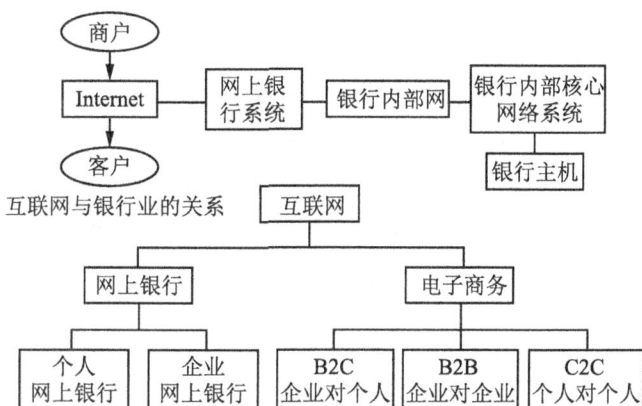

图 8-1　网上银行的基本框架

二、网络银行系统特点

一个完善的网络银行的内部系统通常具有及时有效、准确可靠、连续可扩、开放多功能、安全保密等特点。

1. 及时有效

资金融通时间的长短意味着资金成本的高低。在现代经济社会中，缩短资金在途时间、提高资金使用效益，是充分发挥资金效益的有效手段。而现代计算机技术、通信技术和网络技术建立的银行电子化系统能够为客户提供及时、准确的各项资金融通服务，不仅能实现本行内部的资金及时融通，而且还能实现跨行甚至跨国界的及时有效的资金融通。

2. 准确可靠

网络银行的系统采用了先进的技术和手段，采用了自动化的处理方法，减少了手工干预，避免了由于各种人为因素造成的不安全。高精度的运算工具避免了人工计算所造成的差错，自动化的通信线路能更快捷、准确地确保信息通畅地到达目的地，各种加密防伪技术也能避免各种干扰和破坏，使得所有数据的采集、录入、加工、处理、存储、传输全过程准确可靠。

3. 连续可扩

网络银行的系统采用了先进的技术手段，使其从手工系统转向自动化系统、低级的处理系统转向高级的处理系统都能保持业务的连续性。同时，随着新技术的运用，新的金融工具、新的金融产品也不断涌现，网络银行系统先进的结构化、模块化设计方法，使功能上的拓展更简便且易于实现。大容量、高速度、强功能的硬件选择，则使系统的处理能力有相当的冗余以满足日后系统扩展的需要。

4. 开放多功能

网络银行系统与传统的银行业务处理方式相比具有更丰富的功能，不仅能处理传统方式所能处理的一切业务，而且能为客户办理各种新型业务，如开办自助银行、实现证券的自动交易、实施资金的瞬时清算等。网络银行系统不仅能满足业务部门的要求，而且能为管理部门提供各种有效的信息服务，并进一步为社会其他部门、政府部门等提供所需要的信息帮助。

5. 安全保密

网络银行运用最先进的保密技术，对客户信息、资金信息以及其他各类银行信息采取多种加密手段和授权措施，以确保这些信息的安全保密，维护银行业的信誉。

三、网络银行的自助处理系统

世界范围内银行电子化自助处理系统方兴未艾，世界各国的商业银行纷纷加大了客户自助渠道的建设投资，如 ATM、集中式电话银行中心、家庭银行等。通过这些信息技术和销售渠道的投资，金融产品和营销渠道的范围更广了。如美国的商业银行目前基本上可以为一般美国家庭提供所需要的 5 类自助方式的金融产品，即交易、信用、投资、保险和财务计划。

1. ATM 系统

(1)ATM 的功能

ATM 是 Automatic Teller Machine 的缩写，意思是自动柜员机，又称自动取款机。它是一种高度精密的机电一体化装置，利用磁性代码卡或智能卡实现金融交易的自助服务，代替银行柜面人员的工作。它又是一种智能终端，通过通信线路与银行计算机主机相连，可以为客户提供提取现金、查询存款余额、进行账户之间资金划拨等服务；还可以进行现金存款(实时入账)、支票存款(国内无)、存折补登、中间业务等工作。当今的ATM 系统，正向多功能发展。ATM 不仅用于存取款作业，还可当作自助银行的一台自助银行终端机使用。持卡人可以使用信用卡或储蓄卡，根据密码在 ATM 上办理自动取款、查询余额、转账、现金存款、存折补登、购买基金、更改密码等业务。

常见的 ATM 有大堂式和穿墙式两种。大堂式一般位于银行大厅内或各商场、酒店、机场、火车站、地铁站等客户较多的场所。穿墙式通常安装于银行、商店等外面的临街墙面上，可以为客户提供 24 小时全天候的服务。

(2)ATM 的网络结构

ATM 的网络结构按照分类方法的不同可以有以下类型。

①按 ATM 网的范围来分，ATM 网可分为：公用 ATM 网、专用 ATM 网和 ATM

接入网。

公用 ATM 网是由电信管理部门经营和管理的 ATM 网，它通过公用用户网络接口连接各专用 ATM 网和 ATM 终端。作为骨干网，公用 ATM 网应能保证与现有各种网络的互通，应能支持包括普通电话在内的各种现有业务，另外还必须有维护、管理和计费等功能。目前还没有一个商用的公用 ATM 网，有关公用 ATM 网的协议也正在不断地完善之中。

专用 ATM 网是指一个单位或部门范围内的 ATM 网，由于它的网络规模比公用网要小，而且不需要计费等管理规程，因此专用 ATM 网首先进入实用的 ATM 网络，新的 ATM 设备和技术也往往先在 ATM 专用网中使用。目前专用网主要用于局域网互联或直接构成 ATM 局域网，在局域网上提供高质量的多媒体业务和高速数据传送。

接入 ATM 网主要指在各种接入网中使用 ATM 技术，如基于 ATM 的无源光纤网络（APON）、混合光纤同轴（HFC）、非对称数字环路（ADSL），以及利用 ATM 的无线接入技术等。

②按与银行联网的方式来分，ATM 网络结构可分为以下 3 种。

第一种是经 ATM 前置机与银行主机相联。当 ATM 与 ATM 前置机在同一个以太网段时，可以直接联入银行主机房以太网。这种联网方式的优点是：入网费用低，网络速度快而且稳定性好。但必须满足与银行计算机主机房以太网在同一以太网段。因此，这种联网方式通常用于分行办公大楼内的 ATM 联网。

第二种是经无线网与银行主机相联。通过无线网联入银行主机房以太网的方式同样具有入网费用低的特点，但网络速度和稳定性都受到无线网的限制，只有联入银行无线网网点的 ATM 才能用此联网方式。因此，通常用于那些联入银行无线网的支行网点和专柜。

第三种是经 X.25 网与银行主机相联。通过 X.25 网联入银行主机房以太网的方式入网费用比较高，网络速度和稳定性受 Modem、路由器等诸多设备和 X.25 网的影响。通常，可以将 ATM 和网点主机用细缆联成一个以太网，ATM 经此以太网联到网点主机，再通过 Modem 进入 X.25 网，然后经路由器进入银行主机房。这种联网方式适用所有通过广域网 X.25 网联入银行主机房的 ATM 网点。

（3）ATM 的安全保密

ATM 的安全问题主要包括：ATM 的数据保密、消费者身份确认、纸币的确认、ATM 机身保护等几个方面。

①ATM 的数据保护。ATM 数据保护主要是指 ATM 终端与银行的中央计算机处理系统端进行数据传输、核对资料过程中数据不被泄露和不被盗取。以往通常采取单一数据加密标准，这种加密标准理论上已经有了破译的可能，因此目前比较安全的方法是用三重加密标准，同时还必须经常变化解码密钥，以确保数据信息核对过程中的安全

保密。

②消费者身份的确认。ATM可以通过密码认证的方式来确认消费者的身份。消费者有连续两次输入错误密码的机会，当第三次输入错误密码时，ATM将吞卡。随着技术的发展，目前还有更先进的认证方式，如利用生物测定技术和虹膜识别技术确认消费者身份。

③纸币的安全与确认。ATM取款金额一般都是100的整数倍，如果现金吐出后没有及时取走，ATM将自动吞钱。ATM的存款确认部分有较强的纸币验证功能，要能够拒绝一切不符合确认条件的纸币。

④ATM机身保护。对于ATM机身的保护策略有：推广使用装置体积更大及更重的保管箱，提供更可靠的保安锁、警钟以及更完备的闭路监控装置。目前在欧洲还有使用新的"墨水技术"，即当遇到盗窃时，ATM利用墨水损坏钞票，使得抢劫者因为无法消除抢得的钞票上的墨水而被认出是盗窃的钞票，永久不能使用。

2. POS 系统

POS是英文Point of Sales的简称，即销售终端，它利用前台的收银设备及前台收银系统，将每一笔销售的商品资料详细记录下来并传输到后台，经过资料转换后可供后台系统做各项销售分析。

POS系统自1968年出现以来，经历了几个发展时期：第一代是使用借记卡的专用系统；第二代是共享的，即联机的POS系统，这种系统既可用借记卡，也可用信用卡进行购物消费；第三阶段，近年来，随着电子商务的快速发展，较普遍使用的是联机的POS系统和移动的POS终端，下面主要介绍联机POS系统的工作原理。

(1)POS系统中各成员之间的关系

共享的POS系统，涉及持卡人、特约商店、发卡和收单银行、清算中心和国外信用卡集团等多个实体对象，各成员之间的业务关系如图8-2所示。

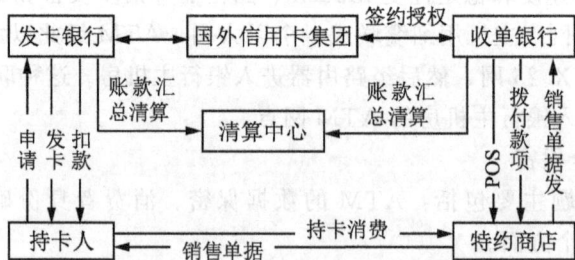

图 8-2　参加 POS 系统的各成员之间的业务关系

①持卡人：持有银行卡的消费者。

②发卡和收单银行：参加POS系统的金融机构。

③特约商店：与收单行签约提供 POS 服务的商店。POS 终端就装在特约商店里面。

④清算中心：负责执行参加 POS 系统成员行之间跨行账务清算的金融机构。在我国为各级的中国人民银行。

⑤国外信用卡集团：如发行 VISA、MasterCard 的国际信用卡机构。

(2)POS 的业务处理流程

通常，POS 业务处理主要有以下 3 个步骤：

①申请授权。当顾客递交银行卡、输入密码、营业员刷卡读入卡信息并输入交易数据后，通过通信网络将这些数据传输到银行主机系统。首先检查银行卡的合法性，然后检查密码输入是否正确，如果检验通过就进行下一个步骤。

②账务处理。完成合法性检查后，银行主机系统自动进行账务处理。记流水账、记持卡人账、记特约商户账、记银行收益账等，在 POS 终端提示交易成功信息。

③完成交易。POS 终端接收到交易成功信息后自动打印客户凭单，将银行卡返还客户，整个 POS 交易完成。

(3)POS 系统工作方式

POS 的工作方式的演变经历了直接转账、脱机授权和联机授权 3 个阶段。

早期的 POS 系统是采用借记卡直接转账的方式，即通过确认持卡人的身份，鉴别卡的合法性，核实卡中余额，随时办理转账结算，因此，这种方式效率高、安全、可靠，但它是一种专有系统，属于各商业银行，使用范围有限，客户消费并不方便。

信用卡最初在 POS 上使用时，往往通过脱机授权的方式处理。通过电话授权和查询信用卡、止付黑名单，这种方式由于受电信条件的限制往往时间较长，而且，黑名单的提供往往有延时性，给系统带来不安全因素，影响整个系统的运行。

目前多数 POS 系统都使用银行卡联机授权方式，这是一种区域性的或国际性的共享 POS 系统，它可以在所有对象之间完全实现信息共享。通过通信网络连接各发卡行、各特约商户及各大银行信息系统，随时检查银行卡的真实性、合法性、有效性，并为客户提供方便、安全、可靠、准确的转账支付结算。

(4)POS 系统的组成结构

POS 系统主要由销售点终端(POS)、前置机、网络控制器、通信网和交换中心或银行主机处理等部分组成，结构图如图 8-3 所示。

①POS 终端。POS 终端安放于特约商店里。银行卡中的信息、PIN 和商品交易数

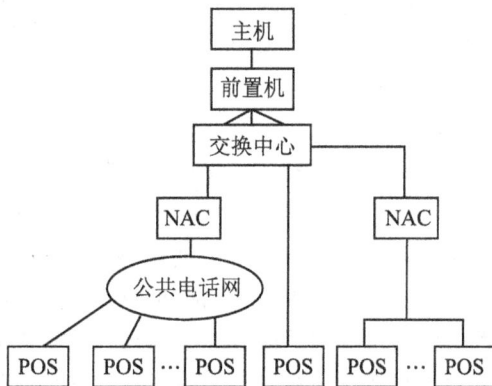

图 8-3 POS 系统结构

据等从该终端输入，并经交换中心传送到银行主机系统去处理。该终端通过交换中心接收、显示发卡行响应交易(授权)的通知。

②前置机。前置机的主要功能是负责对 POS 状态的监控以及 POS 和银行主机间的数据发送。

③网络控制器(Network Access Controller，NAC)。它是连接在 POS 与银行前置机之间的一种设备。它主要负责接收、转换由 POS 机通过网络送来的交易数据，并将其进行协议转换后送入交换中心或银行前置机，待主机处理完毕后，再将处理结果返回 POS。

④通信线路。它的作用是将 POS 与银行的计算机系统连接起来，实现数据的传输。

⑤交换中心。它的作用主要是识别银行卡上的相关信息，并将识别的信息发往发卡银行的主机系统；同时传送反馈信息。

⑥银行计算机系统。它是整个系统的核心，客户账户数据以及扣款卡使用的信息全部由银行计算机系统处理。

3. 电话银行系统

(1)普通的电话银行系统

电话银行系统(Telephone Banking System，TBS)是 20 世纪 90 年代国际上出现的一种银行现代化服务手段。由于它采用了目前世界上最先进的电脑化数字语音转换技术，并充分利用了现代公用电话网和银行的计算机网络，使银行的各种资料不再局限于用文字表达，也可以用语音或传真以及图文电话等形式直接表达出来，从而把银行的电脑化服务提到一个新的高度。电话银行系统自动接听电话，以语音引导客户使用系统的各项功能，同时亦通过电话语音的形式提示客户输入各种服务请求。只要客户利用电话上的按键正确输入数字，即可得到满意的服务。只要有了电话银行系统，无论客户身在何处，均能通过一部普通语音电话及时得到银行的服务。

电话银行系统的功能与服务内容有：客户账户余额查询；账户往来明细及历史账目档案；大额现金提现预告；银行存贷款利率查询；银行留言；银行通知；其他各类指定的查询服务。

(2)呼叫中心

呼叫中心(Call Center)又叫客户服务中心，早期的呼叫中心就是今天的热线电话、咨询电话，由受过训练的话务员专门接听处理来电客户的各类问题，如咨询、投诉、建议等。随着计算机技术、通信技术、网络技术、客户需求及各行各业其本身业务的发展，其实已经很难给现代呼叫中心下一个准确的定义，几乎每一种计算机与电话集成技术的应用系统都可以笼统地称之为呼叫中心，甚至一个座席也可以称为呼叫中心。特别是近年来随着计算机技术的普及和软硬件价格的走低，呼叫中心已经从高端贵族企业转向平民化应用，并走向普及。

现代呼叫中心已经涉及了计算机(软硬件)技术、互联网络技术、计算机电话集成技术(CTI)、数据仓库(商业智能 BI)技术、客户关系管理(CRM)技术、交换机(PBX)通信技术、企业 ERP 技术和企业管理、项目管理、团队管理等诸多方面的内容。它已经成为一个统一、高效的服务工作平台，它将企业内分属各职能部门为客户提供的服务，集中在一个统一的对外联系"窗口"，采用统一的标准服务界面，为用户提供系统化、智能化、个性化、人性化的服务。呼叫中心已经成为与企业连为一体的一个完整的综合信息服务系统，是企业运营不可或缺的一部分。

呼叫中心不仅能提供传统的银行服务，如查询类、咨询类、转账类、代缴类、挂失类、催缴类服务等，而且还可以通过对呼叫中心产生的客户信息进行深入、有效的分析，了解客户行为，掌握目标市场的客户群体，以便对不同客户推出不同的营销服务产品和方式。随着呼叫中心技术的发展，银行还可以进一步利用呼叫中心的前沿技术，为客户提供诸如银行语音通知、客户留言录音和回拨、主叫号码记录和呼叫历史记录、三方会议、传真接收和自动生成发送等服务。

呼叫中心将银行为客户服务的时空延伸，使服务提供的范畴不再受制于银行网点的地理分布和办公时间的限制。随着互联网技术的不断发展，呼叫中心还能通过互联网为客户提供统一的客户服务平台，拓展电话银行客户的接入渠道，使他们能方便地选择诸如语言、传真、电子邮件、互联网、无线移动通信等任意一种他们所喜好的方式开展业务，提升电话银行客户中心的整体效能，为客户提供全方位的服务。

4. 自助银行系统

自助银行是指银行运用多媒体、网络、通信设施，为客户提供 24 小时不间断的自助综合银行服务。提供自动柜员机、外币自动兑换机、存折自动打印机、多媒体信息查询系统、电话银行自助理财服务、点钞机、验钞机、自助缴费等服务。

自助银行系统提供的自助设备种类如下：

①自动取款机(ATM)。主要包括银行卡人民币取款、修改密码、转账、账户余额查询及代收费业务。

②自动存款机(CDM)。主要包括人民币存款业务。

③存折补登机。主要包括活期存折补登业务。

④外币兑换机(FEM)。主要包括外币兑换、取款、汇率查询、修改密码等；受理币种：美元、日元、港元业务。

⑤夜间金库。主要包括满足小型商业、服务企业需要的自助设备，其突出特点是既可存放现金，又可存放票据、硬币、有价证券等贵重物品业务。

⑥自助终端。主要包括公共信息查询、账户信息查询打印、银行卡对账单打印、银行卡自助转账、自助缴纳话费、口头挂失、修改密码、存折补登业务。

第二节　网上银行的发展与建设

一、网上银行的发展

20世纪末，计算机的普及和网络技术的成熟，带动发展了一大批网络产业，其中多以服务业为主。随着金融电子化技术的应用与成熟，网络银行也应运而生，并且很快蔓延到全球。网络银行的出现是金融业务创新、商业流通模式进步和信息技术发展的必然结果。

网上银行最早产生于美国，尽管这是个新鲜事物，但自其诞生之日起，就随着信息技术的发展和互联网的普及，以非常快的速度发展起来。下面介绍国外和国内网上银行的发展现状。

1. 国外网上银行的发展

1995年10月18日，美国成立了第一家网上银行——安全第一网络银行（SFNB，Security First Network Bank）。最开始，这家银行只是通过客户服务中心与数据处理给客户提供最简单的金融对账服务；之后，才慢慢开通了从储蓄卡到信用卡的各种业务。目前，国外网络银行分为两种：一种是在原有的机构密集、人员众多的传统模式上，将银行业务拓展到互联网上完成，形成银行网点、POS机、自动取款机、电话或网上银行的综合性服务体系；另一种则是完全建立在互联网上的直接银行，利用少量的人才，通过电话、网络等高科技手段与客户联系，提供服务。安全第一网络银行就属于后者。

网上银行进驻市场需要考虑的第一个问题就是能否被大众接受。网上银行最大的特点和竞争优势在于其便捷性和低成本。SFNB 365天 7×24 小时全天候服务。客户可以通过电子邮件、电话热线等方式，获得银行的各种服务。由于不必依赖众多物理的网点，所以银行能加大提升客户服务质量上面的投入。客户通过安全的上网设备，在世界上的任何地方都可以登录自己的银行账户，完成各种对账和支付业务，甚至获取个人财务管理工具。SFNB还给客户提供管理预算、分类对账单、消费报告单以及财务评估等服务。这些便利的服务为 SFNB 吸引了大批客户。成立一周年后，SFNB 新开 7 000 多个账户，存款超过 2 000 万美元，增速惊人。

网上银行的便捷性毋庸置疑，但其便捷性得到认可的同时，其安全性也是客户担忧的首要因素。对此，SFNB采取了一系列行动，以博得客户的信心。首先，SFNB向存款人保证其资金的安全性，承诺对未经授权的资金转移、银行系统错误或安全破坏提供100％的赔偿。同时，SFNB为了保护网络交易安全，建立了一个具备3个层次的网络安全系统。包括加密公共网络传送的信息，防止他人浏览或修改；设立防火墙和过滤器，以及可信的操作系统，通过"隔离客户账号"为数据库提供保护。现在的网银还采取高安全级的 Web 应用服务器，并且采用 ISS 网络动态监控产品，进行系统漏洞扫描和实时入侵检测，实现 24 小时实时监控。

从银行的战略发展意义上来说，从这十几年网银的发展态势可以看出，银行业务向网络发展已经是各大银行为增强自身市场竞争力、扩大产品营销渠道而积极顺应的趋势。像 SFNB 这样没有实体网点的直接银行，就需要在产品创新和客户体验方面制定具有特色化的战略发展目标，并通过一系列价格优势来争取市场份额。1998 年 10 月，SFNB 除技术部门以外的所有部门被加拿大皇家银行金融集团收购，正式成为拥有 1 860亿美元资产的加拿大皇家银行金融集团（Royal Bank Financial Group）旗下的全资子公司。SFNB 获得了强大的资金支持后，业务范围扩大了，人员也增加了。

目前，各个国家网上银行的发展状况不一。美国是使用网上银行最早的一个国家，随着网络的发展，越来越多的传统银行都开发自己的网上银行业务，使用网上银行业务的银行高达 2 600 家。欧洲网上银行的出现比美国晚一些，但是发展却比美国迅速。欧洲的国家是将一些银行用不同方式的服务结合起来，能够满足客户在任何时间、任何地点享受最方便的银行服务。德国的 Entrium 是纯网银中的典型，它没有分支机构和营业网点，是一家完全的网络银行，员工不到 400 人，全部依靠电话和网络提供服务、开拓市场，客户逐渐达到了 77 万。而附于实体银行的网银代表是美国第七大银行WellsFargo 的网银，由于较早地开发网银技术，这家银行的业绩近年来增长迅猛。

2. 我国网上银行的发展

我国的第一家网银于 1999 年在招行出现，而后工行、建行等国有银行也发展了自己的网银。另外，支付宝作为第三方中介，建立了新的资金渠道，使得淘宝网和网银都获得高速的增长。中国平安银行作为后起之秀，在网络银行的建设上不仅具备了以前网络银行的优势，也拥有更具领先性和开拓性的技术及服务。其一账通是国内第一个综合网银账户管理平台，具有同时对多账户管理的功能，使用非常方便。这些都借鉴了国外如美国花旗银行、英国渣打银行的网银产品项目发展的经验。目前，国内的各大银行基本全部开通了网络银行。

总的来说，中国近几年的网银发展紧跟国际潮流，抓住了外国网银运营的成功经验。在网银建设初期，网银的问题集中在其安全性和局限性上。无论是国内还是国外，起初都存在账户管理功能有限、产品单一、宣传力度不够等局限性，在账户安全性上也有待加强。中国网银发展至今也已经有十几个年头了，国内银行在这个过程中推出了个人以及企业网上银行服务，包括网银安全，后来又推出一些创新性业务，包括资金、国债等。从安全技术方面和法律法规方面来看，人民银行公布了电子支付 1 号，银监会也制定了相关的管理办法，还有网银风险评估。可以说，我国网银的建设和发展正逐步走向正规、健康、合规的道路。

3. 网上银行快速发展的动力

网上银行出现的时间虽然不长，但有几个原动力一直持续影响着这项业务，在可预计的未来也将持续左右这一行业的发展。

①互联网用户的普及。网上银行业明显高于传统银行业的增长速度。网上银行持续以两位数字增长，而这种势头即使在 IT 通信业大滑坡的情况下也未停止。不少预测报告认为这种势头还会持续几年时间，这完全得益于互联网用户爆炸式的增长。

②新技术在银行业的快速普及应用。据报道，全美最新 IT 技术和通信网络最先应用并普及的行业就是以银行业为代表的金融业。新技术促进了网上银行的发展，提供了众多网上银行业务模式得以实现的可能。

二、网上银行建设的内容

网上银行是适应电子商务的需要发展起来的。处于全球信息化进程中的银行，是以两种身份参与电子商务的。首先，银行要为所有参与电子商务的各方提供网上支付服务，因此银行是电子商务的有力推进者；其次，银行也是企业，也要通过互联网为其客户提供网上银行服务，从这层意义上说，银行是电子商务的积极参与者。银行要有效地参与上述两方面的电子商务活动，必须进行网上银行的建设。

网上银行是一种虚拟银行，是电子银行的最高形式，它无须设立分支机构，就能够通过互联网络将银行服务推向全国乃至世界各地，使客户在任何时间、任何地点能以多种方式方便地获得银行个性化的全方位服务。

具体来说，网上银行的建设包括图 8-4 所示的 3 个方面 6 个领域。

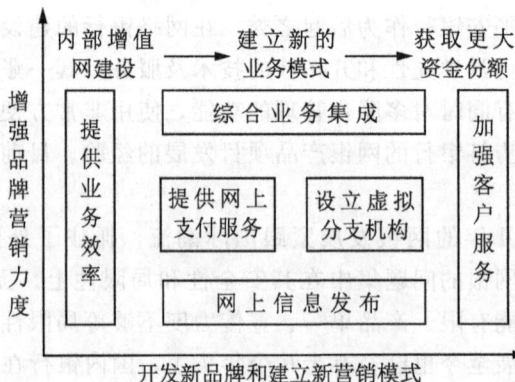

图 8-4　网上银行建设的主要内容

1. 完善内部增值网络建设

银行的电子化和信息化是银行参与电子商务、提供网上银行服务的基础和先决条件。通过完善的电子化建设，银行能够提高自身的电子化水平和信息化水平，提高综合金融业务处理水平。通过参与各种跨行的电子银行系统建设，将 IT 技术渗透到银行的所有业务、管理和决策的过程，以提高金融机构的综合业务处理水平、信息化水平、管理水平和防范金融风险的能力，并有效地降低银行的运行成本。

2. 采用 Web 技术建立新的业务模式

新业务模式是通过网络技术实现的，主要包括如下 4 个领域。

①网上信息发布和信息传递。银行通过互联网向全球发布自己的品牌信息和广告，营销银行的产品，这对金融企业来说是一种全新的营销手段和营销渠道。此外，银行还可以通过互联网广泛收集客户的需求信息，以便不断研制开发新的适销对路的金融产品。

②提供网上支付服务。银行可为全球电子商务提供高质量的网上支付服务，以促进电子商务的发展，同时，也为银行开辟了新的收入来源。

③建立虚拟分支机构。建立网络银行这种全新的虚拟分支机构后，银行就可以通过互联网提供网络银行服务(包括支付服务和信息增值服务、网上经纪人服务和虚拟经销商服务)。由于建立和运行虚拟金融分支机构所需的费用比传统的分支机构要低得多，而每个虚拟金融分支机构又都可以面对全球客户，因此，建立虚拟金融分支机构并大量减少现有的分行数，必然是银行未来若干年的发展趋势。

④同业务伙伴联盟，建立虚拟的金融超级市场并实现综合业务集成。银行应在提供网上支付和网上银行服务的基础上，将网上的金融支付产品与金融信息增值服务产品、前台处理和后台处理等业务综合集成，再与其他金融机构联盟建立虚拟社区，即虚拟的金融超级市场，为客户提供全天候、全方位的金融一条龙服务，以进一步提高金融企业的运营效率、管理水平并降低运行成本。要实现理想的综合业务集成，必须改变原有的金融业务流程，进行企业重组，以提高金融企业的竞争力。银行除了要与其他金融机构建立策略联盟外，还应同公司企业、工商、税务、运输、商检、海关、信息服务等其他相关部门和行业建立广泛的虚拟社区，以便能为客户提供内容广泛的、高水准的金融服务。

3. 加强客户服务以获得更大的资金份额

通过互联网，银行同企业和消费者可实现实时沟通，这样，银行就有可能真正建立以客户为中心的服务体制。就是说，银行可针对个人或特定群体，开发花样繁多的适销对路的个性化银行产品；同时，还可以通过对大量交易数据进行整理和挖掘，产生各类完整的可增值的信息，为客户提供网上信息增值服务。通过强化客户服务，可为银行开辟能获取丰厚收入的新收入源。要有足够的资源为客户提供优质的网络银行服务，银行必须重视自身的建设。

①网上银行建设首先必须注重金融企业内部增值网和各种跨行的电子银行系统的建设。

②要研究建立各种网上银行服务的全新业务模式。

③需要建立真正的以客户为中心的银行服务体制，为客户提供丰富的适销对路的个性化金融支付产品和金融信息增值服务产品，以提高银行的市场占有率、降低运行成本和获取更大的资金份额。

④积极创造条件，制定适宜的目标和规划，进行适当规模的网上银行建设，不失时机地确立属于自己的以电子商务为基础的新的发展战略。

三、网上银行的发展模式

网上银行目前有两种形式：一种是完全依赖于互联网发展起来的全新网络银行，这类银行所有的业务交易依靠互联网进行，如世界第一家安全交易型网络银行——美国安全第一网络银行(SFNB)；另一种则是在现有商业银行基础上发展起来的，把银行的服务业务运用到网络，开创新的电子服务窗口，即所谓传统业务的外挂电子银行系统。

1. 纯网络银行

纯网络银行是指没有分支机构或自动柜员机(ATM)，仅利用网络进行金融服务的金融机构。即建立一个独立的机构经营网上业务。它可以有独立的品牌，独立的经营目标，可以与传统银行开展竞争。花旗银行(City Bank)建立的 E-City、第一银行(Bank One)推出的 Wingspinbank.com、First Internet Bank of Indiana(FIBI)、Net.B@nk 都是这种模式的代表。

纯网络银行由于不受传统银行体制框架、技术框架的限制，它的快速兴起令众多传统银行措手不及。纯网络银行低成本、高效率、广泛的市场信息和个性化的客户产品向传统银行业的经营模式提出了挑战，但出现时间不长的网络银行也有自身的弱点。

(1)纯网络银行发展中的问题

①营业费用高。尽管纯网络银行的交易成本低，但其营销、技术和筹资成本非常高，以 Net.B@nk 为例，它所有的业务都通过电脑和电话实现并亲自提供绝大部分后台支持功能。Net.B@nk 的营业费用相当于 1.66％的平均收益资产，它的营业费用同营业收入之比达到了 66.2％。这在同行业中绝对属于高比例。

②盈利性资产业务逊色。这些纯网络银行尽管在吸引存款方面有一定的优势，但是在开发贷款和一系列盈利性资产业务方面与传统银行相比就要逊色不少。在纯网络银行创业初期，他们发现在网上吸引存款比出售贷款容易得多，他们可以通过提供高存款利率带来巨大的现金流，但是他们却无法有效地在网上重新配置这些资源，将其转化为高

收益资产，这也直接导致只有非常薄的利差，最终抵消了低成本优势。

③主流客户群不明确。由于纯网络银行不能提供方便办理存取款和现金的业务网点，因此，网络银行不能确定自己稳定的主流客户群。尽管它们拥有共享的 ATM 网络系统和可以在网上充值的灵通卡，但在它的起步阶段，缺乏物理网点仍是纯网络银行难以真正深入广大平民大众的主要障碍。

（2）纯网络银行的发展模式

对于纯网络银行的发展模式而言，也有两种不同的理念。一种是以印第安纳州第一网络银行（First Internet Bank of Indiana，FIBI）为代表的全方位发展模式；另一种是以休斯敦的康普银行（Compu Bank）为代表的特色化发展模式。

①全方位发展模式。对于应用这种发展模式的网络银行而言，他们并不认为纯网络银行具有局限性。他们认为随着科技的发展和网络的进一步完善，纯网络银行完全可以取代传统银行。这些纯网络银行一直致力于开发新的电子金融服务，以满足客户的多样化需要。为了吸引客户和中小企业，纯网络银行必须提供传统型银行所提供的一切金融服务。印第安纳州第一网络银行正准备推出"中小企业贷款服务"，改变纯网络银行没有企业在线贷款的历史。

②特色化发展模式。持有这种观点的纯网络银行也许更多一些。他们承认纯网络银行具有局限性，与传统银行相比，纯网络银行提供的服务要少得多，例如，因为缺乏分支机构，他们无法为小企业提供现金管理服务；也不能为客户提供安全保管箱。纯网络银行若想在竞争中获取生存必须提供特色化的服务。这类银行的代表就是康普银行，这家位于休斯敦的纯网络银行只提供在线存款服务。在康普银行的高级管理人员看来，纯网络银行应该专注于具有核心竞争力的业务发展，至于其他的业务可以让客户在别的银行获得。他们认为，客户可以在互联网上发现想要的一切，如果一家银行想将客户局限在自己提供的业务中是绝对错误的。

除这种极端的情况以外，其他纯网络银行的特色化发展模式也很具有借鉴价值。Net.B@nk 是仅次于安全第一网络银行（SFNB）的纯网络银行，在 1999 年一季度末，其存款已经达到 3 327 亿美元，在后者被收购以后，它成为纯网络银行业的领头羊。它的服务特色在于以较高的利息吸引更多的客户，这些特色网络银行的高层人员认为，每一个纯网络银行的客户都是从其他银行吸引过来的，所以吸引客户在纯网络银行的战略中应是第一位的，而利息则是吸引客户的最佳手段。

2. 网络分支结构

网络分支机构并不独立，它是传统银行网上业务的延伸，通过该机构可以极大地拓展客户群，拓展业务种类，拓展处理各种业务的渠道，并进而降低成本，提高效益。美国的国民银行（Nations Bank）、富国银行（Wells Fargo）和我国的招商银行、建设银行、中国银行等都采用这种模式。

（1）网络分支机构的优势

网络分支结构模式的优势是显而易见的，其新成立或收购的网络银行都以原有的"母体"为依托，无论从资金来源还是从客户基础来看，这类网络银行的发展前景被人看好。一方面，采用这种模式的都是大银行，本身在客户群中有良好信誉，有较高的品牌效应；另一方面，他们涉及的业务面较广，能不断推出适合顾客口味的金融产品，这一点非常有利于吸引住潜在消费者。

（2）网络分支机构的劣势

①网络分支机构会受到母体银行原有的体制框架、技术框架的束缚。在信息社会，速度是关键，然而这些传统的大商业银行内部的组织结构臃肿庞大，根本无法同新兴的网络公司相比，传统的矩阵式管理结构在信息时代无法通行。在信息时代，银行想快速健康地发展，不仅需要不断注入资金，而且必须有一个强有力的决策机构。因此，这种网络银行模式必须摆脱母体银行过分的干预，同时又要同母体银行原有的计算机系统进行有效的连接，以便对母体银行所执行的商业战略做出快速有效的反应。

②网络分支机构需要持续投资。由于传统大银行的业务面广，这决定了他们在战略上要做出相应的调整，是发展更多的传统业务，还是在电子商务中一展身手？这是摆在许多银行家面前的难题。与那些大把"烧钱"的网络公司不同，多数大银行都是上市公司，需要保持一定的投资回报率，而当前几乎所有的网络银行都处于亏损状态，能否保持一定的投入是今后大银行发展网络银行的关键。以 SFNB 为例，虽然被收购后仍连续亏损，但在他们看来，盈利是几年后的事，毕竟客户及市场份额是最重要的。

第三节　网上银行的基本业务

网络银行的实质是为通过网络进行各种商务活动的客户提供电子结算手段。网上银行的特点是客户只要拥有账号和密码便能在世界各地借助互联网进入网上银行办理各种银行业务。随着市场对网上银行服务需求的扩大，网上银行提供的服务也在不断地创新和丰富。

一、网上银行提供的业务种类

随着互联网技术的不断发展创新，网上银行提供的服务种类和服务深度都在不断地丰富、提高和完善。网上银行提供的服务一般包括两类：一类是传统的商业银行业务品种在互联网络上实现。这类业务在网上银行建设的初期占据了主导地位；另一类是完全针对互联网的多媒体互动的特性设计的新业务品种。这类业务以客户为中心、以科技为基础，真正体现了按照市场的需求"量身定做"的个性化服务特色。

在艾瑞网《2006 年中国网上银行研究报告》中将网上银行的业务分为以下 6 种。

1. 基本网上银行业务

商业银行提供的基本网上银行服务包括：在线查询账户余额、交易记录，下载金融业务信息，转账和网上支付等。

2. 网上投资

由于金融服务市场发达，可以投资的金融产品种类众多，国外的网上银行一般提供包括股票、期权、基金投资买卖等多种金融产品服务。

3. 网上购物

商业银行的网上银行设立的网上购物协助服务，大大方便了客户网上购物，为客户在相同的服务品种上提供了多样化的金融服务或相关的信息服务，加强了商业银行在传统竞争领域的竞争优势。

4. 个人理财助理

个人理财助理是国外网上银行重点发展的一个服务品种。各大银行将传统银行业务的理财助理转移到网上进行，通过网络为客户提供理财的各种解决方案，提供咨询建议，或者提供金融服务的技术援助，从而极大地扩大了商业银行的服务范围，并降低了相关的服务成本。

5. 企业银行

企业银行服务是网上银行服务中最重要的部分之一。其服务品种比个人客户的服务品种更多，也更为复杂，对相关技术的要求也更高，能够为企业提供网上银行服务是商业银行实力的象征之一，一般中小网上银行或纯网上银行只能部分提供，甚至完全不提供这方面的服务。

6. 其他金融服务

除了银行服务外，大商业银行的网上银行均通过自身与其他金融服务网站联合的方式，为客户提供多种金融服务产品，如保险、抵押和按揭等，以扩大网上银行的服务范围。

二、网上银行的个人业务

个人网上银行是指银行借助互联网，为个人客户提供金融自助服务的电子银行。它是银行针对社会大众提供的服务，目的是将银行服务送到千家万户，使每个人都享受到网上银行带来的便捷高效的服务。

1. 个人网上银行产品功能

个人网上银行的金融业务主要包括账户账务查询、转账、汇款、缴费、自助贷款、网络支付、证券服务、个人理财等。借助个人网上银行可以使客户随时掌握自己的财务状况，轻松处理大量的生活费用支付、消费、转账等业务。

①账户账务查询功能。包括查询账户信息、查询当日账务信息、查询历史账务信息、查询网络支付记录等。

②自助转账、对外汇兑与缴费业务功能。包括定活互转、同城转账、异地汇款、批量转账汇款、查询转账汇款记录、收款方信息编辑、话费转账、自助缴费等。

③网络支付结算功能。结合银行卡、电子现金等电子货币提供电子商务的网上小额支付结算。

④自助贷款业务功能。包括申请贷款、申请转期、债务转化、还款、咨询贷款请款、查询贷款额度等。

⑤证券与外汇业务。包括银证转账、外汇与国债等交易服务。

⑥银行信息查询。银行通过网络系统将信息通知特定客户。例如，定期存款到期通知、贷款到期通知、开办新业务通知、利率变动通知及相关账务信息等。

⑦金融信息查询。提供实时证券行情、利率、汇率、国际金融信息等丰富多样的金融信息。

⑧网上理财业务。可为客户的剩余资产提供在线投资咨询、财务分析等理财服务，增加客户的资金收益。

⑨个人信息维护。提供在线注册、挂失、修改密码等业务功能，包括挂失信用卡、修改查询密码与取款密码等。

2. 个人网上银行的发展

随着社会经济的不断发展，科技不断进步，金融竞争不断加剧，个人电子银行市场营销的强弱直接关系到一家银行在不远的将来个人客户群的数量及质量。近年来我国网上银行规模呈逐年扩大的趋势，但随着第三方支付和移动支付的发展壮大，网上银行用户规模的发展速度有放缓的趋势。

前瞻产业研究院《中国网上银行业深度调查调研与发展趋势分析报告》显示，2015年我国网银用户达到 33 639 万人，同比增长 19.23%。2014 年中国商业银行网上银行交易规模达到 1 376.01 万亿人，增长率为 29.72%；2015 年支付业务 363.71 亿笔，金额 2 018.20 万亿元，同比分别增长 27.29% 和 46.67%。

目前网银业务市场份额格局保持相对稳定，工商银行、建设银行、农业银行、中国银行四大行依然凭借庞大的客户群体分别位列市场前四位，合计拥有超过七成的市场份额，交通银行与招商银行分别以 7.2% 和 5.2% 的市场份额紧随其后。

通过几年的发展，用户对于网上银行的接受程度与前期相比已有较大的提升，而电子商务的持续火热与网络渠道理财产品的日渐丰富，将推动网上银行交易规模继续保持稳定增长。

三、企业网上银行产品

1. 企业网上银行介绍

企业网上银行是一个由金融机构新推出的产品。它的主要服务对象是各大中型企事业单位，同时还包括政府机关等具有法人身份的组织。企业网上银行的主要客户是跨国公司。随着贸易国际化的不断发展，企业从事跨国经营的业务量在不断地扩大。由此来看，企业网上银行系统不仅要与国内的电子汇兑系统连接，还应该同主要的国际支付系统和信息系统建立相关的联系。

企业网上银行在强化银行同企业关系的同时，不断地改变银行原有的运作方式，由以往的银行帮助企业编制财务报表变为帮助企业经营财务，银行与企业的关系发生了重大的变化。企业网上银行以"企业需要银行做什么，银行就应该提供什么服务"的宗旨，为企业提供理财和业务投资的信息。近年来，企业网上银行迅速发展，给金融业带来了活力。

2. 企业网上银行产品功能[①]

企业网络银行将传统银行服务和现代新型银行服务结合起来，利用成熟先进的诸多信息网络技术，以保证企事业单位客户使用的安全性和便利性。企业网络银行的金融业务主要包括账务查询、内部转账、对外支付、代发工资、信用管理、集团支付、定/活期存款互转、B2B电子商务、银行信息通知等功能，几乎涵盖并延伸了现有的对公银行业务。无论中小型企业还是大型集团公司，企业网络银行都可以使企业随时掌握自己的财务状况，轻松处理大量的支付、工资发放、大额转账等业务。

一般来说，随着业务的发展需要，会不断地拓展新的业务领域。不同的企业网上银行根据各自的业务倾向，在金融业务开展内容上或名称上均有所选择和不同。

企业网上银行产品的主要功能包括以下 3 部分。

(1)企业网上银行面向一般企业客户提供的基本功能

①账务查询。包括账户余额明细，账户当天、历史交易明细，收付款方信息以及协定存款明细等信息查询。集团公司可以根据协议查看子公司的账务信息，方便财务监控。

②内部转账。用于在网络银行开户的本单位账户之间的资金划拨。

③网络支付结算。向在本行或他行开户的其他企业进行网络支付结算，直接服务于B2B电子商务的资金结算。

④工资发放。用于向本单位员工发放工资。

---

① 柯新生、网晓佳：《网络支付与结算》，272 页，北京，电子工业出版社，2016。

⑤银行信息查询。银行通过网络系统将信息通知特定客户。比如，定期存款到期通知、贷款到期通知、开办新业务通知、利率变动通知及相关账务信息等。

⑥金融信息查询。提供实时证券行情、利率、汇率、国际金融信息等丰富多样的金融信息。

(2)企业网上银行面向集团客户的特设功能

①集团与子公司的账务管理。实现集团公司对多个子公司账户资金收付的统筹管理，由银行后台通过子公司账户和集团公司结算中心账户之间的关联关系自动进行账务处理，提高集团公司资金的使用效率。

②集团部门信用管理。查询在网络银行信贷管理系统内的信用情况以及借款借据的当前状态和历史交易。集团公司根据协议可以查询各地子公司在银行的信用情况。

③集团资金收支管理。对于实行资金集中式管理的公司，集团公司可以根据协议实现分支机构货款向总部的迅速回笼和集中，也可集中向分支机构支付各种费用。

(3)企业网上银行的一些增强服务功能

①网上信用证业务。向客户提供网上申请开立信用证和网上查询，打印信用证功能，辅助实现 B2B 电子商务的在线中大额支付。为了保证网上信用证的有效性，应当遵照国际或国内相关的通用信用证结算标准。

②网上理财服务。可为企业的剩余资金提供在线的投资咨询等理财服务，增加企业的资金收益。

四、银企互联产品

1. 银企互联的含义

近年来，随着经营管理理念的转变，很多集团企业客户纷纷提出资金集中管、提高资金使用效率、降低经营成本的财务管理等要求。企业网上银行产品的推出，虽然在一定程度上满足了这部分客户的需求，但是仍有一些问题需要解决，如：个性化服务的定制、财务信息与银行账务信息的一致性问题等等。银行为了满足企业这些高端客户的需要，推出了银企互联模式。这种新的网上银行的模式是通过企业财务软件和网上银行系统的连接，来进行银行和企业双方的系统资源的整合，从而给企业带来安全、简易、实时、个性化的网上银行服务。

银企互联是指将企业网上银行系统和企业的财务软件系统(如 ERP 系统)相连接。这样一来，企业就可以通过财务系统直接享受银行账户信息查询、下载、转账等服务。同时，客户也可以在其财务系统中制定个性化服务实现其功能。

2. 银企互联产品功能

银企互联系统提供了企业通过财务系统直接访问网上银行的渠道，企业可以根据银行提供的转账、余额查询、明细查询、转账指令查询等各种原始交易的接口标准，在财务系统中对这些原始交易进行组合，实现对交易权限的控制，满足个性化的业务需求，如自动查询、自动记账、资金调拨等。

3. 银企互联的结构

银企互联企业端安全服务器是一台架设在企业端的服务器，它将银行服务直接延伸到企业，为企业提供更优质的服务。该服务器上安装有银行为银企互联开发的软件 NetSafe Client。通过这个服务器，企业可以方便地同网上银行对接，实现财务系统与银行业务的无缝连接。

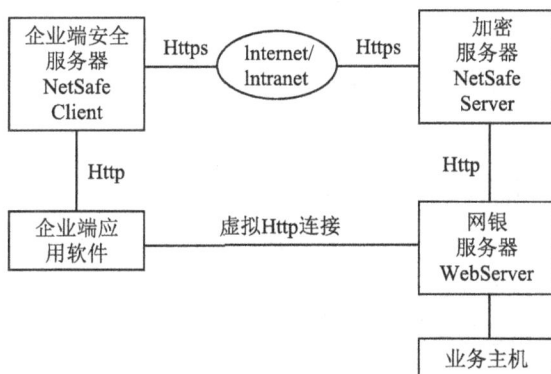

图 8-5　银企互联结构图

如图 8-5 所示，银企互联的结构的交易流程体现为以下步骤：

①企业端财务应用软件将交易请求发往企业端安全服务器的软件 NetSafe Client。

②NetSafe Client 接收到交易请求，经过加密后传送到银行端加密服务器。

③银行端服务器解密后发给后台服务器组进行处理并返回结果。

实际上，是企业端财务应用软件与银行 Web 服务器之间建立了一条 http 的虚拟链路。

第四节　网上银行提供的支付服务

一、网上银行支付的特点

世界范围内电子商务的快速发展，促进了支付电子化和转账网络化的进程，网上银行担当了这一重要角色，并为电子商务中电子支付的实现提供了强有力的支持。作为电子支付和结算的最终执行者，各大商业银行的网上银行起着连结买卖双方的纽带作用。网上支付是网上银行最重要的一个功能，其特点如下：

①安全性高。我国已开通网上银行业务的商业银行均采用国内自行开发的高强度加密算法、SSL安全加密技术、专门的网上密码以及多种业务控制手段，保证客户的个人资料和银行卡信息不被商户或外界获取。同时还建立了一套严密的安全体系，包括安全策略、安全管理制度和流程、安全技术措施、业务安全措施、内部安全监控和安全审计等，以保证网上银行中电子支付的顺利运行。

②方便快捷。只要用户开通网上银行账户，便可获得网上银行提供的代缴费用、网上支付等各种电子支付服务业务，而且手续非常简单。用户只需到银行网点申请网上银行服务或者在银行网站上申请开通网上银行服务，就可以使用个人网上银行。

③打破时空限制。网上银行通过互联网或其他公用信息网，将客户的电脑终端连接至银行，实现将银行服务直接送到客户办公室或家中，使客户不再受限于银行的地理环境、上班时间，突破空间距离和物体媒介的限制，足不出户就可以在线进行支付，完成交易。

二、网上银行提供的支付方式

网上银行提供的网上支付方式主要有3种：第一种是客户与银行特约商户之间的支付方式；第二种是客户在企业电子商务网站的支付方式；第三种是网上银行与第三方之间的支付。下面分别介绍这3种方式的网上支付。

1. 客户与银行特约商户之间的支付

打开银行的主页，很多银行都有网上商城这一项服务。商城中有不同的商户展示自己的产品，这些商户就是银行的特约商户。现在，我们以中国工商银行的网上商城为例，来阐述这种支付方式。在介绍这类支付方式之前，需要对银行特约商户进行了解。

(1)特约商户种类

主要分B2B、B2C、C2C这3种商户，即企业对企业的销售方式、企业对消费者的销售方式和消费者对消费者的销售方式相关的交易双方。

(2)加盟条件

①B2C商户加盟条件。加盟中国工商银行网上商城的B2C商户的条件为：在当地工商部门注册登记、具有独立法人地位；在互联网上提供商品和服务，能够通过互联网与工商银行总行网上支付服务器建立安全稳定的网络连接，经营行为符合国家的相关法规，信誉良好，并且已在中国工商银行开立人民币结算账户。

②C2C商户加盟条件。加盟中国工商银行网上商城的C2C商户的条件为：在当地工商部门注册登记、具有独立法人资格；能够通过互联网与工商银行网上支付服务器建立安全稳定的网络连接，经营行为符合国家的相关法规，信誉良好。

符合条件的商户向中国工商银行提交所需的资料，经银行审查合格后就可以与银行签约，成为特约商户。

（3）支付方式

客户打开中国工商银行主页，选择"个人客户版"，便打开中国工商银行网上商城的页面。中国工商银行网上商城主要分电子客票、手机直充、数字点卡、IT 数码、图书音像、时尚生活、鲜花速递和酒店预订八大种类，客户选择好商品后，填写个人信息和联系方式，然后输入个人工商银行网上银行账号，提交后银行将买方的支付金额从买方的个人网上银行的账户划到商户的账户中。这种支付方式的特点是选好商品后直接支付，不用选择支付银行和支付方式，快捷方便。前提是客户必须在该银行开通网上银行服务。

2. 客户在企业电子商务网站的支付方式

目前大多数公司都有自己的网站，有一些实力雄厚的大公司还建立了自己的电子商务网站，为客户提供 B2C 或 B2B 销售服务。这种支付方式的过程是客户选择商品，生成订单，然后进行支付，在支付时网站会提供多种支付方式，比如货到付款、银行卡支付、电汇、银行网上支付等。选择本人网上银行账户所在的银行后，将进入该银行的页面，进行支付完成交易。这种支付方式的特点是：与该网站合作的银行要足够多，客户选择的余地才能比较大，因为前提是客户必须在这些可选银行之一开通网上银行服务。

3. 利用第三方支付平台的支付方式

"第三方支付"是具备一定实力和信誉保障的独立机构，采用与各大银行签约的方式，提供与银行支付结算系统接口的交易支持平台的网络支付模式。在这种支付方式中，买方账户所在的银行我们称为买家银行，卖方账户所在的银行我们称为卖家银行，第三方支付平台是一个信用中介。利用网上银行和第三方平台进行支付主要有以下 3 种方法。

①余额支付。买方通过网上银行，向第三方平台自己开设的账户中充一定数量的货币。要注意的是，开户的银行必须是与第三方平台合作的银行。当买卖双方达成交易协议，买家通知第三方平台货物到达后，第三方平台直接从买方的账户中划拨相应的货款到卖方的银行账户上。

②银行卡支付。这种方式与客户在企业电子商务网站的支付方式相同，即买卖双方直接进行交易，第三方平台只是提供一个支付交易的平台。

③一般方式支付。一般第三方支付过程为：买卖双方各自在自己的开户银行开通网上银行服务，在第三方平台达成交易协议以后，买家通过网上银行将货款从自己的银行账户划拨到第三方平台的账户上，等货物到达买家，买家确认无误后，第三方支付平台再通过网上银行将货款从第三方平台划拨到卖家银行账户上。这与余额支付的区别在于：买方在达成交易协议以后将货款通过网上银行划拨到第三方平台上，而余额支付是

买方事先向第三方平台上自己的账户中划拨不少于货款额的货币。

使用第三方平台支付方式的好处是买卖双方可以放心地交易，不必担心买家不支付货款，或者卖家接到货款后不发货。使用网上银行进行划拨的好处是可以随时随地在网上进行资金转移，网上银行的技术可以保证资金在转移过程中的安全性。前提是买卖双方不但要在银行(可以是同一个银行，也可以在不同银行)开通网上银行服务，而且要在第三方平台上进行注册，才能进行交易。

三、利用网上银行进行网上支付的流程

无论利用网络银行进行何种方式的支付，都必须进行注册。前两种方式买卖双方只需在银行注册网上银行即可，后一种还要在第三方平台上进行注册，下面介绍注册流程。

1. 注册开户

注册开户是指向银行申请成为其网上银行的签约客户。只有申请注册成功的签约客户才能享受网上银行提供的各项服务。下面以中国工商银行为例，介绍个人网上注册和企业网上注册的方法。

(1)个人客户在网络银行注册开户

凡拥有中国工商银行个人牡丹卡、贷记卡、商务卡、灵通卡和"理财金账户"卡的客户均可向中国工商银行提出个人网上银行注册申请。客户可直接到营业网点填写申请表并办理注册手续，也可以通过中国工商银行网站实现网上自助服务注册。

①柜台注册。在柜台办理网上银行个人客户注册手续时应提供如下资料：申请人本人有效身份证件；所需注册的本地牡丹卡或"理财金账户"卡；开通特定功能(如网上支付、自助缴费、网上转账、银证转账业务等)所需的协议；其他所需的资料。

②网上自助注册。客户也可以通过银行网站实现网上自助注册，客户一旦在网上自助注册成功，当日即可使用中国工商银行个人网上银行系统。但如需要开通对外转账功能，仍需本人持有效身份证件到银行的营业柜台办理。

(2)企业客户在网络银行注册开户

注册的企业必须是在该行开立有存贷款账户的客户，包括企业、行政事业单位、社会团体等。

按企业规模及服务内容可将客户划分为集团客户和一般客户两大类。集团客户是指总部及其分支机构在银行对公营业网点开立存款的客户，且总部需要通过企业网上银行系统查询分支机构账户，或同时需要通过企业网上银行系统从分支机构账户转出资金的企业。一般客户是指没有开设任何分支机构的企业，或总部不需要通过企业网上银行查询分支机构的账户，也不需要通过企业网上银行系统从分支机构账户转出资金的集团性

企业。

申请办理企业网上银行注册时，应仔细阅读《中国工商银行网上银行业务章程》、《中国工商银行网上银行企业客户服务协议》及有关介绍材料，并按下列程序办理。

①准备申请材料。申请材料包括有关部门核发的法人代码证、网上银行企业客户注册申请表、企业或集团常用账户信息表、企业贷款账户信息表和分支机构信息表。填写后，加盖单位公章，提交给开户银行。

②银行审批。银行对申请材料进行审批后，对申请企业予以答复。对于未通过银行审批的，银行将申请材料原件退回。

③领取客户证书和密码信封。申请企业收到批复通知后，到开户行领取客户证书和密码信封。领取后的次日即可使用网络银行办理相应的业务。但是，集团客户此时只能操作总部的账户必须得到分支机构的授权后，才能对分支机构的账户进行操作。企业办理网络银行业务之前，还应安装由银行提供的客户端安全代理软件。

④办理各分支机构账户查询、转账授权书的核实。集团客户需要对分支机构账户进行操作的，需要先组织下属的分支机构签署"转账查询、转账授权书"，同意授权；然后提交银行办理"转账查询、转账授权书"核实；核实后，集团客户即可通过网络银行对其分支机构账户进行操作。

(3)在第三方支付平台上注册

使用第三方平台进行交易，必须在第三方支付平台上进行注册。下面以支付宝为例，介绍在第三方平台的注册流程。

①打开支付宝网页，点击"注册"按钮。

②注册方式有电子邮箱注册和手机注册两种，选择注册方式。

如果选择的是电子邮箱注册，流程如下：按照页面的信息如实填写注册信息；点击"同意条款并注册"按钮。支付宝会自动发送一封激活邮件到注册时填写的邮箱中；登录邮箱，点击邮件中的激活链接，激活刚才注册的支付宝账户；激活成功后，支付宝注册成功。

注册成功以后，就可以在购物网站上选购商品，进行交易了。

2. 交易流程

(1)客户与银行特约商户之间的支付

以中国工商银行网上商城 B2C 支付为例，客户成功注册后，就可以登录中国工商银行主页，选择"个人客户版"选项后，下拉页面即可看到网上商城，进入网上商城，选择自己需要的商品，选择好商品，如实填写收货信息，确认并提交订单，就进入支付页面，点击"工商银行网上支付"按钮，进入下一页面，填写支付卡号和验证码，点击"提交"，然后比较所显示的预留信息是否与客户的实际预留信息一致，如果一致则进行交易，否则停止交易。预留信息一致后，点击"确定"，进入"确认支付信息"页面，输入支付密码和验证码，点击"提交"，网上支付成功，可以进行下次购物。网上银行收到客户的支付信息以后，将自动扣除相应数额的货币到商户的账户中，直到余额不足为止。

上面提到的"预留信息验证"是工商银行为帮助客户有效识别银行网站、防范不法分子利用假银行网站进行网上诈骗的一项服务。客户可以在银行预先记录一段文字（即"预留信息"），当客户登录中国工商银行个人网上银行、在购物网站上进行支付或在线签订委托缴费协议时，网页上会自动显示客户预留的信息，以便验证是否为真实的工商银行网站。如果网页上没有显示预留验证信息或显示的信息与客户的预留信息不符，客户应该立即停止交易并及时与工商银行联系。

（2）客户在企业电子商务网站的支付

对于拥有自己的电子商务网站的企业，客户可以直接在网上下订单，进行支付完成交易。这种网站的支付方式有很多，有传统方式的货到付款、电汇等，也有现代支付方式，如网上支付，手机支付。下面介绍的是利用网上银行的网上支付服务进行的支付。

客户在该网站注册成功以后，就可以登录该网站，选择自己需要的商品，将选择的商品放入购物车，确定商品的数量，然后下订单，确定订单号，再选择支付方式；进入支付平台或直达银联网关，进行网上支付，支付成功后，等候商家发货，整个交易完毕。

由于企业电子商务网站的实力和建设程度不同，其支付流程也有稍微的不同。目前各个电子商务网站都采用人性化设计，为客户考虑，所以完成注册和交易的每一个步骤都有信息提示，以保证客户交易得以顺利完成。

（3）利用第三方支付平台的支付方式

第三方支付作为目前主要的网络支付手段和信用中介，最重要的是起到了在网上商家和银行之间建立起连接，实现第三方监管和技术保障的作用。第三方支付平台提供一系列的应用接口程序，将多种银行卡支付方式整合到一个界面上，负责交易结算中与银行的对接，使客户可以利用网上银行提供的网上支付功能通过第三方支付平台完成交易支付。关于第三方支付平台的交易流程在第七章已有详细介绍，这里不再赘述。

【本章小结】

本章共分为4个部分：第一部分是对网络银行的概述，主要从网络银行的概念、网络银行及其系统构成特点和网络银行的自助处理系统几个方面进行介绍；第二部分主要对网上银行发展现状、建设内容和发展模式进行了详细介绍；第三部分重点介绍了网络银行的基本业务，包括个人网银业务和企业网银业务；第四部分介绍通过网上银行的支付，首先介绍了网上支付的特点和方式，接着引入了利用网上银行进行网上支付的流程，并且介绍了典型的网上支付方式。

【关键概念】

网络银行　网上银行　自助处理系统　个人网银业务　企业网银业务　网上支付
方式

【思考与练习】

1. 网上银行建设的主要内容是什么？
2. 网上银行有哪几种主要的发展模式？
3. 网络银行系统建设的总体目标是什么？
4. 试述 ATM 和 POS 终端的用途与特点。
5. 网上银行分别为个人和企业提供哪些服务？
6. 利用网上银行进行网上支付的特点及方式。

【案例分析】

中信银行实现网络银行中间业务收入 4.94 亿元①

中信银行于 8 月 29 日公布 2014 中报，中报阐述中信银行战略转型推进情况时，着
重展示了互联网金融业务的发展态势和重要性。报告显示，中信银行今年上半年实现网
络银行中间业务收入 4.94 亿元，同比增长 51.07%。

早在 2013 年，中信银行就确定了"再造一个网上中信银行"的战略目标，中报显示，
截至 2014 年上半年，中信银行分别在移动金融、POS 网贷等多方面实现了突破式发展。

1. 角逐移动金融竞争，异度支付客户达 418 万户

中信银行于 2014 年 1 月 18 日推出"异度支付"App 应用，据了解，异度支付包含二
维码支付、NFC 支付、全网跨行收单等子产品，集网上支付、转账、购物、理财和财富
管理等多项功能。中报显示，上半年异度支付已上线 16 种应用，涉及票务、缴罚款、
保险、充值等 13 个门类，客户总数达到 418.43 万户。

中信银行相关负责人表示，异度支付可实现无须开通网银或移动银行的跨行转账，
有利于提高非中信银行零售客户的转化率。

2. 活用大数据，做靠谱网贷生意

2013 年 10 月 19 日，中信银行正式上线运营 POS 商户网贷业务，该网贷业务被设
计为无抵押、无担保的小额短期线上信用贷款，主要针对的是小微企业主以及个体商
户，以借款人或借款经营实体在一定期限内的 POS 收单入账金额为依据发放贷款，被认
为活用大数据资源和互联网思维的金融创新产品。据悉，POS 商户网贷一期优化已于

---

① 中国电子网，2014 年 9 月 2 日。

2014 年 6 月 20 日上线运行。报告期内，该行网络贷款累计放款 47.26 亿元，从 2013 年上线以来累计放款 63.04 亿元。

3. 客户体验风险控制双管齐下，网银业务创新高

中信银行中报显示，截至报告期末，中信银行个人网银客户数共计 1 186.72 万户，比 2013 年年末增加 155.58 万户，与 2013 年同期相比增加 304.13 万户；个人移动端用户数（包括个人手机银行客户数和异度支付 App 用户数）共计 912.66 万户，比 2013 年年末增加 570.78 万户，增长 1.67 倍，与 2013 年同期相比增加 688.23 万户，增长 3.07 倍；公司电子银行客户数（包括公司网银、银企直联、网关、手机银行、电话银行、短信银行等客户数）共计 23.27 万户，增加 1.76 万户，同比增加 3.36 万户，增长 16.88%。

据了解，中信银行本年度针对电子银行推出多项业务创新：个人网银新增大宗商品签约、银期保证金存管系统相关功能，优化理财、基金、转账、缴费等模块；个人手机银行新增登录密码键盘控件，保障客户账户信息安全；公司网银增加中央财政授权支付功能，方便预算单位使用本行公司网银进行财政支付。于 2014 年 3 月 28 日成功上线跨境电子商务外汇支付业务系统，与支付宝在内的 16 家支付机构签署了跨境支付合作协议，成为签约支付公司家数最多的银行之一。

中报提到中信银行发展电子银行业务将兼顾产品创新与风险防范，称将积极推动网络渠道建设，为客户提供更丰富的产品和服务，优化界面和流程，提高客户满意度。同时进一步加强渠道风险盟控力度，优化风险预警监控系统规则，开展信息安全风险自查，为个人网银、移动银行、网上支付等渠道构建行之有效的风险防范机制。

中信银行相关负责人表示，当下互联网金融发展如火如荼，中信银行在网络金融领域，将会继续坚持理念创新、产品创新和 IT 创新，打造在互联网经济中的核心竞争力。

思考：

1. 中信银行网络银行如何实现 4.94 亿的中间业务收入？

2. 中信银行对电子银行的业务创新有哪几点？

第九章
中国国家支付清算系统建设

【本章重点】

◆ 中国国家金融通信网网络结构

◆ 中国金融认证中心的结构

◆ 中国征信体系建设现状

◆ 中国现代化支付系统功能

◆ 全国支票影像交换系统

第一节 中国国家金融通信网

支付体系是国民经济高速运转和经济金融稳定运行的重要基础，关乎全社会资金运转的安全与效率。党的十八大以来，在党中央的正确领导下，中国人民银行作为我国支付体系的组织者、监督者和重要建设者，始终坚持政治性、人民性和独立自主性，立足国内、面向国际，结合我国国情逐步构建了处于国际先进水平的支付体系。我国支付体系发展的历史性成就，源自党中央对支付体系建设的集中领导，得益于走中国特色支付体系发展道路的坚定自信。

中国国家金融通信网(China National Financial Network，CNFN)是使中央银行、各商业银行和其他金融机构有机连接在一起的全国性的计算机网络系统。它把众多的银行机构连接到全国和地区支付业务清算和结算中心，为广大客户提供全面的支付服务和金融信息服务，是中国现代化支付系统的技术基础设施。

CNFN 将通过文件和报文传输向应用系统提供服务。CNFN 的目标是向金融系统用户提供专用的公用数据通信网络。其网络结构和集成的网络管理系统，不仅能使其具有普通公用网的高可靠性和强稳定性，还具备专用网的封闭性和高效率等特点。它采用开放的系统结构，选用符合开放系统标准的设备为基础，使大量用户的各类计算机处理系统能方便地接入 CNFN。CNFN 以提供网络基础设施为目标，以开放的系统结构，使用户的各类计算机处理系统通过网络的连接运行公共的应用程序。在提供数据通信服务的基础上，CNFN 能够开展金融专用的 E-Mail、储存转发传真、EDI 等增值业务，为中国金融领域的办公自动化提供方便、快捷的服务。

一、CNFN 的网络结构

CNFN 由国家处理中心(NPC)、城市处理中心(CCPC)、县级处理中心(CLB)3 个层次节点构成，分为国家级主干网络和以城市为中心的区域网络两级。CNFN 的网管中心设立在承担通信和支付应用处理两项任务的 NPC。基于可靠性要求，国内在北京和无锡两地设置两个有能力承担 CNFN 的全部工作负荷的互为灾难备份的 NPC，构成 CNFN 的两个网络汇接节点。CNFN 的网络节点设立在人民银行的 400 个 CCPC 内，每个 CCPC 不仅为本区域各商业银行分行的处理中心提供跨行、跨区域支付业务的交易处理服务，而且提供本区域金融分支机构的分组交换数据通信服务。

CNFN 网络是一个基于开放系统结构的、支持国家级金融应用系统的中国金融界公用数据通信网络。CNFN 的网络层以 X.25 分组交换技术为基础，并引入帧中继技术，使 CNFN 网络减少传输迟延时间，并通过动态带宽分配技术，充分利用物理网络资源，提高传输效率，降低租用物理线路的费用。其网络拓扑结构如图 9-1 所示。

二、CNFN 的处理功能

1. 三级节点功能

在 CNFN 中的三级节点中，NPC 负责整个系统的控制、管理及应用处理，CCPC 和 CLB 主要完成信息采集、传输、转发及必要的应用处理。

(1)NPC 的功能

①负责系统管理和网络管理。

②数据库管理。负责保持整个支付系统账户数据库的完整。

③完成交易处理。所有从发起行提出的支付信息都首先传输到 NPC，根据应用系统的要求进行处理后，转发到接收行。

④实现灾难恢复。发生灾难时，保证将事务处理从在用 NPC 切换到备用 NPC。

(2)CCPC 的功能

对 CNFN 来说，CCPC 是国家主干网络与区域网络的交汇节点，是区域网络内终端用户访问主干网和 NPC 的登录、分发节点。它的功能主要有：提供金融业务处理和纸质票据截留服务，各种传输信息的登录和分发，区域内一级和三级节点的信息转发，必要的业务、会计财务处理，区域通信网的控制和管理等。

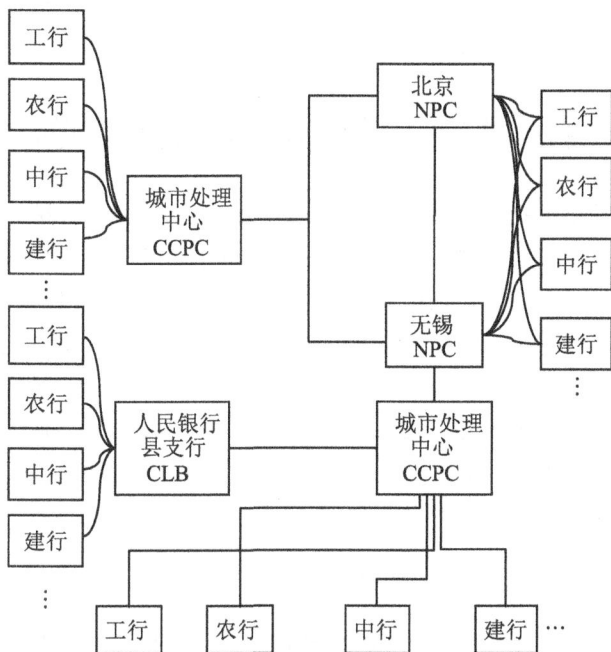

图 9-1　中国国家金融网络结构图

(3)CLB 的功能

CLB 的主要功能包括：金融业务处理和纸质票据截留服务，各种传输信息的登录和分发，县内金融信息向二级处理节点转发，必要的业务和会计财务处理，必要的通信控制和管理。

2. CNFN 的网络管理系统

CNFN 的网络管理系统分别设在 2 个 NPC 的相同配置的网络控制中心（NCC）里。每个 NCC 通过局域网连接日本日立公司提供的集成网管（I-NMS）工作站、美国 Global One 公司提供的分组交换网管（PS-NMS）系统、加拿大新桥公司提供的多路复用网管（NUX-NMS）多余站的运行系统。NCC 运行的规程是 TCP/IP 的 UDP 和 SNMP。CNFN 的网络管理系统对网络及节点进行结构管理、故障管理、记账管理、运行管理及安全管理。美国休斯公司的 UMOD-PC 网管对卫星的 modem，进行状态设置、运行监测等管理。

3. CNFN 的灾难恢复功能

在正常运行情况下，备用 NPC 必须时刻跟踪在用 NPC 的运行情况，一旦检测到在用 NPC 出现灾难，网络管理系统将使用备份 NPC 全部接管灾难 NPC 的网络管理和应用系统的控制、处理工作。因此，网络管理系统必须周期性地进行自动检测，通告已经发现的问题，并迅速做出选择，切换站点，以便在最短的时间内完成灾难的恢复过程。

第二节　中国金融认证中心

电子商务是依托开放的互联网进行的，为了保证互联网上交易的安全性（主要指保密性、完整性和不可否认性），防范交易及支付过程中的欺诈行为，除了在信息传输过程中采用更强的加密算法等措施之外，还必须在网上建立一种信任及信任验证机制，使交易及支付各方能够确认其他各方的身份。中国金融认证中心（China Financial Certification Authority，CFCA)作为一个权威的、可信赖的、公正的第三方信任机构，专门负责为金融业的各种认证需求提供证书服务，为参与网上交易的各方建立彼此信任的机制。在中国电子商务发展中，它还组织并参与了有关网上交易规则的制定，以及确立了相应的技术标准等。

一、中国金融认证中心发展历程

1998 年 9 月，首都电子商务工程领导小组第二次会议议定，为解决电子商务网上支付安全问题，由中国人民银行牵头组织全国各家商业银行建设我国金融业统一的第三方安全认证机构——中国金融认证中心。

2000 年 6 月 20 日，CFCA 认证系统密码模块本地化通过国家密码管理局的安全性审查。

2000 年 6 月 29 日，CFCA 挂牌成立，系统开通运行。北京市刘淇市长、中国人民银行吴晓灵副行长以及各界领导、来宾百余人出席挂牌暨开通仪式。

2001 年 7 月 16 日，CFCA 开通 666 客户服务热线，建立三级支持服务体系。

2002 年 8 月，CFCA 证书系统通过中国信息安全产品测评认证中心的测评认证。

2003 年 4 月，CFCA"国家金融安全认证系统"建设被列入国家"863"计划。

2004 年 12 月，CFCA 通过 ISO9000 质量管理体系认证。

2004 年 12 月 7 日，CFCA"国家金融安全认证系统"正式对外提供服务，向厦门电子商务股份有限公司发放了第一张证书。

2004 年 12 月 10 日、2005 年 4 月 23 日，"国家金融安全认证系统"先后顺利通过国家密码管理局的安全性审查和技术鉴定。

2004 年底，CFCA 启动新基地和灾难备份中心建设工程。

2004 年 12 月，CFCA 牵头，联合十几家商业银行共同发起"放心安全用网银联合宣传年"活动，成立活动组委会，持续开展网银安全宣传活动。

2005 年 5 月 8 日起，CFCA 一线客服并入中国银联客服热线 95516，对外提供服务。

2005 年 5 月 20 日，"国家金融安全认证系统"通过科技部"863"项目验收。

2005 年 8 月 19 日，CFCA 通过了国家信息产业部审查，获得了《电子认证服务许可证》，成为《中华人民共和国电子签名法》颁布之后首批获得电子认证服务提供者资质的 CA 机构之一。

2005 年 11 月 29 日，由 CFCA 承担建设的"中国金融 IC 卡借记/贷记应用根 CA 系统"顺利通过人民银行项目验收，为各商业银行金融 IC 卡借记/贷记应用提供服务。

2005 年 12 月，CFCA 档案管理达到北京市二级水平，获得定级证书。

2006 年 7 月，CFCA 数字证书发放突破 100 万张。

2006 年 9 月，CFCA 荣获"2005 年度中国电子商务诚信建设贡献奖"。

2007 年 1 月 10 日，CFCA 客户服务热线转换为 400-880-9888，对外提供服务。

2007 年 4 月 26 日，CFCA 牵头，联合 16 家商业银行组成"网上银行反欺诈联动机制"联盟，开展网银反欺诈活动，得到中国人民银行、公安部、银监会、国家计算机病毒应急处理中心的大力支持。

2007 年 8 月，CFCA 数字证书发放突破 200 万张。

2008 年 6 月，CFCA 荣获国家金卡工程协调领导小组办公室授予的"国家金卡工程金蚂蚁奖(最佳应用支撑奖)"。

2009 年 3 月，CFCA 推出了"证书保险箱"，相比于传统的数字证书，其强制用户设置使用口令，证书应用过程中绑定主机信息，可以防范证书被非法复制到其他机器上使用。

2011 年，CFCA 成为国家商用密码应用技术工作组成员。CFCA 电子认证服务系统通过国际权威的 Web Trust 认证。CFCA 电子认证系统和金融 IC 卡密钥管理系统通过信息系统安全等级保护三级测评。

2012 年，CFCA 建成集软件开发、软件测试和质量控制为一体的研发体系，获得 CMMI-DEVv1.3 成熟度等级 3 级资质，软件产品质量得到大幅度提升。CFCA 获得北京市《高新技术企业证书》。CFCA 电子认证服务系统(V2.0)和密钥管理系统(V2.0)通过国家密码管理局的安全性审查和互联互通测试，获同意正式运行，在金融领域率先完成安全基础设施国产算法改造。CFCA 全球服务器证书产品完成微软等主流浏览器预埋工作，可以实现服务器证书自主可控。

2013 年，CFCA 取得国家发改委"电子商务与电子支付国家工程实验室——安全认证研究中心"资质。位于亦庄研发中心的运行机房建成并投入使用，CFCA 电子认证服务形成两地三中心的运行体系，不间断服务能力在全球范围内居领先地位。CFCA 数字证书发放突破 5 000 万张，在全国被纳入"统一的金融安全认证体系"的 268 家银行中，使用 CFCA 数字证书的银行占比超过 97%。

2013—2015 年，上海、广州、成都分公司陆续成立，CFCA 完成了在华东、华南、西南地区的市场战略部署。

2015 年，CFCA 子公司获得蓝牙型智能密码钥匙，获得了 EAL3＋安全测评证书。CFCA 数字证书发放量突破一亿。

2016 年，CFCA 成为中国唯一一家根证书植入全球四大根证书库的机构，实现服务器证书自主可控。由 CFCA 运营的国家级"电信欺诈风险交易时间管理平台"上线运营，为公安提供快速止付及办案线索服务。

2017 年，获得中国信息安全认证中心 EAL5＋检测资质，与北京移动金融产业联盟达成合作，成为其授权的手机盾产品指定检测机构。CFCA 数字证书发放量突破两亿。

2018 年，获得银联认证检测实验室资质，成为银联国际检测实验室，获得由国家认监委授权的 CMA 资质，并正式成为北京移动金融产业联盟授权检测实验室。

二、中国金融认证中心的组成

CFCA 采用国内外先进技术，按国际通用标准开发建设，具有对用户证书的申请、审核、批准、签发证书以及证书下载、证书注销、证书更新等证书管理功能。证书符合 ITU 的 X.509 国际标准，提供具有世界先进水平的 CA 认证中心的全部需求。归纳起来有以下几个方面：证书的申请、证书的审批、证书的发放、证书的归档、证书的撤销、证书的更新、证书废止列表(CRL)的管理功能、CA 的管理功能、CA 自身密钥的管理功能。

如图 9-2 所示，CFCA 主要由以下部分组成。

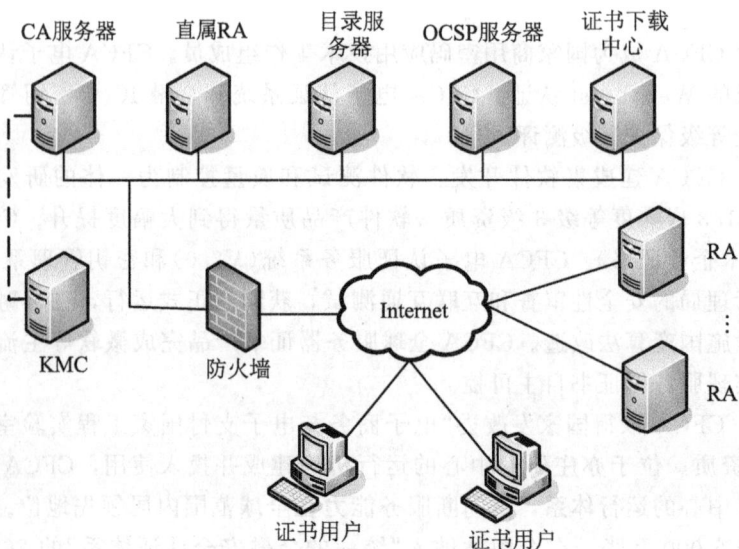

图 9-2　CFCA 组成示意图

1. CA 服务器

这是 CA 的核心，是数字证书生成、发放的运行实体，同时提供发放证书的管理、证书废止列表(CRL)的生成和处理等服务。

2. 证书下载中心

该中心连接在互联网上，用户通过登录 CA 网站访问证书下载中心，CA 服务器生成的证书通过证书下载中心供用户下载。

3. 目录服务器

它的功能是提供数字证书的存储，以及数字证书和证书废止列表(CRL)的查询。业者有时把它称为"LDAP"，这是因为目录服务的技术标准遵循 LDAP(轻量级目录访问协议)的缘故。

4. OCSP 服务器

该服务器向用户提供证书在线状态的查询。

5. 密钥管理中心

根据国家密码管理规定，加密用私钥必须由权威、可靠的机构进行备份和保管。CFCA 被授权建立密钥管理中心，以备份和保管用户的加密密钥。

6. 证书注册机构(Registration Authority，RA)

RA 负责用户身份申请审核，并向 CA 申请为用户签发证书。RA 包括远程 RA 和直属 RA 两种。

三、中国金融认证中心的结构

CFCA 建设了 SET CA 和 Non-SET CA 两套系统，SET CA 由 IBM 公司负责承建，Non-SET CA 由 Entrust 公司、SUN 和德达创新联合建设。Non-SET CA 系统于 2000 年 1 月 19 日发放了第一批试验证书，SET CA 系统于 2000 年 3 月 30 日试发了第一批证书。

1. SET CA 系统

(1)总体结构

SET CA 系统是为在网上购物时用银行卡进行结算的卡基业务建立的。系统分为 3 层结构，第一层为根 CA，第二层为品牌 CA，第三层为终端用户 CA，系统的总体结构如图 9-3 所示。

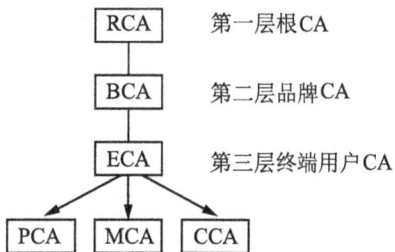

图 9-3　SET CA 总体结构图

①RCA。系统结构的第一层为根 CA(Root Certification Authority，RCA)。RCA 的职责是：负责制定和审批 CA 的总政策；签发并管理第二层 CA 证书；与其他根 CA 进行交叉认证。

②BCA。系统结构的第二层 CA 称品牌 CA(Brand Certification Authority，BCA)。BCA 为各个商业银行所发放的不同信用卡品牌发放证书。它的职责是：根据 RCA 的规定，制定具体政策、管理制度及运行规范；签发第三层证书并进行证书管理。

③ECA。系统结构的第三层 CA 为终端用户 CA(End user Certification Authority，ECA)。ECA 为参与 SET 电子商务各实体颁发证书，即为支付网关（Payment Gateway）、商家(Merchant)及持卡人(Cardholder)签发证书。签发这 3 种证书的对应 CA 为 PCA、MCA 及 CCA。

(2)SET CA 系统目标

SET 协议使用 PKI 加密技术能提供信息的机密性，保证支付的完整性，验证支付网关、商家和持卡人的真实身份。

SET CA 签发持卡人证书、商家证书以及支付网关证书，并对其所签发的 3 种证书具有完善的证书管理功能。

SET CA 的总体目标为：为商家和持卡者提供方便的应用，最大限度降低现有应用的改变；为现有客户应用的支付协议提供插件应用；降低对收单行、商家、持卡人之间关系的改变；降低对现有商家、收单行、支付系统应用和结构的改变；为金融机构提供安全有效的协议。

2. Non-SET CA 系统

(1)总体结构

Non-SET CA 系统对于应用的范围没有严格的定义，系统分 3 层结构，第一层为根 CA，第二层为政策 CA，第三层为运营 CA，系统总体结构如图 9-4 所示。

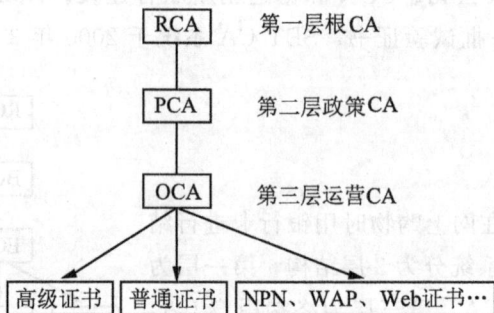

图 9-4　Non-SET CA 总体结构图

①RCA。系统结构的第一层为根 CA，即 RCA。RCA 的职责是：负责制定和审批 CA 的总政策；为自己"自签"根证书，并以此为根据为二级 CA 签发并管理证书；与其他 PKI 域的 CA 进行交叉认证。

②PCA。系统结构的第二层 CA 为政策性 CA（Policy Certification Authority，PCA）。PCA 的职责是：根据根 CA 的各种规定和总政策，制定具体政策、管理制度和运行规范；安装根 CA 为其签发的证书；为第三级 CA 签发证书；管理证书及证书废止列表（CRL）。

③OCA。系统结构的第三层为运营 CA（Operation Certification Authority，OCA）。OCA 的职责是：安装政策 CA 签发的证书；根据根证书及二级 CA 证书，直接为最终用户颁发终端实体证书，即支持电子商务各种应用的数字证书；管理所发证书及证书撤销列表（CRL）。

（2）系统目标

Non-SET CA 向各种用户颁发不同种类的数字证书，其主要目标是支持广泛的电子商务应用模式、网上银行安全应用模式、网上证券以及电子政务等广泛的应用。

3. RA 系统

RA 一般设置在商业银行的总行、证券公司、保险公司总部及其他应用证书的机构总部。RA 主要是远程的，受理点设置在商业银行的分/支行、证券、保险营业部及其他应用证书机构的分支机构，这样一方面便于进行客户资料的审查，另一方面也便于银行将证书与客户的账号进行绑定，以实现认证。然而，即使 RA 部署在远程所在地，这些 RA 也仍然是 CA 的组成部分。此外，CFCA 还在其所在地部署了直属 RA，对一些比较零散的，不适合或者不必要建立 RA 的用户提供注册服务。

远程 RA 根据商业银行的管理体系可分为三级结构，即总行、城市分行、业务受理点。系统总体结构如图 9-5 所示。

①业务受理点 LRA。接受用户的当面申请，将注册申请信息上传给城市分行 RA 系统，提供用户实时受理点证书下载业务，将证书下载认证码提交给用户。

②分行 RA 系统。接受上传的用户申请信息，根据银行后台业务数据库，审核用户的证书申请，并将审核结果上传总行 RA 服务器。

③总行 RA 服务器。接受上传的审核结果，存贮并转发到 CA 中心，将 CA 中心生成的证书认证参考码（取证用）下传。

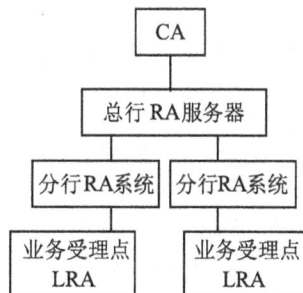

图 9-5　RA 系统组成图

第三节　中国征信体系建设

一、征信及征信体系

1. 征信

征信，即信用调查或信用审查，指信用征信机构运用专业知识，经过与商业银行及有关部门和单位的约定，通过收集掌握的公开信息和调查掌握的隐蔽信息对分散在各商业银行和社会有关方面的法人和自然人履行债务的能力做出客观公正的评价，以此满足从事信用活动的机构在信用交易中对信用信息的需求，解决借贷市场信息不对称的问题。征信的内容主要包括征信的对象、征信的目的和征信的方式等。

征信的对象，即信用审查或信用调查的客体，主要包括政府、企业法人和自然人。通常在一国范围内，征信的对象限于企业法人和自然人。由于债权人和债务人之间存在信息不对称问题，有些信息对于债务人是清楚的但是对于债权人却是不甚清楚的，因此征信的目的是将银行等授信人作为服务对象，向他们提供防范信用风险、开拓业务支持平台，形成对借款人的联合约束机制。征信的方式是对市场交易行为主体的信用资料进行收集、利用、提供、维护和管理，一般是做成信用报告提供给需要它的客户。征信的特征主要表现在独立性、信息性、公正性、客观性和时效性。征信的种类主要有 4 种：个人信用调查、企业资信调查、资信评级和商业市场调查；相对应的征信产品有信用报告、信用咨询、信用评分和信用评级等。

2. 征信体系

征信体系（Credit Investigation System）是一种社会机制，指的是由与征信活动有关的法律规章、组织机构、市场管理、文化建设、宣传教育等共同构成的一个体系。

征信体系主要包括 4 个方面的内容：①完备的征信数据库；②完善的征信法律法规；③发达的征信机构；④有效的政府监管。

征信体系的主要功能是为借贷市场服务，但同时具有较强的外延性，也服务于商品交易市场和劳动力市场。实践证明，一个完善的征信体系的建立，有利于金融市场的发展，帮助解决金融交易中的信息不对称和逆向选择问题，缓解中小企业融资难问题；有利于化解商业银行的不良贷款，最大限度地减少新的不良贷款的产生，提高商业银行审贷效率；有利于提高银行的业绩，增加商业银行利润；有利于促进中小企业诚实守信，优化社会信用环境。

3. 国外征信体系的 3 种模式

西方发达国家经过近一个半世纪的摸索，逐渐探索出一条适合其本国国情的征信道路。按照行为主体从事征信数据库经营方式的不同，发达国家的企业征信大体有以下3种成熟的模式。

（1）市场主导型模式

在这种模式下，征信系统和评级系统由独立于政府之外的民营机构组成，所有的征信企业或机构完全按照市场经济的法则和运行机制来运营，根据市场需要建立数据库和提供信用信息服务。该机构以盈利为目的，对搜集的信用信息进行加工、整合处理，为信用信息使用者提供信用报告，并收取一定的费用。在征信过程中，政府不直接参与经营，政府的作用主要是促进信用管理立法、监督信用管理法律的执行。

实行这一模式最大的优点是：征信公司可以根据市场需要来建立数据库和提供服务，有利于征信产品和服务的本地化。其缺点是：如果政府在本国企业征信体系建设中不够成熟，不能有效地保护本国企业，外国大型征信企业将很容易占领很大比例的征信市场份额，对本国征信企业的发展将是一种冲击。这种征信模式适用于市场发达的、征信体系建设成熟的国家，如美国、英国、加拿大和北欧的部分国家。

（2）政府主导型模式

这种模式是以中央银行建立的中央信贷登记为主体兼有私营征信机构的企业征信体系。由政府出资，中央银行建立中央信贷登记系统，登记企业信贷信息和个人消费信贷信息，实现全国数据库网络系统。征信机构属于非营利性组织，直接隶属于央行，征信产品也主要是供银行内部使用，为银行防范贷款风险、央行金融监管及执行货币政策提供服务。

其优点是：在公共数据比较分散或缺乏的条件下，可以由政府协调社会各方面，强制性地让局部主体将各种数据贡献出来，在较短的时间内集中各种力量迅速建立起覆盖全国范围内的征信数据库。但是因为由政府建立数据库的目的不是直接生产征信产品并且参与市场竞争，不是以营利为目的，这就加大了政府的财政负担。这种模式适用于个别小国或者某些处于转型时期的国家。如德国、法国、意大利等西欧国家。

（3）会员制征信模式

这种模式是由以银行协会为主建立的会员制征信机构与商业性征信机构共同组成的企业征信体系。由行业协会建立信用信息中心，会员向该信用中心义务地提供自己所掌握的有关企业的信用信息，再通过内部信用信息共享机制实现征集和使用信用信息，但是该信息仅限于向协会会员提供信用信息查询服务。该中心在收集信息时付费，在提供信息时收费，以保持中心的发展需要，但是不以营利为目的。其实质是建立一种信息互换机制。

这种模式的优点是：能够较好地覆盖信贷信用、零售信用和服务信用等领域，但是征信机构太多，不利于全面掌握客户信用状况。日本采取的是这种征信体系模式。日本最大的信用管理公司——帝国征信公司（又称帝国数据银行）拥有亚洲最大的企业资信数据库。

二、中国征信体系建设

1. 对征信体系建设的探索

(1)征信业的初步发展

20世纪80年代末,随着改革开放的推进,中国的对外贸易取得了长足发展,但同时也出现了一些外商利用中国吸引外资的迫切性,损害中国外贸企业利益的现象,突出表现为中国外贸企业出现大量逾期应收账款不能收回的问题。为了规避外贸中的信用风险,外经贸部决定将国外的信用风险管理技术和服务引入中国。

自1990年以来,外经贸部计算中心在与国外著名资信调查公司合作的基础上,开始向海外客户提供中国企业的资信调查报告,中国的企业资信调查征信服务开始起步。1992年底,中国第一家专业从事企业资信调查服务的民营企业——北京新华信商业风险管理有限责任公司正式成立,这标志着中国的企业资信调查服务进入了一个新的发展时期。此后,国内又陆续成立了一些从事企业资信调查服务的专业性公司,形成了企业资信调查行业新的竞争格局。

和绝大部分以政府为主导的投资领域不同的是,中国征信业的投资多来自民间。原国家经贸委2001年在给国务院的《国家经贸委关于加快建立中小企业社会化信用体系有关问题的报告》中显示,我国的征信行业诞生于20世纪90年代。经过10多年的发展,目前已拥有信用征集、信用调查、信用评价、信用咨询及风险管理等各类信用中介100多家。这些中介机构大都是自发形成,资金及市场规模普遍不大。除了民营征信公司外,一些外资、合资的征信机构也开始登陆国内市场。此外,还成立了一些有地方政府背景的征信公司。

(2)征信体系首次试点——上海资信有限公司

1999年7月,经上海市人民政府批准、中国人民银行总行核准,在上海市信息化委员会和人行上海分行的支持、参与下,上海资信有限公司正式成立。

作为新中国成立以来大陆首家开展个人信用联合征信的专业资信机构,上海资信有限公司承担了上海市个人信用联合征信系统建设工作,运用国际先进技术和管理经验,开展个人征信业务。2002年3月,公司承建的上海市企业联合征信系统正式开通,业务范围扩展至企业征信领域。

截至2009年年底,上海资信有限公司所承建的上海市个人信用联合征信系统已拥有超过1 109万人的信用信息,包括个人基本身份信息、商业银行各类消费信贷申请与还款记录、可透支信用卡的申请、透支和还款记录、移动通信协议用户的缴费记录、公用事业费的缴费记录、上海市高院经济纠纷判决记录、交通违法处罚记录以及执业注册会计师和保险营销代理人的执业操守记录等。企业征信系统已采集了上海147万家企业的信用信息，包括企业注册信息、年检等级、产品达标信息、税务等级信息、国有资产绩效考评信息、进出口报关记录、信贷融资记录和行业统计分析信息等。

2009 年 4 月，中国人民银行征信中心正式控股上海资信有限公司。上海资信有限公司在原有业务的基础上，向集团企业资信评级、商业票据资信评级、商业银行贷款资金监管等业务领域扩展，并且与中国人民银行征信中心建立了战略合作关系，合作开发并代理销售中国人民银行征信中心定向产品。

2. 中国征信系统的建设

(1)我国征信体系的发展现状

我国的社会征信体系建设起步于 20 世纪 90 年代初。2013 年以前，我国征信行业发展历程可以划分为 3 个阶段。1980—1995 年为探索阶段，这一时期的征信公司规模普遍较小，且其业务主要以资信评级为主，个人征信业务尚未开放；1996—2003 年为起步阶段，央行和各地方政府在这一阶段开始陆续搭建征信平台；2004—2012 年为发展阶段，社会信用体系建设在这一阶段逐步受到政府高层重视，央行建立的银行信贷登记咨询系统也于 2005 年升级为全国统一的企业和个人征信系统。

同发达国家相比，我国的征信体系建设仍然处于行业发展的初级阶段，法律规范、数据处理和信息共享等环节都亟须完善，且缺乏具备权威性和国际影响力的征信机构。近年来，随着互联网、云计算等新一代信息网络技术的兴起，以 P2P 网络借贷、第三方支付、互联网银行等模式为代表的互联网金融蓬勃发展，引发了金融行业的结构性变革。互联网金融覆盖广、管理弱、风险大等特点决定了它的发展必须以完善的信用体系为基础，而现有的人民银行征信系统由于其存在数据失真、覆盖率低、查询成本高等问题，已经不足以为互联网金融的健康发展提供有力的保障。

从 2013 年开始，我国相继出台了一系列政策，旨在加快社会征信体系建设。2013 年 3 月，国务院出台了我国首部征信行业法规《征信业管理条例》；2013 年 12 月，人民银行印发《征信机构管理办法》，为我国征信行业市场化奠定了基础；2014 年 6 月，国务院出台了《社会信用体系建设规划纲要(2014—2020 年)》，明确了我国社会信用体系建设的主要目标：到 2020 年，基本建立社会信用基础性法律法规和标准体系，基本建成以信用信息资源共享为基础的覆盖全社会的征信系统。这是我国首部国家级社会信用体系建设专项规划，标志着我国征信体系建设进入了一个全新的发展阶段。

(2)国内和国外征信体系的对比分析

目前世界上征信体系发展相对完善的国家和地区主要有美国、欧洲和日本。由于历史、经济和文化的差异，各个国家的征信模式呈现出不同的特征。按照征信制度划分，发达国家的征信体系可以分为市场主导型、政府主导型和会员制。

①政府主导模式。大多数欧洲国家的征信体系，如法国、德国、西班牙等，采用的

是政府主导模式。在政府主导模式之下，社会征信体系以政府出资建立的非营利性公共征信机构为主体，以市场化的民营征信机构为辅。商业银行等金融机构，一方面作为信息提供者，依法向公共征信机构提供个人和企业的征信数据；另一方面作为征信体系的主要使用者，利用公共征信机构的评估结果甄别优质借款人，从而有效防范贷款风险。

②市场主导模式。市场主导征信模式的特点是征信机构的完全市场化，以美国、英国和加拿大为代表。在该征信体系下，政府部门不直接参与社会信用管理，而是通过完善法律法规和监管体系，对征信机构进行适度的管理，通过有效的竞争机制完善征信体系。以美国为例，Equifax、Experian 和 Trans Union 这 3 家征信公司分别拥有覆盖全美的数据库，其中包含美国一半以上人口的信用记录。

③会员制模式。日本采用的是会员制征信体系，以银行业协会、信贷业协会和信用产业协会三大行业协会为主要征信机构，建立非营利性的信用信息共享中心，仅为行业协会会员提供信息交换服务。商业银行、证券公司、民营企业等机构作为信用信息中心的会员，有义务向共享中心提供客观全面的信用信息，并通过内部共享机制实现征信信息征集和使用。

我国当前的征信体系与法国和德国相似，采用的是政府主导模式，形成了以人民银行建立的中央信贷登记系统为主体，以私营征信机构为辅的社会信用管理体系。人民银行征信系统包括企业信用信息基础数据库和个人信用信息基础数据库，数据来源于拥有特定经济信用信息的政府职能部门、公共事业单位以及掌握大量信贷信息的商业银行。人民银行征信中心通过汇总和分析企业和个人征信系统中的数据信息，得出信用分析报告，为商业银行等金融机构提供服务。

(3)我国发展大数据征信存在的问题

从总体上看，我国构建大数据征信体系面临的难题可以划分为技术层面和制度层面。

①技术层面的难题：

第一，缺乏有效的数据采集方法。一方面，大数据征信的信用信息主要来源于互联网，但目前网络行为的身份识别仍是一大技术难题，导致数据采集的高成本和低效率。另一方面，大数据的采集广度有余而深度不足，获取的数据体量庞大却存在片面性和局限性等问题，缺乏对数据的深层次、多维度挖掘。

第二，数据融合存在困难。大数据的应用范围不断拓展，已经从原有的企业数据和个人消费数据渗透到包括房地产、传统制造业在内的各个行业。这在一定程度上加速了互联网的创新和变革，但信息过多也引起了数据杂乱琐碎和数据跨度过大的问题。而征信数据评估模型构建困难且在短期内无法检验其精准度，导致数据整合成为目前大数据发展面临的最大技术难题。

第三，硬件设施性能严重滞后。现有的大数据征信相关硬件设施在可扩展性、存储速度和数据处理能力等方面已经无法满足数据动态增长和复杂性提高的需要，但核心技术的突破和硬件设施的更新都难以在短期内实现，导致大数据征信体系的构建遭遇瓶颈。

②制度层面的难题：

第一，缺乏配套的法律规范。大数据征信在个人隐私保护问题上面临着法律风险，发达国家的征信体系以系统和完善的法律体系为基础，着重保护信息安全和个人隐私权。我国现有法律对个人信息和个人隐私的界定、征信信息的采集权和归属权等问题都尚未做出合理规范和制度安排，可能会出现打法律"擦边球"，侵犯个人隐私的行为。

第二，监管体系不成熟。一方面，大数据征信仍处于起步阶段，其监管主体和监管定位尚不明确，且缺乏具备大数据征信相关知识、适应大数据征信监管需求的从业人员；另一方面，大数据征信行业自律性组织尚未形成，缺乏统一的行业规范和职业道德标准，各征信机构仍存在恶意竞争、服务意识差、缺乏公信力等问题。

第三，信息共享机制不完善。公安部的身份证信息、个人参保缴费信息等都已纳入人民银行的征信系统，但互联网金融数据仍与人民银行的征信系统处于割裂状态，且互联网金融平台尚未获取对征信系统的使用权，导致传统金融和互联网金融无法进行高效的信息共享。此外，我国各地区、各政府部门之间同样缺乏有效的信息流通渠道。

第四，政府部门和金融机构信息公开不足。一是司法、工商、公安等政府部门拥有企业和个人的大量信用信息，其中的非保密信息可以作为评定信息主体信用水平的重要依据，但却尚未授权非政府部门使用。二是银行等金融机构的数据开放有限，如银行与芝麻信用的合作仅局限于支付方面，而与信息主体信用评分直接相关的违约记录仍没有全面公开。

第四节　中国现代化支付系统

全国电子联行系统的建成，实现了与同城清算系统及人民银行会计核算系统的对接，跨行支付业务的资金在途时间大大缩短，社会资金的使用效率明显提高。但是，随着各类新型金融市场的蓬勃兴起，金融业对建立快速、高效、安全、可靠的现代化支付系统提出了迫切要求。为了建立快速、高效、安全、可靠的现代化支付系统，更好地为商业银行和金融市场提供优质的支付清算服务，中国人民银行于 20 世纪 90 年代开始着手建立更为先进的中央银行跨行支付清算系统——中国现代化支付系统（China National Advanced Payment System，CNAPS）。

中国现代化支付系统的建设目标是：逐步形成以中国现代化支付系统为核心，商业银行行内系统为基础，票据交换系统和卡基支付系统并存，支撑多种支付工具的应用并满足社会各种经济活动支付需要的中国支付清算体系。2005 年 6 月和 2006 年 6 月大额支付系统和小额支付系统分别完成在全国的建设和推广应用，标志着中国现代化支付系统顺利投入运行。

一、现代化支付系统的总体框架

1. 现代化支付系统的三级节点体系结构

与电子联行系统相类似，现代化支付系统也采用了如图 9-6 所示的三级节点的体系结构，与电子联行系统的清算总中心、各地电子联行资金清算分中心、汇出行（汇入行）相对应，现代化支付系统分别建立了国家处理中心（NPC）、城市处理中心（CCPC）、发起行（接收行）。

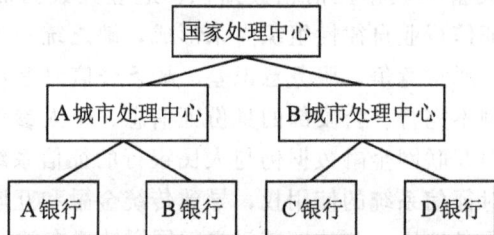

图 9-6 支付系统三级节点示意图

①国家处理中心（NPC）。国家处理中心位于结构图最高端，它是整个支付系统的核心处理机构，负责完成所有支付业务资金清算、信息存储、指令转发、系统运行状态管理等工作，该中心将存储所有支付系统参与单位的清算账户信息，并通过调整清算账户余额完成跨行业务资金清算。清算账户是指经过人民银行批准经营支付结算业务的政策性银行、商业银行和城市信用合作社、农村信用合作社在当地人民银行开设的准备金存款账户。在现代化支付系统投入运行以后，各地人民银行将负责处理当地金融机构清算账户的开立、撤销、信息修改等管理工作。凡是涉及清算账户余额变动的情况（也就是某金融机构发生了支付业务），均需统一由 NPC 负责处理。在每一个工作日结束以后，NPC 将负责将当日各机构清算账户变动情况下发至各地人民银行。

②城市处理中心（CCPC）。城市处理中心位于结构图中间层，它是支付系统在各个城市的业务处理和运营单位，主要负责当地支付系统参与者的管理及支付业务的接收和转发。

③当地商业银行。当地商业银行（包括其他金融机构）位于结构图底层，他们是支付业务的发起者和接收者。图中所显示的商业银行均指当地分/总行，这些机构通过安放在本网点的商业银行前置机系统与当地 CCPC 相连，同时依托本身在当地人民银行开立的清算账户进行资金清算。

2. 支付系统业务处理框架

将图 9-6 细化后，形成的支付系统业务处理框架结构如图 9-7 所示。现代化支付系统支持以下 6 大系统的接入。

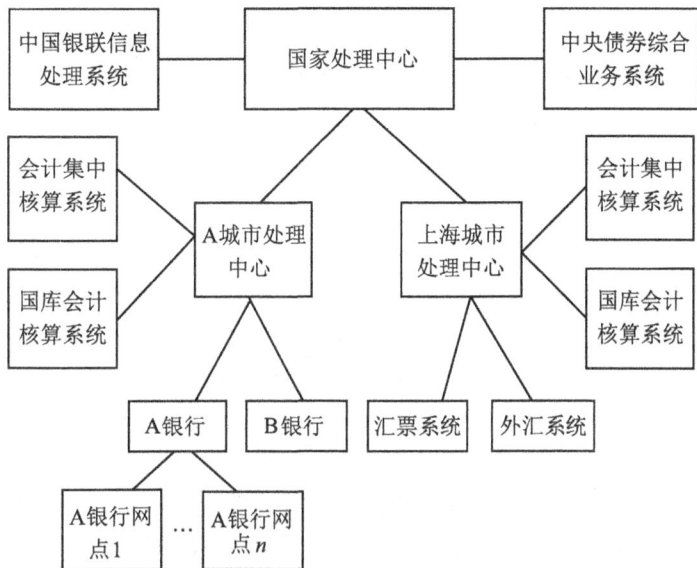

图 9-7　支付系统业务处理框架图

①会计集中核算系统。中央银行会计集中核算系统是现代化支付系统运行的基础，为有效支持支付系统的建设和运行，并有利于加强会计管理，提高会计核算质量和效率，防范会计风险，人民银行会计核算首先集中到地市，并由地市中心支行的会计集中核算系统与支付系统的 CCPC 连接，人民银行县支行的支付清算业务发送地市中心支行会计集中核算系统提交支付系统处理。

②国库会计核算系统。为适应国库单一账户核算体制的改革，加快国库资金汇划速度，地市级（含）国库会计核算系统与支付系统城市处理中心连接办理支付清算业务，县级国库的支付清算业务通过国库系统发送地市级国库提交支付系统处理。

③中央债券综合业务系统。为有效支持公开市场操作、债券发行及兑付、债券交易的资金清算，中央债券综合业务系统与支付系统 NPC 连接，通过支付系统处理其交易人民币资金的即时转账清算。

④中国银联信息处理系统。为了实现银行卡跨行支付的即时清算，提高银行卡跨行支付效率和控制资金清算风险的能力，中国银联信息处理系统与支付系统 NPC 连接，通过支付系统处理银行卡跨行支付的即时清算。

⑤汇票系统。为支持中小金融机构结算和通汇，支付系统提供了支持城市商业银行

汇票处理的功能。城市商业银行汇票处理中心与支付系统上海 CCPC 连接，依托支付系统办理银行汇票资金转移和兑付的资金清算。

⑥外汇系统。为保障外汇交易资金的即时清算，外汇交易中心与支付系统上海城市处理中心连接，处理外汇交易人民币资金清算，并下载全国银行间资金拆借和归还业务数据，供其对同业拆借业务的配对管理。

通过支持上述系统的接入，支付系统处理的业务能够覆盖全国，并基本满足全社会支付清算业务处理的需要。

3. 现代化支付系统的主要应用系统

为适应各类支付业务处理的需要，现代化支付系统由大额实时支付系统（HVPS）和小额批量支付系统（BFPS）两个应用系统组成。为加强对清算账户的集中处理，保障大额支付业务和小额批量支付业务的资金清算，以及中央银行办理现金存取、再贷款和再贴现等单边业务的处理，支付系统设计了清算账户管理系统（SAPS）作为支付系统的辅助系统。同时，为保障支付系统的正常运行，便于对支付信息的管理、存贮和统计监测，支付系统还设计了支付信息管理系统（PIMS）作为支付系统的辅助系统。

①清算账户管理系统。该系统是支付系统的核心支持系统，通过集中存储清算账户，处理支付业务的资金清算，并对清算账户进行管理。支付系统对资金清算的处理采用集中清算的模式，在清算账户的设置上，采用"物理上集中摆放、逻辑上分散管理"的办法，即全国商业银行在人民银行当地分支机构开设的所有清算账户物理上均在国家处理中心存储和处理资金清算，逻辑上仍由人民银行当地分支行进行管理。通过对清算账户的集中管理，防范支付风险；便于监测异常支付和统计采集支付清算信息，为货币政策的实施和金融监管提供服务；加快资金清算速度，适应金融市场资金清算的客观需要，支持金融市场的发展。

②支付信息管理系统。支付信息管理系统也是支付系统的支持系统、集中管理支付系统的基础数据，负责行名行号数据和应用软件的下载、提供支付业务的查询查复和计费服务等。同时，支付系统蕴藏的大量支付业务信息资源，可以为中央银行更好地实施货币政策，履行监管职责，防范金融风险，以及为金融机构加强资金头寸管理提供信息支持，支付信息管理系统还可以为各金融机构提供灵活、高效的支付信息统计服务功能。

4. 现代化支付系统的参与者

现代化支付系统的参与者根据其参与支付系统的身份不同，分为直接参与者、间接参与者和特许参与者。

①直接参与者。支付系统直接参与者是人民银行地市级（含）以上中心支行（库）以及在中国人民银行开设清算账户的银行和非银行金融机构。直接参与者与城市处理中心直

接连接，并通过城市处理中心处理其支付清算业务。

②间接参与者。支付系统间接参与者是中国人民银行县（市）支行（库）和未在中国人民银行开设清算账户而委托直接参与者办理资金清算的银行及经人民银行批准经营支付结算业务的非银行金融机构。间接参与者不与城市处理中心直接相连，其支付业务通过行内系统或其他方式提交给清算资金的直接参与者，由该直接参与者提交支付系统处理。

③特许参与者。特许参与者是指经中国人民银行批准可经由支付系统办理特定业务的机构。外汇交易中心、债券一级交易商等特许参与者在人民银行当地分支机构开设特许账户，特许参与者拥有的系统与当地城市处理中心连接，通过连接的城市处理中心办理支付业务；中央国债登记结算有限责任公司、公开市场操作室、银联等特许参与者均与支付系统国家处理中心连接，可办理支付交易的即时转账。

④各参与者之间的业务联系。发起行是向发起清算行提交支付业务的参与者；发起清算行是向支付系统提交支付信息并开设清算账户的直接参与者或特许参与者，发起清算行也可作为发起行向支付系统发起支付业务；发报中心是向国家处理中心转发发起清算行支付信息的城市处理中心；国家处理中心是接收、转发支付信息，并进行资金清算处理的机构；收报中心是向接收清算行转发国家处理中心支付信息的城市处理中心；接收清算行是向接收行转发支付信息并开设清算账户的直接参与者；接收行是从接收清算行接收支付信息的参与者。接收清算行也可作为接收行接收支付信息。

二、大额实时支付系统

大额实时支付系统（High Value Payment System，HVPS）是指以实时、全额的方式处理异地、同城每笔金额在规定起点以上的贷记支付和紧急的金额在规定起点以下的贷记支付的应用系统。

1. 系统概述

建设大额实时支付系统的目的，旨在为各银行和广大企事业单位以及金融市场提供快速、高效、安全、可靠的支付清算服务，防范支付风险。它对中央银行更加灵活、有效地实施货币政策和货币市场交易的即时清算具有重要作用。

①大额支付系统业务范围。大额实时支付系统处理的业务包括一般大额支付业务和即时转账支付业务。一般大额支付业务是指由发起行发起，逐笔实时发往国家处理中心，国家处理中心清算资金后，实时转发接收行的支付业务，主要包括汇兑、委托收款（划回）、托收承付（划回）、银行间同业拆借、国库资金汇划（贷记）等；即时转账业务是指由第三方发起支付指令，通过国家处理中心实时清算资金，并通知被借记行和被贷记行的支付业务，主要包括即时转账、质押融资、质押融资扣款等。

②大额支付系统业务特点。一般来说，凡是交易金额大、安全性和时效性要求很高的支付业务（如大额货款支付、外汇交易、债券交易等业务）都采用 HVPS 模式进行处理。即每笔业务指令将由支付系统逐笔清算，进行资金划转，并在（且只在）清算完成后再将该业务转发至接收方。接收方在接收到该笔支付指令时即可认为相应资金已转入本行清算账户。

③大额支付系统运行现状。作为我国现代化支付系统的重要应用和组成部分，大额支付系统在促进金融市场发展、防范支付风险、维护金融稳定等方面一直发挥着重要作用。自 2018 年 1 月 22 日起，根据人民银行的统一部署，大额支付系统结束运行多年的 5×8 小时运营模式，开始实行 5×21 小时运行。

夜间业务特点。2018 年 1 月至 6 月，大额夜间支付清算业务量和清算金额均呈快速增长，其中，6 月往来交易业务量分别跃居上半年月度峰值。以 1 月 22 日延时后的实际工作日为考量维度，在业务量方面，6 月日均业务量较 1 月接近翻番；在金额方面，往报峰值发生于 5 月，来报峰值发生于 6 月。可见，客户对大额支付系统延时运行普遍持欢迎态度。长期以来客户积蓄的夜间较大金额汇兑需求，在延时运行后得到较好满足。每一次的运行延长，相伴资金业务量呈现一波增长态势，折射出客户对延时运行的知晓度和关注度较高。

夜间来报业务集中在晚上 23 点和早晨 7 点时间段，往报业务在凌晨 4 点达到峰值，由此推测依托于手机银行、网银等支付方式的支撑，部分在境外的客户因时差关系，在境外日间发起交易。从物理点看，延时运行的影响也是全球性的，符合人民币"走出去"的发展方向。

企业是夜间大额跨行支付业务的主力军。往报企业主要分布在通信业、汽车制造业及房地产行业；来报企业主要分布在汽车制造业、证券期货和房地产行业。此外，个人客户夜间业务量也不容小觑，个人大额汇款业务量占夜间交易总量的 32%，金额占夜间交易总金额的 25%。自动入账率被视为衡量银行清算标准化程度和清算效率的一个重要指标。即便 6 月来报业务量是 1 月的近 5 倍，但依托于夜间自动入账系统的运行，6 月来报自动入账率较 1 月上升 1.34 个百分点。由于银行夜间一般不设置人员专项处理此类业务，自动入账水平在夜间业务中体现的效率价值更加明显，无人工干预的处理水平对于银行服务的意义深远。

综上，大额支付系统运行时间延长，意味着客户办理大额跨行转账交易时间选择更自由、交易方式更灵活，也有望让部分习惯于支付宝、微信等第三方支付转账但又苦于金额受限的客户重新回归银行。此外，企业客户无须在 20 时 30 分后分成小额 N 次汇款，提升汇款效率并节省费用。

2. 一般大额支付业务的处理

一般大额支付业务的处理流程如图 9-8 所示。

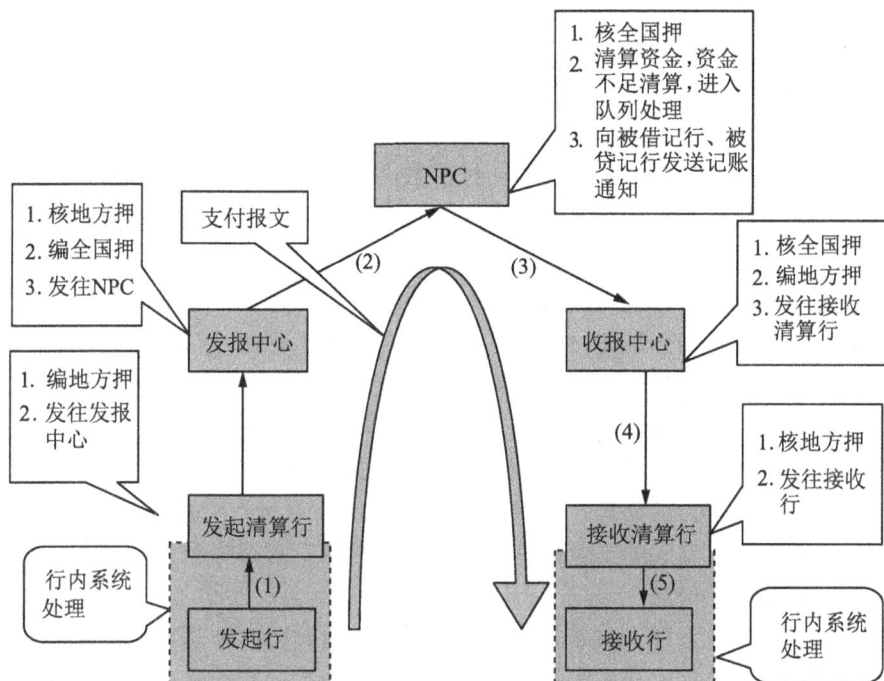

图 9-8　一般大额支付业务处理流程

（1）发起行的处理

①商业银行发起的支付业务。商业银行受理大额支付业务后，根据业务类型选择不同的支付报文，按发起人的要求确定支付业务的优先级次（普通、紧急或特急），通过商业银行前台逐笔加编地方密押，发往支付系统城市处理中心（CCPC）。商业银行总行的支付业务向其所在地的 CCPC 发送，商业银行省分行以及集中接入的商业银行地市分支行的支付业务向其省会（首府）城市 CCPC 发送，与地市 CCPC 直接连接的商业银行地市分支行以及城市商业银行、城乡信用社等的支付业务向所在地 CCPC 发送。

②中国人民银行发起的支付业务。中国人民银行会计营业部和国库部门分别通过中央银行的会计集中核算系统、国库会计核算系统将支付业务向其所在地的 CCPC 发送。中国人民银行对发送的支付业务逐笔加编地方押，进行账务处理。

（2）发报中心（CCPC）的处理

发报中心与发起行联机的，接收发起行发送的支付业务，逐笔确认无误后，自动向发起行返回确认信息。

发报中心未与发起行联机的，收到磁介质及支付业务汇总清单后，将磁介质读入计算机，进行病毒检查，并与支付业务汇总清单核对，确认无误后予以受理。未通过病毒检查或磁介质与支付系统汇总清单核对不符的做退回处理。

核检地方密押，密押错误的，作退回处理；核检通过的，将支付业务逐笔加编全国密押后，发往国家处理中心。

（3）国家处理中心（NPC）的处理

国家处理中心接受发报中心发来的支付信息，逐笔核检全国密押，密押错误的，作退回处理；核检通过的，自动向发报中心发送回执信息，并作如下处理：

发起行、接受行均为商业银行或发起行为商业银行，接受行为人民银行会计营业部或国库部门的，若发起清算行对应的清算账户余额足以支付的，进行账务处理；发起清算行对应的清算账户余额不足支付的，将支付指令排队处理。

发起行为人民银行会计营业部或国库部门，接收行为商业银行的或发起行、接收行均为人民银行会计营业部或国库部门的，直接进行账务处理。

NPC 完成账务处理后，立即将支付信息转发收报中心（CCPC）。

（4）收报中心（CCPC）的处理

收到国家处理中心发送的支付信息，核验全国密押，密押错误的，在该支付指令中注明"核验全国押错误"信息。

将支付信息加编地方押，与接收清算行直接联机的，实时传送到接收清算行；未与接收清算行联机的，转存磁介质，打印支付业务汇总清单，交给接收清算行签收，并将有关支付信息存档。

（5）接收清算行的处理

接收收报中心（CCPC）发来的支付信息，核检地方密押，密押错误的，在该支付指令中注明"核验地方押错误"信息。

3. 即时转账业务的处理

即时转账业务的处理流程如图 9-9 所示。

①即时转账业务的发起。特许参与者发起的即时转账业务，逐笔加全国密押，直接发送国家处理中心。

②国家处理中心（NPC）的处理。国家处理中心接收特许参与者发来的支付业务，逐笔核检全国密押，密押错误的，作退回处理；核检通过的，自动发送回执信息，并作账务处理。

如清算（特许）账户余额不足以支付，NPC 将该笔业务作排队处理，并将支付不足的信息通知特许参与者和被借记行。直到预定清算窗口关闭时间，如清算（特许）账户仍不足以支付，NPC 会将排队的即时转账支付业务作退回处理。

NPC 在完成被借记行的账务处理后，再对被贷记行进行账务处理。账务处理完成后，将资金清算成功结果通知特许参与者，同时通过被借记行和被贷记行所在地城市处

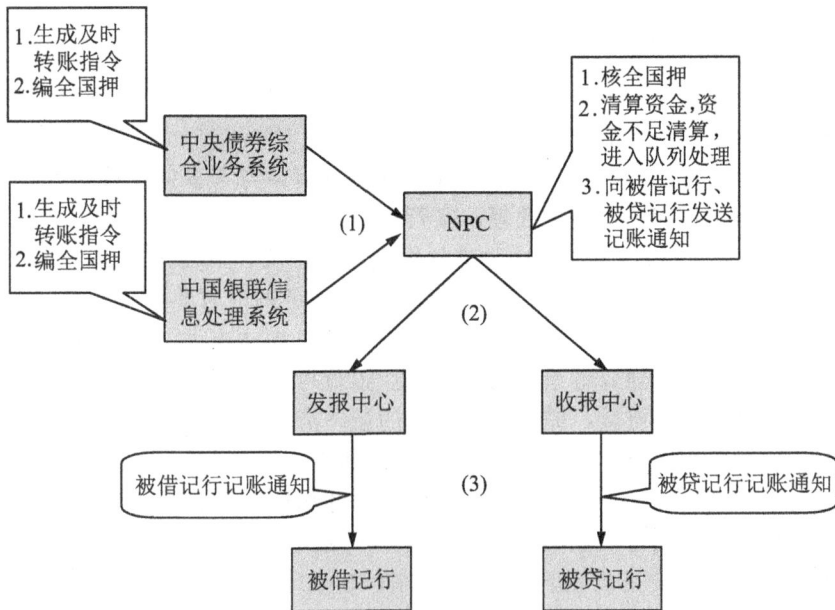

图 9-9　即时转账业务处理流程

理中心通知被借记行和被贷记行。

③收报中心的处理和接收清算行的处理。收报中心和接收清算行的处理与一般大额支付业务的收报中心与接收清算行的处理类似。

4. 城市商业银行汇票资金转移和兑付业务的处理

城市商业银行汇票处理系统是指各地城市商业银行依托支付系统办理银行汇票资金转移和兑付的系统。城市商业银行汇票处理中心在人民银行上海分行营业室开立特许账户，物理系统摆放在 NPC。该系统通过大额实时支付系统转移和兑付汇票资金，传递和查询汇票信息。

①汇票资金转移。城市商业银行签发银行汇票、同时按规定的报文格式将汇票资金向银行汇票处理中心移存。

②银行汇票兑付。城市商业银行或代理兑付行兑付银行汇票后，通过支付系统向银行汇票处理中心发送申请清算银行汇票资金报文。银行汇票处理中心检验密押无误后，自动生成清算银行汇票资金报文，通过大额实时支付系统将汇款划付兑付行。如有多余款，系统还自动生成银行汇票资金多余款划回报文，退回给签发行。如无多余款，生成全额兑付通知发送给签发行。

③银行汇票未用退回。签发行将银行汇票未用退回申请信息通过支付系统发送给银

行汇票处理中心。银行汇票处理中心收到后作相应处理。

5. 大额实时支付系统的功能特点

中国人民银行大额支付系统的建设，既立足中国的实际，又借鉴了发达国家支付系统建设的经验，具备以下功能特点。

①高效的资金清算功能。大额支付系统采取与直接参与者直接连接的方式，实现了从发起行到接收行全过程的自动化处理，实行逐笔发送，实时清算，一笔支付业务不到1分钟即可到账；采取NPC直接与中央债券综合业务系统、中国银联信息处理系统连接的方式，实现了债券交易的DVP清算和银联卡跨行业务的即时转账清算。

②全面的流动性管理功能。大额支付系统提供联机头寸查询、日间透支限额、自动质押融资机制、设置清算窗口等系统功能，商业银行可随时查询和预测其头寸的变化情况，并根据需要及时筹措资金，完成支付业务的最终清算。

③健全的风险防范功能。按照国际清算银行《重要支付系统核心原则》，针对大额支付系统运行可能出现的流动性风险、信用风险、法律风险和运行风险等，制定了一系列防范和处置措施。系统实行全额实时清算资金，不足支付的交易作排队处理，并采取债券质押与资金融通相结合的自动质押融资机制；建成了大额支付系统应急灾难备份系统，建立了运行维护机制。系统禁止隔夜透支，日终仍不足支付的交易，可由中国人民银行提供高额罚息贷款，切实防范支付风险。

④适度集中的清算账户管理功能。大额支付系统对商业银行的清算账户采取"物理上集中摆放，逻辑上分散管理"的方式，即各商业银行在人民银行当地分支行开设的清算账户物理上在NPC集中存储，日间处理跨行的资金清算；逻辑上由人民银行当地分支行进行管理，日终中央银行会计集中核算系统ABS下载清算账户数据，进行账务平衡。清算账户适度集中管理，既有利于提高支付清算效率，又有利于防范支付风险。

⑤灵活的系统管理功能。大额支付系统设置了接入管理功能，可以满足各银行灵活接入系统的需要；设置了业务控制功能，可对不同参与者发起和接收的支付业务进行控制；设置了队列管理功能，参与者可对排队业务进行次序调整；设置了清算账户控制管理功能，人民银行可对严重违规或发生信用风险的直接参与者的清算账户实施部分金额控制、借记控制直至关闭。

三、小额批量支付系统

小额批量支付系统(Bulk Electronic Payment System，BEPS)主要处理同城和异地纸凭证截留的借记支付业务以及每笔金额在规定起点以下的小额贷记支付业务。支付指令批量发送，轧差净额清算资金，主要为社会提供低成本、大业务量的支付清算服务。

1. 小额支付系统概述

①小额支付系统接入方式。中央银行会计核算系统（ABS）、国库会计核算系统

(TBS)、同城清算系统均通过城市处理中心(CCPC)接入小额支付系统；商业银行、清算组织等机构通过前置机系统与支付系统 CCPC 相连，接入小额支付系统；国债、银联、外汇、城商行汇票处理系统不接入小额支付系统，只处理大额支付业务。

②小额支付系统业务特点。小额批量支付系统所处理的业务种类多、业务量大，普遍具有金额小、时限性要求不太高的特点。小额批量支付系统对支付信息的传输和资金清算分别处理，小额批量支付信息由 NPC 和 CCPC 分别定时清分或实时转发，信息可以在 24 小时内连续传输，其资金则在日间规定的时点轧差清算。将支付信息的传输和资金清算分别处理，有利于合理利用系统资源，保证支付系统运行的高效性。

③小额支付系统工作原理。由于绝大多数小额批量支付业务是本 CCPC 覆盖范围内的业务，因此小额批量支付系统将本 CCPC 覆盖范围内的业务和非本 CCPC 覆盖范围内的业务分别处理，并且在 NPC 和 CCPC 同时设计清分轧差功能，可以有效提高系统处理能力。CCPC 收到发起行发来的小额支付业务后自动识别，属于非本 CCPC 覆盖范围内的业务，即时转发 NPC，NPC 在规定的清分轧差时间清分后转发收报中心，提交接收行；对于本 CCPC 覆盖范围内的业务，直接由 CCPC 转发接收行，CCPC 在设定的轧差时间轧差后自动向 NPC 发送轧差净额进行资金清算。针对各 CCPC 业务量不同的实际情况，支付系统对于本 CCPC 覆盖范围内的小额支付业务，设计定时转发和实时转发支付信息两种可供选择的模式：实时转发是由 CCPC 即时转发接收行，在设定的轧差时间自动轧差，并将轧差结果发送 NPC 以清算资金；定时转发是将接收的小额支付业务暂存，定时轧差并将轧差结果发送 NPC 以清算资金，同时将支付业务转发给接收行。

④小额支付系统运行现状。小额批量支付系统与大额实时支付系统实现了功能互补，是我国重要的零售支付系统，为社会提供了业务种类齐全、低成本的支付清算服务。普通借记和贷记业务在小额支付系统业务种类中仍占据着重要位置。

2. 小额批量支付系统处理的业务类型及流程

①普通贷记业务。普通贷记业务指付款人通过其开户银行办理的主动付款业务，主要包括规定金额以下的汇兑、委托收款(划回)、托收承付(划回)、缴税、缴费、非税收入、国库资金财政贷记划拨、其他贷记业务。普通贷记业务由付款(清算)行发起，经由 CCPC(或 NPC)轧差后转发给收款清算行。

②定期贷记业务。定期贷记业务为当事各方按照事先签订的协议，定期发生的批量付款业务。如代付工资、保险金等，其业务特点是单个付款人同时付款给多个收款人。定期贷记业务由付款清算行发起，经由 CCPC(或 NPC)轧差后转发给收款清算行。

③普通借记业务。普通借记业务为收款人发起的借记付款人账户的业务。普通借记业务由收款清算行发起，经由所在 CCPC(同城业务)或 NPC(异地业务)实时或批量转发给付款清算行；付款清算行对于收到的借记指令进行审核，在规定时间内返回同意支付

或拒绝支付的回执；对于同意支付的回执信息，由付款清算行所在 CCPC（同城业务）或 NPC（异地业务）纳入轧差处理后，将回执信息转发给收款清算行；对于拒绝支付的回执信息，直接转发给收款清算行。

④定期借记业务。定期借记业务为当事各方按照事先签订的协议，定期发生的批量扣款业务，如收款单位委托其开户银行收取的水电煤气等公用事业费等，其业务特点是单个收款人向多个付款人同时收款。

定期借记业务由收款清算行发起，经由所在 CCPC（同城业务）或 NPC（异地业务）实时或批量转发给付款清算行；付款清算行对于收到的借记指令进行审核，在规定时间内向支付系统返回同意支付或拒绝支付的回执；对于同意支付的回执信息，由付款清算行所在 CCPC（同城业务）或 NPC（异地业务）纳入轧差处理（清算结果为借记付款清算行，贷记收款清算行），同时将回执信息转发给收款清算行；对于拒绝支付的回执信息，直接转发给收款清算行。

⑤清算组织发起的代收付业务。为支持清算组织的业务发展，支付系统允许清算组织作为特许参与者接入办理业务，但不在支付系统开立清算账户。

清算组织发起的代付业务：支付系统将清算组织提交的付款清单实时转发给付款行；付款行发起定期贷记业务；处理完成后付款行将代付业务的处理情况通过小额支付系统返回给清算组织。

清算组织发起的代收业务：清算组织将代收业务按付款清算行组包后提交到 CCPC；CCPC 将批量包转发给各付款清算行；付款清算行对于收到的借记指令进行审核，在规定时间内向支付系统返回同意支付或拒绝支付的回执；对于同意支付的回执信息，由收款清算行所在 CCPC（同城业务）或 NPC（异地业务）纳入轧差处理（清算结果为借记付款清算行，贷记收款清算行），同时将回执信息转发给清算组织，并生成借记业务收款报文转发给该业务收款行，收款行据此贷记收款单位账户；对于拒绝支付的回执信息，直接转发给清算组织。

⑥同城清算系统发起的同城轧差净额清算业务。CCPC 收到同城清算系统的同城轧差净额后，将直接参与者的同城轧差净额发送清算账户管理系统（SAPS）清算，将非直接参与者的同城轧差净额发送同城清算系统所在城市的中央银行会计核算系统（ABS）清算。

⑦国库相关业务。国库相关业务主要包括实时扣税、批量扣税、预算收入上划、预算收入退库等预算收入业务以及财政拨款、财政直接支付、财政授权支付等预算支出类业务，以及国债兑付、国债发行的资金清算等其他业务。其中实时扣税业务需要提供实时处理功能。国库相关业务统一由国库会计核算系统（TBS）与支付系统的接口处理。

以实时扣税业务为例，其业务处理流程为：国库会计核算系统（TBS）向小额支付系统发出标记为"实时处理"的普通借记业务，经由 CCPC（或 NPC）转发纳税人开户银行(付款清算行)；开户银行接收该业务后，实时进行账务处理并向国库部门返回处理回执，国库收到处理成功的回执信息后可以据此办理税款入库；CCPC(或NPC)在规定时间将处理回执纳入轧差处理。

⑧通存通兑业务。跨行储蓄通存通兑业务和对公通兑业务是指依托小额支付系统，实现不同银行营业网点的资源共享，客户可以通过任何一家银行的柜台办理跨行存取款业务。

通存业务是存款人通过某家银行柜台(非开户行)缴纳款项并要求将款项存入其开立在另一家银行(开户行)的个人账户的业务。银行收妥款项后向支付系统发起标记为"实时处理"的普通贷记业务，经由CCPC(同城范围)或NPC(异地范围)转发收款(清算)行；收款(清算)行收到标记为"实时处理"的普通贷记业务，实时确认后并返回确认回执，CCPC/NPC在收到接收清算行返回的处理回执后才对该笔业务进行轧差处理。同时经由CCPC(或NPC)向付款行返回处理成功的回执；付款行收到处理成功的回执后，打印存款凭证交存款人。

通兑业务是存款人到某家银行柜台(非开户行)要求从其开立在另一家银行(开户行)的个人账户或对公账户支取现金的业务。受理银行(业务收款行)向小额支付系统发出标记为"实时处理"的普通借记业务，经由CCPC(或NPC)转发付款(清算)行；付款(清算)行收到标记为"实时处理"的普通借记业务，应立即进行账务处理，同时经由CCPC(同城)或NPC(异地)向收款行返回处理成功的回执；收款行收到处理成功的回执后即可向取款人支付现金；CCPC(或NPC)收到处理成功的回执后立即进行双边轧差。

⑨支票圈存业务。"支票圈存"业务是指借助于支付密码技术，由收款人在收受支票时通过POS、网络、电话等受理终端预先从出票人账户上圈存支票金额，保证支票的及时足额支付。小额支付系统处理支票圈存业务有两种方式，一种为分散处理模式，一种是集中处理模式。

分散处理模式：CCPC所辖各直接参与者分别摆放支票圈存业务处理服务器，该服务器分别与商业务银行行内系统和小额支付系统MBFE连结，商家通过POS等终端设备与CCPC所辖其开户银行支票圈存服务器连结，办理支票圈存业务。

集中处理模式：在CCPC范围内设立一个支票圈存业务处理中心，以清算组织形式通过前置机接入小额支付系统CCPC，所有商家通过POS等终端设备与支票圈存业务处理中心连结，办理支票圈存业务。小额支付系统接收支票圈存信息处理中心发送的资金圈存信息，经由所在CCPC(同城范围)或NPC(异地范围)实时转发付款行；付款行收到该信息后，立即对圈存信息进行检查，检查完成并圈存资金后立即将检查结果通过支付系统返回支票圈存信息处理中心。

⑩支付密码支票截留业务。收款清算行根据客户提交的支票，向小额支付系统发起普通借记指令(含支票信息及支付密码)，经由所在CCPC(同城)或NPC(异地)实时转发

给付款清算行；付款清算行根据收到的借记指令，对支票真实性和有效性进行核验，在规定时间内向支付系统返回同意支付或拒绝支付的回执；对于同意支付的回执信息，由付款清算行所在 CCPC（同城业务）或 NPC（异地业务）纳入轧差处理，同时将回执信息转发给收款清算行；对于拒绝支付的回执信息，直接转发给收款清算行。

⑪影像支票截留业务。收款清算行根据客户提交的支票，向小额支付系统发起普通借记指令（含影像文件的附件信息），经由所在 CCPC（同城业务）或 NPC（异地业务）实时转发给付款清算行；付款清算行根据收到的借记指令，对支票真实性和有效性进行核验，在规定时间内向支付系统返回同意支付或拒绝支付的回执；对于同意支付的回执信息，由付款清算行所在 CCPC（同城业务）或 NPC（异地业务）纳入轧差处理，同时将回执信息转发给收款清算行；对于拒绝支付的回执信息，直接转发给收款清算行。

⑫信息服务业务。信息服务业务，指支付系统参与者间相互发起和接收的，不需要支付系统提供清算服务的信息数据，主要包括支票圈存信息等非支付类信息。支付系统参与者发送的各类信息，经由所在 CCPC（同城范围）或 NPC（异地范围）实时转发给其他参与者。

3. 小额批量支付系统作用

①有利于畅通跨行支付清算汇路。除各类传统的借、贷记业务以外，小额批量支付系统还可处理财税库横向联网，跨行通存通兑，支票圈存和支票截留等业务，支撑各种汇划和托收支付工具的处理，有效畅通跨行资金汇路，适应经济活动和业务发展的需要。

②有利于提高银行业金融机构的资金使用效率。小额批量支付系统采取实时轧差、净额清算的处理方式，可以有效节约银行业金融机构的流动性，降低其机会成本，提高资金使用效率。

③有利于银行业金融机构改进金融服务。小额批量支付系统实行 $7×24$ 小时连续运行，可以支持跨行网上支付、电话缴费等日常支付活动。银行业金融机构可根据支付活动及业务发展需要，基于小额批量支付系统这一平台，灵活拓展各类中间业务，有效改进金融服务。

④有利于满足未来业务发展的需要。小额批量支付系统在设计上充分考虑多样性和前瞻性，业务功能设计灵活，可根据管理的需要适时启用。系统支持灵活的技术升级功能，确保未来业务量增加时对网络资源扩容或硬件设备的添加而不影响各类支付业务的正常处理。

⑤有利于银行业整体资源的优化配置。小额批量支付系统作为金融基础设施，与各银行业金融机构业务系统连接，通过报文信息交换，将各银行机构的营业网点连接为一个有机的整体，实现银行金融服务资源共享，避免重复投资，有效节约社会资源。

第五节　全国支票影像交换系统

一、全国支票影像交换系统概述

1. 全国支票影像交换系统的发展

支票是一种成本低廉、使用便捷、流通性强的信用支付工具，为我国各企事业单位广泛使用。长期以来，由于受到业务和技术条件的制约，我国支票基本只在同一城市范围内使用，不能适应区域经济发展和人们日益增长的多样化支付需要。早在 1984 年，美国华盛顿州第一洲际银行首先运用支票影像技术，以影像传输替代支票传递，目前利用影像技术实现实物支票截留已成为支票清算的发展趋势，美国、法国、德国、新加坡等国家以及中国香港地区均已建成基于影像技术的支票截留系统。

全国支票影像交换系统是指综合运用影像技术和支付密码等技术，将实物支票转化为影像和电子信息，实现实物支票截留，利用信息网络技术将支票影像和电子清算信息传递至出票人开户行进行提示付款，实现支票全国通用的业务处理系统。

支票影像交换系统目前的定位是处理异地的跨行和行内支票交换业务，资金清算通过小额支付系统处理。该系统独立于目前各地同城票据交换系统，以确保现有同城票据交换系统安全、稳定运行。目前，只有少数城市建立了同城票据影像交换系统，绝大部分城市仍未脱离人工交换，支票业务处理仍是手工处理。

2. 支票影像交换系统的总体结构

支票影像交换系统采用如图 9-10 所示的两层两级结构。

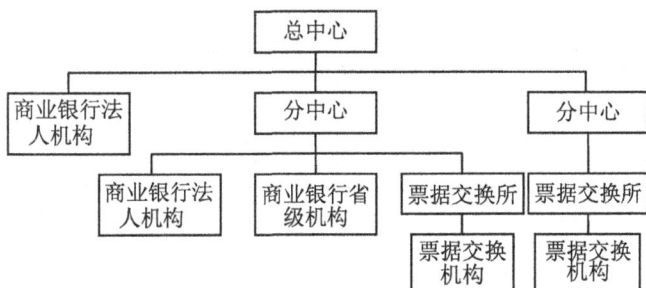

图 9-10　支票影像交换系统结构图

第一层是影像交换总中心，与支付系统 NPC 连接并同位摆放，是支票影像交换系统的核心节点，负责系统的运行和管理，接收并转发全国业务，建立全系统的支票业务登记簿并集中存储所有票据影像信息。

第二层是影像交换分中心，与支付系统 CCPC 同位摆放，分中心设在省（区）首府和直辖市，负责接收、转发同一省、自治区、直辖市区域内系统参与者的支票影像信息，并向总中心发送和从总中心接收跨分中心的支票影像信息。

票据交换所是全国票据交换系统的基层网点，负责通过前置机发送和接收票据交换业务数据，可根据票据交换机构的委托代为采集支票影像信息及录入电子清算信息，按规定格式组成支票业务报文。

票据交换机构是全国支票影像交换系统的参与者，通过全国票据影像交换系统办理跨区域支票业务的金融机构。

二、支票影像交换系统的业务处理模式与规则

1. 支票影像交换系统的业务处理模式

（1）业务特点

支票影像交换系统处理的支票业务分为区域业务和全国业务。

区域业务，是指支票的提出行和提入行均属同一分中心，并由分中心转发的业务；

全国业务，是指支票的提出行和提入行分属不同分中心，并由总中心负责转发的业务；

提出行，又称收款行或收款人开户行，指根据收款人委托提出支票，通过全国支票影像交换系统向出票人开户行提示付款的票据交换机构；

提入行，又称付款行或付款人（出票人）开户行，指通过全国支票影像交换系统提入支票业务报文，进行核验后发出回执确认付款或做出退票处理的票据交换机构。

（2）业务处理模式

支票影像交换系统的业务处理模式有 4 种，如表 9-1 所示。

表 9-1　支票影像交换系统的业务处理模式

业务分类	分散接入	集中接入
区域业务	A	C
全国业务	B	D

银行业金融机构可以采用分散接入模式或集中接入模式通过支票影像交换系统处理支票业务。

①分散接入模式。在分散接入模式下，银行业金融机构委托票据交换所提交和接收支票影像信息。在集中接入模式下，银行业金融机构与支票影像交换系统联网，通过省级机构或法人机构集中提交和接收支票影像信息。

②集中接入模式。选择集中接入模式的银行业金融机构，可以采用直联或间联方式。在直联方式下，银行业金融机构行内系统通过接口直接提交和接收支票影像信息。

在间联方式下，银行业金融机构通过前置机客户端提交和接收支票影像信息。

2. 支票影像交换系统的业务规则

①支票影像信息的法律地位。通过影像交换系统处理的支票影像信息，具有与原实物支票具有同等的支付效力，出票人开户银行收到影像交换系统的支票影像信息，应视同实物支票提示付款。

②支票影像核验依据。出票人开户行可以采用印鉴核验或支付密码核验方式，对支票影像信息进行付款确认。采用印鉴核验方式的，可使用电子验印系统，付款确认以签章为主，支票影像其他要素为辅。采用支付密码核验方式，应与出票人签订协议。

③支票业务金额上限。影像交换系统处理规定金额以下的支票业务。影像交换系统处理支票业务的金额上限由中国人民银行规定，并可根据管理需要进行调整；超过金额上限的支票，影像交换系统拒绝受理。中国人民银行规定的上限是 50 万元。

④实物支票的售出与保管。银行机构出售支票时，应在支票票面记载提入行的银行机构代码；提出行负责保管转换为支票影像信息的实物支票。

⑤支票提出行、提入行的审查职责。支票提出行和提入行均负有对支票真实性及合规性进行审核的义务。支票通过影像系统处理后，实物支票截留在提出行，提入行仅依据支票影像信息进行审核。提出行应对实物支票规定要素进行审核，未按规定受理或造成付款人付款的，应承担违规付款责任。

⑥支票退票的业务处理。为规范退票处理，保障持票人的利益，对退票处理进行了详细规定。一是根据影像系统业务处理的特点，明确了提出行和提入行均可对审核不通过的支票进行退票。二是明确提出行和提入行进行退票时必须出具书面证明。其中提出行拒绝受理支票，应出具"拒绝受理证明"；提入行拒绝付款，应向提出行返回拒绝付款回执，由提出行代为出具"退票理由书"。三是结合影像交换系统业务处理特点，详细列示了提出行应予拒绝受理的事项和提入行可以退票的事项。

⑦支票影像交换业务的资金清算。支票影像业务的回执处理和资金清算统一纳入小额支付系统处理。提入行应在规定期限内返回支票业务回执。

三、支票影像交换系统的业务处理流程

1. 提出行的处理

(1)分散接入模式提出行的处理

分散接入影像交换系统且具备影像采集条件的提出行，对审核无误的支票按下列步骤进行处理。

①在支票规定区域加盖票据交换专用章。

②采集支票影像。如实物支票未附粘单的，影像信息包括支票的正反两面；如实物

支票附粘单的，影像信息包括支票的正面和最后一手委托收款背书的粘单。

③通过本行行内系统或专用外挂软件录入、复核支票电子清算信息，其中"票据号码"项仅录入实物支票号码后8位，收款人和付款人名称应与票面记载一致。

④将电子清算信息与影像信息匹配无误后，按照规定格式组成支票影像业务报文，经数字签名后转存磁介质。

⑤编制和打印提出支票清单。

⑥登记提出支票业务登记簿。

⑦将支票和进账单配对专夹保管。

⑧按照规定的交换场次和交换时间将磁介质连同提出支票清单一并送交票据交换所。

如果提出行不具备影像采集条件，则执行上述的第①、⑤、⑥步后，按照规定将提出支票清单和支票一并送交票据交换所，收到票据交换所采集影像后返回的支票，再将支票和进账单配对专夹保管。

（2）集中接入模式提出行的处理

提出行采用集中接入直联方式的，对审核无误的支票按下列步骤进行处理。

①在支票规定区域加盖票据交换专用章。

②采集支票影像。如实物支票未附粘单的，影像信息包括支票的正反两面；如实物支票附粘单的，影像信息包括支票的正面和最后一手委托收款背书的粘单。

③通过本行行内系统或专用外挂软件录入、复核支票电子清算信息，其中"票据号码"项仅录入实物支票号码后8位，收款人和付款人名称应与票面记载一致。

④将电子清算信息与影像匹配无误后，登记支票业务登记簿，按规定格式生成支票影像业务报文，经数字签名后，直接发送影像交换系统。

如果提出行采用集中接入间联方式的，对审核无误的支票经上述步骤处理，数字签名后，转存磁介质，通过影像交换系统前置机客户端上传至前置机。

2. 票据交换所的处理

（1）提出行票据交换所的处理

①收到实物支票的处理：

第一，实物支票交接。票据交换所收到提出行提交的实物支票时，需要对支票交换包和提出支票清单内容进行审核。审核无误的，票据交换所将提出支票清单一联签章后退回提出行，另一联作为录入电子清算信息的依据；审核有误的，拒绝受理。

第二，支票影像采集的处理。影像信息采集包括支票的正反两面；如实物支票附有粘单的，影像信息采集包括支票的正面和最后一手委托收款背书的粘单。

第三，支票影像信息生成的处理。票据交换所根据提出支票清单和实物支票，通过专用外挂软件录入、复核支票的电子清算信息，其中"票据号码"项仅录入实物支票号码后8位，收款人和付款人名称应与票面记载一致。无误后，按提出行行号、支票号码、金额、提入行行号、出票日期将电子清算信息和影像信息进行匹配，数字签名后按规定格式生成支票影像业务报文，通过前置机客户端上传前置机。

第四，票据交换所前置机的处理。前置机对提出支票影像业务报文进行合法性检查，对报文中的数字签名进行验证，检查和验证通过的，登记支票业务登记簿，发送分中心；检查和验证未通过的，则拒绝处理。业务处理完毕后打印提出业务清单一式两联。

第五，返还提出支票的处理。票据交换所完成对提出支票业务的处理后，将一联提出业务清单签章后，连同实物支票装入票据专用包密封后返还提出行，并办妥交接手续。另一联提出业务清单与提出支票清单留存，定期归档。

②收到磁介质文件的处理：票据交换所收到提出行提交的磁介质文件和提出支票清单后，首先检查磁介质文件的合法性并进行签名认证，不合格的磁介质文件会退回提出行。将验证通过的磁介质文件上传前置机，登记支票业务登记簿，发送分中心。同时打印提出业务清单一式两联，与提出支票清单一并签章，一联提出业务清单与一联提出支票清单退提出行；另一联提出业务清单与一联提出支票清单留存，定期归档。

（2）提入行票据交换所的处理

票据交换所前置机收到分中心发送的支票影像业务报文，对数字签名进行验证。验证通过的，登记支票业务登记簿，同时导出磁介质文件，打印提入业务清单一式两联，一联签章后连同磁介质文件交提入行，一联留存，定期归档；验证未通过的，将错误信息写入支票影像业务报文并转发提入行。

3. 分中心和总中心的处理

（1）提出行分中心的处理

提出行分中心收到提出行或票据交换所前置机的支票影像业务报文后，进行合法性检查并对数字签名进行验证。检查和验证通过的，登记支票业务登记簿，对区域内支票业务，设置支票回执期限日期，将支票影像业务报文直接发送提入行或票据交换所前置机；对全国支票业务，将支票影像业务报文转发总中心。

检查和验证未通过的，返回拒绝回执至提出行或票据交换所前置机。

（2）总中心的处理

总中心收到提出行分中心的支票影像业务报文后，进行合法性检查并对数字签名进行验证。检查和验证通过的，登记支票业务登记簿，设置支票回执期限，将支票影像业务报文转发提入行分中心。检查和验证未通过的，返回拒绝回执至提出行分中心。

（3）提入行分中心的处理

提入行分中心收到总中心的支票影像业务报文后，对数字签名进行验证，验证通过的，登记支票业务登记簿，将支票影像业务报文转发提入行或票据交换所前置机；数字签名验证未通过的，将错误信息写入支票影像业务报文并转发提入行或票据交换所前置机。

（4）提入行的处理

①接收支票业务的处理：

第一，分散接入模式提入行的处理。提入行接收当地票据交换所传送的提入支票影像信息清单和磁介质文件，然后将磁介质文件导入行内系统或外挂软件验证数字签名后，解析磁介质文件并登记提入支票业务登记簿。

第二，集中接入模式提入行的处理。直联方式下，提入行行内系统收到分中心发来的支票影像业务报文后，进行解析处理，并登记提入支票业务登记簿；间联方式下，提入行前置机收到分中心发来的支票影像业务报文后，通过磁介质导入行内系统进行解析处理，并登记提入支票业务登记簿。

②核验支票的处理：提入行对接收的支票影像业务报文按印鉴核验方式或支付密码核验方式进行核验处理。

采用印鉴核验方式的，可使用电子验印系统，核验依据以签章为主，支票影像其他要素为辅。提入行收到支票影像业务报文后，检查支票印鉴与预留印鉴是否相符。检查通过后对下列信息进行审核：

第一，支票的大小写金额是否一致；

第二，支票必须记载的事项是否齐全；

第三，持票人是否在支票的背面作委托收款背书；

第四，电子清算信息与支票影像内容是否相符；

第五，出票人账号、户名是否相符；

第六，出票人账户是否有足够支付的款项。

审核无误的，进行确认付款处理；审核有误的，进行拒绝付款（退票）处理。

采用支付密码核验方式的，应与出票人事先签订协议约定使用支付密码作为审核支付支票金额的依据。提入行收到支票影像业务报文后，检查支付密码是否正确。检查通过后，比照上述的印鉴核验方式进行信息审核。

四、支票影像交换系统存在的问题及解决方法

1. 支票影像交换系统存在的问题

支票影像交换系统正式运行以来，应用效果不太理想，远未达到预期效果。主要体现在业务量较少、退票率过高、逾期业务量大、跨区域业务发展较慢等方面，系统运行背后仍存在一些深层次问题。

（1）支票使用基础薄弱

在发达国家或地区，支票是一种典型的小额支付工具，使用率很高，如我国香港地区的支票金额只占结算业务总量的4.5％左右，但笔数却超过业务总量的65％。美国的支票甚至可在全球流通使用，这为其支票影像系统的建设和运行奠定了良好的基础，其影像系统的建设，首要目的在于以影像传输取代实物支票的传递，降低支票处理成本。相对而言，我国支票使用基础不足，普及率不高。以2006年为例，我国支票签发量为11.7亿笔，金额208万亿元。支票的签发主要是企业，用于商品交易、劳务供应、清偿债务等，单笔金额较大，但数量有限，且只能在同城范围内使用，异地支付采用汇兑、银行汇票、商业汇票、现金支付等方式。本应占支票总量大头的个人支票只在极少数大城市签发使用，在个人消费、缴纳公用事业费用等方面应用较少，使用量很小。这使得我国支票的使用与发达国家和地区相比有很大的差距。

（2）信用基础环境较差

支票是基于信用的支付工具，见票即付，出票人的良好信誉是保证支票最终获得支付的重要条件，也是支票支付方式获得认可的前提，而我国在这方面存在较大的不足。市场经济发育不够、社会信用度不高、市场诚信度较差，严重地阻碍了支票的流通性功能尤其是支票的异地流通，支票截留难以推行。个人信用体系不健全，是我国个人支票业务难以普及的主要原因，假支票、空头支票、套票等欺诈行为使人们对支票的接受程度下降。如购货方在交了支票后并不算交易已经终结，须等供货方确认钱款到账后才能提货，供货方在不能确认支票有效和银行清算完成后不敢认定支票。在更多的情况下，交易者因为担心空头支票或假支票的出现而干脆拒绝接受个人支票，这无疑大大影响了个人支票的使用和发展，也大大削弱了支票截留的现实意义。

（3）信息基础设施薄弱

发达国家支票影像系统是在金融机构行内系统相对成熟的基础上开展建设的，采用集中式直联处理，自动化程度高，组织机构、技术标准统一，如美国建立了ECCHO全国支票清算所组织，全国支票影像交换网络采用X9.37文件格式、X9.81新标准，银行间基于XML交换数据。我国支票影像交换系统是在金融机构行内系统尚不够成熟的条件下进行建设的，虽然体系具有架构先进，适应性强，支持多种接入模式等优点，但在实际建设中，大多采取了最低配置，自动化程度不高。

2. 支票影像交换系统应用建议

我国支票影像系统的建成，必将进一步促进支票业务的发展，满足全社会日益多样化的支付需求。为切实发挥系统的功能，提高系统的效率，建议做好以下3个方面的工作。

（1）拓宽影像系统处理范围

目前我国支票影像系统定位于处理异地的跨行支票，众多的同城清算业务未纳入系统。这一方式不影响票据所的运行，但却极大地制约了影像交换系统功能的发挥。事实上，国外的影像系统，首先是用于处理区域内的支票交换，然后范围再逐渐扩大。从支票使用特点看，区域内的支票数量远远多于跨区支票，处理从同一区域开始，票据源充足，可以充分发挥影像系统的自动处理能力，降低成本，金融机构也更愿意进行基础设施的投入，从而导入良性发展的轨道。我国一些较大的票据交换机构，如天津清算中心，已经着手准备将同城支票纳入全国影像交换系统进行处理，以充分利用系统的处理能力。这一做法具有极大的示范效应，建议对当前支票影像系统运行管理办法进行修订，将所有同城票据一并通过支票影像交换系统进行处理，真正实现单一的票据影像交换。

(2)整治社会信用环境

支票是重要的信用支付工具，要培育支票使用基础，必须完善社会信用体系，培育和发展支票受理市场，树立社会公众签发和受理支票的信心。要尽快建立健全票据交换系统与账户信息系统一体化制度，建立健全对空头支票行政处罚制度、黑名单制度，建立健全对账户管理实现完全实名制与确定标识制，建立健全对支票违规违法行为的刑事追究制度，切实保护持票人的合法利益。要通过落实银行账户实名制，把个人真实身份与其开办的企业等开立的银行账户相关联，增加支票作案成本，遏制支票作案。目前，与公安部联网的身份证联网核查系统已全面投入运行，这将有利于改善社会信用环境，有效促进良好的支票受理环境的建设。要加快完善信用信息查询系统，将包括支票违规信息在内的支付信用信息统一纳入社会信用体系。对存在签发空头支票等不良信用记录的单位或个人，大幅降低其信用等级。要加强业务管理，严格提出行受理审核责任、规范业务操作，同时要求提入行避免在核验付款时过度审慎，切实提高核验通过率，有效降低退票率，为支票全国流通创造良好的外部环境。

(3)加强基础设施建设

支票影像基于票据截留。清算组织票据截留、收款银行票据截留和付款人直接签发电子票据3种方式，是票据截留由低到高，由起步发展为现代化的3个阶段。目前，加强基础设施建设在技术上可分三步走。

一是利用网络加快影像传递。目前大多数金融机构采取分散接入的方式进行票据影像交换，其中大部分金融机构安装外挂系统，生成业务报文交票交所代理提出提入；小部分将实物支票交票据交换所代理提出提入。业务报文的传递通过磁盘拷贝等途径实现，实时性差。建议立足当前人民银行与各金融机构之间的城域网，建立支票影像报文的快速传输通道，银行产生的影像报文及时通过票交所发出，票交所收到的提入业务也能及时转到相应的金融机构进行处理。票据交换所要充分利用先进的票据影像识别技术，实现影像获取、报文数据和支票影像的匹配，加快支票影像的处理速度，提高自动化程度。

二是开发接口提高自动化程度。商业银行应集中接入影像交换系统,在银行柜台实现票据截留处理,提高业务处理的自动化水平和系统效率;要大力进行接口开发和行内系统改造,做好电子验印和支付密码的核验付款工作,客户印鉴入库率要达到100%;要建立"支票影像数据库",并与计算机业务系统对接,实现支票审核、入账、退票自动化。人民银行制定并颁发金融机构接入支票影像交换系统的技术标准、工程实施指引和接口验收规范,组织并指导商业银行接入系统。

三是大力延伸票据截留范围。将票据截留点从银行柜台进一步延伸到自助银行和大商场,统一标准,实现对接。目前国外一些大银行正在推行客户自主截留模式,在ATM旁设有票据存储机,客户将票据放入,即可自动完成票据影像的采集和传递,提交处理中心,客户可以收到ATM打印的收条,上面附有已入账支票的数字影像,这对于顾客来说会更加放心,24小时的服务也成为现实。美国Celent公司预测,今后将有40%的支票转向ATM入账,这将节省大量的处理成本。国外一些大的客户,如美国沃尔玛公司,在商场实现票据截留,自行制作支票影像信息,传给对应的处理中心进行交换。延伸票据截留范围也将是我国支票影像系统未来发展的必然趋势。

【本章小结】

中国国家金融通信网(CNFN)是使中央银行、各商业银行和其他金融机构有机连接在一起的全国性的计算机网络系统。CNFN的目标是向金融系统用户提供专用的公用数据通信网络。CNFN由国家处理中心(NPC)、城市处理中心(CCPC)、县级处理中心(CLB)3个层次节点构成,NPC负责整个系统的控制、管理和应用处理,CCPC和CLB主要完成不同层次的信息采集、传输、转发及必要的应用处理。

中国金融认证中心(CFCA)提供适用于企业、个人、Web站点、手机应用等在内的十多种数字证书服务。CFCA为各界提供一流的安全认证服务,认证业务已覆盖网上银行、证券、保险、税务、电子商务、电子政务、企业集团等多个领域。

人民银行大力开展企业和个人征信系统建设,规范和促进信贷征信业的健康发展,稳步推动社会信用制度及体系建设,在建设企业和个人征信基础数据库方面取得了阶段性成果。

中国现代化支付系统对地域上分散的账户进行集中管理,由全国处理中心存储所有支付系统参与单位的清算账户,凡是涉及清算账户余额变动的情况,均统一由全国处理中心负责处理,大额支付系统和小额支付系统的运行,大大方便了电子商务支付交易的清算和结算,也有利于形成我国统一的金融市场。

全国支票影像交换系统是指综合运用影像技术和支付密码等技术,将实物支票转化为影像和电子信息,实现实物支票截留,利用信息网络技术将支票影像和电子清算信息传递至出票人开户行进行提示付款,是实现支票全国通用的业务处理系统。

【关键概念】

国家金融通信网　中国金融认证中心　征信体系　大额实时支付系统　小额批量支付系统　支票影像交换系统

【思考与练习】

1. 中国金融认证中心如何保障网上交易的安全？
2. 我国现行的征信体系如何支持网上交易？
3. 我国银行现行的支付清算系统还可以做哪些改进？
4. 简述中国国家金融通信网的结构特征。
5. 简述中国金融认证中心的结构。
6. 简述我国征信体系建设现状。
7. 大额实时支付系统处理哪些业务？简述其业务处理流程。
8. 小额批量支付系统处理哪些业务？简述其业务处理流程。
9. 简述全国支票影像交换系统的总体结构。
10. 简述全国支票影像交换系统的处理流程。

第十章
电子支付的风险防范与法律环境建设

【本章重点】

- ◆ 熟悉电子支付的风险管理过程
- ◆ 熟悉电子支付风险的防范措施
- ◆ 熟悉现有的关于电子支付的法律法规
- ◆ 了解电子支付法律建设的内容与方向

第一节 电子支付风险及防范

电子支付系统作为电子货币与交易信息传输的系统，既涉及国家金融和个人的经济利益，又涉及交易秘密的安全；支付电子化，既给消费者带来便利，也为银行业带来新的机遇，同时也对相关主体提出了挑战。电子支付面临多种风险，既包括传统金融面临的风险，又由于电子支付是在网络的基础上发展起来的，所以还面临新的风险。能否有效防范电子支付过程中的风险是电子支付健康发展的关键。防范电子支付风险不仅要加强网络系统、软硬件的安全防范，还要建立完整的社会信用机制，完善相关法律法规。我国在支付领域加快了立法步伐，通过统一权威的法规制度，来构建富有包容性的支付治理架构，强化市场主体合规能力建设，以更好地适应支付市场发展需要。

一、电子支付风险类型

风险是指在某一特定环境下，在某一特定时间段内，某种损失发生的可能性。风险是由风险因素、风险事故和风险损失等要素组成。换句话说，是在某一个特定时间段里，人们所期望达到的目标与实际出现的结果之间产生的距离称之为风险。电子支付的风险是指在电子商务支付过程中，发生某种损失的可能性。

电子支付是现代金融服务业的创新服务，它在延续了金融服务特点的基础上进行创新，所以，传统金融业所具有的风险电子支付都会发生。例如，经济波动的风险。而且，由于电子支付具有网络化、无形化、信息化、国际化的特点，金融系统中传统意义上的风险在电子支付中表现得尤为突出。

1. 电子支付系统的风险

电子支付系统的风险主要包括电子支付系统的内部风险和电子支付系统的外部风险。

①电子支付系统的内部风险主要是电子支付系统软硬件系统的风险。这主要包括两方面：一方面，是系统与终端软件的兼容性。在与客户的信息传输中，如果该系统与客户终端的软件互不兼容或出现故障，就存在传输中断或速度降低的可能。另一方面，系统故障或者磁盘列阵破坏等不确定性因素，也会形成风险。由于现代网络的普遍性，金融业对信息技术有很强的依赖性。所以，电子支付系统出现问题，将会对电子支付产生致命的打击。信息系统的平衡、可靠和安全运行成为电子支付各系统安全的重要保障。

②电子支付系统的外部风险主要是针对金融业信息技术外部提供者的。银行业由于自身行业的关系，对系统的开发能力有限，所以将这些技术外包是非常明智的选择。但是，现在网上业务解决方案的提供者层出不穷，不同的信息技术公司推举各自的方案，如果方案选择错误，将会导致银行系统与网络的不兼容性。同时，有的技术提供者专业技术不强，或者无法满足银行的需求，又或者因为自身的财政原因停止对银行的服务，这些都会使银行面临着巨大的威胁，甚至可能失去商机。

2. 电子支付操作风险

巴塞尔委员会认为，电子支付的操作风险来源于"系统在可靠性和完整性方面的重大缺陷带来的潜在损失"，电子支付机构操作风险包括电子货币犯罪带来的安全风险，内部雇员欺诈带来的风险，系统设计、实施和维护带来的风险以及客户操作不当带来的风险。其他组织如欧洲中央银行、美国通货管制局、联邦存款委员会等对电子支付机构的操作风险也做出类似或相近的描述。操作风险同样来自银行的内部或者外部，这些都给银行带来直接的经济损失。

①来自内部的操作风险。在传统业务中，操作风险可能表现为信贷员没有对借款人进行认真细致的资信调查，或者是没有要求借款人提供合格的担保，没有认真审查就盲目提供担保，等等。这些风险可以通过制定一些管理制度来防范和降低。但是电子支付增加了风险的范围。传统的风险没有技术的因素，而电子支付的很多风险都是由技术产生的，最明显的就是操作风险。

电子支付使用的是信息技术，但是很多银行的内部人员对技术不熟悉，很有可能操作失误，而且，这种失误一旦发生将是无法挽回的。也有一些人员利用职务之便，利用系统的或者是管理上的漏洞，进行非法交易，这些都是系统内部的操作风险。

②来自外部的操作风险。来自外部的操作风险与网络犯罪有很大关系。

一是网络病毒。网络病毒的发展可以说是非常迅速，而且更新换代也非常快。很多网络罪犯利用病毒，窃取网上用户的账号和密码，盗取客户的信息。比如有的罪犯将木马植入用户的电脑，当用户登录账户时，木马将自动记下用户的密码和账号。罪犯通过账号和密码窃取用户的信息。有的病毒进入电脑后，就不断扩散，轻则使电脑运行十分缓慢，重则导致电脑死机甚至系统崩溃。

二是黑客攻击。电脑的非法入侵者称为黑客。黑客攻击对国家金融安全有着非常大的风险。目前，黑客行为几乎涉及所有的操作系统，而且黑客的行为逐年递增，毫无递减的势头。因为许多网络系统都有着各种各样的安全漏洞，其中某些是操作系统本身的，有些是管理员配置错误引起的。黑客利用网上的漏洞和缺陷修改网页，非法进入主机，进入银行盗取和转移资金、窃取信息、发送假冒的电子邮件等。

三是信息污染。就像工业时代的化学污染一样，信息时代存在着信息污染。信息污染是指网上充斥着很多与问题无关或者失真的信息，这些信息是互联网的灾难，它们占据了很多宝贵的网络资源，加重了互联网的负担，影响了电子支付发送和接收网络信息的效率，更严重的是信息堵塞及其他附带风险也随之增加。

此外，客户的错误操作也属于操作风险。有些客户没有按照银行的要求进行操作，或者没有妥善保管好自己的信息，罪犯可以由此获得客户的信息，从而使用这些信息从事有关的犯罪活动，银行可能就要对所造成的损失承担赔偿责任。有的客户虽然已经完成了某一交易，但事后反悔否认，而银行的技术措施可能无法证明客户已经完成过该交易，由此造成的损失也可能需由银行承担。

3. 市场风险

电子支付机构的各个资产项目存在着因市场价格波动而蒙受损失的可能性，外汇汇率变动带来的汇率风险也是市场风险的一种。此外，国际市场主要商品价格的变动及主要国际结算货币银行国家的经济状况等因素也会间接引发市场波动，构成电子支付的市场风险。

4. 交易风险

电子支付主要是为电子商务服务的，在电子商务交易的活动中，由于交易制度设计的缺陷、技术路线设计的缺陷、技术安全缺陷等因素，可能导致交易中的风险。这种风险是电子商务活动及其相关电子支付独有的风险，它不局限于交易各方、支付的各方，而且可能导致整个支付系统的系统性风险。

5. 流动性风险和声誉风险

流动性风险主要是针对电子支付机构而言的。它是指电子支付机构没有足够的资金满足客户兑换电子货币或者结算要求时所面临的风险。声誉风险是指电子支付机构由于某些原因发生重大事故，客户对其失去信心的一种风险。这两种风险是相互关联的。只要电子支付机构某一时刻无法以合理的成本迅速增加负债或变现资产，以获得足够的资金来偿还债务，就存在流动性风险。电子货币的发行人将出售电子货币的资金进行投资，当客户要求赎回电子货币的时候，投资的资产可能无法迅速变现，或者会造成重大损失，从而使发行人遭受流动性风险，同时引发声誉风险。

流动性风险与声誉风险往往成为相互关联的风险共同体。由于电子货币的流动性强，电子支付机构面临比传统金融机构更大的流动性风险。电子货币的流动性风险同电子货币的发行规模和余额有关，发行规模越大，用于结算的余额越大，发行者不能等值赎回其发行的电子货币或缺乏足够的清算资金等流动性问题就越严重。当发生流动性风险时，原本对电子支付持不放心态度的客户会更加怀疑，加上有时媒体的介入，使电子支付机构又陷入了声誉风险。

6. 法律风险

电子支付虽然起步较早，但是在立法方面却相当滞后。特别是在现代金融的环境下，技术的发展和网络的普及使电子支付产生了很多新问题，如发行电子货币的主体资格、电子货币发行量的控制、电子支付业务资格的确定、电子支付活动的监管、客户应负的义务与银行应承担的责任，等等。但是对这些问题进行规范的法律却非常少。由于网络的特殊性，传统法律不再适用于这些新问题，法律法规的欠缺是电子支付面临的法律风险。

7. 信用风险

信用风险是指交易双方在约定的时间内没有履行或者不完全履行自己义务的风险。电子支付拓展金融服务业务的方式与传统金融不同，其虚拟化服务业务形成了突破地理国界限制的无边界金融服务特征，对金融交易的信用结构要求更高、更趋合理，金融机构可能会面临更大的信用风险。比如，买方在收到货物之后不向卖方支付货款，又如贷款方没有按照约定向银行还款，等等。这些都会给商家和银行带来很大的损失。电子支付的顺利进行，必须依靠信用体系的建设。否则，人们还是需要面对面的交易，这样电子支付就失去了存在的意义。

二、电子支付风险管理

1. 网上银行的支付风险管理

电子支付与传统金融风险管理的基本原理和过程几乎是一样的，但是，不同的国家、不同的监管机构可能会根据不同的情况，制定出不同的电子支付风险管理要求。目前，最为常见和通俗易懂的是巴塞尔委员会采用的风险管理步骤。巴塞尔委员会提出把网上银行电子支付风险管理分为3个步骤：风险评估、风险管理和控制以及风险监控。

①风险评估。评估风险实际包含了风险识别过程，不过，识别风险只是最基本的步骤，识别之后，还需要将风险尽可能地量化；经过量化以后，银行的管理层就能够知道银行所面临的风险究竟有多大，对银行会有什么样的影响，这些风险发生的概率有多大，等等。在此基础上，银行的管理层要做出决定，确定本银行究竟能够忍受多大程度的风险。换句话讲，如果出现这些风险，造成的损失银行是否能承受。

②风险管理和控制。管理和控制风险的过程比较复杂，简单地说，就是各种各样相应的控制措施、制度的采用。

③风险监控。风险的监控是建立在前两个步骤的基础上，实际上是在系统投入运行、各种措施相继采用之后，通过机器设备的监控，通过人员的内部或者外部稽核，来检测、监控上述措施是否有效，并及时发现潜在的问题，加以解决。

2. 美国国民银行风险管理

许多国家都接受巴塞尔委员会电子支付风险管理的步骤，并加以本土化，针对本国银行的特点，制定出本国电子支付风险管理的基本程序。比如美国通货监管局负责监管美国的国民银行，随着大量国民银行采用各种各样的电子技术向客户提供电子支付的服务，国民银行将与技术有关的风险管理也分成3个步骤：计划、实施、检测和监控。计划阶段在一定程度上包括风险的识别、量化等，但主要是针对某一个具体项目的采用而言。而实施实际上类似于巴塞尔委员会的管理和控制风险这一步骤，将各种相应风险控制和防范措施加以实际运用，以控制项目运行后造成的风险。检测和监控阶段则同巴塞尔委员会的风险监控大同小异。

因此，简单地说，风险的管理过程是技术措施同管理控制措施相结合而形成的一系列制度、措施的总和。整个过程同传统银行业务的风险管理差别并不是很大，但电子支付采用的风险管理措施需要同银行原有的内控制度相配合，同传统业务的风险管理措施相融合。

三、电子支付风险防范

1. 电子支付风险防范技术保障

（1）防火墙技术

防火墙是一系列硬件和软件的总称，有理论上和物理上两种含义。理论上的防火墙概念是指提供对网络的存取控制功能，保护信息资源，避免不正当存取。物理上的防火墙是互联网络和内部网络之间设置的一种过滤器、限制器。防火墙在电子支付系统中的位置有以下几种：

①业务 Web 服务器设置在防火墙内。将业务 Web 服务器装在防火墙内的好处是它可以得到安全防护，不容易被外界攻击，但 Web 服务器本身不易被外界所应用，这种防

火墙的作用是创建一个"内部网络站点"，它仅能由内部网中的用户访问（如图 10-1 所示）。由于电子商务业务的需要，仅用于企业面向职员的网络服务的专门站点中。因此，一般性电子商务业务将 Web 服务器设置在防火墙外更为常见。

图 10-1　业务 Web 服务器放在防火墙内的配置

②业务 Web 服务器设置在防火墙外。为了使互联网上的所有用户都能够访问本业务 Web 服务器，就要将 Web 服务器放到防火墙的外面（如图 10-2 所示）。这种配置方式主要为了保护内部网络的安全，虽然 Web 服务器不受保护，但内部网处于良好的保护下，即使外部攻击者进入了该 Web 站点，而内部网络仍然是安全的，这是 Web 服务器为了保护内部网络做出了一定牺牲，虽然防火墙在这种配置中对 Web 业务服务器并未起到一点保护作用，但是，可以通过系统软件和操作系统自身的病毒检测和安全控制功能来对 Web 服务器进行防护。

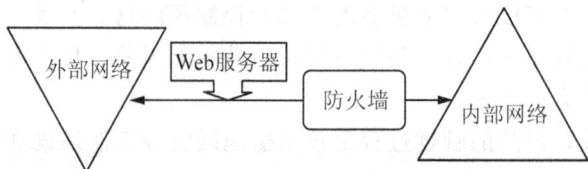

图 10-2　业务 Web 服务器放在防火墙外的配置

为了提高电子支付的安全性，还可以采用在外部网络设置一个防火墙，采用同样的技术在内部网络设置一个防火墙，将内部网络加以分割。这样，不同级别、不同岗位的人就无法随意进入其他部门，不同保密程度的信息可以放置在不同的位置。

（2）身份认证技术

在电子支付活动中，常用的身份认证方式主要有以下 5 种。

①用户名/密码方式。用户名/密码是最简单，也是最常用的身份认证方法，在一般情况下客户都是选择自己容易记忆的字符作为密码。登录账户时，只要输入正确的密码，银行的服务器就认为该用户是合法用户。这种方式的优点是密码是用户自己设定的，只有用户知道。而且用户只需记住密码就可以，比较方便。但是，这种方式却存在着极大的风险。首先，许多用户为了使密码方便记忆，通常设定自己或者亲友的生日、电话号码这些比较公开的信息作为密码，这样的密码很容易被他人得知。其次，有的客

户账户比较多，相应的密码就比较多，为了防止记错，就将密码写在一张纸上或者别的地方，而且疏于保管，以致密码丢失。最后，由于密码是静态的，在验证中需要在计算机内存中和网络中传输，而每次验证使用的验证信息都是相同的，很容易被驻留在计算机内存中的木马程序或者网络中的监听设备截获。而且，有的密码设置得比较简单，黑客只需简单的排列组合就可以识破。所以，这种方式是最不安全的方式。

可以采取一些措施来防止密码被盗取：如果密码被多次使用或通过网络传递，必须对密码进行加密才能存储或传送；使用安全子系统和应用程序建立密码的历史档案，防止重复使用不久前才使用过的密码；为了防止犯罪分子使用一些自动的程序软件猜测密码，必须规定一个界限，如密码输入错误 3 次将退出登录，并通知系统的管理员；为了防止犯罪分子盗用他人的合法密码进入内部网络，应该随时将上次使用密码的时间等情况通知合法的使用者，便于发现自己的密码是否已经被人盗用。

②IC 卡认证。IC 卡是一种内置集成电路的芯片，芯片中存有与用户身份相关的数据，IC 卡由专门的厂商通过专门的读卡器读取其中的信息，以验证用户的身份。IC 卡认证是基于"What you have"的手段，通过 IC 卡硬件不可复制来保证用户身份不会被仿冒。然而由于每次从 IC 卡中读取的数据是静态的，通过内存扫描，或者网络监听等技术还是很容易截取到用户的身份验证信息，因此这种方式仍然存在安全隐患。所以如果使用智能卡，应该定期更换内部程序或密码，以便保证其安全性能。

③动态口令。动态口令又叫动态令牌、动态密码，英文名为 One Time Password（OTP）。动态口令的主要原理是：用户登录前，依据用户私人身份信息并引入不确定因素产生随机变化的口令，使每次登录过程中传送的口令信息都不同，以提高登录过程的安全性。我国建设银行就率先推出了网上银行动态口令卡的服务。现在动态口令卡使用者也非常普遍，支付宝推出了手机动态口令卡，在一定程度上确保了网上支付的安全性和便捷性。

由于每次使用的密码必须由动态令牌来产生，只有合法用户才持有该硬件，所以只要密码验证通过就可以认为该用户的身份是可靠的。而动态口令技术采用一次一密的方法，也有效地保证了用户身份的安全性。但是如果客户端硬件与服务器端程序的时间或次数不能保持良好的同步，就可能发生合法用户无法登录的问题，这使得用户的使用非常不方便，并且用户每次登录时都需要通过键盘输入一长串无规律密码，一旦输错，就要重新操作，使用起来非常麻烦。

④生物特征认证。生物特征认证又称生物特征识别，是利用人体所固有的生理特征如脸像、虹膜、指纹、声音等进行个人身份鉴定，是新生的生物认证技术。许多国家将其作为重大基础战略技术加以研究。美国通过立法明确要求在国家安全领域采用这一技术。国际民用航空组织日前也要求其所属 188 个成员方从 2004 年年底开始将生物特征加入个人护照中，以确认身份。从理论上说，生物特征认证是最可靠的身份认证方式，因

为它直接使用人的生物特征来表示每个人的数字身份，不同的人具有不同的生物特征，因此几乎不可能被仿冒。但是，现有生物特征识别技术不够成熟，识别成功率低，且识别设备价格昂贵，不便远程使用，而且尚未形成统一的技术标准，因此，不便于大规模推广使用。

⑤移动数字证书认证。USB Key 是一种 USB 接口的硬件存储设备。USB Key 的模样跟普通的 U 盘差不多，不同的是它里面存放了单片机或智能卡芯片，USB Key 有一定的存储空间，可以存储用户的私钥以及数字证书，利用 USB Key 内置的公钥算法可以实现对用户身份的认证。目前 USB Key 被广泛应用于国内的网上银行领域，是公认的较为安全的身份认证技术。

USB Key 在网上银行中，被用作客户数字证书和私有密钥的载体，在网络上鉴别用户身份处于极其关键的地位。而网上银行首要的关键问题就是安全，安全是所有一切的基础，没有安全的网银就没有网银的未来。一些新闻报道中国内某某银行几十万元资金通过网银被盗，给网上银行带来巨大的负面影响，让人对于 USB Key 的网上银行认证的安全性产生怀疑和顾虑。

目前，我国大部分网上银行都已采用 USB Key 作为加密手段。招商银行首次推出免驱动移动数字证书——"优 KEY"，省略了驱动安装步骤，从而降低了 USB Key 的使用门槛，提高了客户使用移动数字证书的积极性，从而进一步提升了网上个人银行的安全性。

2. 电子支付风险防范管理保障

（1）信用体系的建设

①电子支付的诚信问题。电子支付是基于一个虚拟的空间，市场参与者的诚信度完全建立在虚拟网络信息的基础上，诚信问题显得至关重要。电子支付的两个基本支撑，一是高效安全的交易平台，二是完善的社会信用体系。从技术的角度看，我国在支付平台硬件和软件的建设上和发达国家也基本同步。而社会信用体系是一个多层次的复杂系统，包括了买卖双方、第三方机构、网站、银行、管理者等所有参与者之间的信用保证。目前我国还缺乏一套完善、系统的信用体系，电子支付中的信用风险尤为突出。政策层面，我国政府出台了《社会信用体系建设规划纲要（2014—2020 年）》的顶层制度设计文件。2016 年国家发改委等九部委发布《关于全面加强电子商务领域诚信建设的指导意见》，明确要求加强电子商务诚信建设。2019 年 1 月 1 日生效的《电子商务法》第 3 条规定："推进电子商务诚信体系建设，营造有利于电子商务创新发展的市场环境。"可以说，诚信是任何商业行为的核心，但目前却成为了我国电子支付业务发展的瓶颈之一。

②信用担保服务。电子支付的信用风险主要来自买卖双方，网上交易实质上是买卖双方的一场博弈。买方害怕在货款到达卖方时卖方不发货，而卖方担心买方在收到货物

时不承认到货，不发货款给卖方。这种局面催生了第三方支付平台的产生，第三方平台提供中介服务，但本质上是一种信用的担保服务，使用第三方支付使买卖双方放心地交易。但是这些平台只限于自己网站上使用，没有被普及和推广。目前，第三方支付平台的业务主要集中在 C2C 和 B2C 的小额支付，涉及 B2B 交易的特别少。

③信用风险防范。防范电子支付信用风险，首先要建设个人和企业的征信体系。目前，我国也着手建设个人的信用体系。中国人民银行与信息产业部于 2006 年 4 月，发布了《中国人民银行、信息产业部关于商业银行和电信企业共享企业和个人信用信息有关问题的指导意见》（以下简称《意见》）。《意见》要求，从共享企业和个人欠缴电信费用信息起步，逐步扩大信息共享范围，发挥征信体系为企业和个人积累信用财富的功能；可在部分信息化程度较高的省市进行试点，再逐步向全国推广。2013 年 3 月 15 日，《征信业管理条例》的出台解决了征信业发展中无法可依的问题，对管理征信市场，规范征信机构、信息提供者和信息使用者的行为，保护信息主体权益意义深刻。2015 年年初，央行又下发《关于做好个人征信业务准备工作的通知》，要求包括芝麻信用、腾讯征信、前海征信等 8 家企业做好开展个人征信业务的准备工作，开启了个人征信市场化的大门。

④建设个人信用数据库。我国的个人信用信息基础数据库是由中国人民银行组织商业银行建立的个人信用信息共享平台，其日常运行和管理由征信中心承担。它就像一个"信用信息仓库"，采集、保存、整理个人信用信息，为商业银行和个人提供信用报告查询服务，为货币政策、金融监管提供统计信息服务。个人信用信息基础数据库已经实现全国联网，只要客户与银行发生过借贷关系，就能在国内任何地方和任何一家商业银行信贷网点查到客户的个人信用报告。目前，已经接入 3 500 多家银行和其他金融机构的信用信息数据，有 9.9 亿自然人的信用信息，还有 2 600 多万户的企业和其他法人组织的信用信息。

虽然个人信用报告已从人民银行正式出台，但对于大多数人来说，它仍然像飞机上的黑匣子一样神秘。央行称其为"第二张居民身份证"，认为它将能帮助商业银行发现优质客户。如果留下不良记录，虽然"信用污点"不会跟随人一辈子，但是在一段时间内对个人信贷等还是会有很大影响。个人信用报告主要包括以下 4 个方面：个人基本信息，个人信贷信息、个人信用报告查询记录、其他相关信息。

⑤个人征信系统存在的问题。在美国，信用体系完全交付市场化公司操作，三大个人信用调查公司掌握着 1.7 亿美国人的信用资料。其中，TransUnion 公司宣称为保证信用报告的准确、及时和完整，其个人信用记录每月要更新 12 次。而我国的信用体系有异于美国，个人信用信息被分割在银行、工商、公安等多个部门之中，难以捏合成块。央行个人信用报告的数据主要依靠各商业银行提供，原则上"每月更新一次"。而且，数据量十分庞大。因此，出现一些个人信用信息出错的问题，目前似乎也在所难免。

信息错漏大致有 4 种可能：客户本人提供了模糊或错误的信息；商业银行的柜台工

作人员可能疏忽大意，造成录入错误；计算机在处理数据时可能出现技术性错误；被他人采取违规手段盗用了资料冒名贷款。

如图 10-3 所示，个人如发现信用报告有问题，有 3 种途径可以纠错，如果对最终处理结果仍有异议，则可以申请在信用报告中加入"本人说明"进行解释。

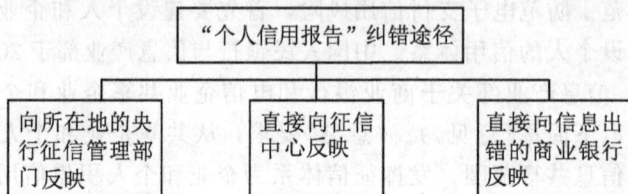

```
                    "个人信用报告"纠错途径
            ┌──────────────┼──────────────┐
   向所在地的央        直接向征信        直接向信息出
   行征信管理部        中心反映         错的商业银行
   门反映                            反映
```

图 10-3　个人信用报告纠错途径

个人信用报告除容易出现上述的漏错现象，还有信息过于陈旧的问题，甚至几年前已经注销的信用卡信息仍然在案，而新的信用卡信息没有被收录；另外，如果没有和银行发生借贷关系，则个人信用报告为空白。

个人信用报告是社会信用体系建设的基础，对电子支付信用的风险防范有很大的作用，买卖双方可以根据对方的信用来确定是不是要进行交易。个人也可以根据信用报告的情况，不断完善自己的信用。如果电子支付也可以给个人信用打分，就会形成一个全社会人人珍惜个人信用的良性循环。

(2)电子银行的管理

银行是电子支付产业的主体。电子银行在电子支付中占有很大的比重。现在，各大银行都推出了电子银行的业务，而且是各具特色。加强对电子银行的管理，是电子支付风险防范的管理保障。

①电子银行管理办法。2001 年 5 月，巴塞尔银行监管委员会发布《电子银行业务风险管理原则》，2003 年 7 月发布最终版本，提出 3 方面 14 项电子银行业务风险管理原则，协助金融机构建立自身风险管理政策与流程。2006 年 1 月 26 日，中国银监会借鉴了巴塞尔银行监管委员会的《电子银行业务风险管理原则》，颁布了《电子银行业务管理办法》(以下简称《管理办法》)。此次颁布的法规在一定程度上为电子银行的业务安全、风险管理、风险控制、安全控制提供了一定的标准。

依据《管理办法》，银监会明确了监管权力，金融系统的整合力大大增强。银监会规定，金融机构在申请电子银行时，必须提交业务情况说明、业务发展规划、安全评估报告等材料，从而可以从国家层面上安排电子银行业务整体布局，增强银行间的业务协调，避免众多银行的同质化、低水平、高强度的竞争。同时金融机构可能会联合起来，以整体身份和移动运营商谈判，增加合作砝码。《管理办法》主要是对电子银行业务的申请与变更，风险管理，数据交换转移管理和业务方面做了具体的规定。

依据《管理办法》，金融机构在中华人民共和国境内开办电子银行业务，应当依据有关法律法规的规定，报经中国银监会审查批准。中国银监会统一负责对境内及跨境电子银行业务实施管理。未经中国银监会批准，任何单位或者个人不得在境内开办电子银行业务或者利用公共电子网络从事银行业金融机构的业务活动。

②中国网上银行的监管。在银监会成立之前，中国人民银行负责商业银行的集中监管。2001 年 6 月，中国人民银行制定并颁布了《网上银行业务管理暂行办法》（以下简称《办法》），为中国网上银行业务的发展提供了基本的管理依据。

《办法》规定，人民银行对银行机构开办网上银行业务的市场准入，实行"一级管制"的原则，即各类银行机构首次开办银行业务，应由其总行向人民银行总行、分行或营业管理部申请。在 2003 年银监会成立之后，开业审查和批准的权限明确规定转移到银监会，中国人民银行内的有关监管机构也转移到银监会。

③电子银行的安全评估。对电子银行业务进行管理的同时，也要对电子银行的安全进行评估。2006 年 3 月 1 日，中国银监会颁布了《电子银行安全评估指引》（简称《指引》）。《指引》涉及的有关电子银行安全评估的主要内容包括以下 3 个方面。

一是对电子银行评估的基本要求。包括电子银行安全评估的定义，评估的时间规定，如"至少每两年对电子银行进行一次全面安全评估。若出现由于安全漏洞导致系统被攻击瘫痪、电子银行系统进行重大更新或升级后意外停机 12 小时以上的、电子银行关键设备与设施更换后出现重大事故修复后仍不能保持连续不断运行的，应立即组织安全评估"。

二是对电子银行安全评估机构的要求。包括评估机构的管理制度和操作规程，评估的指导性文件，必备的专业人才等方面。

三是电子银行安全评估的主要内容。主要包括安全策略、内控制度建设、风险管理情况、系统安全性、业务运行连续性、业务运行应急能力、风险预警体系和其他管理机制。

（3）人才的管理与培训

通过管理、培训手段来防止金融风险的发生。电子支付是技术发展的产物，许多风险管理的措施都离不开技术的应用。而技术需要人来完成和操作。因此通过管理、培训手段提高从业人员素质是防范金融风险的重要途径。《中华人民共和国电脑系统安全保护条例》《中华人民共和国电脑信息网络国际联网管理暂行规定》对电脑信息系统的安全和电脑信息网络的管理使用做出了规定，严格要求电子支付等金融业从业人员依照国家法律规定操作和完善管理，提高安全防范意识和责任感，确保电子支付业务的安全操作和良好运行。

为此，要完善各类人员管理和技术培训工作。要通过各种方法加强对各级工作人员的培训教育，使其从根本上认识到金融网络系统安全的重要性，并要加强各有关人员的法纪和安全保密教育，提高电子支付安全防护意识。同时，要培训银行内部员工。由于电子支付是技术的产物，内部员工也应该具有相应的技术水平。这些培训包括各种各样的方式，如专门的技术课程培训、要求员工参加业内的研讨会、工作小组等。同时，保证相应的技术人员能够有时间进行研究、学习，跟踪市场和技术的发展状况。

3. 电子支付风险防范环境建设

(1)法律的建设

一方面，电子支付业务的迅速发展，导致了许多新的问题与矛盾，而相应的立法显得相对滞后。另一方面，电子支付涉及的范围相当广泛，也给立法工作带来了一定的难度。在电子支付的发展过程中，为了防范各种可能的风险，不但要提高技术措施，健全管理制度，还要加强立法建设。

针对目前电子支付活动中出现的问题，应建立相关的法律，以规范电子支付参与者的行为。对电子支付业务操作、电子资金划拨的风险责任进行规范，制定电子支付的犯罪案件管辖、仲裁等规则。对电子商务的安全保密也必须有法律保障，对电脑犯罪、电脑泄密、窃取商业和金融机密等也都要有相应的法律制裁，以逐步形成有法律许可、法律保障和法律约束的电子支付环境。

(2)监管体制的加强

目前，电子支付已经向各行业迅速渗透扩散，涉及航空、物流、酒店、旅游、教育、保险、游戏及民生等多个领域，但发展中存在的安全问题却不容小视，沉淀资金、洗钱、套现、冲击实体货币体系等方面的问题也愈加突出。一些电子支付平台甚至还为某些色情网站提供收款接口，并从中牟利，成为网络色情的帮凶。现行的法律框架显然对电子支付平台缺乏有效监管。

目前我国电子支付监管的具体措施包括国内监管的措施和国际金融监管的协调。

①国内监管措施。电子支付的监管属于金融监管的重要内容，现场检查在银行监管中占有重要的地位。通过现场检查，监管机构可以获得第二手的资料和情况，以此贯彻现有的法律和监管规章。电子支付虽然很大程度实现了虚拟化，但都离不开人的操作，总需要一定的设施，需要人员的维护和管理。因此，对电子支付进行现场检查不仅是必要的，而且是可行的。

现场检查的第一层次主要检查银行是否采取了相关的措施来遵守有关的广告法律和法规，同时确保在为非存款性投资金融工具作广告时，进行了必要的披露。第二层次主要检查3个方面：首先，检查银行同客户、技术厂商等当事人的协议是否充分规定了各方的权利和义务，确保这些法律文件中规定银行有权监测、存储和追踪电子交易；其次，检查银行是否考虑了关于数字签名、认证机构的法律，包括地方法和中央法；最后，检查银行同第三方签订的协议是否也包含在银行保护客户和遵守纪律的文件中。第三层次主要检查的内容有：首先，检查银行是否采取了有关的措施确保网上业务遵守资料保存和客户保密的法律；其次，对于银行卡之类的电子货币产品，确保有关的协议明确了银行、客户和第三方之间关于银行卡遗失和被盗的责任分担。

②国际监管的协调。国际监管的协调包括：建立电子支付条件下的汇率协调机制和国际统一的信息披露与市场约束制度；协调控制网络国际短期资本的流动；防止国际性金融犯罪的监管协调；加强市场准入与金融风险监管的协调；协调对对冲基金之类高杠杆、高风险金融机构的监管机制；进行国际统一的金融监管立法。

第二节　电子支付中的法律问题

要保证电子支付事业的健康顺利发展，除了采取有效措施、加强监管、防范风险以外，更重要的是加强立法与执法，形成有法可依、依法支付的良好环境。

一、我国金融法律法规的内容

网络技术的发展使传统金融业发生了巨大的改变，银行、证券和保险业务纷纷搬到了网上。这样做扩大了市场规模，提高了操作效率，降低了营业成本。金融业务从现实环境到虚拟环境，对金融服务的法律法规也提出了新的要求。

1. 网络金融业务的开展对法律法规的要求

①网络技术的发展增加了金融业务的安全风险。伴随着网络金融的产生，金融计算机犯罪趋势不断上升，防范新型的金融计算机犯罪不仅需要技术上的安全措施，也离不开法律上的规范。关于网络金融，目前许多技术规范已经直接或间接演变成法律规范，如 SSL 协议、SET 协议等，已经成为许多国家认定的安全标准。

②互联网的开放性与各国立法的不一致性。互联网的开放性将世界各国都卷入了金融网络化和全球化这个大环境下，而各国关于金融服务的已有立法不尽相同，甚至相冲突，正在形成的法律由于意识、观念、技术等发展的不同，内容也有差异，这些差异对金融服务法律的事实和执行都有一定的影响。网络技术发展日新月异，由此产生的网络金融技术的更替速度加快，这就使金融立法要根据现实不断完善与更新。网络金融的发展基于技术创新，技术创新离不开法律的保障，金融服务的立法由于技术的影响，必须要有前瞻性和预见性。

2. 货币政策

货币政策是中央银行为了实现其特定的经济目标而采取的各种控制和调节货币供给、信用及利率等变量的方针和措施的总称。我国的货币政策经历了早期的"发展经济、稳定币值"，过渡到"保持货币稳定，并以此促进经济增长"，到现在的"保持币值稳定和总量平衡"，这种变化体现了货币政策日益"中性化"的轨迹。也就是说，货币政策不再承担"刺激"或"抑制"经济的任务，而只负责为经济运行营造一个稳定的宏观环境。其基本思想是配合扩大内需的宏观政策，适当增加货币供应量，防范金融风险，以金融的稳定来确保经济的稳定。

电子货币的产生，给我国的货币政策带来了一定的影响。首先，电子货币替代实体现金降低了中央银行对银行系统的控制力。同时，电子货币既可以联机使用也可以脱机使用，其使用范围不断扩大，大有在流通中逐步取代实体现金的趋势。而且，目前电子货币并非中央银行垄断发行，其发行数量难以衡量和控制，导致中央银行调控货币供应量的模糊，影响了中央银行的金融调控。传统上，通货的发行总是由中央银行（或货币当局）所垄断；而在网络经济中，电子货币的发展已经打破了这种垄断，不过，对于电子货币余额是否要求有一定比例的法定储备，目前还存在争议。可以预见，由于电子货币在支付结算中所具有的优势，电子货币替代现金和其他传统支付工具的比率还会进一步提高，电子货币将对货币政策产生更大的影响。

3. 电子签名

①电子数据具有的法律效力。对于交易指令真实性问题，传统的合同法主要依赖于当事人的签字或者盖章。但是在无纸化的电子交易中，手签和盖章的可行性就受到了挑战。对此，《中华人民共和国合同法》规定，合同的书面形式是指合同书、信件及数据电文（包括电报、电传、传真、电子数据交换、电子邮件）等可以有形地表现所载内容的形式。它确认了以电子数据交换和电子邮件达成的电子合同的法律效力，并将其作为合同的书面形式之一。随着网络银行业的发展，电子签名的效力问题已成为各国共同关注的问题。

②《电子签名法》实施。电子签名是技术进步的产物，它在很大程度上保证了所传输内容的真实性与可靠性，但是电子签名的合法性必须得到法律的承认，这是网络银行业务的前提和基础。美国的《统一商法典》、欧盟的《关于建立有关电子签名共同法律框架的指令》等，都对电子签名做了规定。联合国贸法会于 2001 年 7 月审议通过了《电子签名示范法》，对电子签名进行了统一的规范。2005 年 4 月 1 日，我国首部真正意义上的信息化法律《电子签名法》正式实施，它确立了电子签名的法律效力，规范了电子签名行为，规定了电子签名的安全保障措施。电子签名的意义在于明确银行与客户之间风险责任的承担问题，它也是银行避免信用风险的手段。《电子签名法》的实施，为我国网络银行的发展提供了有利环境。

4. 金融机构管理

中国人民银行及其分支机构是金融机构的主管机关，依法独立履行对各类金融机构设立、变更和终止的审批职责，并负责对金融机构的监督和管理。我国金融机构主要包括：政策性银行、商业银行、合作银行、城市或农村信用合作社、城市或农村信用合作社联合及邮政储蓄网点；保险公司、保险经纪人公司、保险代理人公司；证券公司、证券交易中心、投资基金管理公司、证券登记公司；信托投资公司、财务公司、融资公司等。中国人民银行根据《金融机构管理规定》对金融机构进行管理。目前，对于外资金融机构，中国银行业监督管理委员会是其管理和监督的主管机关，中国银监会派出机构对本辖区外资金融机构进行日常监督管理，所依据的法律条文是《中华人民共和国外资金融机构管理条例实施细则》。

5. 金融监管

金融监管是指政府通过特定的机构对金融交易行为主体进行的某种限制或规定。金融创新的不断涌现，使银行业与非银行金融业、金融业与非金融业、货币资产与金融资产的界限越来越模糊，而且金融创新也增加了金融风险，这些都对金融监管提出了挑战。我国在加强金融监管方面较多地吸收了美国的《商业银行法》。我国的银行业、证券业和保险业目前实行的是分业经营和分业管理模式，银监会、证监会和保监会分别是各个行业的最高监管部门。在分业经营的框架内，国内金融机构的业务范围比较窄，潜在的金融风险比较高。但是我国目前还不具备混业监管的条件。

对于网络金融的监管，中国人民银行发布的《中国金融稳定报告（2014）》中提到了中国网络金融监管应遵循的五大原则：网络金融创新必须合理把握创新的界限和力度；应服从宏观调控和金融稳定的总体要求；必须切实维护消费者合法权益；必须维护公平竞争的市场秩序；必须处理好监管和自律的关系。

6. 金融业务法规建设

现代金融业务除了传统的金融业务以外，还包括电子银行、网络证券、网络保险等业务。与之相适应的法律也在建设之中。

①电子银行。目前，应用于网上银行的法律主要有《中华人民共和国中国人民银行法》《中华人民共和国商业银行法》，以及中国人民银行于2001年6月颁布的《网上银行业务暂行管理办法》和2006年1月颁布的《电子银行业务管理办法》，这些法规虽然对网上银行的市场准入做出了明确的规定，但对网上交易过程中所涉及的法律问题，以及网上银行监管方面的法律条文尚未形成。

②网络证券。我国的网上证券交易于1997年起步，先后推出了网上证券经纪系统，建立了各种类型的网上证券经纪网站。我国所谓的"网上交易"只是券商提供网络经纪服务，以互联网为操作平台和数据传输媒介进行的证券交易。证监会于2000年3月发布的《网上证券委托暂行管理办法》，对证券公司网上委托的业务、技术、信息披露、资格申请等做出了规范。2001年2月，证监会又发布了《上市公司新股发行管理办法》，目前，规范网上证券交易的主要法律是《刑法》和《证券法》。2002年3月证监会发布《证券公司

管理办法》，规定了从事网上证券经纪业务的证券公司应具备的条件。证监会公布的关于《证券公司网上业务核准程序》对申请网上委托业务的证券公司的申请文件及核准做出了明确的规定。

③网络保险。网络保险是一种全新的经营理念，其影响将渗透到保险传统经营的各个环节中。网络保险主要包括网上客户咨询服务、网上保险产品销售、网上保险售后服务、网上合作等。保监会负责对保险公司开办网络保险业务实施日常监督、现场监督和非现场监督。2011年9月27日，中国保监会颁布了《保险代理、经纪公司互联网业务监管办法(试行)》，对保险产品网络销售的准入门槛、经营规则以及信息披露做出了规定。2015年7月22日，中国保监会印发《互联网保险业务监管暂行办法》，同时废止了《保险代理、经纪公司互联网业务监管办法(试行)》。该暂行办法对互联网保险业务的经营条件与经营区域、信息披露、经营规则、监督管理等方面做出规定，既规范了互联网保险经营行为，也促进了互联网保险业务发展。

④网络信贷。网络信贷即基于互联网平台的消费者小额信贷。网络信贷有两种模式：一种为依托银行和电子商务平台而开展的消费者小额信贷，主要为消费信贷，如阿里花呗、京东白条等；另外一种为依托互联网信贷平台而开展的消费者点对点信贷，也叫P2P。2011年10月17日，宜信、贷帮、人人贷发起"小额信贷服务中介机构联席会"，并发布《小额信贷服务中介机构行业自律公约》。2016年8月24日，由中国银监会、工业和信息化部、公安部、国家互联网信息办公室联合制定的《网络借贷信息中介机构业务活动管理暂行办法》正式施行。该办法有利于规范网络借贷信息中介机构业务活动，保护出借人、借款人、网络借贷信息中介机构及相关当事人合法权益，促进网络借贷行业健康发展，更好满足中小微企业和个人投融资需求。

二、电子支付的立法概况

1. 电子支付法的基本概念

基于电子支付不同的理解和各国电子化进程的不同，各国在电子支付领域的法律侧重和体系也有不同。电子支付法是调整中央银行、商业银行和其他经济主体以电子方式进行债权债务的清算和资金转账结算过程中发生的各种社会关系的法律规范的总称。电子支付法的特征表现在：

①程序性。支付系统法作为支付形式法，它是实体法中的程式性规范，主要解决支付的形式问题，一般不直接涉及支付的具体内容。

②技术性。在支付系统法中，许多法律规范都是直接或间接地由技术规范演变而成的。例如在网络支付中，一些国家会将公开密钥体系生成的数字签名规范为安全的电子签名。这样就将有关公开密钥的技术规范转化成了法律要求，对当事人之间的支付形式

与权利的形式和义务的履行，将会产生极为重要的影响。

③复杂性。源于电子支付技术手段的复杂性与对高新技术特别是计算机网络技术高度的依赖性，通常当事人必须在第三方的协助下，才能完成支付活动。

电子支付法律体系中除了主要包括电子资金转移法、电子清算和结算法外，还包括电子签名法、电子商务法、电子证据法、电子合同法、消费者权益保护法、隐私权保护法、反洗钱法等法律中的相关内容。

2. 国外的立法情况

电子支付主要分小额支付和大额支付。发达国家电子支付起步较早，发展较成熟，相应的法律建设也相对完善。

对于大额支付，美国主要参照 1989 年修订的《统一商法典》中增设的"4A 编——资金划拨"。按照《统一商法典》，大额电子支付应至少包含 5 条规定：(1)范围规定，也就是说法律的适用范围是什么，区分法律包含与未包含的支付方式和支付命令。(2)触发时间，说明某一交易方对资金转账的权利和义务在何时变得明确。(3)收款方最终性规则，已确定对某一账户的贷记命令成为不可撤销的。(4)退款保证，适用于资金转账未能完成的情况；接触规则，适用于转账完成的情况。(5)反欺诈规定，用于分摊因欺诈性支付命令而产生的责任。

对于小额支付，美国、英国等银行业比较发达的国家以立法或银行业管理的形式对小额电子资金中持卡人和发卡人的权利义务关系进行了明确规定，以强化对消费者的保护。美国在 1978 年制定了专门的《电子资金划拨法》来规范小额电子支付中各方参与主体之间的权利义务关系，以保护消费者的合法权益。

英国几乎没有有关电子资金划拨的成文法和判例法。对于大额资金划拨依据的主要规则是《票据交换所自动收付系统清算规则》(CHAPS 清算规则)。对于小额资金划拨，主要是依据 1992 年 3 月由"英国银行家协会"、英国房屋建设社团协会、支付清算协会共同公布的《银行业惯例守则》进行。虽然不是法律，但是实际上它具有了法律效力。

欧盟先后制定了《电子货币指令》和《内部市场支付服务指令》，并对相关的法律规范进行阶段性修订，来实时规制电子货币发行与清算的机构，促进电子货币支付体系的安全发展，在法律的作用下，支付服务和支付活动在规制范围内有序开展。

3. 中国的立法情况

①中国现代金融业立法。我国关于现代金融服务业立法相对其他国家来说起步较晚，但是发展也很迅速。1993 年我国在起草《合同法》时，就加进了"数据电文"这一新的合同形式；中国人民银行于 1997 年 12 月公布了《中国金融 IC 卡卡片规范》和《中国金融 IC 卡应用规范》；1998 年中国人民银行又公布了与金融卡规范相配合的 POS 设备的规范；1999 年我国颁布的新的《合同法》中就加进了"数据电文"这一新的合同形式；中国证

券业监督管理委员会于 2000 年 3 月颁布了《网上证券委托暂行管理办法》以及《证券公司网上委托业务核准程序》；2001 年 6 月中国人民银行又公布了《网上银行业务管理暂行办法》；2005 年 4 月中华人民共和国《电子签名法》正式实施；中国银行业监督管理委员会于 2006 年 1 月颁布了《电子银行业务管理办法》。2015 年 7 月多个部门联合印发的《关于促进互联网金融健康发展的指导意见》，意味着互联网金融的监管正式步入了轨道。

②中国电子支付立法。针对电子支付问题，2005 年 10 月 26 日我国颁布了《电子支付指引（第一号）》。《指引》对银行从事电子支付业务提出了指导性要求，以规范和引导电子支付的发展。2005 年 6 月，《支付清算组织管理办法（意见征求稿）》出台，该文件主要针对第三方支付平台进行规范，在该文件中，人民银行对于清算组织设立了很高的门槛。自 2010 年 9 月 1 日起施行的《非金融机构支付服务管理办法》直接对第三方支付服务机构形成约束。2015 年出台的《非银行支付机构网络支付业务管理办法》，为进一步防范支付风险，保护当事人合法权益，又对非银行支付机构网络支付业务做了详细规定。

4. 电子支付体系法与电子商务立法的关系

目前各国对电子商务的立法模式有两种态度。一种是统一立法，即覆盖电子商务领域的基本法律问题，消除电子商务的法律障碍，兼顾电子商务涉及的消费者保护、个人数据和隐私的保护等等。对于这种立法模式，电子支付领域将其涵盖在电子商务法中了。另一种是单独立法，即电子商务法只解决电子商务的基本法律问题，其他如电子合同、电子签章、电子认证、电子支付、电子商务消费者保护等则逐一立法。

目前，各国更多的是采取后一种做法，将电子支付与电子商务规定在不同的法律中，如美国的《统一电子交易法》和《全球及国家商务电子签名法》。我国颁布的《电子商务法》将二者统一规定在了同一部法律里，这主要由于我国电子支付与电子商务长期以来相伴相生，二者有着特别紧密的关系，完善电子支付监督管理有利于电子商务可持续发展。

2018 年 8 月 31 日，第十三届全国人民代表大会常务委员会第五次会议通过了《中华人民共和国电子商务法》。首次在法律层面对电子支付加以了具体规定，明确了电子支付服务提供者和用户的权利义务，电子支付指令和支付安全管理的具体要求，如何处理错误支付、未授权支付等有关重要问题，进行了有关支付安全保障和风险防范的法律规定。对电子支付加以规定的主要立法精神是促进行业健康发展，主要目的是合理维护用户合法权益和保障支付安全、防范风险，这有助于促进电子支付和电子商务协调、有序、健康、可持续发展，并通过法治保障增强我国在该领域的国际竞争力。

三、电子资金划拨中的法律依据

电子资金划拨根据服务对象的不同与支付金额的大小分为小额电子资金划拨（又称

零售电子资金划拨)与大额电子资金划拨(又称批发电子资金划拨)。小额电子资金划拨的服务对象主要是广大个体消费者,最常见的是销售点终端(POS)、自动柜员机(ATM)和个人银行服务。大额电子资金划拨的服务对象包括货币、黄金、外汇、商品市场的经纪商与交易商,在金融市场从事交易活动的商业银行,以及从事国际贸易的工商企业。大额电子资金划拨的每笔交易金额巨大,在支付的时间性、准确性与安全性上有特殊的要求。在发达国家,大额支付系统都是电子资金划拨系统,主要有联储电划系统(FedWire)、清算所银行间支付系统(CHIPS)和环球银行金融通信系统(SWIFT)。

1. 小额电子资金划拨法律关系

国际上调整小额电子资金划拨的法律主要是美国联邦的《1978 年电子资金划拨法》及联邦储备系统颁布的实施条例,而英国则是采用市场惯例的方式来规范电子资金划拨,ATM、EFT 和 POS 主要适用《银行惯例守则》,但该守则事实上已具有法律的效力。小额电子资金划拨的法律关系比较简单,重在保护消费者。1978 年 EFT 法规定了银行必须承担的义务,它要求提供这类划拨服务的金融机构向客户公开有关权利和义务的信息以及他们交易文件的内容和改正错误解决纠纷的程序;服务提供者须根据客户的指令以正确的和及时的方式进行划拨,以及根据客户要求停止事先已授权划拨的支付。明确了责任分担规则,金融机构没有理由不履行这些义务并对客户的损失承担责任。

《银行惯例守则》分别规定了银行和持卡人必须承担的义务,银行要保证 ATM 正确回应持卡人的指令;保证 ATM 正常工作,如果银行没有在出了故障的 ATM 上做出明确的通知致使客户遭受损失的,发卡银行对直接损失负责,如果做出了通知则解除责任;保证 ATM 提供充分的信息以使持卡人的账户能正确地被记录。持卡人对所有授权使用的现金卡和借记卡承担责任,无论这种授权是明示的或暗示的。持卡人的责任分担规则与 EFT 法相同,但责任限额在 50 美元内,且这样的责任分担规则不适用于持卡人存在欺诈行为或重大疏忽的情形。

2. 大额电子资金划拨法律关系

在美国,UCC4A 编通过以前,调整大额电子资金划拨的分别是联储 J 条例、CHIPS 规则、SWIFT 规则。这些规则均只适用于划拨人银行和受拨人银行,内容也不全面。有鉴于此,1989 年通过了 UCC4A 编,其官方文本及官方解释已由美国法律学会和各州法律全国代表大会批准,40 多个州在 3 年之内颁布了相关的法律。UCC4A 编对大额电子资金划拨作了全面规范,指出它的适用范围是一项"支付命令",即发送人对接收银行的一项指令,这项指令以口头方式、电子方式或书面方式传送,是支付或使另一家银行支付固定的或可确定的货币金额给受益人的指令。

大额电子资金划拨的法律关系比较复杂,涉及划拨人、划拨人银行、受拨人、受拨人银行以及中介银行。划拨人、划拨人银行及中介银行都可以是发送方,即向接收银行发出指令的一方；同时，划拨人银行、中介银行及受拨人银行都可以是接收银行，即划拨人指令发往的银行。这两种当事人的分类称谓不同，但法律关系的实质是一样的。

四、网上银行的法律问题

1. 电子银行的准入问题

一直以来，银行业都是一个受到严格行业管制的特殊行业，尽管全球出现了放松管制的浪潮，银行业仍然处于相对垄断的市场上，网络银行降低了市场进入成本，削弱了商业银行的优势，扩大了竞争的广度和深度。从长远来看，必然吸引非银行金融机构参与进来。如何把握电子银行的市场准入，既保持市场活力，使客户得到多元化服务，又使电子支付系统的软硬件设备得到充分利用，成为两难问题。

2006年3月1日，我国开始实施《银行业监督管理办法》（以下简称《办法》）。《办法》中对传统银行申请开办电子银行提出6个条件。

①金融机构的经营活动正常，建立了较为完善的风险管理体系和内部控制制度，在申请开办电子银行业务的前一年内，金融机构的主要信息管理系统和业务处理系统没有发生过重大事故。

②制定了电子银行业务的总体发展战略、发展规划和电子银行安全策略，建立了电子银行业务风险管理的组织体系和制度体系。

③按照电子银行业务发展规划和安全策略，建立了电子银行业务运营的基础设施和系统，并对相关设施和系统进行了必要的安全检测和业务测试。

④对电子银行业务风险管理情况和业务运行设施与系统等，进行了符合监管要求的安全评估。

⑤建立了明确的电子银行业务管理部门，配备了合格的管理人员和技术人员。

⑥中国银监会要求的其他条件。

2. 开办网上支付服务条件

同时，如果金融机构开办以互联网为媒介的网上银行业务、手机银行业务等电子银行业务，除了应具备上述条件以外，还应具备以下条件。

①电子银行基础设施设备能够保障电子银行的正常运行。

②电子银行系统具备必要的业务处理能力，能够满足客户适时业务处理需要。

③建立了有效的外部攻击侦测机制。

④中资银行业金融机构的电子银行业务运营系统和业务处理服务器设置在中华人民共和国境内。

⑤外资金融机构的电子银行业务运营系统和业务处理服务器可以设置在中华人民共和国境内或境外。设置在境外时，应在中华人民共和国境内设置可以记录和保存业务交

易数据的设施设备，能够满足金融监管部门现场检查的要求，在出现法律纠纷时，能够满足中国司法机构的取证要求。

除此之外，从事电子银行的金融机构在办理电子银行业务前，应向中国银监会登记并且提交有关的文件和资料。

严格的市场准入监管法律制度能够保证进入网络银行业务的主体具有为客户提供足够安全服务的能力，而过于严格则可能导致进入网络银行业务的市场主体不够宽泛，网络银行的发展空间受到制约。

3. 我国的网上银行监管

我国的网上银行是在相关法规几乎空白的情况下迅速发展起来的，带有浓厚的自发性。

在银监会成立之前，中国人民银行负责商业银行的集中监管。2001年6月，中国人民银行制定并颁布了《网上银行业务管理暂行办法》（以下简称《办法》），为中国网上银行业务的发展提供了基本的管理依据。这是我国第一部关于网络银行的行政规章，规定了网络银行的定义、市场准入、风险管理，以及法律责任，揭开了网络银行立法的序幕。

在2003年银监会成立之后，开业审查和批准的权限明确规定转移到银监会，中国人民银行内的有关监管机构也转移到银监会。2006年月6日，中国银监会借鉴了巴塞尔银行监管委员会的《电子银行业务风险管理原则》，颁布了《电子银行业务管理办法》。此次颁布的法规在一定程度上为电子银行的业务安全、风险管理、风险控制、安全控制提供了一定的标准。依据《管理办法》，银监会明确了监管权力，金融系统的整合力大大增强。银监会规定，金融机构在申请电子银行时，必须提交业务情况说明、业务发展规划、安全评估报告等材料，从而可以从国家层面上安排电子银行业务整体布局，增强银行间的业务协调，避免众多银行的同质化、低水平、高强度的竞争。同时，根据《电子银行业务管理办法》的有关规定，指定了《电子银行安全评估指引》对网络银行安全评估机构、安全评估的实施、安全评估活动的管理做出了规定。随着网络银行的发展，我国的监管经验正逐渐丰富，网络银行监管也不断完善。

五、电子货币的法律问题

电子货币是一种新型的货币形式，它是以电子信息网络为基础，以现代化电子信息处理装置为载体，以电子信息的认证为其货币财产的确认方式，以电子信息的传输代替货币证券实物流通的货币。目前，关于电子货币是否具有传统货币的法律特征的讨论比较多。有学者认为，电子货币仍然具有传统货币应有的基本职能，能够成为电子商务活动中的价值尺度、交换媒介和价值储存手段，它与传统货币没有什么本质上的区别，但有学者也有不同的看法。下面我们从电子货币的性质、发行，以及监管等方面来讨论电子货币的法律问题。

1. 电子货币的性质

(1)电子货币的法律性质

电子货币目前没有一个统一的定义，一般是指以电子设备和各种交易卡为媒介，以计算机技术和通信技术为手段，以电子数据形式存储，并通过计算机网络系统以电子信息传递形式实现流通和支付功能的非现金流通的货币。电子货币是以电子计算机技术为依托的一种新型的支付工具，具有支付适应性强、变通性好、交易成本低廉等优点。关于电子货币是否为货币的一种形态，在我国银行法中尚无明确规定。但根据电子商务在现实中的发展来看，我国实际上已经认可其作为货币的一种形态。电子货币与现有货币并不相斥，实际上电子货币是以现金、存款等货币的现有价值为前提，通过其发行者将其电子信息化之后制造出来的。从这个意义上讲，电子货币是以现有通货为基础的二次性货币。

(2)电子货币的实质

从电子货币目前在全球的使用情况来看，各种形态的电子货币都是通过相互交换电子信息来完成支付，而且都是以既有实体货币的存在为前提，以实体货币的价值为其价值，只是实体货币的电子化、数据化。它们均是以在电子化世界或在现实世界通过电子化手段实现支付的电子化为目的，是对实体货币功能的扩展，因而，电子货币只是蕴含着可以执行货币职能的某种可能性，还不能完全执行支付手段的全部职能，与通货还有一定距离。在结算理论上，目前的电子货币只是将现金或存款用电子化的方法转移、传递，以实现结算，而不是完全代替现金或存款成为一种独立的支付手段。

综上所述，在电子商务活动未完成经济社会的主流商业模式之前，电子货币只能作为一种辅助性的支付手段起作用。现有电子货币只是以既有货币为基础的电子化的衍生物，故不能作为一种完全独立的通货。

2. 电子货币的发行

(1)发行的主体

目前，电子货币发行主体有银行、非银行金融机构和非金融机构。由于电子货币的发行相当于存款，一旦出现发行主体破产将直接损害用户的利益；同时，鉴于电子货币的高科技属性，如果过于限定电子货币的发行主体，则阻碍了民间对技术更新的积极性，会妨碍电子货币的发展。基于不同的考虑，各国关于电子货币发行主体的规定各不相同。

美国是目前反对将电子货币的发行权限制在银行手里的最主要的国家。美国对电子货币发行主体采取一种较为宽松的规定，规定除银行外的其他民间机构也可以发行电子货币。目前，美国各州的法律普遍强调以发放执照的方式管理和规范从事货币服务的非银行机构，例如，从事货币服务的机构必须获得专项业务经营许可，符合相关资质要求以及符合有关反洗钱的监管规定等。

在欧洲，欧盟委员会的目标是：一方面保证电子货币发行者的稳定和健全，另一方面保证个别发行者的失败不会对这种支付手段造成重大影响。欧盟的观点是：电子货币的发行应该限定在金融机构的业务中，其发行主体应该属于金融监管的对象。但是面对美国非金融机构电子货币的竞争，欧盟也开始允许非金融机构作为电子货币的发行主体。欧盟就从事电子货币发行与清算的机构先后制定了《电子货币指令》和《内部市场支付服务指令》等，并于2009年再次对《电子货币指令》进行修订。这些法律强调欧盟各成员国应对电子货币机构以及支付机构实行业务许可制度，确保只有遵守审慎监管原则的机构才能从事此类业务。

就目前中国电子货币应用现状以及国情而言，发行电子货币的主体同时有中国人民银行、商业银行和非金融机构。1996年4月1日起实行的《信用卡业务管理办法》中规定了信用卡的发行者仅限于商业银行，对于信用卡之外的其他电子货币种类，尚无法律规定。

随着社会发展和消费的需要，许多非银行的电子货币发行主体也在快速成长，越来越多的非金融机构借助互联网、手机等信息技术广泛参与支付业务。2010年6月14日，中国人民银行颁布《非金融机构支付服务管理办法》，明确了对非金融机构支付服务实行业务许可制度，并规定了准入条件、责任与义务。未经中国人民银行批准，任何非金融机构和个人不得从事或变相从事支付业务。

2013年12月5日，中国人民银行等五大部门联合印发《关于防范比特币风险的通知》，明确指出"比特币"的性质不是由货币当局发行，不具有法偿性与强制性等货币属性，并不是真正意义的货币，仅仅是一种虚拟商品。同时对国内"比特币"交易网站的经营、管理进行了规范，也提示防范"比特币"可能产生的洗钱风险和加强对社会公众货币知识的教育及投资风险提示。

（2）发行的管理

由于电子货币在相当程度上有着类似于现金的特征，其发行将无疑减少中央银行的货币发行量，影响中央银行发行货币的特权。对于无国界的电子商务应用而言，电子货币还在税收、法律、外汇汇率、货币供应和金融危机等方面存在大量潜在问题。为此，必须制定严格的电子货币的发行管理制度，保证电子货币的正常运行。

为保证电子货币发行人保持必要的流动性和安全性，银行可以采取以下措施实施管理。

①向所有的电子货币发行人提出储备要求和充足资本要求。

②应该建立电子货币系统统计和信息披露制度、现场和非现场检查制度及信息安全

审核制度。

③建立安全保障体系。目前，许多国家正考虑建立电子货币担保、保险或者其他损失分担机制。其中，美国、德国、日本、加拿大和意大利等国家将电子货币纳入存款保险或者担保制度体系中。

(3)发行人的条件

发行人应该在资金方面有所要求。欧盟委员会的《立法建议》规定，发行人应该符合以下条件：事先批准；最低资本要求；健全或适当的管理体系；健全和谨慎的经营机制；措施和持续的所有人控制。也就是说，除了对资本金的要求相对较少以外，基本上要求发行人满足对银行资格的要求。

(4)发行人的义务

发行人要履行以下义务：

①电子货币的发行人和开发者在开发、发行电子货币之前，要对技术、安全性、业务前景等进行可行性论证和成本与利益的比较分析。在电子货币发行方案中要考虑防伪问题以及洗钱等犯罪活动，并采取适当的操作程序，有效地控制操作风险。

②为了保证在不利情况发生时仍然能够提供产品和服务，电子货币的发行人要实施应急措施和业务恢复计划。

③为减少、限制伪币和欺诈，电子货币发行人应具备监控和赎回电子货币余额的能力，其系统要具有交易明细记录、影子余额记录、交易限制规定、交易行为分析等功能。

④对电子货币系统进行非法攻击或者未经授权的侵入是威胁电子货币系统安全的一个主要问题。因此，电子货币的发行人必须具有良好的预防、侦查和预测功能，保护其系统不受内部和外部的滥用。

⑤电子货币发行人必须向国家中央银行汇报货币政策要求的相关信息。

3. 中国电子货币监管的现状

(1)监管主体明确

如果广义理解《中国人民银行法》第四条第三项和第九项"发行人民币，管理人民币流通"和"维护支付、清算系统的正常运行"的含义，监管非银行电子货币的发行和使用，应属人民银行法定职责，应该成为中国人民银行各级分支机构的日常工作内容。由中央银行监管电子货币也是世界各国的通行做法。1996年起部分欧洲国家央行开始将"电子货币"纳入本国货币统计中；1998年欧洲央行(ECB)发布了《电子货币报告》；2002年欧洲议会发布了《电子货币指令》，2004年起被欧盟国家转译为各国的法律并实施。所以，在我国由人民银行监管电子货币的发行和使用符合国际惯例。

(2)监管法律缺失

目前，中国还没有一套完整的电子货币监管体系，在整个的电子货币运行过程中除了发行机构和所有权人之外，还涉及分销、结算和清算等中间机构。这些机构之间、机构和所有权人之间的权利义务往往是靠一对一的双边协议来界定，一旦发生争议或纠纷，只能沿用合同法来进行调整和裁决，而没有相应电子货币方面的专门法律、法规。这与电子货币快速发展的形势是不相适应的。另外，由于电子货币的匿名性和容易远距离转移，电子货币很容易被犯罪分子当成洗钱等犯罪问题的工具。因此，要想保证电子货币的健康发展，急需加强这方面的立法。电子货币的监管框架如何搭建，主要取决于电子货币带来的风险，以及如何评估这种风险。并在控制这种风险与保证电子货币健康发展之间取得平衡。

六、电子支票的法律问题

1. 中国的《票据法》与电子支票

（1）电子支票的法律地位

电子支票是使用数字签名技术，把支票的纸质完全抛弃，从而可以在网络上直接传输。我国目前电子支票的应用还很少，这是因为中国金融电子化程度较低，市场需求不旺，更主要的原因是受到 1996 年实行的《票据法》的制约，电子支票的法律地位难以得到确认，使银行望而却步。电子支票虽然被称为支票，但同票据有很大区别。从其功能和运作上来讲，电子支票更接近于 ATM 和卡类的支付工具。在我国，最为有效和可行的方法是制定专门的《电子票据法》，对电子票据，尤其是电子支票的相关问题进行规范和调整。

（2）中国的《票据法》对电子支票应用的影响

中国的票据法规制定得较早，当时票据清算主要还是以手工为主，所以对支票截留及支票的电子文件均没有具体的规定。但是随着我国现代化支付系统的发展，特别是北京、广州等一些大型票据清算中心投入运行，支票截留及电子文件已经在票据清算中开始使用。由于我国票据法在立法原则上实行坚定的严格性立场，其严格的程度远远强于英、美、法国的票据法，所以没有法律的明文规定，一般不允许当事人通过协议排除或任意创设票据行为。这种法律上的缺位使支票截留后的电子文件在中国的应用受到了束缚，从而限制了支付体系现代化的进程。

2. 电子支票运作的法律问题

从电子支票的运作方面可以看出，传统纸质支票的书面形式、原件及签名三大核心要素在电子支票中均发生了本质的变化，现有的票据法律制度无法对电子支票做出调整。电子支票运作过程中的法律问题主要涉及书面形式及原件，还有签名问题。

（1）书面形式及原件问题

关于书面形式方面，许多国家法律都要求某些交易必须有书面文件，法律对书面形式的要求主要有两个目的，即作为合同有效性的要件或者证据。支票是一种有价证券，各国票据法对书面形式的要求是基于流通转让的需要，其要求极为严格。

联合国国际贸易法委员会在 1985 年第 18 届会议上，在审查秘书处关于计算机记录的法律价值报告的基础上，建议各国政府审查关于某些贸易交易和与贸易有关的文件要用书面形式的法律规定，以便酌情允许把该项交易或文件以计算机"适读形式"记录下来或发送。解决这一问题的办法，不是要求各国法律取消"书面形式"的要求，而是如何设法使数据电文被视为"书面形式"。

我国《合同法》第十一条就明确规定："书面形式是指合同书、信件和数据电文（包括电报、电传、传真、电子数据交换和电子邮件）等可以有形地表现所载内容的形式。"可见，我国《合同法》扩大了"书面"的定义，使之涵盖了电子数据交换和电子邮件这种方法就是所谓的"同等功能法"。一旦电子数据达到书面形式的作用和标准，即可以与相应的书面文件一样，享受同等程度的法律许可。

联合国国际贸易法委员会 1996 年 5 月《电子商务示范法》就是采用"同等功能法"的典范。可以这样认为，"书面形式"问题在某些领域如合同法和海商法领域较易解决，而在票据法领域则会遇到很大的困难。

美国法院的有些判决曾明确裁定以电传方式交换的文件可以构成汇票。既然电传早已被法院实践所接受，那么被储存在中介载体（如磁带、磁盘等）上的计算机记录（电子数据）也应被视为"书面"的东西而被接受。因为它们都是通过电子信号来传递信息的，只是电传的最终传递结果都是被设计成纸张的文件，而电子数据则完全取决于接受方是否想要书面文件，具有更通用的特点，可以产生纸张的书面单据，也可以被储存在磁盘或其他由接受者选择的非纸张的介质上。

（2）签名问题

各国票据法都几乎毫无例外地规定，票据都必须有出票人的亲笔签名或其授权人的签名方能生效。票据签名有三重意义：使票据生效、使签名者承担票据责任、是转移票据权利的必备条件。例如：根据我国《票据法》第 85 条规定，出票人签章是支票的必备记载事项，否则支票无效。

各国法学界和电子学界的学者认为，签字的实质在于使文件、信息等具有独特性。因此，签字并不一定要求签署者亲笔手书，采用电子签名，或称数字签名，就能在以电子方式传递资金划拨指示时达到签字的目的。目前，国际社会已有越来越多的国家接受数字签名，如《汉堡规则》第十四条、《跟单信用证统一惯例》第二十条、《电子商务示范法》第七条等。因此，可以认为，数字签名将会与传统手写方式一样，成为认证的一种主要手段。

在票据法领域，美国《统一商法典》第 3～401 条规定，"在票据上所签名可用任何名称，包括商号或假名，或者代替手写签名的任何文字或记号"，结合该法的第 1～201 条关于"签字包括当事人当时为认证书信之目的，设立或采用的任何符号"的规定，可以认为票据上的签名同样应包括数字签名。

签名可以说是一把"双刃剑"：一方面，文件的发出者可以以缺乏其签名为由而否认其效力；另一方面，对于一份确有其签名的文件，他不能随意更改其记载中的意思表达。签名的用意是证明双方当前的买卖意图，是一种身份的证明和一种不允许也不能假冒的符号。

近年来，各国纷纷颁布了有关数字签名的法律，从立法上正式认可了数字签名的法律效力，这对传统支票的签名规定是一大冲击和革命。我国于2005年4月1日正式实施的《电子签名法》。从立法上承认了电子签名的法律效力，这对电子支票的推广应用有着重要的意义。

七、认证机构的法律问题

电子交易过程中除了交易双方以数字签名识别彼此的身份和确保传输信息的完整性外，对数字签名本身的认证问题，却不是靠交易双方自己完成的，而需要由一个具有权威性和公正性的第三方来完成，从而为网上交易建立一种有效、可靠的保护机制，这也是数字签名制度的核心。认证机构（CA）就是承担网上安全电子交易认证服务、能签发数字凭证并能确认用户身份的服务机构，它认证的是所给公钥与私钥是否具有关联性且处于一种有效密钥的最新状态，这种关联性和最新性对数字签名的证实和信用是非常重要的。目前，许多国家都建立了相应的认证机构，如美国1995年创建VeriSign公司、新加坡1997年由国家计算机委员会（NCS）和电子传输网络（NETS）建立的NET－TRUST公司等。我国也于1999年8月底创建了"中国金融认证中心"，为国内电子商务和网上银行提供各种认证服务，并将在运行平稳的基础上实现与国外最高级别认证中心的交叉服务。

1. 我国的电子认证服务管理办法

2009年2月28日，我国工业和信息化部颁布了最新修订的《电子认证服务管理办法》（下面简称《管理办法》），并于2009年3月31日开始施行，其中所指的"电子认证服务提供者"就是为电子签名人和电子签名依赖方提供电子认证服务的第三方机构即认证机构（CA）。

（1）对电子认证服务提供者的要求

《管理办法》认为，电子认证服务提供者必须具备以下7个条件。

①具有独立的企业法人资格。

②具有与提供电子认证服务相适应的人员。从事电子认证服务的专业技术人员、运营管理人员、安全管理人员和客户服务人员不少于30名，并且应当符合相应岗位技能要求。

③注册资金不低于人民币 3 000 万元。

④具有固定的经营场所和满足电子认证服务要求的物理环境。

⑤具有符合国家有关安全标准的技术和设备。

⑥具有国家密码管理机构同意使用密码的证明文件。

⑦法律、行政法规规定的其他条件。

（2）认证机构的服务内容

《管理办法》第三章第十七条对认证机构所提供的服务内容做了如下要求。

①制作、签发、管理电子签名认证证书。

②确认签发的电子签名认证证书的真实性。

③提供电子签名认证证书目录信息查询服务。

④提供电子签名认证证书状态信息查询服务。

（3）《管理办法》修订的背景及内容

2008 年 3 月，国务院组建了工业和信息化部。按照国家关于注册资本登记制度改革等要求，工业和信息化部于 2009 年 2 月对《管理办法》进行了修订。2005 年 2 月 8 日发布的《电子认证服务管理办法》（中华人民共和国信息产业部令第 35 号）同时废止。

本次《管理办法》修订内容主要涉及以下条款：

将第六条第三项修改为："企业法人营业执照副本及复印件。"

将第十一条修改为："电子认证服务机构不得倒卖、出租、出借或者以其他形式非法转让《电子认证服务许可证》。"

将第十三条修改为："电子认证服务机构在《电子认证服务许可证》的有效期内变更公司名称、住所、法定代表人、注册资本的，应当在完成工商变更登记之日起 15 日内办理《电子认证服务许可证》变更手续。"

删除第二十三条中的"，持工业和信息化部的相关证明文件向工商行政管理机关申请办理注销登记或者变更登记"。

2. 我国电子认证业务的规范

为了规范电子认证业务规则的基本框架、主要内容和编写格式，根据目前电子认证系统大多采用基于非对称密钥的 PKI 技术的现状，参考国家标准化部门正在制定的相关标准，信息产业部电子认证服务治理办公室于 2005 年 4 月编制了《电子认证业务规则规范（试行）》（下面简称《规范》）。

《规范》详细说明了电子认证业务的主要组成部分和内容。电子认证业务规则是电子认证服务机构对所提供的认证及相关业务的全面描述。电子认证业务规则包括责任范围、作业操作规范和信息安全保障措施等内容，主要由以下几部分组成。

①概括性描述。这部分主要对电子认证业务规则进行概要性表述，给出文档的名称

和标识，指出电子认证活动的参与者及证书应用范围，并说明对电子认证业务规则的管理，最后给出电子认证业务规则中使用的定义和缩写。

②信息发布与信息管理。描述任何与认证信息发布相关的内容，包括信息库的运营者、运营者的职责、信息发布的频率以及对所发布信息的访问控制等。

③身份标识与鉴别。描述电子认证服务机构在颁发证书之前，对证书申请者的身份和其他属性进行鉴别的过程，以及标识和鉴别密钥更新请求者和吊销请求者的方法。说明命名规则，包括在某些名称中对商标权的承认问题。

④证书生命周期操作要求。说明在证书生命周期方面对电子认证服务机构及相关实体的要求，注册机构、订户或其他参与者的要求，在每个子项中可能需要对电子认证服务机构、注册机构、订户或其他参与者予以分别考虑。

⑤认证机构设施、管理和操作控制。描述物理环境、操作过程和人员的安全控制。电子认证服务机构使用这些控制手段来安全地实现密钥生成、实体鉴别、证书签发、证书吊销、审计和归档等功能。也可定义信息库、注册机构、订户或其他参与者的非技术安全控制。

⑥认证系统技术安全控制。阐述电子认证服务机构为保护其密钥和激活数据（如PIN码、口令字或手持密钥共享）而采取的安全措施。说明对证书库、订户和其他参与者进行的限制，以保护他们的私钥、私钥激活数据和关键安全参数。描述电子认证服务机构使用的其他技术安全控制手段，用以安全地实现密钥生成，用户鉴别，证书注册，证书吊销，审计和归档等功能。技术控制包含生命周期安全控制（包括软件开发环境安全，可信的软件开发方法论）和操作安全控制。

⑦证书、证书吊销列表和在线证书状态协议。说明证书、证书吊销列表和在线证书状态协议的格式，包括描述、版本号和扩展项的使用。

⑧认证机构审计和其他评估。说明对电子认证服务机构进行审计或评估相关的内容，包括评估所涵盖的主题、评估频率、评估者的资质、评估者与被评估者的资质、对问题所采取的措施以及结果的公告等。

⑨法律责任和其他业务条款。涵盖了一般性的业务和法律问题。在业务条款中说明不同服务的费用问题和各参与方为了保证资源维持运营，针对参与方的诉讼和审判提供支付所需承担的财务责任。法律责任条款则与通用的技术协定标题相近，涉及保密、隐私、知识产权、担保及免责等内容。

3. 认证机构的任务及规范

电子认证服务机构按照信息产业部公布的《电子认证业务规则规范》的要求，制定本机构的电子认证业务规则，并在提供电子认证服务前予以公布，向信息产业部备案。

认证机构的主要任务是受理数字凭证的申请及签发、管理数字凭证。我国目前已经颁布了《电子签名法》《电子认证服务提供管理办法》《电子认证业务规则规范》等一系列关于电子认证服务的法律法规，电子认证业务承接、境外机构核准、电子认证服务机构运营管理规范等也在积极研究制定中。这些法律法规对电子认证服务的各个方面给出了明确的规范和说明。例如：在《电子认证业务规则规范》中，对密钥对的生成与安装，私钥保护和密码模块工程控制等方面都做了详细的阐述。

《规范》对电子认证服务提供者即认证机构业务的各个方面进行规范，条款制定得非常详细。《规范》的实施，为电子认证服务提供者提出了一个统一政策框架和统一的标准框架。目前，我国推广电子签名应用取得了初步的成效，截至 2006 年底累计发放 546 万张数字证书。电子认证服务体系也已初步形成，22 家获准从事电子认证服务的机构分布在全国 17 个省市，基本满足了我国对电子认证服务的需求。

八、第三方支付的法律问题

1. 第三方电子支付服务的管理办法

2010 年 6 月 14 日，中国人民银行发布《非金融机构支付服务管理办法》（以下简称《办法》），《办法》所称非金融机构支付服务，是指非金融机构在收付款人之间作为中介机构提供部分或全部货币资金转移服务。第三方支付平台受此《办法》的规制。

（1）对非金融机构支付服务提供者的要求

《办法》明确规定，非金融机构提供支付服务，应当依据本办法规定取《支付业务许可证》，成为支付机构，申请人应当具备下列条件：

①在中华人民共和国境内依法设立的有限责任公司或股份有限公司，且为非金融机构法人。

②有符合本办法规定的注册资本最低限额。

③有符合本办法规定的出资人。

④有 5 名以上熟悉支付业务的高级管理人员。

⑤有符合要求的反洗钱措施。

⑥有符合要求的支付业务设施。

⑦有健全的组织机构、内部控制制度和风险管理措施。

⑧有符合要求的营业场所和安全保障措施。

⑨申请人及其高级管理人员最近 3 年内未因利用支付业务实施违法犯罪活动或为违法犯罪活动办理支付业务等受过处罚。

（2）非金融机构支付服务内容

①网络支付。本办法所称网络支付，是指依托公共网络或专用网络在收付款人之间转移货币资金的行为，包括货币汇兑、互联网支付、移动电话支付、固定电话支付、数

字电视支付等。

②预付卡的发行与受理。本办法所称预付卡，是指以营利为目的发行的、在发行机构之外购买商品或服务的预付价值，包括采取磁条、芯片等技术以卡片、密码等形式发行的预付卡。

③银行卡收单。本办法所称银行卡收单，是指通过销售点（POS）终端等为银行卡特约商户代收货币资金的行为。

④中国人民银行确定的其他支付服务。

2. 第三方电子支付的货币资金监管

①备付金账户开设。支付机构接受客户备付金的，应当在商业银行开立备付金专用存款账户存放备付金。中国人民银行另有规定的除外。支付机构的分公司不得以自己的名义开立备付金专用存款账户，只能将接受的备付金存放在支付机构开立的备付金专用存款账户。

②备付金存管。支付机构只能选择一家商业银行作为备付金存管银行，且在该商业银行的一个分支机构只能开立一个备付金专用存款账户。支付机构应当向所在地中国人民银行分支机构报送备付金存管协议和备付金专用存款账户的信息资料。支付机构应当与商业银行的法人机构或授权的分支机构签订备付金存管协议，明确双方的权利、义务和责任。

③实缴资本与备付金余额监管。支付机构的实缴货币资本与客户备付金日均余额的比例，不得低于10％。客户备付金日均余额，是指备付金存管银行的法人机构根据最近90日内支付机构每日日终的客户备付金总量计算的平均值。备付金存管银行应当对存放在本机构的客户备付金的使用情况进行监督，并按规定向备付金存管银行所在地中国人民银行分支机构及备付金存管银行的法人机构报送客户备付金的存管或使用情况等信息资料。

④备付金调用监管。支付机构调整不同备付金专用存款账户头寸的，由备付金存管银行的法人机构对支付机构拟调整的备付金专用存款账户的余额情况进行复核，并将复核意见告知支付机构及有关备付金存管银行。支付机构只能根据客户发起的支付指令转移备付金。仅指支付机构以任何形式挪用客户备付金。支付机构应当持备付金存管银行的法人机构出具的复核意见办理有关备付金专用存款账户的头寸调拨。

⑤资金安全担保措施。因第三方支付的安全因素而导致的用户资金损失，按照常规"谁需求，谁举证"的管理方式，用户则根本无法做到，这往往成为部分第三方支付免责的借口，也成为用户对第三方支付不信任的关键。因此，在这个方面提供安全保障与承诺非常关键。一方面解决了用户后顾之忧，另一方面也成为行业的 E 安全准则，有利于行业的健康发展。

3. 第三方支付的监管体制

第三方支付行业的管理体制包括行业主管部门和行业自律协会。其中行业主管部门主要负责规范、指导、促进第三方支付行业的发展，行业自律协会主要协助政府部门开展工作，并组织行业内部的交流、合作与自律活动。

第三方支付的行政主管部门为中国人民银行，其职责为全面监管支付市场，制定相关法规规范该市场的准入门槛、行业标准，推动支付行业的快速发展。中国人民银行对第三方支付机构的监管措施分为日常监督及不定期现场检查。日常监督措施主要包括：

①要求第三方支付机构及其备付金银行每日上传业务数据，并进行双向比对，将第三方支付机构的备付金管理纳入监控体系；

②要求第三方支付机构针对日常经营活动中发现的可疑交易，及时向反洗钱监测中心提交可疑交易信息及报告；

③委托有相关资质的第三方独立机构对支付机构业务系统进行年度检查。不定期现场检查，主要包括对支付机构的备付金管理、业务运营合规、风险控制、内控制度执行、反洗钱工作等多方面进行综合检查。

近年来，中央对第三方支付行业的监管力度不断加强。2010 年，中国人民银行颁发了《非金融机构支付服务管理办法》，第三方电子支付机构正式被纳入央行的监管范围。作为监管框架核心的《非金融支付机构服务管理办法》法律层级较低，对非金融支付机构的处罚措施主要包括限期改正、警告以及 3 万元以下罚款，惩戒力度有限，相关的刑事、民事立法尚待完善。为进一步规范非银行支付机构网络支付业务，防范支付风险，保护当事人合法权益，2015 年中国人民银行又制定了《非银行支付机构网络支付业务管理办法》，主要对从事网络支付业务的非银行机构进行了业务管理、客户管理、风险管理与客户权益保护、监督管理、法律责任等方面的详细规定。

第三节　电子支付法律建设缺陷与建议

一、电子支付法律建设的缺陷

我国电子支付虽然起步较晚，但是发展十分迅速，为了适应电子支付发展的客观需要，我国电子支付立法已经开始起步，而且取得了一定的成果。这些立法对推动电子支付发展和规范银行业，有着一定的意义。但是，我国电子支付方面的立法存在着明显的不足，主要表现在以下 6 个方面。

1. 立法相对于电子支付的发展比较滞后

在电子支付方面，我国目前只出台了《电子支付指引（第一号）》（以下简称《指引 1》），

《指引1》的发布对银行从事电子支付业务提出指导性要求，对规范和引导电子支付的发展提供了基础。对现在迅速发展的第三方支付，尚未形成基本法律框架，即使把相关内容写入了法律法规中，也只是粗线条的描述，并没有详尽的描述，缺乏可操作性。新兴的移动支付相关的法律法规出台很少；对网上证券、网络保险等方面相关的法律很少，现有的法律体制无法适应相关产业的发展。

2. 立法层次较低，法律效力普遍不高

由于金融市场的重要地位，所以调整金融市场的相关法律法规应当具有一定的规范性、强制性、权威性。这就必须保证这些法律法规具有较高的立法层次和法律效力。而我国现在很多金融方面的法律只是"暂行办法""条例"等立法层次较低的行政法规或规章。由于立法主体与金融市场管理主体实际上是同一机构，往往导致这些法律法规在实施的过程中会受到来自政府及其相关部门的干扰，法律效力大大降低。

3. 现有互联网金融监管主体混乱

由于我国实行分业经营、分业管理的金融体制，所以，采用的是"多级立法、多头立法"的金融立法模式。这就很容易造成各个部门的法律法规不统一、不协调的情况。人民银行实施对第三方支付业务的监管，证监会实施对第三方证券基金销售业务的监管，根据银行对第三方的资金存管制度，银监会又要对银行进行监管。目前我国互联网金融监管主体众多、政出多门，对于跨市场的交易活动，以谁为监管主体尚不明确，这样的监管制度安排导致监管效率低下，势必会阻碍电子支付行业的进一步发展。

4. 已经实施的法律中存在的缺陷

我国于2005年10月26日颁布的《电子支付指引（第一号）》对银行发展网上支付业务起着指导性的作用，但也存在着以下不足。

①《指引1》中对个人和单位交易额的上限做了规定。对于这种交易金额的限制，其目的，一是推动广大客户使用数字证书、电子签名等认证方式，二是为了降低交易风险，将网络欺诈降到最低程度。但这项规定只对交易额做出限制而未从网络欺诈的根本去解决问题，是治标不治本。

②《指引1》在保护客户利益的方面做得不够。如第41条规定："由于银行保管、使用不当，导致客户资料信息被泄露或篡改的，银行应采取有效措施防止因此造成的客户损失，并及时通知和协助客户补救。"该条款只是说明了银行在造成上述损失后要采取的行动，但是并没有指出银行在此方面应负什么样的责任，无具体的罚则，所以，如何保护用户利益显得比较苍白。

③《指引1》对我国现存的电子商务模式也不会形成有效的约束。由于国内网商阶层还未真正形成，尤其是C2C交易平台上的商家大部分都是业余网商，日支付额也不会超过《指引1》的最高上限。至于B2B、B2C虽涉及单位客户，但由于支付模式的多样化，只要业

务量需要，单位客户可以轻而易举地选择传统的支付方式完成交易，从而规避《指引1》。

5. 尚存的一些法律空白

电子支付立法涉及电子货币、电子票据、信用卡支付、网上支付、金融认证、金融EDI下的资金划拨等一系列问题，目前我国的电子支付立法仅限于银行卡和网上银行方面，对很多问题都缺乏相应的规范，致使现实中的许多问题都无法可依，另外，电子货币的法律地位、电子支付安全的法律控制等问题在法律上都是一片空白。

6. 移动支付法律的缺失

中国银联发布的报告显示，当前我国手机支付用户的规模已经达到了5.7亿。然而由于手机支付带来的一些问题使得业内人士强烈呼吁应像网络支付安全立法一样建立健全相关的法律体系，以保障手机支付用户的相关权利。以移动支付为代表的新兴支付结算方式层出不穷，方兴未艾，相关法律法规无法及时修订或出台，不能适应新兴业务发展需求。目前，我国还没有一部专门的移动支付法。已出台的移动支付相关法规多属于部门规章、规范性文件，如中国人民银行发布的《电子支付指引（第一号）》《非金融机构支付服务管理办法》，商务部发布的《第三方电子商务交易平台服务规范》。这些法律效力较低，仅仅对非银行支付机构作了框架和原则性规定，而且有关移动支付的内容少，缺乏可操作性，执行难度大，处罚力度有限。通过法律手段解决移动电子商务交易各方的纠纷问题仍是一个法律上的真空区域。

二、电子支付法律建设的建议

1. 电子支付法律框架建设

如何尽快构建和完善我国的电子支付法律，使电子支付有法可依，以有效保护电子支付当事人的合法权益，推动我国金融电子化的健康发展，是一个亟待解决的问题。关于电子支付法律建设方面，应该从以下5个方面入手。

①电子支付主体的法律地位。电子支付主体包括银行、商家、持卡人、第三方支付平台、认证机构等。电子支付方面的法律应该明确主体的法律地位，对这些参与电子支付活动主体的条件和资格做出明确要求，尤其是对银行、商家、第三方支付、认证机构的市场准入条件加以科学的规定。

②电子支付工具的法律地位。电子支付工具包括电子现金、电子支票、银行卡等，我国的立法目前对银行卡的发行和管理做出了一些规定，但是在其他一些电子支付工具方面的立法还是空白。电子支付法应该对电子支付工具做出调整，对它们的发行和使用进行规范。而随着电子支付的发展，电子支付工具的种类也越来越多，如何对这些新产品进行规范，是制定一个统一开放的标准还是针对每个产品详细地立法，这是立法者必须要考虑的问题。

③电子支付行为规范。电子支付行为规则包括支付指令的签发、接受、执行等。电子支付法应该针对这些行为设定规范，明确当事人的权利和义务。

④电子支付的安全控制规则。安全问题是电子支付的一个核心问题，涉及交易双方身份的真实性、信息传输的保密性和完整性、交易的不可否认性等内容。为解决这一问题，数字签名技术、电子认证技术、SET 标准等安全控制技术应运而生，这些技术在电子支付领域的应用在当事人间产生了相应的权利义务关系，但传统的法律缺乏调整当事人之间此种关系的规则，因此未来的电子支付法应在这方面做出详尽而科学的规定。

⑤电子支付的风险承担规则。在电子支付中，风险问题是一个无法回避并为当事人所关心的重要问题。电子支付中的风险主要来自支付指令是否被否认、篡改和各种形式的冒签等行为。对电子支付风险的防范，电子支付行为规则与支付安全控制规则起着正面的积极作用，但是风险仍然是客观存在的。在风险发生之后，损失如何承担是电子支付法要着力解决的重要问题，有关这方面的法律规则可称之为风险承担规则，是构成电子支付法的重要内容。电子支付法应该制定详细的风险承担规则，明确各方的责任，以便在风险发生之后能够准确判断各方的责任。

2. 适时颁布移动支付的国家政策和法律法规

（1）国家政策将对移动支付的引导

国家政策对移动支付的引导作用主要体现在以下两方面。

①鼓励。政府应该出台相关的政策，给移动支付创造良好的发展环境。如减免税政策和政府拨款支持移动支付基本设施建设等，扩大支付覆盖率是推动移动支付的第一步。

②监管。在产业发展初期，规模尚小，政府可能不急于出台管制措施。随着移动支付业务规模的逐渐扩大、交易金额逐渐上升，就需要国家出台相应的政策法规来加以约束和规范。如果拥有良好的国家政策，必将会增强人们对移动支付的信心，提高商家投资的兴趣，从而促进移动支付的发展。

（2）因地制宜适时颁布移动支付的法律法规

从中国目前的移动电子商务发展现状来看，制定完备的移动电子商务法律时机尚不成熟。在立法方面应该针对在实践中暴露出来的问题，借鉴发达国家和国际组织的经验，结合中国的国情，对现有法律法规进行修改（如刑法、合同法和版权法等），在立法方面进行积极探索，保证移动电子商务和移动支付能按照其自身规律快速健康发展。

（3）尽快解决信用问题

我国信用体系的不完善，以及现有信用信息没能得到有效利用，严重威胁着电子交易的安全。要解决信用问题应该首先加快建立和完善个人及企业信用数据库；其次要建立并完善第三方信用体系；另外，要充分利用人民银行已有的征信数据库系统，建立全国统一、可连网查询的信用数据库，保证所有的电子交易都在一个统一完整的信用平台上完成。

总之，移动支付的发展趋势不可阻挡，我国如果能很好地借鉴国外的成功经验，并从我国国情出发，建立起一个和谐的产业链和良好的发展环境，相信移动支付离我们大多数人的生活会越来越近。

三、电子支付的监管与相关标准制定

1. 电子支付的监管问题

借鉴国外在电子支付方面的经验，我国的电子支付监管应该从以下 3 个方面入手。

①市场准入监管。《非金融机构支付服务管理办法》主要是针对第三方平台的注册资金、保证金等方面提出了具体要求，随着《非金融机构支付服务管理办法实施细则》的颁布，已经能进行具体的操作。对于第三方机构的准入问题，可以从信用、资金、设备、人才、用户接受和拥护程度等各个角度综合评定，对等级高的发放牌照，而等级低的让其进行整顿。目前我国在内控机制和风险管理方面，对于不管是网络银行还是电子支付都还没有相应的法律规定。因此，这方面的法治建设亟待加强。

②业务范围监管。业务范围监管包括业务运营风险监管、对董事会和经理层的监管、对内部操作人员的管理、对客户的管理和市场退出监管。对电子支付业务的管理可以借鉴《网上银行业务管理办法》。对单位管理层的监管，可以借鉴巴塞尔及美国、新加坡的做法：可考虑设立技术总监，且董事会应制订监管政策并适时审查，监督运作合法化。对内部操作人员，非金融机构可采用类似银行的做法，禁止单人操作，职责分离，实行准入控制。对客户的管理要通过法律手段约束来保证客户资料的保密和客户资产的安全。对非金融机构市场退出应考虑合并、兼并或收购等方式，类似于金融机构的做法，从而保证客户资产、资料的安全，还可通过建立保证金和准备金机制减少风险。

③监管机构。监管机构加强技术监管，更新观念加强业务监管、加强内控防范违规与电脑犯罪的监管，建立健全监管法律体系，实施适时与定期监控，加强市场退出监管，加强国际合作等。对于非金融机构的第三方支付平台，由中国人民银行负责《支付业务许可证》的颁发和管理，支付机构依法接受中国人民银行的监督管理。另外，对外国竞争者应该实行严格监管，并积极扶植本国电子支付企业的发展。

2. 电子支付的相关标准制定

①数字证书的标准问题。目前银行各自为政颁布自己的数字证书，而一些金融机构也发布了他们的数字证书，这给用户造成了很大的不便。建议银行与金融机构合作，对数字证书的标准做出规范，并改由一个统一的第三方权威机构发放。

②第三方支付手续费的标准。目前，各个支付机构为了争夺客户资源，不断发起价格战争，有的甚至是免费。这样做会使整个支付市场变得混乱。所以，应该对收取手续费制定一个标准，来规范这个市场。

③对存放在第三方机构的交易资金管理标准。第三方交易平台不是银行，一定要对放在他们账户上的资金进行管理。主要是客户资金的安全。如交易资金不能擅自挪用，要到银行进行专门托管；在商业银行开设专用账户进行托管，要有一定措施保证客户在回赎电子货币或者把他账户里的虚拟资金转化为法定资金。另外，第三方机构需要交纳一定比例的保证金，以维护这部分资金的交易安全。

④第三方信用评价的标准。第三方支付平台不但要有准入的标准，对进入市场以后的信用也要有评价的标准。这样能更好地规范支付市场。对于信用等级高的要奖励，而低的要惩罚。

⑤电子货币的管理标准。电子商务发展的规模和范围达到一定程度后，电子货币会对现有货币体系产生冲击。现在发行的人民币有国家信用在后面保证，而第三方服务机构发行的电子货币将来赎回的问题要不要管，怎么控制，怎么保证等都是问题，否则社会公众可能会对这种货币体系产生怀疑。

⑥B2B电子支付的标准。B2B是电子商务发展的趋势，而现在B2B交易的支付方式仍然以汇款等为主。电子支付在B2B方面涉及面比较广，操作起来也比较复杂。但是，B2B使用电子支付既是优势，也是发展方向。所以，政府要对B2B电子支付进行规范和引导。

【本章小结】

本章首先介绍了电子支付风险的特征与风险类型，阐述了电子支付的风险管理过程和电子支付的风险防范措施；重点讨论了电子支付中的法律问题，包括电子支付的立法概况、网上银行的法律问题、电子货币的法律问题、电子支票的法律问题和认证机构的法律问题，以及第三方支付的法律问题；最后，论述了我国目前在电子支付方面法律建设的缺陷和建设我国电子支付法律环境的建议。

【关键概念】

电子支付风险　电子支付法律　网上银行法律　电子货币法律　认证机构的法律
支付机构监管　电子支付标准

【思考与练习】

1. 说明如何对电子支付的风险进行识别和评估。
2. 说明对电子支付的风险应该采取何种防范措施。
3. 说明我国应该如何防范电子支付的信用风险。
4. 第三方支付有哪些主要的法律问题，应该如何解决？
5. 我国电子支付法律建设的主要缺陷是什么？提出相关的解决方案。
6. 对中外电子支付的立法情况进行比较分析。

附 录

附录一：《中华人民共和国电子签名法》

(2004 年 8 月 28 日第十届全国人民代表大会常务委员会第十一次会议通过，2015 年 4 月 24 日第十二届全国人民代表大会常务委员会第十四次会议第一次修正，2019 年 4 月 23 日第十三届全国人民代表大会常务委员会第十次会议第二次修正)

第一章 总则

第一条 为了规范电子签名行为，确立电子签名的法律效力，维护有关各方的合法权益，制定本法。

第二条 本法所称电子签名，是指数据电文中以电子形式所含、所附用于识别签名人身份并表明签名人认可其中内容的数据。

本法所称数据电文，是指以电子、光学、磁或者类似手段生成、发送、接收或者储存的信息。

第三条 民事活动中的合同或者其他文件、单证等文书，当事人可以约定使用或者不使用电子签名、数据电文。

当事人约定使用电子签名、数据电文的文书，不得仅因为其采用电子签名、数据电文的形式而否定其法律效力。

前款规定不适用下列文书：

(一)涉及婚姻、收养、继承等人身关系的；

(二)涉及停止供水、供热、供气等公用事业服务的；

(三)法律、行政法规规定的不适用电子文书的其他情形。

第二章 数据电文

第四条 能够有形地表现所载内容，并可以随时调取查用的数据电文，视为符合法律、法规要求的书面形式。

第五条　符合下列条件的数据电文，视为满足法律、法规规定的原件形式要求：

（一）能够有效地表现所载内容并可供随时调取查用；

（二）能够可靠地保证自最终形成时起，内容保持完整、未被更改。但是，在数据电文上增加背书以及数据交换、储存和显示过程中发生的形式变化不影响数据电文的完整性。

第六条　符合下列条件的数据电文，视为满足法律、法规规定的文件保存要求：

（一）能够有效地表现所载内容并可供随时调取查用；

（二）数据电文的格式与其生成、发送或者接收时的格式相同，或者格式不相同但是能够准确表现原来生成、发送或者接收的内容；

（三）能够识别数据电文的发件人、收件人以及发送、接收的时间。

第七条　数据电文不得仅因为其是以电子、光学、磁或者类似手段生成、发送、接收或者储存的而被拒绝作为证据使用。

第八条　审查数据电文作为证据的真实性，应当考虑以下因素：

（一）生成、储存或者传递数据电文方法的可靠性；

（二）保持内容完整性方法的可靠性；

（三）用以鉴别发件人方法的可靠性；

（四）其他相关因素。

第九条　数据电文有下列情形之一的，视为发件人发送：

（一）经发件人授权发送的；

（二）发件人的信息系统自动发送的；

（三）收件人按照发件人认可的方法对数据电文进行验证后结果相符的。

当事人对前款规定的事项另有约定的，从其约定。

第十条　法律、行政法规规定或者当事人约定数据电文需要确认收讫的，应当确认收讫。发件人收到收件人的收讫确认时，数据电文视为已经收到。

第十一条　数据电文进入发件人控制之外的某个信息系统的时间，视为该数据电文的发送时间。

收件人指定特定系统接收数据电文的，数据电文进入该特定系统的时间，视为该数据电文的接收时间；未指定特定系统的，数据电文进入收件人的任何系统的首次时间，视为该数据电文的接收时间。

当事人对数据电文的发送时间、接收时间另有约定的，从其约定。

第十二条　发件人的主营业地为数据电文的发送地点，收件人的主营业地为数据电文的接收地点。没有主营业地的，其经常居住地为发送或者接收地点。

当事人对数据电文的发送地点、接收地点另有约定的，从其约定。

第三章 电子签名与认证

第十三条 电子签名同时符合下列条件的，视为可靠的电子签名：

(一)电子签名制作数据用于电子签名时，属于电子签名人专有；

(二)签署时电子签名制作数据仅由电子签名人控制；

(三)签署后对电子签名的任何改动能够被发现；

(四)签署后对数据电文内容和形式的任何改动能够被发现。

当事人也可以选择使用符合其约定的可靠条件的电子签名。

第十四条 可靠的电子签名与手写签名或者盖章具有同等的法律效力。

第十五条 电子签名人应当妥善保管电子签名制作数据。电子签名人知悉电子签名制作数据已经失密或者可能已经失密时，应当及时告知有关各方，并终止使用该电子签名制作数据。

第十六条 电子签名需要第三方认证的，由依法设立的电子认证服务提供者提供认证服务。

第十七条 提供电子认证服务，应当具备下列条件：

(一)取得企业法人资格；

(二)具有与提供电子认证服务相适应的专业技术人员和管理人员；

(三)具有与提供电子认证服务相适应的资金和经营场所；

(四)具有符合国家安全标准的技术和设备；

(五)具有国家密码管理机构同意使用密码的证明文件；

(六)法律、行政法规规定的其他条件。

第十八条 从事电子认证服务，应当向国务院信息产业主管部门提出申请，并提交符合本法第十七条规定条件的相关材料。国务院信息产业主管部门接到申请后经依法审查，征求国务院商务主管部门等有关部门的意见后，自接到申请之日起45日内做出许可或者不予许可的决定。予以许可的，颁发电子认证许可证书；不予许可的，应当书面通知申请人并告知理由。

取得认证资格的电子认证服务提供者，应当按照国务院信息产业主管部门的规定在互联网上公布其名称、许可证号等信息。

第十九条 电子认证服务提供者应当制定、公布符合国家有关规定的电子认证业务规则，并向国务院信息产业主管部门备案。

电子认证业务规则应当包括责任范围、作业操作规范、信息安全保障措施等事项。

第二十条 电子签名人向电子认证服务提供者申请电子签名认证证书，应当提供真实、完整和准确的信息。

电子认证服务提供者收到电子签名认证证书申请后，应当对申请人的身份进行查验，并对有关材料进行审查。

第二十一条　电子认证服务提供者签发的电子签名认证证书应当准确无误，并应当载明下列内容：

（一）电子认证服务提供者名称；

（二）证书持有人名称；

（三）证书序列号；

（四）证书有效期；

（五）证书持有人的电子签名验证数据；

（六）电子认证服务提供者的电子签名；

（七）国务院信息产业主管部门规定的其他内容。

第二十二条　电子认证服务提供者应当保证电子签名认证证书内容在有效期内完整、准确，并保证电子签名依赖方能够证实或者了解电子签名认证证书所载内容及其他有关事项。

第二十三条　电子认证服务提供者拟暂停或者终止电子认证服务的，应当在暂停或者终止服务 90 日前，就业务承接及其他有关事项通知有关各方。

电子认证服务提供者拟暂停或者终止电子认证服务的，应当在暂停或者终止服务 60 日前向国务院信息产业主管部门报告，并与其他电子认证服务提供者就业务承接进行协商，做出妥善安排。

电子认证服务提供者未能就业务承接事项与其他电子认证服务提供者达成协议的，应当申请国务院信息产业主管部门安排其他电子认证服务提供者承接其业务。

电子认证服务提供者被依法吊销电子认证许可证书的，其业务承接事项的处理按照国务院信息产业主管部门的规定执行。

第二十四条　电子认证服务提供者应当妥善保存与认证相关的信息，信息保存期限至少为电子签名认证证书失效后 5 年。

第二十五条　国务院信息产业主管部门依照本法制定电子认证服务业的具体管理办法，对电子认证服务提供者依法实施监督管理。

第二十六条　经国务院信息产业主管部门根据有关协议或者对等原则核准后，中华人民共和国境外的电子认证服务提供者在境外签发的电子签名认证证书与依照本法设立的电子认证服务提供者签发的电子签名认证证书具有同等的法律效力。

第四章　法律责任

第二十七条　电子签名人知悉电子签名制作数据已经失密或者可能已经失密未及时告知有关各方、并终止使用电子签名制作数据，未向电子认证服务提供者提供真实、完整和准确的信息，或者有其他过错，给电子签名依赖方、电子认证服务提供者造成损失的，承担赔偿责任。

第二十八条　电子签名人或者电子签名依赖方因依据电子认证服务提供者提供的电子签名认证服务从事民事活动遭受损失，电子认证服务提供者不能证明自己无过错的，承担赔偿责任。

第二十九条　未经许可提供电子认证服务的，由国务院信息产业主管部门责令停止违法行为；有违法所得的，没收违法所得；违法所得30万元以上的，处违法所得1倍以上3倍以下的罚款；没有违法所得或者违法所得不足30万元的，处10万元以上30万元以下的罚款。

第三十条　电子认证服务提供者暂停或者终止电子认证服务，未在暂停或者终止服务60日前向国务院信息产业主管部门报告的，由国务院信息产业主管部门对其直接负责的主管人员处1万元以上5万元以下的罚款。

第三十一条　电子认证服务提供者不遵守认证业务规则、未妥善保存与认证相关的信息，或者有其他违法行为的，由国务院信息产业主管部门责令限期改正；逾期未改正的，吊销电子认证许可证书，其直接负责的主管人员和其他直接责任人员10年内不得从事电子认证服务。吊销电子认证许可证书的，应当予以公告并通知工商行政管理部门。

第三十二条　伪造、冒用、盗用他人的电子签名，构成犯罪的，依法追究刑事责任；给他人造成损失的，依法承担民事责任。

第三十三条　依照本法负责电子认证服务业监督管理工作的部门的工作人员，不依法履行行政许可、监督管理职责的，依法给予行政处分；构成犯罪的，依法追究刑事责任。

第五章　附则

第三十四条　本法中下列用语的含义：

（一）电子签名人，是指持有电子签名制作数据并以本人身份或者以其所代表的人的名义实施电子签名的人；

（二）电子签名依赖方，是指基于对电子签名认证证书或者电子签名的信赖从事有关活动的人；

（三）电子签名认证证书，是指可证实电子签名人与电子签名制作数据有联系的数据电文或者其他电子记录；

（四）电子签名制作数据，是指在电子签名过程中使用的，将电子签名与电子签名人可靠地联系起来的字符、编码等数据；

（五）电子签名验证数据，是指用于验证电子签名的数据，包括代码、口令、算法或者公钥等。

第三十五条　国务院或者国务院规定的部门可以依据本法制定政务活动和其他社会活动中使用电子签名、数据电文的具体办法。

第三十六条　本法自 2005 年 4 月 1 日起施行。

资料来源：http://www.npc.gov.cn/npc/c30834/201905/1d39b3ac29144348a 01ffc4321 2a0b39.shtml，2020-10-15。

附录二：《电子支付指引(第一号)》

中国人民银行公告〔2005〕第 23 号

为规范电子支付业务，防范支付风险，保证资金安全，维护银行及其客户在电子支付活动中的合法权益，促进电子支付业务健康发展，中国人民银行制定了《电子支付指引(第一号)》，现予公布。本公告自公布之日起施行。

中国人民银行

二〇〇五年十月二十六日

电子支付指引(第一号)

第一章　总则

第一条　为规范和引导电子支付的健康发展，保障当事人的合法权益，防范支付风险，确保银行和客户资金的安全，制定本指引。

第二条　电子支付是指单位、个人(以下简称客户)直接或授权他人通过电子终端发出支付指令，实现货币支付与资金转移的行为。

电子支付的类型按电子支付指令发起方式分为网上支付、电话支付、移动支付、销售点终端交易、自动柜员机交易和其他电子支付。

境内银行业金融机构(以下简称银行)开展电子支付业务，适用本指引。

第三条　银行开展电子支付业务应当遵守国家有关法律、行政法规的规定，不得损害客户和社会公共利益。

银行与其他机构合作开展电子支付业务的，其合作机构的资质要求应符合有关法规制度的规定，银行要根据公平交易的原则，签订书面协议并建立相应的监督机制。

第四条　客户办理电子支付业务应在银行开立银行结算账户(以下简称账户)，账户的开立和使用应符合《人民币银行结算账户管理办法》《境内外汇账户管理规定》等规定。

第五条　电子支付指令与纸质支付凭证可以相互转换，二者具有同等效力。

第六条　本指引下列用语的含义为：

(一)"发起行"，是指接受客户委托发出电子支付指令的银行。

(二)"接收行"，是指电子支付指令接收人的开户银行；接收人未在银行开立账户的，指电子支付指令确定的资金汇入银行。

(三)"电子终端"，是指客户可用以发起电子支付指令的计算机、电话、销售点终端、自动柜员机、移动通信工具或其他电子设备。

第二章　电子支付业务的申请

第七条　银行应根据审慎性原则，确定办理电子支付业务客户的条件。

第八条　办理电子支付业务的银行应公开披露以下信息：

（一）银行名称、营业地址及联系方式；

（二）客户办理电子支付业务的条件；

（三）所提供的电子支付业务品种、操作程序和收费标准等；

（四）电子支付交易品种可能存在的全部风险，包括该品种的操作风险、未采取的安全措施、无法采取安全措施的安全漏洞等；

（五）客户使用电子支付交易品种可能产生的风险；

（六）提醒客户妥善保管、使用或授权他人使用电子支付交易存取工具（如卡、密码、密钥、电子签名制作数据等）的警示性信息；

（七）争议及差错处理方式。

第九条　银行应认真审核客户申请办理电子支付业务的基本资料，并以书面或电子方式与客户签订协议。

银行应按会计档案的管理要求妥善保存客户的申请资料，保存期限至该客户撤销电子支付业务后 5 年。

第十条　银行为客户办理电子支付业务，应根据客户性质、电子支付类型、支付金额等，与客户约定适当的认证方式，如密码、密钥、数字证书、电子签名等。

认证方式的约定和使用应遵循《中华人民共和国电子签名法》等法律法规的规定。

第十一条　银行要求客户提供有关资料信息时，应告知客户所提供信息的使用目的和范围、安全保护措施，以及客户未提供或未真实提供相关资料信息的后果。

第十二条　客户可以在其已开立的银行结算账户中指定办理电子支付业务的账户。该账户也可用于办理其他支付结算业务。

客户未指定的银行结算账户不得办理电子支付业务。

第十三条　客户与银行签订的电子支付协议应包括以下内容：

（一）客户指定办理电子支付业务的账户名称和账号；

（二）客户应保证办理电子支付业务账户的支付能力；

（三）双方约定的电子支付类型、交易规则、认证方式等；

（四）银行对客户提供的申请资料和其他信息的保密义务；

（五）银行根据客户要求提供交易记录的时间和方式；

（六）争议、差错处理和损害赔偿责任。

第十四条　有以下情形之一的，客户应及时向银行提出电子或书面申请：

（一）终止电子支付协议的；

（二）客户基本资料发生变更的；

（三）约定的认证方式需要变更的；

（四）有关电子支付业务资料、存取工具被盗或遗失的；

（五）客户与银行约定的其他情形。

第十五条　客户利用电子支付方式从事违反国家法律法规活动的，银行应按照有权部门的要求停止为其办理电子支付业务。

第三章　电子支付指令的发起和接收

第十六条　客户应按照其与发起行的协议规定，发起电子支付指令。

第十七条　电子支付指令的发起行应建立必要的安全程序，对客户身份和电子支付指令进行确认，并形成日志文件等记录，保存至交易后 5 年。

第十八条　发起行应采取有效措施，在客户发出电子支付指令前，提示客户对指令的准确性和完整性进行确认。

第十九条　发起行应确保正确执行客户的电子支付指令，对电子支付指令进行确认后，应能够向客户提供纸质或电子交易回单。

发起行执行通过安全程序的电子支付指令后，客户不得要求变更或撤销电子支付指令。

第二十条　发起行、接收行应确保电子支付指令传递的可跟踪稽核和不可篡改。

第二十一条　发起行、接收行之间应按照协议规定及时发送、接收和执行电子支付指令，并回复确认。

第二十二条　电子支付指令需转换为纸质支付凭证的，其纸质支付凭证必须记载以下事项（具体格式由银行确定）：

（一）付款人开户行名称和签章；

（二）付款人名称、账号；

（三）接收行名称；

（四）收款人名称、账号；

（五）大写金额和小写金额；

（六）发起日期和交易序列号。

第四章　安全控制

第二十三条　银行开展电子支付业务采用的信息安全标准、技术标准、业务标准等应当符合有关规定。

第二十四条　银行应针对与电子支付业务活动相关的风险，建立有效的管理制度。

第二十五条　银行应根据审慎性原则并针对不同客户，在电子支付类型、单笔支付金额和每日累计支付金额等方面做出合理限制。

银行通过互联网为个人客户办理电子支付业务，除采用数字证书、电子签名等安全认证方式外，单笔金额不应超过 1 000 元人民币，每日累计金额不应超过 5 000 元人民币。

银行为客户办理电子支付业务，单位客户从其银行结算账户支付给个人银行结算账户的款项，其单笔金额不得超过 5 万元人民币，但银行与客户通过协议约定，能够事先提供有效付款依据的除外。

银行应在客户的信用卡授信额度内，设定用于网上支付交易的额度供客户选择，但该额度不得超过信用卡的预借现金额度。

第二十六条　银行应确保电子支付业务处理系统的安全性，保证重要交易数据的不可抵赖性、数据存储的完整性、客户身份的真实性，并妥善管理在电子支付业务处理系统中使用的密码、密钥等认证数据。

第二十七条　银行使用客户资料、交易记录等，不得超出法律法规许可和客户授权的范围。

银行应依法对客户的资料信息、交易记录等保密。除国家法律、行政法规另有规定外，银行应当拒绝除客户本人以外的任何单位或个人的查询。

第二十八条　银行应与客户约定，及时或定期向客户提供交易记录、资金余额和账户状态等信息。

第二十九条　银行应采取必要措施保护电子支付交易数据的完整性和可靠性：

（一）制定相应的风险控制策略，防止电子支付业务处理系统发生有意或无意的危害数据完整性和可靠性的变化，并具备有效的业务容量、业务连续性计划和应急计划；

（二）保证电子支付交易与数据记录程序的设计发生擅自变更时能被有效侦测；

（三）有效防止电子支付交易数据在传送、处理、存储、使用和修改过程中被篡改，任何对电子支付交易数据的篡改能通过交易处理、监测和数据记录功能被侦测；

（四）按照会计档案管理的要求，对电子支付交易数据，以纸介质或磁性介质的方式进行妥善保存，保存期限为 5 年，并方便调阅。

第三十条　银行应采取必要措施为电子支付交易数据保密：

（一）对电子支付交易数据的访问须经合理授权和确认；

（二）电子支付交易数据须以安全方式保存，并防止其在公共、私人或内部网络上传输时被擅自查看或非法截取；

（三）第三方获取电子支付交易数据必须符合有关法律法规的规定以及银行关于数据使用和保护的标准与控制制度；

（四）对电子支付交易数据的访问均须登记，并确保该登记不被篡改。

第三十一条　银行应确保对电子支付业务处理系统的操作人员、管理人员以及系统服务商有合理的授权控制：

（一）确保进入电子支付业务账户或敏感系统所需的认证数据免遭篡改和破坏。对此类篡改都应是可侦测的，而且审计监督应能恰当地反映出这些篡改的企图。

（二）对认证数据进行的任何查询、添加、删除或更改都应得到必要授权，并具有不可篡改的日志记录。

第三十二条　银行应采取有效措施保证电子支付业务处理系统中的职责分离：

（一）对电子支付业务处理系统进行测试，确保职责分离；

（二）开发和管理经营电子支付业务处理系统的人员维持分离状态；

（三）交易程序和内控制度的设计确保任何单个的雇员和外部服务供应商都无法独立完成一项交易。

第三十三条　银行可以根据有关规定将其部分电子支付业务外包给合法的专业化服务机构，但银行对客户的义务及相应责任不因外包关系的确立而转移。

银行应与开展电子支付业务相关的专业化服务机构签订协议，并确立一套综合性、持续性的程序，以管理其外包关系。

第三十四条　银行采用数字证书或电子签名方式进行客户身份认证和交易授权的，提倡由合法的第三方认证机构提供认证服务。如客户因依据该认证服务进行交易遭受损失，认证服务机构不能证明自己无过错，应依法承担相应责任。

第三十五条　境内发生的人民币电子支付交易信息处理及资金清算应在境内完成。

第三十六条　银行的电子支付业务处理系统应保证对电子支付交易信息进行完整的记录和按有关法律法规进行披露。

第三十七条　银行应建立电子支付业务运作重大事项报告制度，及时向监管部门报告电子支付业务经营过程中发生的危及安全的事项。

第五章　差错处理

第三十八条　电子支付业务的差错处理应遵守据实、准确和及时的原则。

第三十九条　银行应指定相应部门和业务人员负责电子支付业务的差错处理工作，并明确权限和职责。

第四十条　银行应妥善保管电子支付业务的交易记录，对电子支付业务的差错应详细备案登记，记录内容应包括差错时间、差错内容与处理部门及人员姓名、客户资料、差错影响或损失、差错原因、处理结果等。

第四十一条　由于银行保管、使用不当，导致客户资料信息被泄露或篡改的，银行应采取有效措施防止因此造成客户损失，并及时通知和协助客户补救。

第四十二条　因银行自身系统、内控制度或为其提供服务的第三方服务机构的原因，造成电子支付指令无法按约定时间传递、传递不完整或被篡改，并造成客户损失的，银行应按约定予以赔偿。

因第三方服务机构的原因造成客户损失的，银行应予赔偿，再根据与第三方服务机构的协议进行追偿。

第四十三条　接收行由于自身系统或内控制度等原因对电子支付指令未执行、未适当执行或迟延执行致使客户款项未准确入账的，应及时纠正。

第四十四条　客户应妥善保管、使用电子支付交易存取工具。有关电子支付业务资料、存取工具被盗或遗失，应按约定方式和程序及时通知银行。

第四十五条　非资金所有人盗取他人存取工具发出电子支付指令，并且其身份认证和交易授权通过发起行的安全程序的，发起行应积极配合客户查找原因，尽量减少客户损失。

第四十六条　客户发现自身未按规定操作，或由于自身其他原因造成电子支付指令未执行、未适当执行、延迟执行的，应在协议约定的时间内，按照约定程序和方式通知银行。银行应积极调查并告知客户调查结果。

银行发现因客户原因造成电子支付指令未执行、未适当执行、延迟执行的，应主动通知客户改正或配合客户采取补救措施。

第四十七条　因不可抗力造成电子支付指令未执行、未适当执行、延迟执行的，银行应当采取积极措施防止损失扩大。

第六章　附则

第四十八条　本指引由中国人民银行负责解释和修改。

第四十九条　本指引自发布之日起施行。

附录三：《非金融机构支付服务管理办法》

中国人民银行令〔2010〕第 2 号

根据《中华人民共和国中国人民银行法》等法律法规，中国人民银行制定了《非金融机构支付服务管理办法》，经 2010 年 5 月 19 日第 7 次行长办公会议通过，现予公布，自 2010 年 9 月 1 日起施行。

行　长：周小川

二〇一〇年六月十四日

第一章　总则

第一条　为促进支付服务市场健康发展，规范非金融机构支付服务行为，防范支付风险，保护当事人的合法权益，根据《中华人民共和国中国人民银行法》等法律法规，制定本办法。

第二条　本办法所称非金融机构支付服务，是指非金融机构在收付款人之间作为中介机构提供下列部分或全部货币资金转移服务：

（一）网络支付；

（二）预付卡的发行与受理；

（三）银行卡收单；

（四）中国人民银行确定的其他支付服务。

本办法所称网络支付，是指依托公共网络或专用网络在收付款人之间转移货币资金的行为，包括货币汇兑、互联网支付、移动电话支付、固定电话支付、数字电视支付等。

本办法所称预付卡，是指以营利为目的发行的、在发行机构之外购买商品或服务的预付价值，包括采取磁条、芯片等技术以卡片、密码等形式发行的预付卡。

本办法所称银行卡收单，是指通过销售点（POS）终端等为银行卡特约商户代收货币资金的行为。

第三条　非金融机构提供支付服务，应当依据本办法规定取得《支付业务许可证》，成为支付机构。

支付机构依法接受中国人民银行的监督管理。

未经中国人民银行批准，任何非金融机构和个人不得从事或变相从事支付业务。

第四条　支付机构之间的货币资金转移应当委托银行业金融机构办理，不得通过支付机构相互存放货币资金或委托其他支付机构等形式办理。

支付机构不得办理银行业金融机构之间的货币资金转移，经特别许可的除外。

第五条　支付机构应当遵循安全、效率、诚信和公平竞争的原则，不得损害国家利益、社会公共利益和客户合法权益。

第六条　支付机构应当遵守反洗钱的有关规定，履行反洗钱义务。

第二章　申请与许可

第七条　中国人民银行负责《支付业务许可证》的颁发和管理。

申请《支付业务许可证》的，需经所在地中国人民银行分支机构审查后，报中国人民银行批准。

本办法所称中国人民银行分支机构，是指中国人民银行副省级城市中心支行以上的分支机构。

第八条　《支付业务许可证》的申请人应当具备下列条件：

（一）在中华人民共和国境内依法设立的有限责任公司或股份有限公司，且为非金融机构法人；

（二）有符合本办法规定的注册资本最低限额；

（三）有符合本办法规定的出资人；

（四）有5名以上熟悉支付业务的高级管理人员；

（五）有符合要求的反洗钱措施；

（六）有符合要求的支付业务设施；

（七）有健全的组织机构、内部控制制度和风险管理措施；

（八）有符合要求的营业场所和安全保障措施；

（九）申请人及其高级管理人员最近3年内未因利用支付业务实施违法犯罪活动或为违法犯罪活动办理支付业务等受过处罚。

第九条　申请人拟在全国范围内从事支付业务的，其注册资本最低限额为1亿元人民币；拟在省（自治区、直辖市）范围内从事支付业务的，其注册资本最低限额为3 000万元人民币。注册资本最低限额为实缴货币资本。

本办法所称在全国范围内从事支付业务，包括申请人跨省（自治区、直辖市）设立分支机构从事支付业务，或客户可跨省（自治区、直辖市）办理支付业务的情形。

中国人民银行根据国家有关法律法规和政策规定，调整申请人的注册资本最低限额。

外商投资支付机构的业务范围、境外出资人的资格条件和出资比例等，由中国人民银行另行规定，报国务院批准。

第十条　申请人的主要出资人应当符合以下条件：

（一）为依法设立的有限责任公司或股份有限公司；

（二）截至申请日，连续为金融机构提供信息处理支持服务 2 年以上，或连续为电子商务活动提供信息处理支持服务 2 年以上；

（三）截至申请日，连续盈利 2 年以上；

（四）最近 3 年内未因利用支付业务实施违法犯罪活动或为违法犯罪活动办理支付业务等受过处罚。

本办法所称主要出资人，包括拥有申请人实际控制权的出资人和持有申请人 10％以上股权的出资人。

第十一条　申请人应当向所在地中国人民银行分支机构提交下列文件、资料：

（一）书面申请，载明申请人的名称、住所、注册资本、组织机构设置、拟申请支付业务等；

（二）公司营业执照（副本）复印件；

（三）公司章程；

（四）验资证明；

（五）经会计师事务所审计的财务会计报告；

（六）支付业务可行性研究报告；

（七）反洗钱措施验收材料；

（八）技术安全检测认证证明；

（九）高级管理人员的履历材料；

（十）申请人及其高级管理人员的无犯罪记录证明材料；

（十一）主要出资人的相关材料；

（十二）申请资料真实性声明。

第十二条　申请人应当在收到受理通知后按规定公告下列事项：

（一）申请人的注册资本及股权结构；

（二）主要出资人的名单、持股比例及其财务状况；

（三）拟申请的支付业务；

（四）申请人的营业场所；

（五）支付业务设施的技术安全检测认证证明。

第十三条　中国人民银行分支机构依法受理符合要求的各项申请，并将初审意见和申请资料报送中国人民银行。中国人民银行审查批准的，依法颁发《支付业务许可证》，并予以公告。

《支付业务许可证》自颁发之日起，有效期 5 年。支付机构拟于《支付业务许可证》期满后继续从事支付业务的，应当在期满前 6 个月内向所在地中国人民银行分支机构提出续展申请。中国人民银行准予续展的，每次续展的有效期为 5 年。

第十四条　支付机构变更下列事项之一的，应当在向公司登记机关申请变更登记前报中国人民银行同意：

（一）变更公司名称、注册资本或组织形式；

（二）变更主要出资人；

（三）合并或分立；

（四）调整业务类型或改变业务覆盖范围。

第十五条　支付机构申请终止支付业务的，应当向所在地中国人民银行分支机构提交下列文件、资料：

（一）公司法定代表人签署的书面申请，载明公司名称、支付业务开展情况、拟终止支付业务及终止原因等；

（二）公司营业执照（副本）复印件；

（三）《支付业务许可证》复印件；

（四）客户合法权益保障方案；

（五）支付业务信息处理方案。

准予终止的，支付机构应当按照中国人民银行的批复完成终止工作，交回《支付业务许可证》。

第十六条　本章对许可程序未作规定的事项，适用《中国人民银行行政许可实施办法》（中国人民银行令〔2004〕第 3 号）。

第三章　监督与管理

第十七条　支付机构应当按照《支付业务许可证》核准的业务范围从事经营活动，不得从事核准范围之外的业务，不得将业务外包。

支付机构不得转让、出租、出借《支付业务许可证》。

第十八条　支付机构应当按照审慎经营的要求，制订支付业务办法及客户权益保障措施，建立健全风险管理和内部控制制度，并报所在地中国人民银行分支机构备案。

第十九条　支付机构应当确定支付业务的收费项目和收费标准，并报所在地中国人民银行分支机构备案。

支付机构应当公开披露其支付业务的收费项目和收费标准。

第二十条　支付机构应当按规定向所在地中国人民银行分支机构报送支付业务统计报表和财务会计报告等资料。

第二十一条　支付机构应当制定支付服务协议，明确其与客户的权利和义务、纠纷处理原则、违约责任等事项。

支付机构应当公开披露支付服务协议的格式条款，并报所在地中国人民银行分支机构备案。

第二十二条　支付机构的分公司从事支付业务的，支付机构及其分公司应当分别到所在地中国人民银行分支机构备案。

支付机构的分公司终止支付业务的，比照前款办理。

第二十三条　支付机构接受客户备付金时，只能按收取的支付服务费向客户开具发票，不得按接受的客户备付金金额开具发票。

第二十四条　支付机构接受的客户备付金不属于支付机构的自有财产。

支付机构只能根据客户发起的支付指令转移备付金。禁止支付机构以任何形式挪用客户备付金。

第二十五条　支付机构应当在客户发起的支付指令中记载下列事项：

（一）付款人名称；

（二）确定的金额；

（三）收款人名称；

（四）付款人的开户银行名称或支付机构名称；

（五）收款人的开户银行名称或支付机构名称；

（六）支付指令的发起日期。

客户通过银行结算账户进行支付的，支付机构还应当记载相应的银行结算账号。客户通过非银行结算账户进行支付的，支付机构还应当记载客户有效身份证件上的名称和号码。

第二十六条　支付机构接受客户备付金的，应当在商业银行开立备付金专用存款账户存放备付金。中国人民银行另有规定的除外。

支付机构只能选择一家商业银行作为备付金存管银行，且在该商业银行的一个分支机构只能开立一个备付金专用存款账户。

支付机构应当与商业银行的法人机构或授权的分支机构签订备付金存管协议，明确双方的权利、义务和责任。

支付机构应当向所在地中国人民银行分支机构报送备付金存管协议和备付金专用存款账户的信息资料。

第二十七条　支付机构的分公司不得以自己的名义开立备付金专用存款账户，只能将接受的备付金存放在支付机构开立的备付金专用存款账户。

第二十八条　支付机构调整不同备付金专用存款账户头寸的，由备付金存管银行的法人机构对支付机构拟调整的备付金专用存款账户的余额情况进行复核，并将复核意见告知支付机构及有关备付金存管银行。

支付机构应当持备付金存管银行的法人机构出具的复核意见办理有关备付金专用存款账户的头寸调拨。

第二十九条　备付金存管银行应当对存放在本机构的客户备付金的使用情况进行监督，并按规定向备付金存管银行所在地中国人民银行分支机构及备付金存管银行的法人机构报送客户备付金的存管或使用情况等信息资料。

对支付机构违反第二十五条至第二十八条相关规定使用客户备付金的申请或指令，备付金存管银行应当予以拒绝；发现客户备付金被违法使用或有其他异常情况的，应当立即向备付金存管银行所在地中国人民银行分支机构及备付金存管银行的法人机构报告。

第三十条　支付机构的实缴货币资本与客户备付金日均余额的比例，不得低于10％。

本办法所称客户备付金日均余额，是指备付金存管银行的法人机构根据最近90日内支付机构每日日终的客户备付金总量计算的平均值。

第三十一条　支付机构应当按规定核对客户的有效身份证件或其他有效身份证明文件，并登记客户身份基本信息。

支付机构明知或应知客户利用其支付业务实施违法犯罪活动的，应当停止为其办理支付业务。

第三十二条　支付机构应当具备必要的技术手段，确保支付指令的完整性、一致性和不可抵赖性，支付业务处理的及时性、准确性和支付业务的安全性；具备灾难恢复处理能力和应急处理能力，确保支付业务的连续性。

第三十三条　支付机构应当依法保守客户的商业秘密，不得对外泄露。法律法规另有规定的除外。

第三十四条　支付机构应当按规定妥善保管客户身份基本信息、支付业务信息、会计档案等资料。

第三十五条　支付机构应当接受中国人民银行及其分支机构定期或不定期的现场检查和非现场检查，如实提供有关资料，不得拒绝、阻挠、逃避检查，不得谎报、隐匿、销毁相关证据材料。

第三十六条　中国人民银行及其分支机构依据法律、行政法规、中国人民银行的有关规定对支付机构的公司治理、业务活动、内部控制、风险状况、反洗钱工作等进行定期或不定期现场检查和非现场检查。

中国人民银行及其分支机构依法对支付机构进行现场检查，适用《中国人民银行执法检查程序规定》(中国人民银行令〔2010〕第1号发布)。

第三十七条　中国人民银行及其分支机构可以采取下列措施对支付机构进行现场检查：

(一)询问支付机构的工作人员，要求其对被检查事项做出解释、说明；

(二)查阅、复制与被检查事项有关的文件、资料，对可能被转移、藏匿或毁损的文件、资料予以封存；

(三)检查支付机构的客户备付金专用存款账户及相关账户；

（四）检查支付业务设施及相关设施。

第三十八条　支付机构有下列情形之一的，中国人民银行及其分支机构有权责令其停止办理部分或全部支付业务：

（一）累计亏损超过其实缴货币资本的50%；

（二）有重大经营风险；

（三）有重大违法违规行为。

第三十九条　支付机构因解散、依法被撤销或被宣告破产而终止的，其清算事宜按照国家有关法律规定办理。

第四章　罚则

第四十条　中国人民银行及其分支机构的工作人员有下列情形之一的，依法给予行政处分；构成犯罪的，依法追究刑事责任：

（一）违反规定审查批准《支付业务许可证》的申请、变更、终止等事项的；

（二）违反规定对支付机构进行检查的；

（三）泄露知悉的国家秘密或商业秘密的；

（四）滥用职权、玩忽职守的其他行为。

第四十一条　商业银行有下列情形之一的，中国人民银行及其分支机构责令其限期改正，并给予警告或处1万元以上3万元以下罚款；情节严重的，中国人民银行责令其暂停或终止客户备付金存管业务：

（一）未按规定报送客户备付金的存管或使用情况等信息资料的；

（二）未按规定对支付机构调整备付金专用存款账户头寸的行为进行复核的；

（三）未对支付机构违反规定使用客户备付金的申请或指令予以拒绝的。

第四十二条　支付机构有下列情形之一的，中国人民银行分支机构责令其限期改正，并给予警告或处1万元以上3万元以下罚款：

（一）未按规定建立有关制度办法或风险管理措施的；

（二）未按规定办理相关备案手续的；

（三）未按规定公开披露相关事项的；

（四）未按规定报送或保管相关资料的；

（五）未按规定办理相关变更事项的；

（六）未按规定向客户开具发票的；

（七）未按规定保守客户商业秘密的。

第四十三条　支付机构有下列情形之一的，中国人民银行分支机构责令其限期改正，并处3万元罚款；情节严重的，中国人民银行注销其《支付业务许可证》；涉嫌犯罪的，依法移送公安机关立案侦查；构成犯罪的，依法追究刑事责任：

（一）转让、出租、出借《支付业务许可证》的；

（二）超出核准业务范围或将业务外包的；

（三）未按规定存放或使用客户备付金的；

（四）未遵守实缴货币资本与客户备付金比例管理规定的；

（五）无正当理由中断或终止支付业务的；

（六）拒绝或阻碍相关检查监督的；

（七）其他危及支付机构稳健运行、损害客户合法权益或危害支付服务市场的违法违规行为。

第四十四条　支付机构未按规定履行反洗钱义务的，中国人民银行及其分支机构依据国家有关反洗钱法律法规等进行处罚；情节严重的，中国人民银行注销其《支付业务许可证》。

第四十五条　支付机构超出《支付业务许可证》有效期限继续从事支付业务的，中国人民银行及其分支机构责令其终止支付业务；涉嫌犯罪的，依法移送公安机关立案侦查；构成犯罪的，依法追究刑事责任。

第四十六条　以欺骗等不正当手段申请《支付业务许可证》但未获批准的，申请人及持有其 5％以上股权的出资人 3 年内不得再次申请或参与申请《支付业务许可证》。

以欺骗等不正当手段申请《支付业务许可证》且已获批准的，由中国人民银行及其分支机构责令其终止支付业务，注销其《支付业务许可证》；涉嫌犯罪的，依法移送公安机关立案侦查；构成犯罪的，依法追究刑事责任；申请人及持有其 5％以上股权的出资人不得再次申请或参与申请《支付业务许可证》。

第四十七条　任何非金融机构和个人未经中国人民银行批准擅自从事或变相从事支付业务的，中国人民银行及其分支机构责令其终止支付业务；涉嫌犯罪的，依法移送公安机关立案侦查；构成犯罪的，依法追究刑事责任。

第五章　附则

第四十八条　本办法实施前已经从事支付业务的非金融机构，应当在本办法实施之日起 1 年内申请取得《支付业务许可证》。逾期未取得的，不得继续从事支付业务。

第四十九条　本办法由中国人民银行负责解释。

第五十条　本办法自 2010 年 9 月 1 日起施行。

参考文献

1. 李洪心，马刚. 银行电子商务与网络支付[M]. 北京：机械工业出版社，2007.

2. 张宽海，李良华. 网上支付与结算[M]. 北京：高等教育出版社，2007.

3. 杨坚争，赵雯，杨立钒. 电子商务安全与电子支付[M]. 北京：机械工业出版社，2007.

4. 尹丽. 网上支付与结算[M]. 武汉：武汉理工大学出版社，2005.

5. 张爱菊. 电子商务安全技术[M]. 北京：清华大学出版社，2006.

6. 李洪心. 电子商务概论[M]. 大连：东北财经大学出版社，2008.

7. 王鑫. 电子商务基础[M]. 北京：清华大学出版社，2006.

8. 李少勇. 国家现代化支付系统[J]. 中国金融电脑，1999(8).

9. 刘军生. 电子商务中的微支付[J]. 新东方，2007.

10. 沈群力，宋文官，何仕安. Millicent 微支付协议中的支付模型分析[J]. 上海商业职业技术学院学报，2004，5(1).

11. 梁敏，文静华. Payword 微支付协议分析与改进[J]. 电脑知识与技术，2006(14).

12. 臧良运，纪香清. 电子商务支付与安全[M]. 北京：电子工业出版社，2006.

13. 孟祥瑞. 网上支付与电子银行[M]. 上海：华东理工大学出版社，2005.

14. 张卓其，史明坤. 网上支付与网上金融服务[M]. 大连：东北财经大学出版社，2002.

15. 周虹. 电子支付与网络银行[M]. 北京：中国人民大学出版社，2006.

16. 刘刚，范昊. 网上支付与金融服务[M]. 武汉：华中师范大学出版社，2007.

17. 黄晓涛. 电子商务导论[M]. 北京：清华大学出版社，2005.

18. 翟建华. 电子商务中的网络安全问题[J]. 合作经济与科技，2007.

19. 唐晓东. 电子商务中的信息安全[M]. 北京：清华大学出版社，北京交通大学出版社，2006.

20. 谭晓东，汤彬，阮群生. 防火墙技术浅析[J]. 电脑知识与技术，2007(2).

21. 刘国辉. 网络防火墙技术初探[J]. 沈阳教育学院学报，2005(7).

22. 鲁军，汪同庆，任莉. 身份认证系统的设计与实现[J]. 网络安全技术与应用，2004(2).

23. 陈建伟，朱梅. 计算机病毒与反病毒技术研究[J]. 电脑与电信，2006(12).

24. 黄林，朱卫东. SSL 协议的分析和应用[J]. 电脑知识与技术，2007(2).

25. 管会生. 电子商务安全与管理[M]. 北京：科学出版社，2006.

26. 韩宝明，杜鹏，刘华. 电子商务安全与支付[M]. 北京：人民邮电出版社，2001.

27. 刘微微，程海蓉. 公钥基础设施 PKI/CA 认证安全体系[J]. 计算机辅助工程，2002(1).

28. 关振胜. 公钥基础设施 PKI 与认证机构 CA[M]. 北京：电子工业出版社，2002.

29. 杨天翔. 网络金融[M]. 上海：复旦大学出版社，2004.

30. 杨青. 电子金融学[M]. 上海：复旦大学出版社，2004.

31. 孙森. 网络银行[M]. 北京：中国金融出版社，2004.

32. 梁循，曾月卿. 网络金融[M]. 北京：北京大学出版社，2005.

33. 陈新林. 电子支付监管问题研究[J]. 北京：特区经济，2007.

34. 沈吉利. 浅析电子资金划拨的法律关系[EB/OL]. www.shanghailawyer.net，2006-09-27.

35. 张菁华. 网络银行若干法律问题研究[J]. 时代经贸，2007，2(5).

36. 曾文革，陈晴. 完善我国金融法律体系的立法构想[J]. 河南商业高等专科学校校报，2003，16(2).

37. 王蜀黔. 电子支付法律问题研究[M]. 武汉：武汉大学出版社，2005.

38. 杨天翔，薛誉华，刘亮. 网络金融[M]. 上海：复旦大学出版社，2015.

39. 杨道法. 支付理论与实务：支付经济学探索[M]. 北京：中国金融出版社，2015.

40. 陈圆圆，秦小楠，田洪云. 网上支付安全研究[J]. 商场现代化，2018(15)：36-37.

41. 张莹，陈箐雯. 电子支付安全问题探析[J]. 中国管理信息化，2017，20(13)：141-143.

42. 崔学刚. 会计学原理[M]. 北京：中国人民大学出版社，2012.

43. 杨立钒，杨坚争. 电子商务安全与电子支付[M]. 3 版. 北京：机械工业出版社，2016.

44. 九州书源. 电脑上网[M]. 北京：清华大学出版社，2009.

45. 尚芳，娄群. 网上支付与网结算[M]. 北京：中国人民大学出版社，2018.

46. 纪琳. 网上支付与网结算[M]. 北京：机械工业出版社，2018.

47. 郑丽，刘宇涵. 电子商务概论[M]. 北京：清华大学出版社，2019.

48. 纪琳. 网上支付与结算[M]. 2版. 北京：机械工业出版社，2018.

49. 赵云辉，张慧琳，佟秋利. 国内外主流移动技术特性及应用场景研究[J]. 网络空间安全，2018(3).

50. 陈银凤，贾玢. 网上支付与结算[M]. 北京：电子工业出版社，2016.

51. 柯新生，王晓佳. 网络支付与结算[M]. 北京：电子工业出版社，2016.

52. 张润彤，朱晓敏. 电子商务概论[M]. 3版. 北京：中国人民大学出版社，2018.

53. 陈璐. 国外网上银行的发展状况及对我国的启示[J]. 经济金融，2017(8).

54. 郭文，王一卓，秦建友. 大数据背景下我国个人征信体系建设研究[J]. 现代管理科学，2018(6).

55. 刘铭卿. 论电子商务信用法律机制之完善[J]. 东方法学，2019(2)：151-160.

56. 周虹. 电子支付与网络银行[M]. 北京：中国人民大学出版社，2016.

57. 秦成德等. 互联网金融教程[M]. 北京：电子工业出版社，2017.

58. 周虹. 电子支付与结算[M]. 北京：人民邮电出版社，2016.

59. 杨东，黄尹旭. 《电子商务法》电子支付立法精神与条文适用[J]. 苏州大学学报(哲学社会科学版)，2019，40(1)：62-69.

60. 中央人民银行. 非金融机构支付服务管理办法，2010.